International Unification of Private Laws and Global Circulation of Judgments

Treatises on Private International Law and Comparative Law

私法的国际统一和判决的全球流通

国际私法与比较法论集

徐国建 著

法律出版社
LAW PRESS·CHINA
北京

图书在版编目(CIP)数据

私法的国际统一和判决的全球流通：国际私法与比较法论集 / 徐国建著. -- 北京：法律出版社，2023
ISBN 978-7-5197-8100-2

Ⅰ. ①私… Ⅱ. ①徐… Ⅲ. ①国际私法-文集②比较法-文集 Ⅳ. ①D997-53

中国国家版本馆 CIP 数据核字(2023)第 137411 号

私法的国际统一和判决的全球流通
——国际私法与比较法论集
SIFA DE GUOJI TONGYI HE PANJUE DE QUANQIU LIUTONG
—GUOJI SIFA YU BIJIAOFA LUNJI

徐国建 著

策划编辑 沈小英
责任编辑 刘晓萌
装帧设计 李 瞻

出版发行 法律出版社
编辑统筹 法治与经济出版分社
责任校对 王 丰
责任印制 吕亚莉
经　　销 新华书店

开本 710毫米×1000毫米 1/16
印张 26.75　**字数** 473千
版本 2023年9月第1版
印次 2023年9月第1次印刷
印刷 固安华明印业有限公司

地址：北京市丰台区莲花池西里7号(100073)
网址：www.lawpress.com.cn
投稿邮箱：info@lawpress.com.cn
举报盗版邮箱：jbwq@lawpress.com.cn
销售电话：010-83938349
客服电话：010-83938350
咨询电话：010-63939796

书号：ISBN 978-7-5197-8100-2
定价：168.00元
凡购买本社图书，如有印装错误，我社负责退换。电话：010-83938349

序言:崇法四十年

一、四十载弹指之间

十多年前,我把彼时自己写作和发表的文章辑集,在"西南政法大学六十周年校庆系列文库"中出版,聊表自己对母校培养的感谢。该文集的自序"学法三十载"总结了自己从1980年离开家乡到重庆、武汉、欧洲读书,再由欧洲回到黄浦江畔的三十年游学经历。真是眨眼之间,又已经十年过去。所幸自己初心未改,仍在法界徜徉,且笔耕不辍,有所收获。因此,又可以将自己在过去十年中所撰写的文章结集出版,并将自己在过去十年崇法的心路历程进行回忆和归纳。

过去的十年,就我个人的职业生涯而言,是一个平稳发展的时期。前三十年国内接受系统的法律教育,国外几个国家的留学深造和法律服务实务经验的积累,都为我这十年法律职业发展奠定了坚实基础。一方面,对于精深的法律问题,尤其是日常法律服务中所遇到的疑难问题,可以有专业精准的把握;另一方面,对于频繁涉及的涉外和国际法律问题,无论是当事人还是对手是外国公司和外国人,均可以有立于高处,把控局面的能力。对于涉外或国际律师而言,精湛的法律专业知识和技能固然重要,但更为重要的是沟通和把控局面的能力。

在自己所追求的法学研究领域,这十年的工作主要集中于以下几个方面:

第一个方面,是对我国涉外民事关系法律适用法律制度的关注和研究。新中国第一部单行的国际私法立法《涉外民事关系法律适用法》于2010年10月28日由全国人民代表大会常务委员会通过，并于2011年4月1日生效。这之前1986年4月12日通过并于翌年1月1日生效的《民法通则》第八章“涉外民事关系法律适用”共9条（第142～150条），是新中国最为重要的国际私法立法。后者起草时我正在武汉大学攻读硕士学位，其时韩德培和李双元两位老师应邀参加《民法通则》第八章的起草，我得以有机会参与一些工作，可以亲自体验神圣的立法工作。作为一位国际私法学人，对于制定一部中国国际私法立法还是有颇高期许的。无论是对于《涉外民事关系法律适用法（草案）》还是其后所通过的法律，以及最高人民法院对于该法所作的司法解释，我都投入很高热情，认真研究，提出立法建议，作出法律专业解析。

第二个方面，是海牙判决公约及民商事判决的全球流通制度问题。建立一个法院判决全球流通的制度是国际社会长期以来的愿望。2005年海牙《选择法院协议公约》是为此成功迈出的第一步。我很荣幸能够作为中国代表团成员参加该公约的谈判，并于2005年6月30日第20届海牙外交大会闭幕式上在通过该公约的最后文件上签字。谈判制定一部更为广泛的判决承认与执行的国际公约在十年以后正式开启。2016年6月1～9日海牙国际私法会议判决项目特别委员会第一次会议在海牙和平宫召开，我很荣幸应我国外交部之邀作为中国代表团成员参会。其后，谈判该公约的第二、第三和第四次特委会会议分别于2017年2月、11月以及2018年5月在海牙和平宫召开，我也均应邀作为中国代表团成员参会，参与公约的国际谈判。2019年6月18日至7月2日，第22届海牙外交大会同样在海牙和平宫召开，对《承认与执行外国民商事判决公约》进行最后谈判，并签署通过。我也很荣幸地参加了此次外交大会，并于2019年7月2日在通过公约的最后文件上签字。我很荣幸和自豪，在时隔15年后又一次受我国国务院委派，作为中国出席海牙国际私法会议外交大会的代表团成员出席会议，参与公约谈判和签署通过该公约。

第三个方面，是我国涉外法律实务相关的法学理论和实务问题的探讨与研究。我觉得一位法律学人最理想的状态是既可以专研自己钟爱的法律理论，又可以将理论运用到法律实务中去，即所谓的理论联系实际，实践推动理论研究。我在属于这个方面的研究涉及“一带一路”法律问题、马航MH370事故的国际法律问题、涉外民商事诉讼典型案例的解读分析、中美贸易协议争端预防和解决机制问题以及与新冠病毒疫情（COVID－19）相关的法律问题，等等。

作为从事律师实务的专职律师和律师事务所的主任我还必须围绕律师事

务所的管理、法律服务行业的发展、律师法律服务的技巧、法律服务人才的培养等法律服务管理问题进行思考。就该主题,我在律师事务所内外进行了一些演讲和分享。这些实务性方面的文字我计划在未来将其进一步充实后,尝试独立成集出版。这方面的相关文字此次并未收入本文集。本文集更多是集中我在过去十年间写作的具有一定学术性的文章,期许以此留下自己攀登学术山峰的脚印。

我知道自己的平凡和渺小,所以,静下心来,回顾一下自己做过的一些事,觉得它们和自己比起来都是些大事,并为此惊喜,自己为能够有幸参与这些事,做出自己些许贡献感到无比荣光。

二、海牙公约谈判

海牙国际私法会议是一个政府间的国际组织,其宗旨在于进行国际范围内私法的国际统一。我 1986 年考取武汉大学国际私法博士研究生后确定的博士学位论文研究方向是私法的国际统一问题,海牙国际私法会议是其重要的部分。从那时起,我便结缘该国际组织。1988 年夏在时任瑞士比较法研究所所长冯·维贝克(von Overbeck)教授的大力支持下,我得以去荷兰海牙参加海牙国际法学院举办的国际私法夏季讲习班学习,并在其介绍下曾专门去海牙国际私法会议秘书处拜访时任秘书长戴耶(Adair Dyer)先生。我利用在欧洲留学期间的时间收集资料和撰写海牙国际私法会议研究的成果,撰写了全面介绍海牙国际私法会议历史、历次会议召开情况以及所取得的私法国际统一成果的文字。我当时还在德国留学,我把这些研究成果全部用邮件发给我的导师李双元教授。双元老师将这些文字删除了我原文脚注后编入其主编的《中国与国际私法统一化进程》一书中。[①] 该书由武汉大学出版社于 1993 年 5 月首次出版。我关于海牙国际私法会议历史及其制定的私法国际统一公约的研究,应该说填补了当时国内这方面无论是资料还是学术研究的空白。我很高兴地看到,不仅我国学术界开始对海牙国际私法会议进行关注,予以研究,而且,我国政府也开始重视海牙国际私法会议这个从事私法国际统一的国际组织,积极参与其中,并由此使我国主动积极地参与民商事私法性质国际规则的制定。

更为高兴的是,自己作为一名国际私法学人,在第一次参加 2005 年海牙外

---

① 李双元主编:《中国与国际私法统一化进程》,武汉大学出版社 1993 年版。

交大会后，可以有机会再一次代表自己的国家参加2019年《承认与执行外国民商事判决公约》历经数年的全程谈判，与世界各国顶级的国际私法学家们讨论、交流和辩论，并最终制定出一部可以改变国际司法制度，具有广泛影响的国际公约。这是我作为法律人，尤其是国际私法学人最大的荣幸和成就。能够以这样的方式为国家和社会做出些许贡献也是自己莫大的荣耀。

这个公约的谈判先后经过四年时间，共召开了四次特委会会议和一次外交大会。这些会议均在荷兰海牙和平宫召开。第一次特委会会议的时间是2016年6月1～9日，参加会议的中国代表除我外还有孙昂（团长）、周勇、徐谭硕、孙劲、曾朝晖、奚向阳、何其生、苟海波以及香港特别行政区和澳门特别行政区的黄娇真和许宝茹。第二次特委会会议的时间是2017年2月16～24日，参加会议的中国代表除我外还有孙昂（团长）、陈冠桥、吴琼、何其生、孙劲、奚向阳、董晓敏、邱福恩、孙国顺、卢松以及香港特别行政区和澳门特别行政区的许宝茹、欧阳慧儒、刘德学、陈里程、何泳禧。第三次特委会会议的时间是2017年11月13～17日，参加会议的中国代表除我外还有孙劲（团长）、周勇、吴琼、佟殊、奚向阳、曾朝晖、邱福恩、胡爽、孙国顺、欧阳慧儒、许宝茹、费佃娜、黄娇真、贾士雷、涂广建和何其生。第四次特委会会议的时间是2018年5月24～29日，参加会议的中国代表除我外还有孙劲（团长）、周勇、吴琼、佟殊、孙国顺、丁国荣、欧阳慧儒、许宝茹、费佃娜（Ms Ilda Cristina Fernandes de Sousa Fereira）和何其生。第22届海牙国际私法会议外交大会于2019年6月18日至7月2日召开，中国代表团规模最为庞大，共21位代表，团长为当时刚上任的中国驻荷兰大使徐宏，代表有来自香港特别行政区律政司的郑若骅司长以及黄庆康、丁国荣、陈婉冰、欧阳慧儒和冯奔奔，来自澳门特别行政区政府法务局的费佃娜和王洋玲，以及来自最高人民法院、外交部、商务部、国家版权局、国际知识产权局、中国驻荷兰总领馆和学界、实务界代表，分别是奚向阳、任端平、孙劲、孙笑非、吴琼、胡国磊、胡爽、张熙、孙国顺、赵磊、何其生和我本人。

这个项目的负责单位是我国外交部。鉴于它涉及不同的专业领域，外交部是视每一次会议所要讨论的公约所涉及的具体专业领域，而邀请国内不同主管部门派员参会，何其生是学术界的代表。我很高兴这次自己可以以执业律师的身份参加国际会议和公约谈判。外交部也欣然同意我以律师身份参加中国代表团，并将我的律师身份以及上海邦信阳中建中汇律师事务所（Boss & Young, Attorneys at Law）的联系方式报给海牙会议秘书处。这也是在过去的十多年中，中国律师社会地位得到快速提升的体现。我2005年作为中国代表团成员参加第 20 届海牙外交大会,尽管我当时的正式职业也是执业律师,但还是被建议以自己的兼职大学教授身份参加会议。

中国驻荷兰大使馆对于这个公约的谈判非常重视,每次会议期间,大使都会在使馆办一次欢迎晚宴,欢迎和招待全体中国代表团成员。特委会会议期间中国驻荷兰大使是吴恳先生。他是武汉大学德语专业毕业,也是我的校友。在这之前他曾在中国驻奥地利和瑞士大使馆工作过。外交大会期间徐宏大使不但邀请全体中国代表团成员参加他的大使到任招待会,还在使馆专门设宴招待中国代表团成员。国际法院副院长薛捍勤法官对中国代表团也非常关心。会议期间我们还去其办公室拜访,她也专门到会议上看望大家。

我不但非常珍惜参与该项目的机会,也很珍惜和中国代表团这些优秀的代表们的合作以及会议期间的相处。会议期间,中国代表团的代表都是住在海牙和平宫旁边的经济型酒店里,大家基本上是一起一日三餐。晚上会一起开会准备第二天的谈判内容,草拟中国代表团就一些问题提交给大会的案文,并在定稿后连夜电邮发给会议秘书处,以便第二天可以在会议上讨论。周末休会的时候,代表团成员们也会结伴去参观海牙或者周边城市的美术馆、博物馆,去海牙席凡宁根(Scheveningen)海边沙滩享受一下荷兰的阳光、大海美景。代表们来自国内不同的部门,有着不同的职业背景,大家难得在异国他乡相处一段时间,除开会以及每天晚上内部讨论和准备非常紧张外,大家在一起的时光也是非常开心和惬意的。

我和上面提到的中国代表团成员中的一些人早就相识,可以和他们在海牙一起参加会议,并共同工作与生活一段时间感到格外亲切和开心。徐宏大使不仅是一位资深外交官,更是一位国际法专家。我和他相识 20 多年,还记得他作为外交部条法司官员参加 2005 年中国国际私法年会做报告,点名感谢我参加海牙《选择法院协议公约》的谈判,支持外交部国际条约谈判工作。他积极推动中国参与海牙国际私法的工作,尤其是中国签署 2005 年《选择法院协议公约》。海牙判决项目工作的开展正是在他担任外交部条法司司长期间,他对中国积极参与该项目的谈判工作也是非常关心。在国内召开的几次准备该项目谈判的讨论会,他都参会,发表指导和学术意见。很巧的是,该项目最后阶段谈判的第 22 届海牙外交大会召开前夕他被任命为中国驻荷兰大使,并自然而然地被任命为中国代表团团长。能和这样一位相识 20 多年的老朋友一起参加外交大会和公约的谈判是一件非常高兴的事情。但是,令人万分悲痛的是,徐宏大使在我们海牙相见后不久,于 2021 年 3 月 7 日因病在北京去世。他的英年早逝是国家巨大的损失，是中国国际法学界、国际私法学界巨大的损失。我也痛失一位知音和挚友。① 外交部条法司的孙劲参赞和我都参加了2005年《选择法院协议公约》的谈判。本项目前几次谈判，他借调在最高人民法院国际合作局工作，所以是最高人民法院派出参会的代表。我和他是国内仅有的两位均参加了2005年海牙《选择法院协议公约》和2019年海牙《承认与执行外国民商事判决公约》谈判工作的中国代表。参加海牙判决项目第一次特委会会议时，我们在到达海牙的第一天2016年5月1日便一起前去找寻十一年前我们中国代表团下榻的酒店。可惜时过境迁，当年的那家小酒店已经歇业，旁边那时我们每天都去吃饭的蓝荷餐馆也已经改成一家法式餐厅了。他说那次会议后再也没去过海牙。所以，面对物是人非，我们还是有些许怀旧和伤感的。孙劲具有丰富的国际公约谈判的经验，能够准确地把握谈判要点、发现问题，并和其他代表团成员商议解决问题的方案。他在大会发言时还常常加进一些幽默的语言，使谈判的气氛轻松下来，而这对于自己发表的观点可以获得大家接受也是颇为有用的。我和他有过2005年公约谈判合作的经历，因此此次在工作配合上也就更为默契。二十多年执业律师养成的习惯，尤其是非诉律师一天谈判后，晚上加班起草和修改合同文本的工作节奏，对于我的公约谈判工作还是很有帮助的。中国代表团的工作节奏是，每天晚上开会讨论第二天的工作，并就公约具体事宜起草提交给大会的案文。我是很乐意根据代表团的讨论结果执笔起草文案的。孙劲参赞也常常开玩笑说徐老师就喜欢起草案文。作为一名非诉律师，在项目谈判中我总是建议我的当事人去争取拿到起草合同文本和文件的权利，而不是被动地接受对方起草的合同文件文本进行修改。一般来说，合同文本起草方可以有较为充裕的时间和空间考虑文本内容和措辞，但是，如果你是文本接受和修改方，往往一开始便处于被动局面。事实上，对白纸黑字进行修改，让对方采纳的难度也是很大的。国际公约的谈判为保持公正起见，往往成立一个专门的公约起草委员会，负责文本的起草和根据谈判结果进行修订工作。2005年公约谈判时我和孙劲参赞常常报名去参加起草委员会的会议，以争取在这些工作上可以就公约文本措辞发表意见。2019年判决公约谈判中的每一次起草委员会会议，中国代表团均会报名去参加。这是一份很辛苦的工作，通常是在一天大会谈判结束后晚上，或是中午休息时间开会。起草委员会的参会者不但不能正常吃饭

① 参见徐国建：《忽忆故人天外去——追忆徐宏大使》，载黄进、肖永平、刘仁山主编：《中国国际私法与比较法年刊》（2021·第28卷），法律出版社2022年版，第8～15页。

和休息,有时为了赶时间修改出公约草案文本供第二天谈判用,还会开会工作到深夜。国际公约的谈判并不是一个轻松的工作。谈判期间各国代表团除就不同代表团的案文发表意见、参加讨论外,起草和提交高质量的案文也是一项重要的工作。二十多年非诉律师的锻炼和经验积累,我自然非常希望可以运用这方面的经验,为中国代表团起草更多的高质量的案文。孙昂大使是第一次和第二次特委会会议中国代表团团长。我 1984 年去武汉大学法学院读硕士研究生时他也在读国际法专业的本科。在武汉大学期间我和他交集不多,但是,在校期间以及离开学校后我都常常听到武汉大学国际法研究所的朋友提到这位聪明、帅气、阅历丰富的校友。与他一起参加两次特委会会议是很愉快的体验。他有非常丰富的外交官经历,不仅长期在外交部从事不同的外交法律事务工作,还有在联合国任职的特殊经历。他的公约谈判思路很开放,认为这个公约是为几十年后制定的,所以,不能仅以中国过去和现在的情形和诉求作为出发点,而还应该考虑与判断未来发展了的中国的国情和对公约的诉求。我很同意和欣赏他的这个观点。我们所制定的这一个国际公约是为未来的国际社会创设一个法院判决全球流通的全新的法律制度的重要国际公约。公约的制定、通过、生效以及被国际社会广泛批准和接受会是一个漫长的过程。公约的内容和规则应该充分展示彼时发展了的国际社会的情形,中国代表团理应超前地分析和判断几十年后我国对该公约规则的需求情况,使公约真正成为一部符合未来中国情形,并符合其诉求的国际公约。譬如,在公约谈判中争议最大的知识产权问题上,我和孙昂大使的观点相同,认为未来的中国在知识产权全球保护方面的需求会很大,公约中规定知识产权判决的承认与执行尽管目前并非我所需,但是,几十年后它可能就是我们所特别需要的国际司法制度。我个人认为,同意并争取机会将法院知识产权判决的承认与执行纳入公约是一个不错的选择。当然,我们也可以争取在公约中加进保留和声明机制,做一些灵活的处理。因为,拒绝将知识产权判决这一重要领域纳入公约的适用范围,将使国际社会失去这一次一并建立知识产权法院判决承认与执行制度的宝贵机会。孙昂大使在会议闲暇还很乐意和大家分享他从事国际法律事务方面的特殊的经历,奇闻轶事以及个人的感悟。外交部条法司的周勇处长参加了三次特委会会议,且是中国代表团主要发言人之一。他的个性和风格沉稳,做事仔细认真。外交部人才济济,我通过参加海牙会议还有幸认识了外交部条法司的徐谭硕、陈冠桥、孙笑非和吴琼等青年才俊。

前后四年的公约谈判还使我结识了其他一些优秀的法律专业人士。最高人民法院每次会议均派代表参加，所以，我结识了奚向阳、曾朝晖、佟殊以及董晓敏等最高人民法院的法官。我和向阳是西南政法大学校友，他是作为当年浙江省文科状元被西政录取的。长期在最高人民法院从事审判工作的经历使他对待法律专业问题非常严谨。谈判中，凡是涉及中国法律和法院判决实践的问题，他都会去查阅相关法律、最高人民法院的司法解释以及相关案例。他很喜欢阅读，尤其是国外出版的英文原版书。他几次到海牙参会，我都和他一起去市中心的那家英文书店，看看书店来了什么新书。朝晖参加本公约谈判时是在最高人民法院国际合作局工作。他对工作非常认真细心，代表团晚上的讨论会，他总是可以从不同角度提出自己的观点。

除法院外，一些政府部门也派员参加了公约的谈判。外交大会上需要攻克的公约草案尚存的几个堡垒之一，便是反垄断纠纷法院判决是否应该纳入公约适用范围的问题。为此，国家市场监督管理总局派任端平参加外交大会的公约谈判，他当时担任法规司副司长。端平对我国反垄断立法和执法实践非常熟悉。外交大会谈判中，围绕反垄断（竞争）事项的排除适用问题，争论非常激烈。三种观点激烈交锋，即反垄断事项全部纳入公约适用范围、全部排除出公约适用范围以及折中解决方案，将部分反垄断事项的法院判决纳入公约适用范围。该问题的谈判曾一度陷入僵局。中国代表团建设性地提出，在阻止反垄断法的域外适用效力的前提条件下，将部分特定的反垄断事项的法院判决纳入公约适用范围的解决方案。它打破了谈判僵局，获得各方接受，最终使外交大会攻克了反垄断法这一堡垒。这可以认为是中国代表团对于公约最终谈判成功的一个重要贡献，端平为此提供了很多专业意见。

4 次特委会会议和第 22 届海牙外交大会都完整参加的只有我和何其生教授。其生是一位年轻有为的国际私法教授，做学问非常勤奋，成果颇丰，对公约涉及的一些前沿问题也做了很深入的研究。我们认识已很长时间，平时常常可以相逢于国内的一些学术研讨会，所以，彼此非常熟悉。此次有机会在前后四年时间一起在海牙参加 5 次公约谈判会议更是一件非常开心的共事机会。

参加公约谈判除和上述我们中国代表团内地来的成员们一起愉快地工作生活共处外，我还在会议期间和中国代表团的港澳成员开心和富有成效地进行工作合作配合。参加会议的其他各国代表中不少人是 2005 年海牙《选择法院协议公约》的谈判代表，我们是 15 年前的旧相识了。这些代表包括此次公约谈判四次特委会会议主席新西兰的戴维·戈达德（David Goddard）先生、美国代表保罗·赫鲁普（Paul Herrup）先生和罗纳德·A. 布兰德（Ronald A. Brand）教授、欧盟代表安德莉亚·舒尔茨(Andrea Schulz)女士和保罗·博蒙特(Paul Beaumont)教授以及德国代表罗尔夫·瓦格呐(Rolf Wagner)先生等人。第三次特委会会议时我还专门向海牙会议常设局购买了该公约文本和解释报告单印本,并请也曾经参加过2005年公约谈判的会议代表在扉页签字留念。另外,会议代表中的大学教授们还自发组织了一个教授组,并在会议期间聚餐交流。我和何其生一起参加了外交大会期间的一次教授聚会。

第22届海牙外交大会是公约最后谈判和签署通过的重要国际会议。各国均应在大会召开前向会议交存委派其国家出席大会代表团的“全权证书”。中华人民共和国外交部长王毅2019年5月15日于北京签署的“全权证书”写明:“中华人民共和国国务院委派徐宏为中华人民共和国出席海牙国际私法会议第二十二届外交大会的代表团团长,孙劲①、徐国建为代表。特此证明。”按照海牙国际私法会议惯例,新公约通过时全体与会代表均在通过公约的最后文件上签字。我很荣幸地在2019年7月2日于海牙和平宫国际法院大法庭举行的公约最后文件签字仪式上,在最后文件上中华人民共和国的签字栏下签上自己的名字。

三、徜徉于学术

我终身的专业是法律,但身栖法律的学术领域和法律的实务界。在二者间,我对学术更有兴趣,更为钟情。我的学术兴趣是大学期间培养起来的,在大学期间我发表了一篇学术论文和一篇学术翻译文章,这大大激发了我对法学学术探讨的动力,以及努力去取得学术成果的乐趣。从大学开始至今,我始终未放弃在学术领域的耕耘,无论是留学瑞士、德国期间,还是欧洲学成回国开始律师实务工作之后,都在自己感兴趣的学术领域探索,写作学术论文和著作,参加国内外的学术交流活动,进行学术讲座。2010年之前的三十年,自己从学习掌握法学知识开始,尝试进行学术研究,并进而花了二十多年时光,尤其是留学欧洲的若干年集中精力潜心于学术研究,从而也取得了些许成绩。而这之后至今的十年时光,自己的主要精力并未花在学术研究,而是在律师实务方面,学术研究成了自己不舍的业余爱好。所幸,自己还是一个勤奋的人,并没有浪费这十年律师业务空暇的时间,持之以恒的学术创作和学术活动也使我可以收获一些

① 这里省略了18位代表的姓名。——笔者注

学术成果。而且，尽管学术研究并不能直接惠及我的律师实务工作，但是，自己对学术前沿领域的持续的关注，对于专门问题的深入探讨，总是让我可以对处理的案件有宏观的思维和深邃的理解，这对于法律实务的开展也是颇有裨益的。

能够始终坚持学术研究，与我一直积极参与中国国际私法学会的活动，从而不断受到鼓励有关。1985 年 8 月，武汉大学国际法研究所发起并与贵州大学法律系联合在贵阳花溪召开了首届全国国际私法学术讨论会，全国从事国际私法教学、科研工作的教师、研究人员和司法、外事部门的代表参加了会议。我当时在武汉大学国际法研究所读研究生，很幸运地得以参会，并协助黄进师兄负责会议的会务工作。这次会议上，与会代表在交流国际私法教学、科研经验的同时，酝酿成立全国性的国际私法学术团体，并发起成立了"中国国际私法研究会筹备组"。1987 年 10 月，在武汉大学召开了全国国际私法教学研讨会，会上成立了全国性国际私法学术组织中国国际私法学会（China Society of Private International Law，CSPIL）。所以，从这个意义上说，我也算得上是中国国际私法学会的创始会员和学会成立的见证人。经过三十五年的发展，中国国际私法学会已经是世界上最大的专门从事国际私法教学和研究的学术团体，为我国涉外法律人才培养、中国国际私法发展、涉外司法以及国际私法的国际学术交流做出了贡献。该学会 1987 年至 2003 年学会由我的恩师韩德培先生担任会长，其后黄进教授继任会长至今。2003 年学会换届时我有幸担任学会副会长至今。可以一直参与学会工作，和我国国际私法学界的老中青国际私法学人保持交往，借助这个平台不断学习新的知识，拓宽自己的视野，广交国内外朋友，真是一件开心和快乐的事情。

在过去的十年中，我尽可能地争取参加每年一度的学会年会。现在年会大家参会很踊跃，规模发展已经很大，每次会议有 500 人左右参会，向会议提交的论文也很多。当初参加过 1985 年贵阳国际私法会议的学者们大多年事已高，但是一些长者还是不顾年迈体弱，争取参加他们心爱的年会。我可以感觉到，他们对于中国国际私法学界的眷念，能和终身为之奋斗的中国国际私法学界同仁在一起，他们是开心愉快的。2017 年 9 月，在武汉召开的年会同时是中国国际私法学会成立 30 周年和中国加入海牙国际私法会议 30 周年纪念会。大会特设一个专题会议，请中国国际私法学会名誉会长费宗祎先生发言，该专题会议由我主持。本来预设 20 分钟的发言，费老讲了一个多小时，我不忍心打断他的发言。他是学会的主要创始人之一，对学会的发展做出了巨大贡献。他讲到对于学会的感情时几次哽咽,让人十分感动。会上他还表示要把终身积蓄的一部分捐赠给学会,表现了对学会的挚爱。2016 年 11 月,在湖南长沙召开的国际私法年会是为了庆祝我的恩师李双元教授九十华诞而专门在长沙召开的。李先生是中国国际私法学会奠基人之一,为学会的健康发展厥功至伟。李先生九十岁生日应该是 2017 年 9 月,但是,考虑到 2017 年学会的上述两个纪念活动,加之中国人传统上做九不做十的习惯,学会决定把 2016 年的年会放在双元先生生活工作的湖南师范大学召开,为他庆生。为庆祝双元先生九十华诞,湖南师范大学法学院组织出版了《李双元法学文丛》共 15 本,由武汉大学出版社出版。会议期间,我去李老师家拜访,他从印刷厂刚运来的几套丛书中先给我一套,并在每本扉页签名"国建先生教正　李双元　2016. 9. 15"。老师尽管九十高龄,但签名依然刚劲有力,且一口气连签 15 本。1984 年跟从先生开始,和先生建立起亦师亦友的关系,这是 32 年后老师赠与弟子的最珍贵礼物。

中国国际私法学会与海峡对岸的台湾国际私法研究会建立了长期的合作关系,两会交往频繁。海峡两岸国际私法学术研讨会每隔一年在大陆和台湾地区举办,两岸学者就国际私法理论以及涉外法律实务问题展开广泛探讨交流。2009 年 4 月 23 日至 5 月 1 日在台湾地区举办的第 5 届研讨会是我第一次参加,也是我第一次踏上宝岛。此次会议由台湾玄奘大学承办,赖来焜教授当时为该校法学院院长,他曾在武汉大学国际法研究所学习,我们也是校友。赖院长精心安排了研讨会,并在会后组织我们大陆与会代表进行环岛旅行,所到之处均有"台湾国际私法研究会"当地会员接待。时任"台湾国际私法研究会"会长的是著名法学家马汉宝先生,会议期间,他专门设家宴招待大陆代表。马太太在德国长大,他们知道我是德国法学博士,便觉格外亲切,席间我还和马太太用德语交谈。从交谈中,我还得知,我们有一位共同的瑞士朋友,汉学家和法学家胜雅律教授(Prof. Harro von Senger)。胜教授学生时曾在台湾地区留学过,因此结识了马先生夫妇。2014 年 11 月我又一次去台湾地区,参加第十届海峡两岸国际私法学术研讨会,这次会议由台北中国文化大学承办。中国文化大学是我的恩师韩德培先生的同学张其昀所创办,旨在传承和弘扬中国文化,大学校园充满中华文化氛围。该大学法学院系好友查竞传的父亲一手创办,竞传曾是我律师事务所的合伙人。

中国国际私法学会还和韩国国际私法学会建立了每隔一年在对方国家举办中韩国际私法研讨会的机制。2013 年 11 月 1 日至 4 日,中韩国际私法学会第三届学术交流与研讨会在韩国釜山召开。中国国际私法学会派我作为团长,率领中国代表团参会,成员包括中国政法大学国际法学院宋连斌教授、刘力教授,安徽大学汪金兰教授,武汉大学何其生教授以及中国国际经济贸易仲裁委员会赵健博士。此次会议的主题是仲裁在国际商事争议解决中的作用,我用英文就中国国际商事仲裁制度做了演讲。这是我第一次赴韩国参加该研讨会。我在武汉专门请人购买了两幅国画和书法作品,作为学会的礼物赠送给韩国国际私法学会和承办此次会议的韩国东亚大学法学院。6 年后,我又参加了于 2019 年 11 月 8 日至 9 日在首尔召开的第九届中韩国际私法学术研讨会。此次研讨会的主题为"中国国际私法的最新发展与启示:以国际管辖和外国判决承认与执行为中心",来自中韩两国的 20 多位国际私法学者参加了此次研讨会。我在会上做了题为"The 2019 Hague Judgments Convention: A New International Legal Regime for Global Circulation of Foreign Judgments"的学术报告。

过去十年时间,在学术研究和创作方面我始终未敢松懈,所取得的零星成果,结集在本文集中出版,以便对自己做个交代。2011 年 9 月,自己历经 25 年时间写成的《国际统一私法总论》由法律出版社出版发行,全书共 70 余万字。自我 1986 年开始在武汉大学师从韩德培教授和李双元教授攻读国际私法专业博士学位开始,便把私法国际统一问题研究作为我博士学位论文的选题,而且自此之后潜心这一主题,最终写出了这本论著。该书"序言"中我详细介绍了该书写作的过程,尤其是我的两位导师韩德培先生和李双元先生对于我的指导和完成这本专著的关心。可惜的是韩德培老师在我这本书付梓之前,于 2009 年 5 月仙逝,没能和他老人家分享这本书的墨香,实属遗憾。他早在 2003 年 9 月 18 日于黄山召开的中国国际私法学会年会上为我这本书写了序言。我的书快出版前,尽管当时他已 83 岁高龄,但是听说我的书稿即将付梓,还是欣然提笔修改原序,并让外孙女用电脑打印后于 2010 年 11 月 30 日电邮给我。私法的国际统一是全球化背景下国际社会一项很有价值和意义的工作。它可以推动和促进国际贸易、投资以及民商事交往的发展,减少当事人参与这些活动的成本。可能是由于资料和信息的原因,加之该课题所涉面广,横跨领域大,我国学术界对于私法国际统一总论性问题的学术研究并不是很多。很遗憾,这本专著出版后迄今快十年了,它还是国内涉及该领域研究的唯一一本著作。在国际范围内,私法的国际统一在不断发展变化,我也期望自己可以在以后的岁月,放下更多的事务,拿出时间对这本书进行更新和修订,那将会是让我很开心的工作。

我的不少朋友,尤其是学术圈的朋友常常和我说,就我的教育和学术背景而言,没有在学术圈子里待,而是主业从事律师法律实务,可惜了。我并不这样看。我的亦律亦学之路,是我读硕士研究生开始便想好的未来之路。后来海外留学更是坚定了我的这个想法,且付诸实施。于我而言,选择这条道路的最为重要的原因是,以自己从事法律实务打下的扎实的经济基础反哺自己喜欢的学术活动。我得以参加2005年海牙国际私法会议第20届外交大会和《选择法院协议公约》的谈判,以及2019年海牙国际私法会议第22届外交大会和《承认与执行外国民商事判决公约》谈判的4次特委会会议这些我人生学术生涯最为重要的活动,无不归功于这条道路的选择。1980年开始学法起,至今四十年光阴,很庆幸这一实务与学术的双轨制,使自己可以一直行走在崇法的路上。这是已经走过的路,还将是自己继续去行走的路。

四、野马浜之缘

野马浜是上海青浦区佘山脚下一个地方的名字,是上海政法学院的所在地。第一次到这个地方,并听到这个名字是在1994年。这一年,我从德国留学回到上海,为我举家迁回国内,在国内发展事业打前站,做一些必要的准备。1993年我应德国汉堡市内政部邀请具体负责陪同和接待到德国访问的上海市司法代表团,其团长是时任上海市司法局局长的薛明仁。我和他谈起,我在德国已经取得法学博士学位,想回国到上海发展。他听后很高兴,表示上海正需要我这样的人才。我到上海后,薛局长就把我介绍给了他的前任局长李庸夫先生。李庸夫是南下干部,1983年起担任上海市司法局局长。他对办政法教育情有独钟,于1984~1986年仅仅两年时间就在野马浜一片田野上建起了上海市政法干部管理学院和上海法律专科学校,自己兼任院长和校长。我第一次见李庸夫院长是1995年在野马浜的学校。他表示非常欢迎我把人事关系挂到上海市政法干部管理学院,自己可以在从事专职律师业务的同时,兼职在学院里上上课、做做讲座。他还和我开玩笑说,我不仅是国内西南政法学院和武汉大学毕业的高才生,更是国内少有的几位获得德国法学博士后回国的洋博士,但是上海政法干部管理学院无论是和西南政法学院还是和武汉大学相比都只是一个“幼儿园”,所以,我能够落脚学院,成为学院引进的第一个博士,而且是第一个国外法学博士,是很憋屈我这位海归博士的。说实在的,在我回国的前十多年时间,主要是从事律师法律业务,最初先是在一家德国律师事务所的上海办事处工作。1997年离开该办事处,在国内一家律师事务所短暂过渡后,于1998年年底成立上海邦信阳律师事务所。事务所成立后,更是需要集中精力和时间于律师业务和律师事务所的发展。除了潘国和担任上海政法干部管理学院院长的几年时间，我和学院互动较多外，并没有给学院做太多事。经过三十多年的发展，原来的上海政法干部管理学院已经发展成为一所综合性的政法类大学，扩建后的校园非常美丽，有花园学府的美名，在校学生也超过一万余人。

2016 年，刘晓红教授从华东政法大学副校长位上调到上海政法学院担任校长职务。刘校长是知名的国际法专家，对于我在学术界的情况比较熟悉，所以，她赴任伊始便联系我，想聘我担任上海政法学院国际法学院特聘院长和教授。有机会和上海政法学院再续前缘，实实在在利用我的国际法方面的专业知识以及三十多年来积累的海内外学术界和法律实务界的人脉关系，为上政国际法学院的发展做点自己应有的贡献我是非常乐意去做的。所以，我基本上是毫不犹豫地接受了晓红校长的邀请。2017 年 9 月 29 日，上海政法学院专门为我举行了国际法学院特聘院长、教授的聘任仪式，刘晓红校长为我颁发了聘书。这是一份信任和荣誉，同时也是一份沉甸甸的责任。在聘任仪式上我曾发言表示，一定会尽自己所能，为把上海政法学院国际法学院打造成受学术界和业界尊重，并具有一定国际知名度的国际法学院做出贡献。我还说，相信上海政法学院国际法学院可以利用上海的品牌，以及上海作为世界上最为开放的大都市的优势，汇聚优秀人才，从而使这个国内国际法学院中的后起之秀发展成为受国内外瞩目的国际法学院。

在过去两年多的时间，我为上海政法学院国际法学院做得最多的是通过组织在学校举办的学术研讨会，以及以学院名义参加国内外的学术活动，在国内外学术界传播和推介上海政法学院国际法学院。按照时间顺序，到新冠疫情开始之前，我参加的这些学术活动统计下来也还真是不少：(1)2017 年 10 月 16 日在上海政法学院举办的中外投资研讨会，会上我以中英文主持研讨会；(2)2018 年 4 月 17 日应邀在香港大学法学院用英文做了“International Unification of Private Law: Chinese Thoughts, Theories and Practice”的演讲；(3) 2018 年 4 月 19～20 日参加在香港举行的纪念海牙国际私法会议 125 周年纪念研讨会；(4)2018 年 5 月 5 日参加上海政法学院与斯德哥尔摩国际仲裁院和中国国际仲裁法研究会共同主办的“中国仲裁国际行研讨会”；(5)2018 年 10 月 14 日主持杨良宜先生仲裁讲座；(6)2018 年 12 月 10～11 日在上海政法学院参加上海政法学院和香港大学法学院联合承办的“司法圆桌会议”(Judicial Roundtable)；(7) 2018 年 12 月 15 日参加南京大学中德国际私法研讨会；(8)2019 年 4 月 8 日在上海政法学院参加“第五届社科仲裁圆桌会议”；(9)2019 年 9 月 11～12

日应波兰克拉科夫雅盖隆大学邀请参加在该校召开的调解国际研讨会,并在会上作关于中国调解法律制度和实践的演讲;(10)2019 年 10 月 28 日至 31 日,应南非约翰内斯堡大学法学院邀请,作为刚果民主共和国合同国际私法改革委员会工作小组成员,赴南非参加有关刚果民主共和国合同国际私法的立法第一次工作组会议;(11)2019 年 11 月 15 日,主持黄惠康大使在上海政法学院举办的国际法讲座;(12)2020 年 1 月 15 日,参加在俄罗斯首都莫斯科举办的盖达尔论坛,并在主题为"欧亚新地缘政治格局:中国'一带一路'倡议与俄罗斯'欧亚经济联盟'对接"分论坛上作题为"一带一路·欧亚经济联盟区域争端解决机制的构建"的演讲。参加国内外这些学术活动无疑也使我可以接触和了解最前沿的法学和法律实务的发展,并得以和国内外方家切磋法律问题,我个人的收获也颇丰。此外,能够参加国际交流,向国外同行介绍中国经验,我也感到很有成就感。但是,说实在的,这两年多来远行并不总是那么容易的,能够完成这些任务,也是克服了很多困难,尤其是赴约翰内斯堡和莫斯科的旅程,最终能够成行,可以信守对于会议组织方的参会承诺,自己也感到非常欣慰。

五、道由白云尽　春与青溪长——律师事务所的 25 年

我读大学法律系本科和研究生时,律师还是国家工作人员,被界定为"国家法律工作人员",数量也相当有限。1980 年《律师暂行条例》便是把律师定义为"国家法律工作者",是司法部门的一个组成部分。随着国家改革开放的不断深入,律师被赋予了新的使命,社会对其认识也发生了变化,1996 年的《律师法》把律师界定为"依法取得律师执业证书,为社会提供法律服务的执业人员"。至此,律师作为自由职业者的属性也被立法确定了下来。我 1986 年开始在武汉大学读博士研究生时便隐约产生了未来做律师,从事法律实务工作的想法,理由主要是觉得在当时背景下,大学的经济条件不好,对做学问产生很大的限制。我肤浅的想法是自己通过律师实务工作,赚钱养自己所热爱的学问。我也和我的导师李双元先生交流过这种想法。双元先生是一位非常豁达的长者,他并未反对我的这个想法。所以,我到欧洲留学后,除了集中精力于读书和科研,也始终留意欧洲律师业现状和发展,并寻求机会到律所实习和工作,积累律师实务经验,曾先后在德国杜塞尔道夫以及汉堡的两家律师事务所实习和工作。

1995 年 3 月 16 日我当时在德国汉堡工作的德国舒诺贝律师事务所(Schulz Noack Bärwinkel)获得中国司法部批准,成为第一家在上海设立办事处的德国

律师事务所。德国舒诺贝律师事务所是一家汉堡的中等规模的律师事务所，上海办事处不仅是它第一家海外分所，实际上也是它所开设的第二家分所。其第一家分所开设在创始合伙人舒尔茨的故乡，原东德的罗斯托克市。分所开业典礼我也去参加了，德国前总理施密特在典礼上做了精彩的演讲。事务所将其第二家分所开到了远方的上海，这与该所的创始合伙人舒尔茨先生和上海的交往有很大的关系。他曾担任过汉堡市市长，汉堡和上海是友城，他到访过上海。汉堡是欧洲大港，那儿聚集了不少中国公司。我 1991 年到该所工作后，帮助事务所开拓了不少中国客户。舒尔茨先生以战略家的眼光看到上海法律服务市场的机会，也在我的参与下作出了事务所到上海开设分所的决定。为此，事务所还专门招聘了曾经担任过南京大学中德经济法研究所所长的施图肯（Stucken）博士和我搭档去上海开设事务所上海代表处。我们一起于 1995 年 2 月先到上海，在当时作为上海对外开放标志的虹桥开发区的银河宾馆包下了几个房间，开始事务所办事处的筹备工作。1995 年 3 月 16 日事务所负责中国业务的合伙人彼德·舒尔茨（Peter Schulz）先生、Neelmeier 先生、施图肯博士和我一起出席了在北京长城饭店召开的司法部外国律师事务所中国办事处颁证会议，时任司法部部长肖扬给舒尔茨先生颁发了事务所上海办事处批准证书。

如果说这之前一直是我求学学法的时光，那么从回国踏上上海的土地起，便正式开始了我的律师法律实务生涯。此时，中国的改革开放尚处于早期阶段，律师法律服务业还是一个崭新的行业，法律服务市场也是一个全新的市场。但是，正是这样一个未开垦的法律服务市场才给我们改革开放后第一批法律学人提供了无限的机会。我相信随着中国改革开放进一步深化，我国的法律服务市场会成为法律学人们事业发展的广阔舞台。

外国律师事务所在中国的办事处并不是严格意义上的外国律师事务所的中国分所，而是和外国公司在中国开设的办事处性质是相同的。就其业务范围而言，它依据规定只能解释其本国法律，也就是说，它只能对其本国法律进行咨询。中国律师到外国律师事务所的中国办事处工作必须将律师证交存当地司法局，而不能以中国律师身份开展工作。对于我来讲，不能以中国律师身份工作，便意味着无法放开手脚，自己可以施展的空间和机会受到很大的限制。因此，1997 年年底我离开舒诺贝律师事务所上海办事处，加入金杜律师事务所上海分所。在舒诺贝律师事务所上海办事处工作的两年多时间里，锻炼了自己独立为外国当事人，尤其是德国、瑞士和奥地利等德语区国家当事人提供法律咨询和法律服务的能力。这些国家的当事人总体来说是要求非常严格和很挑剔的,对他们应付自如,基本上才可以说是一个合格的涉外律师。一位合格的涉外律师除要有深厚的法律知识功底、丰富的实践经验以及娴熟的法律运用技巧外,还需要对外国当事人的文化背景、宗教习惯、思维方式和生活习惯等有较好的把握和了解。七年多欧洲的生活得以接触欧洲社会,和欧洲人打成一片,从而可以了解他们的生活习惯、思维和沟通方式,这些无疑对于我后来从事涉外律师业务,为更好地服务欧洲及西方客户打下了扎实的人文基础。

在金杜律师事务所独立工作的一年我不仅了解了国内合伙制律师事务所的运作,而且对自己作为律师事务所合伙人独立开拓业务,经营好事务所团队增强了信心。1998 年年底我便开始筹备一家新的律师事务所。我先联系了沪上四位朋友,商议请他们一起做律师事务所的创始合伙人。四位创始合伙人胡光、张明杰、吴炜、赵学明和我的第一次会议是在上海中山西路大众大厦召开的。会上我们将未来事务所的重要问题基本确定了下来。其中,事务所的字号定为"邦信阳",英文为"Boss & Young"。字号是先有了英文,然后再基于英文的发音和意义,确定相应的中文名的。事务所成立时,我们的理念是成立一家合伙人和律师学历高、专业精、业务专,具有朝气蓬勃气象和大气风格的律师事务所。事务所的名号应该对这些要素有所反映。"Boss"是"博士"的谐音,代表事务所律师们具有优良的法学教育背景,同时其英文的"老板"原意也表示合伙人均是事务所的所有人,以该字命名事务所也彰显事务所的大气。"Young"通"阳",寓意阳光和朝气,这是事务所所应该有的一种精神气质。英文字号的确定相对容易,但是,如何取一个和该英文名字相匹配的中文名,却一度让大家发愁。当时,律师事务所取两个字的名字由于常会和既有律师事务所名字重复,已经很难获得批准。所以,我们首先决定事务所的中文名字取三个汉字。汉字"阳"是最先确定下来的,它是"Young"的音译,表示年轻、朝气蓬勃和阳刚之气,非常契合我们所去追求的律师事务所的风貌。另两个字着实让我们颇费了一番脑筋。用"邦"翻译英文"Boss"是我提的建议,这个灵感来自一次在浦东陆家嘴绿地午饭后的散步,黄浦江对面的友邦大厦提醒我用"邦"作为事务所名称的第一个字。这个建议获得各位合伙人的同意。于是,"邦"和"阳"中间的一个字便成为第一次合伙人会议需要最终决定的。"邦"不只具有国家的大气,还有法律兴国安邦的情怀。"邦"和"阳"之间用一个什么字,大家七嘴八舌提出了很多建议,但最后大家决定用"信"字作为所名的中间一个字。对于律师事务所以及律师职业而言"信"非常重要,我们首先应该信法,其次还要取信于客户,更要注意律所和律师自己的信誉。总之,"信"为本,其居于律师事务所名称之中恰到好处。上海邦信阳律师事务所于1999年1月获得上海市司法局批准设立,并作为当时市司法局直属律师事务所受上海市司法局直接主管。

合伙人确定的律师事务所的发展目标是以华尔街律师事务所为标杆。20世纪90年代,在我国以涉外法律业务和高端金融业务作为法律服务重点的律师事务所还凤毛麟角。所以,凭借我们事务所合伙人及律师助理们海外留学和工作的背景,我们很快就在这两个领域积累了优质客户资源,拿下了不少在国内外颇有影响的非诉讼案件,也以较快速度建立了事务所品牌在行业内的知名度。经过几年的努力,事务所形成了一些围绕涉外法律服务的特色法律服务领域,包括外国在华投资、企业收购兼并、合资和外商独资保险公司成立、汽车领域合资法律服务以及资本证券市场法律服务等。

2003年在北京,我们合并了一家以专利商标代理为主、律师业务为辅的实体,成立了一家专利商标代理公司以及律师事务所的北京分所。在上海,事务所主要合伙人一起在浦西市中心购买了一栋具有百年历史的花园洋房,经过彻底装修后作为事务所浦西办公室使用。此时浦东办公室已经从陆家嘴金穗大厦搬至同样位于陆家嘴的招商局大厦。上海是一座新与旧、现代与古典完美融合的都市,卢湾、黄浦、静安、徐汇和长宁等上海市的中心城区代表了昔日东方巴黎的辉煌,凝聚了黄浦江边共生共存的东西方文化的传统和精髓,是海派文化的底蕴所在;而以陆家嘴为核心的浦东则是中国改革开放的标志,不只是一支由众多现代建筑音符汇聚的交响曲,更是上海引领世界高度和速度的精神高地。能够在这样一座城市开创我们的律师事业,我们的合伙人对未来都有着美好的憧憬。购置浦西洋房的初衷是把它建成事务所的接待和会议中心,而事务所未来的大型办公空间应该在陆家嘴标志性的楼宇中。事务所这一宏伟和长远计划的第一步的实施还是颇为顺利的。

律师事务所在最初阶段呈现比较好的发展势头。事务所不只是从律师助理中发展了合伙人,而且吸引了一些优秀律师作为合伙人加盟。经过5~6年的发展,事务所无论在规模、专业能力、行业的知名度,以及创收上均上了一个台阶。我本人除了需要花不少时间在律师事务所的战略发展和管理方面,还是始终集中精力带领团队致力于律师业务,开拓客户,并以最专业的精神为当事人提供高质量的法律服务,完成了一些在行业内可圈可点的案例。它们包括汇丰银行入股交通银行项目、交通银行第一笔次级债的发行、新加坡大东方保险公司在重庆成立合资保险公司项目、中航三星合资人寿保险公司成立、韩国LG保险公司中国公司设立、国航收购山东航空公司、中芯国际成立后第一笔银行联合贷款项目、河北证券行政整顿项目,本人担任行政整顿工作组组长,等等。其中一些项目在当时属于既没有现成的法律规范,也无先例可以借鉴的开拓型的法律服务项目,律师需要运用法学理论,结合中国的实际情况给当事人提供法律解决方案。很高兴并引以为豪的是,在所有这些项目中,我们接受了挑战,攻克了困难,提供了当事人满意的服务。在邦信阳这个平台上,我也很高兴和一些年轻才俊共事,并看到他们快速地成长。他们中的一些人现在或是已经成为国内和外国大公司法务部的骨干力量,或是成为一些律师事务所的主要合伙人。此外,我也还利用事务所平台带教了数十位德国、瑞士、美国等国的法律系实习生,很多人也已经在其各自的国家事业有成。

律师事务所的体制和制度建设是事务所能否长期健康发展的关键。毕竟合伙制的律师事务所在中国尚是一个新鲜事物,其体制如何设计,是全公司制、半公司制抑或成本分摊式的简单合伙,均无成功的先例可循。国内初期成立的律师事务所在体制、制度和管理方面可谓八仙过海各显神通。回过头再看,那些后来成功发展起来的律师事务所,无不是体制合理、制度健全以及管理有方的律师事务所。我们事务所在运营几年后在这三个方面都遇到困扰。我们试图改革,但是,即使是一家不大的律师事务所改革的难度也是挺大的。我们实施的一些改革都是不彻底的,是在各种妥协中前行,未能快速建立起一个大型律师事务所所必需的合理可行的体制、完善的制度和有效的管理机制。这方面的欠缺直接导致事务所在经过成立若干年的快速发展后,不可持续发展,后续的更进一步发展乏力。2008 年国际金融危机,对律师事务所的经营发展也造成了很大的冲击。在这之后的数年,事务所的发展的速度有所减缓,在人才引进等问题上也开始出现一些挑战。作为事务所主要的创始合伙人,如何突破这一发展的瓶颈,使事务所在不断变化和竞争越来越激烈的国内法律服务市场上立于不败之地,保持较强的竞争力,便是我和其他合伙人所需要去面对和尽快解决的问题。对于问题的解决,合伙人间出现观点不一致的问题解决思路。部分合伙人认为律师事务所应该自行加大投入,以谋求快速发展,在快速发展过程中解决既存问题。另一种意见则是保持事务所的现状,做好精品律师事务所,保证合伙人最大的经济利益。我自己很清楚,在中国这个特殊的法律服务市场上,律师个体的发展必须依赖律师事务所的平台。中国律师事务所的发展一定是规模化和平台化,只有在其具有一定的规模后,才可以保持竞争力,平台上的律师们才有较好的个人事业发展机遇。既然时代赋予我们这一代律师和法律人作为先行者和探路人从无到有地开创中国律师业的使命,我们就应该把建设好律师事务所当成我们的使命和责任,不能仅仅是守住自己律师业务的一亩三分地。我认为,突破事务所发展瓶颈的一个最为有效的途径是寻求和其他律师事务所的合并,以此迅速做大事务所规模,并可以在新的平台上保持原来事务所的一些专业特色。

探索合并的道路是漫长和艰辛的。带着合伙人的期望,我接触了上海和北京的若干家也同样希望通过合并做大规模的律师事务所,最终选择与中建中汇律师事务所进行深入和详细的合并谈判。经过几轮的合并谈判,我们就事务所合并中最为棘手的一些问题,如新事务所的体制、名称、管理等问题初步达成了协议,只等双方事务所的合伙人大会批准合并事宜,一家大型的律师事务所便会在黄浦江边诞生。但是,事与愿违,就在这家律所召开合伙人大会的那天,我出差广州,一下飞机就接到该所负责人的电话,说事务所合伙人大会未能批准我们的合并计划。就在与这家所洽谈合并事宜的同时,原中建中汇律师事务所负责人朱平和杜爱武律师找到我,表示非常希望和我们接洽,商谈两所合并事。我告诉朱平律师,我们已经差不多和一家上海律所达成合并意向。朱平很爽快地说,"没事,如果你们谈成,我恭喜你们。如果谈不成,我们两家可以接着谈"。所以,我在接到那家律所的消息后,便告诉朱平我们可以接下来谈了。

与中建中汇律师事务所的谈判相对比较简单,也没有花太长时间。这一方面是有之前和几家律所谈判的经验,另一方面其负责人朱平对其律所也有比较好的把握,并且他和我对未来合并后的律师事务所的愿景也很契合,所以,在一些具体问题上就比较容易达成一致。原来中建律师事务所的合伙人在丁晓文律师的带领下也积极支持事务所的合并,使合并谈判进程变得相当的顺利。再有,像孙佩学律师等资深律师在我们谈判出现一些困难时会立即出面协调各方,使谈判可以顺利推进。我们于 2013 年 1 月 15 日在上海思南公馆一栋小别墅中签署了两所合并意向书。合并谈判中,我们比较好地解决了大型律师事务所运行和发展所需要解决的主要问题。在事务所的体制上,我们结合两所的情况,同意采用"部分公司制"的体制。这一体制较好地解决了合伙人的经济利益和事务所作为一个实体的财政平衡问题,为事务所的健康发展提供了必要的经济保障。邦信阳律师事务所采用所谓无为而治的治所理念,这和事务所的合伙人大多习惯于国外律师事务所管理模式有关,但是,这和国内的具体情况有些水土不服。而在事务所管理和制度建设上中建中汇律师事务所有一套较好的制度,我们均同意将其制度适用于合并后的律师事务所管理,并进一步健全制度,实现以制度按规则治所的目标。在新事务所的名称、事务所管理架构、主任人选、吸收合并的吸收方事务所的选定、新的办公地址选择、搬家费用的预算和分担等律师事务所合并中均属于难以解决的敏感和困难问题上,也比较顺利地达成了协议。在事务所的名称问题上,我们达成的协议是国外律师事务所合并时所常常采用的解决方法,即保留各方名称,所名简单相加组合成一个新的名称。这样的好处是可以保留事务所名称经年累月积淀下来的品牌价值,也能保持事务所的传承有序,避免另起炉灶而引起的市场和客户对新品牌的认知问题。"邦信阳中建中汇"获得司法行政主管部门的批准,据说成为国内律师事务所最长的名字。新事务所的英文名称采用原来邦信阳的英文名:Boss & Young。

我自己也是公司合并业务的律师,深谙公司的合并成功,并不是一纸合并协议的签署,而是合并之后的成功融合。不同的企业制度、文化、发展思路、团队合作等方面有效融合归一,才是企业合并成功的标志。而这条路并不顺利平坦。我们事务所合并伊始也便遇到合并后的融合问题。我们虽然说是两所合并,但由于之前中建中汇两家律师事务所合并后也没有很好地解决融合问题,所以需要解决的实际上是三家所不同文化的深度融合问题。总体来说,合并后的融合工作还是取得了不错的成效,合伙人们以及律师助理们都在尽力适应合并后新的事务所的新制度、新规则、新同事、新观念,创造新气象,同时也在尽可能地丢掉个人所背负的原来所在律所形成的多多少少的历史包袱。我完全可以理解这种融合对于合伙人所产生的影响,以及可能产生的在新所内部的冲突,并进而可能出现的一些无法适应新所环境,无法融合,从而离开新的律所的合伙人的境况。事务所合并后一年多时间,若干名合伙人无法适应和融入新事务所的文化并决定离开,这对于刚合并的邦信阳中建中汇律师事务所确实产生了一些影响,在上海律师界也多少带来些负面效应。但是,合并后的律师事务所的平台已经足以应对这样的局面。这是事务所合并后整合的阵痛,它客观上对于我们这一合并后的大型律师事务所价值观的统一,未来发展方向的一致,以及事务所尽快地实现全面融合都起到了推动作用。我也很高兴地看到,这些昔日同事在新的平台上都可以很好地发展,可以充分施展其才干。

事务所的合并至2020年已有六个年头,以合并后的三家所中成立历史最长的中建所确定的律师事务所的成立历史,农历庚子年公历2020年是上海邦信阳中建中汇律师事务所成立25周年的所庆纪念年。现在回看,事务所当年的合并是成功的,合并后我们尽管遇到融合的困难,但是,作为一家大型律师事务所我们始终在稳步发展。由于事务所的价值观的统一,事务所很多发展道路上的困难便可以迎刃而解。我们成功地实现了事务所体制的改革和进一步完善，事务所战略发展计划的确定，全所规章制度的更新和完善，以及全所考核制度的建立。所有这些对于事务所未来的健康发展均是必须和非常重要的。合并后的事务所在规模上也在不断发展扩大，我们这几年都在不断引进青年才俊，他们包括合伙人、律师助理，也包括事务所的行政服务人员。短短几年，事务所在战略发展上也取得不错的成绩。其中，最为重要的是确定了事务所中长期的战略发展思路，合伙人们统一了思想，都希望事务所不断稳步发展，最终建成一个自己的具有“千人十亿规模”的“律所生态系统”。思想统一，目标明确后，稳扎稳打的实施便会取得应有的效果。事务所的杭州分所于 2017 年 9 月 22 日成立，其后又于 2019 年 3 月 25 日和 12 月 19 日成立了西安分所和宁波分所。西安分所的成立对于律师事务所的战略发展非常重要。西安不仅是西北重镇，古丝绸之路以及“一带一路”的起点，更是未来中国律师法律服务版图上一个重要的坐标。上海遥望西安，是古老的中华文化和现代商业文化的对话。这两个坐标的确立，为事务所未来战略发展奠定了坚实的基础。“浦江杨帆 长安晋发”，Boss & Young 未来定会五洲通达！

25 年，四分之一个世纪，时间不算太长。但是，如果我们把眼光投向 1993 年 4 月，此时新中国第一家私人合伙制律师事务所也才刚刚诞生，那么作为一位至今从事律师事业已经 30 年的律师，我为自己把一生最美好和宝贵的时光奉献给中国律师业，并为中国律师事业的发展做出自己的贡献，感到由衷的骄傲和自豪！尽管自己和团队于 2022 年年初离开上海邦信阳中建中汇律师事务所，加入上海中联律师事务所，但我律师职业的步伐不会停歇。当年作为法科学生时做一名律师，贡献于中国未来的律师业的梦想，可以说得以实现，自己感到特别欣慰。而且，我相信，作为改革开放后第一代的执业律师所开创的中国律师事业，一定会持续健康发展，中国的法律服务业一定会傲然于世界之林！

徐国建

2020 年 9 月 1 日初稿于上海复兴公园

2023 年 4 月 25 日修改于上海陆家嘴

Contents

目录

第一编　中国法律适用法立法与实践研究

第二编　建立法院判决全球流通的国际法律制度探讨

第三编 国际商事仲裁问题研究

第四编 国际法律实务评述

第五编 “一带一路”法律思考及其他

第一编　中国法律适用法立法与实践研究

《中华人民共和国涉外民事关系法律适用法(草案)(二次审议稿)》的若干修改意见*

第一章　一般规定

第一条　为了明确涉外民事关系的法律适用,解决涉外民事争议,维护当事人合法权益,制定本法。

(这是关于本法立法目的的规定,必须突出这种特殊法律立法的目的,即解决涉外民事法律适用的法律冲突,确定民事关系的法律适用。维护当事人合法权益并非直接目的,因为在适用法律尚未确定的情况下,权益是否是什么以及是否合法尚不可知。建议修改为:为了解决涉外民事关系法律适用的冲突,明确涉外民事关系适用的法律,制定本法。)

第二条　涉外民事关系适用的法律,依照本法确定。其他法律对涉外民事关系的法律适用另有特别规定的,依照其规定。

第三条　涉外民事关系适用的法律,应当与该涉外民事关系有最密切联系。

---

* 本文是作者就《中华人民共和国涉外民事关系法律适用法(草案)》提出的修改建议。该建议意见曾提交于2010年9月25~27日在南开大学举办的中国国际私法学会2010年年会。

（国际私法中最密切联系原则系确定如何适用法律的原则，而非适用法律均和民事关系有最密切联系。当事人所选择的法律完全可以不是最密切联系的法律。建议删除该款。）

本法或者其他法律对涉外民事关系的法律适用没有规定的，适用与该涉外民事关系有最密切联系的法律。

第四条　当事人依照法律规定可以明示选择涉外民事关系适用的法律。

（第三条和第四条均为统括规定，两者互为补充。现该条中“当事人依照法律规定”概念模糊。如果法律中规定当事人可以选择法律，则该条规定实为多余，如果说当事人选择法律应是确定涉外民事关系适用法律的一项基本制度，则应明确。建议将该条作为第三条规定：除法律另有规定外，当事人可以明示选择涉外民事关系适用的法律。上述第三条应该移为第四条，修改为：本法或者其他法律对涉外民事关系的法律适用没有规定的，且当事人也未明示选择适用法律的，适用与该涉外民事关系有最密切联系的法律。）

第五条　中华人民共和国法律对涉外民事关系有强制性规定的，应当直接适用。

（本条规定中的“对涉外民事关系有强制性规定的”概念不清，必须明确是说强制性法律适用的规定还是涉及这种民事关系的具体规定。笔者认为应是前者。可修改为：中华人民共和国法律对涉外民事关系的法律适用有强制性规定的，应当直接适用。）

第六条　适用外国法律将损害中华人民共和国社会公共利益的，应当适用中华人民共和国法律。

（本条未交代对应于适用的外国法如何处理，不完整。可修改为：适用外国法律将损害中华人民共和国社会公共利益的，不予适用，应当适用中华人民共和国法律。）

第七条　诉讼时效，适用相关涉外民事关系应当适用的法律。

（关于时效法律适用的新发展趋势是不再将该问题视为程序问题，而是视为实体问题，以法律关系准据法作为时效准据法。但是，这样做必须有一定的限制。鉴于此，建议本规定修改为：诉讼时效，适用相关涉外民事关系所应适用的法律,但是,如果适用外国法关于诉讼时效的规定将损害中华人民共和国社会公共利益或将给法院或当事人带来严重的困难,则可以适用中华人民共和国关于诉讼时效的规定。)

第八条　涉外民事关系的定性,适用法院地法律。

(为了考虑定性的国际性和解决定性问题的合理性,建议完善该制度。本条可修改为:涉外民事关系的定性,适用法院地法律。如果法院地法不是涉外民事关系适用的法律,定性时应考虑该法律的规定。)

第九条　涉外民事关系适用的外国法律,不包括其法律适用法。

("法律适用法"的概念并不统一,为明确起见,应明确为:涉外民事关系适用外国法律,不包括其规定法律关系法律适用的法律适用法的规定。)

第十条　涉外民事关系适用外国法律,该国不同区域实施不同法律的,适用与该涉外民事关系有最密切联系区域的法律。

("不同区域实施不同法律"和"不同法域"是不一样的概念,前者可以是在统一法制国家的不同区域实施不同的一些法律规范,而后者则是国际私法上特定的概念。后者的存在才会产生"区际法律冲突"。因此,本条应修改为:涉外民事关系适用外国法律,该国有不同法域,适用与该涉外民事关系有最密切联系法域的法律。)

第十一条　外国法律的查明,当事人选择适用外国法律的,由当事人提供;没有选择的,人民法院、仲裁机构或者行政机关可以要求当事人提供,也可以依职权查明。

(本条中"没有选择的"应该是"没有提供的"。)

不能查明外国法律的,适用中华人民共和国法律。

第二章　民事主体

第十二条　自然人的民事权利能力,适用经常居所地法律。

("经常居所地"并非学界习以为常的概念,正确的概念应为"惯常居所地"。而且,从字面意义而言,"惯"还有"习惯性"的意义,而这才能体现该概念的真正意义,"经常"只不过是次数的附加,不能反映这一法律概念。本条应改为：自然人的民事权利能力，适用其惯常居所地法律。）

第十三条　自然人的民事行为能力，适用经常居所地法律。

（本条应改为：自然人的民事行为能力，适用其惯常居所地法律。）

自然人依照经常居所地法律为无民事行为能力或者限制民事行为能力，依照行为地法律为完全民事行为能力的，适用行为地法律。

（此规定可能产生这样的问题，即如果自然人依据其惯常居所地为限制行为能力人，但是，其在行为地所实施的行为并非其惯常居所地法律所限制的行为，则以此让其行为能力全部适用行为地法，不但和上款的行为能力适用惯常居所地法的一般性规定矛盾，也显得不合理。鉴于此，建议本款改为：自然人依据其惯常居所地法律因缺乏民事行为能力而无效，但是，依据行为地法律为有效，适用行为地法律。）

第十四条　宣告失踪或者宣告死亡，适用自然人经常居所地法律。

（建议修改为：失踪或者死亡宣告，适用被宣告人失踪前最后惯常居所地法律。）

自然人被宣告失踪或者宣告死亡，其财产在中华人民共和国境内的，与该财产有关的事项适用中华人民共和国法律。

（建议修改为：被宣告失踪或者死亡的人，在中华人民共和国境内有财产的，与该财产有关的法律关系适用中华人民共和国法律。）

第十五条　法人及其分支机构的权利能力、行为能力、组织机构、股东的权利义务等事项，适用登记地法律。

（本条规定不明确。法人和其分支机构的权利能力、行为能力等应该是不一致的，适用登记地法，是法人的登记地还是分支机构的登记地？“登记地”概念的含义也不清楚，应该使用“设立地”。建议修改为：法人及其分支机构的权利能力、行为能力、组织机构、股东的权利义务等事项，分别适用法人及其分支机构设立地法律。）

第十六条　法人的主营业地与登记地不一致的，可以适用主营业地法律。法人的经常居所地，为其主营业地。

（本条规定不合适，属于常识性错误。法律规定必须明确法人的唯一适用法律,要么是其设立地法律,要么是其主营业地法律。不能将两个可能性留待当事人或法官选择。法人是没有“经常居所地”的。建议修改为:法人的主营业地与设立地不一致的,适用其主营业地法律。本条规定应并入第十五条,作为其第二款。)

第十七条　人格权的内容,适用经常居所地法律。

(本法基本属于粗放规定,不应将此事项予以规定,应删除。)

第十八条　代理适用代理行为地法律,但被代理人与代理人的民事关系,适用代理关系发生地法律。

当事人可以协议选择委托代理适用的法律。

(代理应区分内部关系和外部关系分别适用不同的法律。如果仅作简单的规定,应规定代理合同的法律适用。建议改为:当事人可以协议选择代理合同适用的法律;没有选择的,适用代理行为地法律。)

第十九条　当事人可以协议选择信托适用的法律;没有协议选择的,适用信托财产所在地法律或者信托关系发生地法律。

(本条存在两个问题:一是连结点的选择,二是准据法,立法中不能如此给予选择,只能确定一个准据法。但可以规定第一准据法无法确定时,适用第二准据法。鉴于信托财产可以分布于不同的国家,以信托财产所在地作为连结点实践操作中会存在难以适用问题。因而,可以以信托关系产生地作为连结点。建议修改为:当事人可以协议选择信托适用的法律;没有协议选择的,适用信托关系产生地法律。)

第二十条　自然人具有两个以上国籍,在某一国籍国有经常居所的,该国法律为本国法律;在所有国籍国均无经常居所的,与其有最密切联系的国籍国法律为本国法律。

(既然本法采用“惯常居所”作为一般连结点,为何还要规定国籍的冲突问题,又冒出一个连结点“本国”?最好不要在本法律中再引进“本国法”概念。再者国籍冲突的规定也应该放在本章最前面规定。如果具体条文中需要解决国籍冲突,则宜在具体条文中规定。建议修改为:就本法适用而言,自然人具有两个以上国籍的,以其拥有惯常居所国家的国籍为其国籍,在所有国籍国均无惯常居所的,以与该自然人有最密切联系的国家的国籍为其国籍。自然人无国籍或者国籍不明的,以其惯常居所地国为准。)

第二十一条　自然人无国籍或者国籍不明的,其经常居所地法律为本国法律。

(同上条理由。建议该条并入上一条。)

第二十二条　自然人经常居所地不明的,其现在居所地法律为经常居所地法律。

(就立法的逻辑关系而言,本条在第二章“民事主体”,因此应该属于本章的一条兜底规定,其规定并不能统括适用于本法全部规定。此规定应该放在第一章中予以规定。建议改为:就本法适用而言,自然人惯常居所地不明的,以其现在居所地为准。)

第三章　婚姻家庭

第二十三条　结婚条件,适用当事人共同经常居所地法律;没有共同经常居所地的,适用共同本国法律;没有共同国籍,在一方当事人经常居所地或者国籍国缔结婚姻的,适用婚姻缔结地法律。

(本条采用很多属人连结点,尤其是“本国”,会造成混乱。应统一为“惯常居所地”“国籍”“婚姻缔结地”。将“婚姻缔结地”附“惯常居所地”和“国籍”条件,会造成婚姻在非惯常居所地和国籍国缔结的婚姻条件适用法律不确定的漏洞。建议修改为:结婚条件,适用当事人共同经常居所地法律;没有共同惯常居所地的,适用共同国籍国法律;没有共同国籍的,适用婚姻缔结地法律。)

第二十四条　结婚手续,符合婚姻缔结地法律、一方当事人经常居所地法律或者本国法律的,均为有效。

(“本国”应该改为“国籍国”。另外,排列“连结点”的顺序应和上条一致。建议修改为:结婚手续,符合一方当事人惯常居所地法律、国籍国法律或者婚姻缔结地法律的,均为有效。)

第二十五条　夫妻人身关系,适用共同经常居所地法律;没有共同经常居所地的,适用共同本国法律。

(建议修改为:夫妻人身关系,适用共同惯常居所地法律;没有共同惯常居所地的,适用共同国籍国法律;没有共同国籍国的,适用婚姻缔结地法。)

第二十六条　夫妻财产关系,当事人可以协议选择适用一方当事人经常居所地法律、本国法律或者财产所在地法律。当事人没有协议选择的,适用共同经常居所地法律;没有共同经常居所地的,适用共同本国法律。

(建议引进“主要财产”概念,以防止法律规避。建议修改为:夫妻财产关系,当事人可以协议选择适用一方当事人惯常居所地法律、共同国籍国法律或者主要财产所在地法律。当事人没有协议选择的,适用共同惯常居所地法律;没有共同惯常居所地的,适用共同国籍国法律;没有共同国籍国的,适用主要财产所在地法律。)

第二十七条　父母子女人身、财产关系,适用共同经常居所地法律;没有共同经常居所地的,适用一方当事人经常居所地法律或者本国法律中有利于保护弱者权益的法律。

(本条人为地切割完整法律关系,会导致实践中法律适用面临很大的困难。例如:父母有 3 个子女,其中,老大成年有好的收入为强者,老二成年智力低下,老三未成年。如果他们没有共同惯常居所地,依据本条如何确定适用法律?什么是父母、子女财产关系?必须明确。建议明确后再行规定。)

第二十八条　协议离婚,当事人可以协议选择适用一方当事人经常居所地法律或者本国法律。当事人没有选择的,适用共同经常居所地法律;没有共同经常居所地的,适用共同本国法律;没有共同国籍的,适用办理离婚手续机构所在地法律。

(离婚的法律适用不应区分协议离婚和诉讼离婚,协议离婚更多是中国的一种做法,不具有一般性。建议改为:离婚,当事人可以协议选择适用一方当事人惯常居所地法律或者国籍国法律。当事人没有选择的,适用共同惯常居所地法律;没有共同惯常居所地的,适用共同国籍国法律;没有共同国籍的,适用离婚地法律。)

第二十九条　诉讼离婚,适用法院地法律。

(建议删除本条。)

第三十条　收养的条件和手续,同时适用收养人和被收养人本国法律。收养的效力,适用收养时收养人本国法律。收养的解除,适用收养时被收养人本国法律或者法院地法律。

(本法的目的是解决法律冲突,而本条却制造了法律适用的冲突。如果收养人本国法律和被收养人本国法律矛盾、冲突如何处理呢?为更好保护被收养人利益,建议修改为:收养的条件和手续,适用收养时被收养人国籍国法。收养的效力,适用收养时收养人国籍国法。收养的解除,适用收养时被收养人国籍国法。)

第三十一条　扶养,适用一方当事人经常居所地法律、本国法律或者扶养财产所在地法律中有利于保护被扶养人权益的法律。

(本条规定,既没有考虑此方面晚近立法趋势,也不具有可操作性。建议参考1973年海牙抚养公约的立法例。建议修改为:抚养义务适用抚养权利人惯常居所地法,如果根据该法,抚养权利人不能从抚养义务人处获得抚养时,则适用抚养权利人和抚养义务人共同国籍国法;如果无共同国籍国或者依共同国籍国法律也不能从抚养义务人处获得抚养时,适用受理案件的机关或法院所在地法。)

第三十二条　监护,适用一方当事人经常居所地法律或者本国法律中有利于保护被监护人权益的法律。

(建议修改为:监护的设立、变更和终止适用被监护人的惯常居所地法律。)

第四章　继　　承

第三十三条　法定继承,适用被继承人死亡时经常居所地法律,但不动产法定继承,适用不动产所在地法律。

(建议修改为:法定继承,适用被继承人死亡时惯常居所地法律,但不动产法定继承,适用不动产所在地法律。)

第三十四条　遗嘱方式,符合立遗嘱人立遗嘱时或者死亡时经常居所地法律、本国法律或者遗嘱行为地法律的,均为成立。

(本条可参考1961年海牙遗嘱形式公约立法例。建议修改为:遗嘱方式,符合立遗嘱人立遗嘱时或者死亡时其惯常居所地法律、国籍国法律或者遗嘱订立地法律的,或者在涉及不动产时、符合不动产所在地法律的,均为有效。)

第三十五条　遗嘱效力,适用立遗嘱人立遗嘱时或者死亡时经常居所地法律或者本国法律。

(与上条不同,本条立法应仅规定一个适用法律,以避免法律适用冲突。建议修改为:遗嘱效力,适用立遗嘱人选择的法律。立遗嘱人没有选择适用法律的,遗嘱效力适用立遗嘱人死亡时的惯常居所地法;没有惯常居所地的,适用其死亡时的国籍国法。)

第三十六条　遗产管理等事项,适用遗产所在地法律。

(继承关系和遗产管理不应该被分割适用不同的法律。遗产管理适用的法律应尽可能和适用于继承的法律是一致的。据此,建议修改为:遗产管理,法定继承的适用继承所适用的法律,遗嘱继承的适用遗嘱效力所适用的法律。)

第三十七条　无人继承的遗产,适用被继承人死亡时遗产所在地法律。

("遗产"适用法律表述不准确,遗产的处理才应适用法律。建议修改为:无人继承的遗产的处理,适用被继承人死亡时遗产所在地法律。)

第五章　物　　权

第三十八条　不动产物权,适用不动产所在地法律。

(建议本条和下一条合并。但是,应该增加一条以权利为标的的物权的规定,以解决无体动产法律适用问题。为完备起见,船舶和航空器的物权也应予以特别规定。建议修改为:物权,适用物所在地法律。但以权利为标的的物权,适用权利产生地法律。船舶和航空器适用其登记和注册国法律。)

第三十九条　当事人可以协议选择动产物权适用的法律;没有协议选择的,适用法律事实发生时动产所在地法律。

(基于物权的特殊性,其适用法律不应由当事人选择。国际上动产法律适用的通常做法是适用物之所在地法。建议本条和上一条合并。)

第四十条　当事人可以协议选择运输中物权发生变更动产适用的法律;没

有协议选择的，适用运输目的地法律。

（建议修改为：运输中的动产物权适用当事人协议选择的法律；没有协议选择的，适用运输目的地法律。）

第四十一条　当事人可以协议选择有价证券适用的法律；没有协议选择的，适用有价证券权利实现地法律或者有价证券发行人主营业地法律。

（专门规定有价证券应适用的法律实际上是对前述第三十八条以权利为标的的物权法律适用规则的特别规定和补充。鉴于国际有价证券中的证券间接持有的发展，在确定有价证券法律适用立法时必须考虑证券的直接持有和间接持有两种情形，分别规定其不同的适用法律。直接持有应该适用上述第三十八条的规定。而这里应仅限有价证券的间接持有情形。有价证券“权利实现地”实践中无法界定，不能作为连结点使用。建议修改为：有价证券由中介机构代为保管的，该证券权利的取得、丧失、处分或变更，适用当事人在保管协议中选择的法律；没有协议选择的，适用与有价证券具有最密切联系的国家的法律。）

第四十二条　权利质权，适用权利设立地法律。

（鉴于本立法的概括性，不宜将如此具体的问题予以专门规定。建议删除。）

第六章　债　　权

第四十三条　当事人可以协议选择合同适用的法律；没有协议选择的，适用履行义务最能体现该合同特征的一方当事人经常居所地法律或者合同履行地法律。

（本条未采用最密切联系原则，而直接采特征性履行原则，欠妥。应更明确界定合同履行地，否则缺乏可操作性。建议修改为：合同关系适用当事人协议选择的法律；没有协议选择的，适用与合同有最密切联系的国家的法律。如果该法律不能确定，则适用其义务履行最能够体现合同特征的一方当事人惯常居所地法律。如果该当事人没有惯常居所地，则适用该当事人合同义务履行地法律。）

第四十四条　消费合同，适用消费者经常居所地法律；消费者选择适用商品提供地法律或者经营者在消费者经常居所地没有从事相关经营活动的，适用商品提供地法律。

(建议本条修改为:消费合同,适用消费者惯常居所地法律;消费者选择适用商品或服务提供地法律或者经营者在消费者惯常居所地没有从事相关经营活动的,适用商品或服务提供地法律。)

第四十五条　劳动合同,适用劳动者工作地法律;难以确定劳动者工作地的,适用用人单位主营业地法律。劳务派遣,可以适用劳务派出地法律。

(本条规定的适用法律"工作地法律"和"劳务派出地法律"可能彼此冲突。目前,在华外国企业的外方员工绝大多数属于总公司的外派员工,依该规定,其劳动关系究竟应适用中国法律还是派出地外国的法律呢?必须明确。建议删除劳务派遣条款。劳动合同允许当事人意思自治,选择合同适用法律也是国际通常实践。建议修改为:劳动合同,当事人可以协议选择合同适用的法律,没有协议选择的,适用劳动者工作地法律;难以确定劳动者工作地的,适用用人单位主营业地法律。)

第四十六条　侵权责任,适用损害发生地法律或者侵权行为实施地法律,但当事人有共同经常居所地的,适用共同经常居所地法律。

(侵权责任应只规定一个适用法律。侵权,尤其是那些众人涉及其中的如空难等侵权,涉及人员的范围可能很广,故应该明确"当事人"概念的含义。建议修改为:侵权责任,适用损害发生地法律,但侵权人和被侵权人有共同惯常居所地的,适用共同惯常居所地法律。)

第四十七条　侵权行为发生后,当事人可以协议选择适用的法律。

(法律承认这方面当事人意思自治权应是可取的。)

第四十八条　产品责任,适用被侵权人经常居所地法律;被侵权人选择适用侵权人主营业地法律、损害发生地法律的,或者侵权人在被侵权人经常居所地没有从事相关经营活动的,适用侵权人主营业地或者损害发生地法律。

(本规定存在两个问题:其一,"侵权人在被侵权人经常居所地没有从事相关经营活动的,适用侵权人主营业地或者损害发生地法律"是否意味着前面"产品责任,适用被侵权人经常居所地法律"也必须以侵权人在被侵权人经常居所地没有从事相关经营活动为前提?其二,"适用侵权人主营业地或者损害发生地法律”是一个常识性错误。建议修改为:产品责任,适用被侵权人惯常居所地法律;但是,被侵权人可以选择适用侵权人主营业地法律或者损害发生地法律。)

第四十九条　姓名权、肖像权、名誉权、隐私权等人格权的侵权责任,适用被侵权人经常居所地法律。

第五十条　不当得利、无因管理,适用当事人协议选择适用的法律。当事人没有选择的,适用当事人共同经常居所地法律;没有共同经常居所地的,适用不当得利、无因管理发生地法律。

第七章　知识产权

第五十一条　知识产权,适用权利保护地法律,也可以适用权利来源地法律。

(建议修改为:知识产权,适用权利应受保护地国家的法律。)

第五十二条　当事人可以协议选择知识产权转让和许可使用适用的法律;没有协议选择的,适用本法对合同的有关规定。

(建议修改为:当事人可以协议选择知识产权转让和许可使用合同适用的法律;没有协议选择的,适用与合同有最密切联系的国家的法律。如果该法律不能确定,则适用许可人惯常居所地法律。如果许可人没有惯常居所地,则适用该当事人合同义务履行地法律。)

第五十三条　知识产权的侵权责任,适用权利保护地法律,当事人也可以协议选择适用法院地法律。

第八章　附　　则

第五十四条　本法自　年　月　日起施行。

《中华人民共和国涉外民事关系法律适用法》简评[*]

一、《中华人民共和国涉外民事关系法律适用法》立法的指导思想

时任全国人大常委会法工委副主任王胜明2010年9月25日在中国国际私法学会2010年年会上就《中华人民共和国涉外民事关系法律适用法》(以下简称《法律适用法》)制定中的若干问题的发言纪要,揭示了立法者起草本法的指导思想的基本思路:

王胜明主任阐述了《涉外民事关系法律适用法(草案)》的“全”“新”“简”三字要求。第一,“全”。“全”意味着今后无论碰到哪方面的情况,都可以从中找到法律的适用依据,而不能有遗漏。第二,“新”。“新”意味着不能陈旧,不能保守,应该吸收当代涉外民事关系法

---

* 本文系作者2010年11月21日给上海律师协会律师培训所做讲座的讲稿,稍作修订后形成此文提交给2011年中国国际私法学会年会。2020年5月28日,十三届全国人大三次会议表决通过了《中华人民共和国民法典》,自2021年1月1日起施行。《中华人民共和国婚姻法》《中华人民共和国继承法》《中华人民共和国民法通则》《中华人民共和国收养法》《中华人民共和国担保法》《中华人民共和国合同法》《中华人民共和国物权法》《中华人民共和国侵权责任法》《中华人民共和国民法总则》同时废止。本文以《中华人民共和国民法典》实施前有效的法律法规为写作依据和背景,以《中华人民共和国民法典》实施前的法律体系进行分析评述。

律适用法的发展成果。第三,“简”。“简”意味着篇章结构与条文通俗易懂、简明扼要。为了达到“全”“新”“简”三个方面的要求,王主任认为涉外民事关系法律适用法的起草者需要具备四方面的知识:熟悉民商法的全部内容;熟悉法律适用法的内容;熟悉国外法律的发展情况;熟悉国内的实务情况。

王胜明主任认为,在《涉外民事关系法律适用法》起草的过程中,要处理好四个方面的关系:第一,要处理好立足中国实际和借鉴外国经验的关系。国外的东西,要把握他们的发展轨迹,要充分借鉴,但必须从中国的实际出发。当前中国最大的实际是:处于社会主义初级阶段;经历了改革开放30年;今年是中国特色社会主义法律体系的形成之年。王胜明主任特别强调,制定这部法律的目的在于维护最广大人民的根本利益。第二,要处理好当事人意思自治和对这种意思自治限制的关系。第三,要处理好确定性和灵活性的关系,即一个还是多个连结点。过分强调确定性,容易造成法律适用的僵化;过分强调灵活性,又会让当事人和法官感到无所适从。在这个问题上,王主任认为要兼顾确定性和灵活性,适当向确定性倾斜。第四,要处理好法律适用法和单行法律规定的关系。纵观世界各国,国际私法典一般未规定商事关系的法律适用问题。商事领域的法律适用问题是否由单行法来调整更为合适,有待进一步考虑。

综上,我们可以了解立法者“全”“新”“简”的法律起草思路以及协调好涉及法律适用法几方面关系的具体考量。

二、《法律适用法》在我国民商法体系中的地位和与相关冲突法律规范的关系

处理好《法律适用法》和我国既存的单行法律规定的关系是立法中必须解决的问题之一。《法律适用法》涉及该问题的条文是第2条第1款、第2款和第51条。第2条第1款规定:“涉外民事关系适用的法律,依照本法确定。其他法律对涉外民事关系法律适用另有规定的,依照其规定”;第2条第2款规定:“本法和其他法律对涉外民事关系法律适用没有规定的,适用与该涉外民事关系有最密切联系的法律。”第51条规定,《民法通则》第146条、第147条和《继承法》第36条与《法律适用法》规定不一致的,适用《法律适用法》。《民法通则》第146条是关于侵权行为法律适用,第147条是关于结婚和离婚法律适用的规定,而《继承法》第36条则是关于继承法律适用的规定。

《法律适用法》明确规定:(1)本法是规定涉外民事关系法律适用的基本法律,涉外民事关系的法律适用均应依据本法确定的规则进行。(2)在本法和其他既存法律以及今后所制定的新法中所包含的涉外民事关系法律适用规则的关系问题上,采用"特别法优于基本法"的原则。也就是说,其他法律对涉外民事关系法律适用另有规定的,依照其规定。但是,作为例外,《民法通则》第146条、第147条和《继承法》第36条的规定与本法不一致的适用本法。《法律适用法》的这一规定可能是考虑了上述王胜明主任所提及的立法思路:"纵观世界各国,国际私法典一般未规定商事关系的法律适用问题。商事领域的法律适用问题是否由单行法来调整更为合适,有待进一步考虑。"概括起来就是说,《法律适用法》只规定民事关系的法律适用,而不涉及商事关系的法律适用,而这些就留给商事单独法予以规定。(3)依据本法可以解决涉外民事关系所有的准据法确定问题。《法律适用法》第2条第2款是"兜底性的统括冲突规范",有了这样一条法律规定,从理论上讲,所有涉外民事关系都可以找到应于适用的法律——与该民事关系有最密切联系的法律。《民法通则》第142条第3款规定:"中华人民共和国法律和中华人民共和国缔结或者参加的国际条约没有规定的,可以适用国际惯例。"立法者当初的立法意图也是想通过这一规定设计一个兜底条款,但是,它把兜底的任务交给所谓的"国际惯例"。而冲突法方面国际上并无国际惯例可循,所以,我们的立法者在这里将这项工作委托给了一个无法完成此项任务的"受托人"。《法律适用法》在这一方面可谓是一大突破,这才是其最大的亮点。

三、涉外民事关系法律适用的基本规则

讨论涉外民事关系法律适用的基本规则,更准确地说,应该是探讨法律冲突的基本解决方案。那么,《法律适用法》处理法律冲突的基本解决方案是什么呢?笔者认为有以下三个:

其一,当事人自行明示选择涉外民事关系适用的法律。所谓"当事人意思自治原则"早已被我国立法采用,作为确定涉外合同关系法律适用的规则(《民法通则》第145条第1款)。《法律适用法》第3条将这一原则扩大作为所有涉外民事关系法律冲突的基本解决方案:"当事人依照法律规定可以明示选择涉外民事关系适用的法律。"但是,这一规定中"依照法律规定"的措辞却又让本可以非常清晰明了的规定变得意义模糊。笔者认为,该条中"当事人依照法律

规定”概念模糊。如果法律中规定当事人可以选择法律,则该条规定实为多余;如果当事人选择法律应是确定涉外民事关系适用法律的一项基本制度,则应明确。建议修改为:除法律另有规定外,当事人可以明示选择涉外民事关系适用的法律。

其二,依最密切联系原则确定准据法。最密切联系原则被《法律适用法》采纳为解决法律冲突的方法之一。除如上所述《法律适用法》第 2 条第 2 款的兜底条款外,《法律适用法》还在 4 个条文中个别出现,即第 6 条(外国不同法域冲突)、第 19 条(国籍冲突)、第 39 条(有价证券法律适用)以及第 41 条(合同法律适用)。

其三,具体的固定连结点指引适用的法律。这是冲突法最常用的法律冲突解决方案。关于这一涉外民事关系法律适用规则,笔者下面以专门段落进行分析。

四、《法律适用法》所运用的固定连结点

《法律适用法》中运用了诸多的连结点,确定准据法。这些连结点按照在法律中出现的先后顺序可归纳为 27 个:(1)经常居所地;(2)登记地;(3)主营业地;(4)代理行为地;(5)代理关系发生地;(6)财产所在地;(7)信托关系发生地;(8)仲裁机构所在地;(9)仲裁地;(10)国籍;(11)现在居所地;(12)婚姻缔结地;(13)主要财产所在地;(14)办理离婚手续机构所在地;(15)法院地;(16)不动产所在地;(17)遗产所在地;(18)动产所在地;(19)运输目的地;(20)证券权利实现地;(21)质权设立地;(22)服务提供地;(23)劳务派出地;(24)侵权行为地;(25)损害发生地;(26)不当得利、无因管理发生地;(27)被请求保护地。

所有这些连结点可概括为以下 5 大类:(1)居所地:经常居所地和现居所地;(2)国籍;(3)行为地:登记地、代理行为地、代理关系发生地、信托关系发生地、仲裁地、婚姻缔结地、运输目的地、证券权利实现地、质权设立地、服务提供地、劳务派遣地、侵权行为地、损害发生地、不当得利、无因管理发生地,以及被请求保护地;(4)财产所在地:主要财产所在地、不动产所在地、动产所在地、遗产所在地;(5)机构所在地:主营业地、仲裁机构所在地以及法院地。

五、几个冲突法基本制度在《法律适用法》中的体现

这里所说的冲突法基本制度是指学习国际私法时都学习过的诸如“定性”

“公共秩序保留”“反致和转致”“外国法的查明”“强制性规定的适用”“多法域国家法律适用”等问题。《法律适用法》将这些问题放在第一章“一般规定”中予以规定。对于这些问题作出明确规定是我国这次国际私法立法的一大亮点，也是我国国际私法立法趋于不断完善的一个可喜发展。

• **定性** 定性适用法院地法（第 8 条）。笔者曾指出：为了考虑定性的国际性和解决定性问题的合理性，建议完善该制度。此条可修改为：涉外民事关系的定性，适用法院地法律。如果法院地法不是涉外民事关系适用的法律，定性时应考虑该法律的规定。

• **公共秩序保留** 这一制度我国之前的冲突法立法中就已经存在。《民法通则》第 150 条规定：依照本章规定适用外国法律或者国际惯例的，不得违背中华人民共和国的社会公共利益。《法律适用法》第 5 条对该问题规定：“外国法律的适用将损害中华人民共和国社会公共利益的，适用中华人民共和国法律。”比较这两条规定，笔者认为后者更为科学，更符合国际私法的习惯。因为，前者只是一种宣誓，并未提供解决方案，而后者尽管并没有宣誓说外国法的适用不得损害我国的社会公共利益，但是，通过规定如果外国法适用损害我国社会公共利益，适用我国法律，从而排除外国法的适用。

• **反致和转致** 国际上国际私法立法趋势是排除反致和转致的适用。《法律适用法》也采纳了相同的态度。第 9 条规定：“涉外民事关系适用的外国法律，不包括该国的法律适用法。”由此，便排除了外国冲突法反致中国法律的可能性，并从而排除接受反致制度。

• **外国法的查明** 外国法的查明是涉外司法实践中一个非常重要的问题。如果没有外国法查明制度的保障，涉外民事关系法律适用就是空中楼阁，会造成只要是适用外国法律，便转而适用我国法律的情况。《法律适用法》首次在我国立法中确定了外国法查明的制度。第 10 条规定：“涉外民事关系适用外国法律，由人民法院、仲裁机构或者行政机关查明。当事人选择适用外国法律的，应当提供该国法律”，“不能查明外国法律或者该国法律没有规定的，适用中华人民共和国法律”。鉴于我国外国法和比较法研究相当有限，该条规定的可执行性是一个很大的疑问，该规定对于人民法院、仲裁机构或者行政机关是一个极大的挑战。但是，这一外国法查明的制度性建设可以推动我国外国法和比较法的研究。能够提供外国法咨询意见的专门研究机构可能会破茧而出。

• **强制性规定的适用** 这是一个学术界有争议的问题，焦点是冲突法中是否存在所谓的“涉外民事关系强制规定”。（1）存在说。目前国内学术界占主流的观点认为存在“强制性规定”“直接适用的法”。这是指无须援引法院地冲突规则而必须直接适用于某种涉外民商事关系的强制性法律规范。这些“直接适用的法”之所以必须适用,是维护重大利益的需要。持这种观点的人认为,在我国当前的司法实践中,以法律规避、公共秩序保留的方法来排除和限制外国法适用的做法,依据并不十分充分。再者,“直接适用的法”和“强制性规定”是两个范围不同的概念,用“直接适用的法”能更直接地排除外国法的适用,因此,更为适宜。(2)不存在说。这派观点认为国际私法中不存在“直接适用的法律”。他们认为,直接适用规范实际上强调直接规定当事人之间的权利义务。所谓直接适用的法律,是与间接适用的法律相对的,指直接规定当事人之间的权利义务,不需要指引而适用的法律。基于以上认识他们认为,国际私法中不存在直接适用的法律。国际私法中的单边间接规范不是所谓的“直接适用的法律”;经单边间接规范指引的直接规范也不是“直接适用的法律”;管理性的直接规范更不是国际私法中“直接适用的法律”。(参见 2010 年中国国际私法学会天津年会报告纪要)

《法律适用法》的立法者倾向于认为,我国法律中存在所谓的适用于涉外民事关系的强制性规定,这些规定应该予以直接适用。第 4 条规定:“中华人民共和国法律对涉外民事关系有强制性规定的,直接适用该强制性规定。”

六、“二次法律选择”技术的导入

为了体现冲突法立法中对于弱者保护的现代国际私法的最新理念,《法律适用法》第 25 条、第 29 条以及第 30 条导入了“二次法律选择”技术。这是《法律适用法》的一个新发展和亮点。“二次法律选择”是指立法作出第一次选择和指定,然后,由法院和仲裁机构从第一次选择的法律中进行“弱者保护”的价值判断,再行选择出应于适用的法律。《法律适用法》第 25 条规定:“父母子女人身、财产关系,适用共同经常居所地法律;没有共同经常居所地的,适用一方当事人经常居所地法律或者国籍国法律中有利于保护弱者权益的法律。”第 29 条规定:“扶养,适用一方当事人经常居所地法律、国籍国法律或者主要财产所在地法律中有利于保护被扶养人权益的法律。”第 30 条规定:“监护,适用一方当事人经常居所地法律或者国籍国法律中有利于保护被监护人权益的法律。”

七、《法律适用法》的结构

适用法纯粹属于法律适用法,它只包括法律适用规范,而没有涉及管辖权和涉外民事诉讼程序的规定,所以,它并不是一个典型意义上的国际私法立法。《法律适用法》共 8 章 52 条,第一章"一般规定"、第二章"民事主体"、第三章"婚姻家庭"、第四章"继承"、第五章"物权"、第六章"债权"、第七章"知识产权"以及第八章"附则"。与我们习惯性的排列顺序不同,《法律适用法》将婚姻家庭和继承置于法律的前面,而不是像《民法通则》那样将它们放在物权和债权之后。这种将"属人性质"的章节条文放在一起,置于法律前段,而把"属物性质"的章节条文放在一起,置于法律后段的立法排列顺序,具有一定的新意。此外,单列知识产权为独立一章予以专门规定也是一种创新。

八、《法律适用法》存在的问题

单就《法律适用法》的现有条文而言,它存在若干缺陷:

- 整个立法在确定涉外民事关系法律适用时缺乏一根主线贯穿于立法的始终。尽管当事人意思自治原则以及最密切联系原则被《法律适用法》确定为解决法律冲突重要原则,但是,遗憾的是最密切联系原则在具体法律适用的规定中却没有被始终坚持。这一点从我们前面罗列出来的众多的"连结点"便可以看出。众多的"连结点"意味着立法确定准据法标准的混乱。

- 存在错误和不具可操作性的规定。这样的规定有第 14 条(法人属人法)、第 17 条(信托)、第 18 条(仲裁)、第 28 条(收养)、第 33 条(遗嘱效力)、第 39 条(有价证券)、第 41 条(合同)以及第 45 条(侵权)。这些规定中都规定了涉外民事关系可以适用一个以上的法律,也就是说,这些条文中规定的涉外民事关系有一个以上的准据法。那么,实践中由谁按照什么标准去确定多个准据法中的一个予以适用呢?冲突法本是解决法律冲突的法律,但是不幸的是,《法律适用法》的这些规定非但没有解决法律冲突,而且制造出法律的冲突。

- 关于一些概念的运用。国际私法中的一些概念具有特定的含义,有些属于约定俗成,不可轻易改变。这些国际私法概念包括:(1)"不同区域实施不同法律"(第 6 条),应该使用"法域"这一概念。(2)"经常居所地"(普遍使用于本法很多条文中),应该使用"惯常居所"。"住所"(domicile)、"居所"(residence)和"惯常居所"(habitual residence)业已成为国际私法中习以为常的概念,应该使用它们,不应以其他非专业说法取而代之。(3)"法人登记地"(第 14 条),应该使用"法人设立地"(place of incorporation)。(4)"履行义务最能体现该合同特征"(第 41 条),立法采纳"特征性履行"(characteristic performance)

理论是一大进步。但是,该理论仅是界定和推定合同中的哪一方履行与合同最具紧密联系的一种理论和方法,因而,不宜在立法中如此直接规定和使用“特征性履行”理论。

九、结论

《法律适用法》的公布施行给我国国际私法立法工作暂时画上了一个句号,却给我国国际私法学术研究和实务工作者画出了一个“冒号”。为了该法可以正确实施,我们应该从实用主义角度对它的各个条文进行深入研究。笔者建议,应每年总结和分析实践中对《法律适用法》适用的案例,研讨它在实际适用中所出现的问题。这样,笔者若干年前曾在国际私法年会上所总结的我国国际私法事实上分为“学者的国际私法”“立法者的国际私法”“法官的国际私法”的分裂局面便会结束。《法律适用法》实施后,我国的国际私法应该只有以该法为基准的中国国际私法。从这个意义上说,《法律适用法》实现了我国国际私法研究、立法和司法的全面统一。

略论《中华人民共和国涉外民事关系法律适用法》中的连结点*

一、引言

2010年10月28日,《中华人民共和国涉外民事关系法律适用法》(以下简称《法律适用法》)获全国人大常委会通过,并于2011年4月1日生效,国际私法或冲突法在我国立法上第一次有了正式的名称——涉外民事关系法律适用法。顾名思义,涉外民事关系法律适用法是确定涉外民事关系法律适用的法律,也就是说,民事法律关系由于"涉外",便涉及不同国家法律的适用,因此,必须立法确定这些不同国家的法律中哪个应予适用。适用法的立法技术是通过法律规范将涉外民事法律关系通过所谓的"连结点",或称"连结因素",与应予适用的国家的法律连接起来。可以这样认为,世界上无论哪个国家的国际私法立法,其中最为重要的立法元素就是"连结点"。因此,无论是学习还是研究国际私法立法,如果从"连结点"出发,无疑能够起到画龙点睛的作用。

在国际私法学上,人们通常把冲突规范的范围中所指之法律问题指定应受哪国法律规范的事实因素称为连结点或连结因素。而它们不但常常以"国籍""住所""缔约地""履行地"等这些含有场所意义的概念予以体

---

* 本文系提交中国国际私法学会2012年年会的论文。

现,还以“当事人自主选择”以及“最密切联系”等需进一步场地化的“连结链”表示出来。①

如上所述,国际私法上的连结点具有多样性,不同国家的国际私法立法中通常会考虑其社会的具体情况,确定不同的涉外民事关系采用不同的连结点指引准据法。但是,在国际私法发展史上,一些特定的涉外民事法律关系,无论什么国家,均会采用特定的连结点指引应予适用的法律。国际私法学上通常将特定的连结点指引特定的涉外民事关系法律适用的公式称为系属公式。这样的系属公式主要包括以连结点为本国法或住所地法的属人法,以物之所在地为连结点的物之所在地法,以行为地为连结点的行为地法,以法院地为连结点的法院地法,等等。系属公式既然称为“公式”,那么除非随着社会的发展变化,这些公式被新的公式所替代,它们应该在立法和司法实践中被继续适用。这些也应该是我国国际私法立法和司法中予以适用的。

国际私法是一门发展中的法律,它随着国际社会经济、文化、科技等的发展而发展变化,这种发展变化最主要的表现方式便是以连结点为核心的准据法确定方式的变化。我国国际私法的先驱韩德培教授早在 20 多年前便深入研究第二次世界大战后国际私法中的重大改革和新发展,并认为从以固定连结点出发硬性和僵化地确定准据法向确定准据法的所谓“弹性连接原则”的转化,乃国际私法最重要的改革和发展。② 韩德培教授进一步认为,被国际社会逐渐广泛采用的弹性连接原则主要包括最密切联系原则、选择性连接因素以及补充性连接因素。③ 如果从连结点着眼考察国际私法的发展变化,我们不难看出,从“国籍”“住所”“缔约地”“履行地”等固定和僵硬的连结点逐渐向“最密切联系”等柔软和弹性连结点的发展变化,是国际私法连结点的发展趋势。确定准据法的这种弹性化趋势也被国外学者认为是欧洲和中国合同法冲突法趋同发展的一

---

① 参见李双元:《国际私法(冲突法篇)》,武汉大学出版社 1986 年版,第 133 ~ 134 页;韩德培主编:《国际私法》,武汉大学出版社 1984 年版,第 48 页。

② 参见韩德培:《国际私法的晚近发展趋势》,载韩德培著,黄进等编:《韩德培文选》,武汉大学出版社 1996 年版,第 79 页。

③ 参见韩德培:《国际私法的晚近发展趋势》,载韩德培著,黄进等编:《韩德培文选》,武汉大学出版社 1996 年版,第 79 ~ 81 页。

个实例。[1] 如果我们再进一步考察国际私法发展趋势，尤其是国际私法学者们对国际私法发展趋势的论述，还可以看到，国际私法上的连结点似乎还在向“抽象”或“无连结点”的方向发展。晚近国际私法上发展出的所谓政策定向和结果选择方法以及“现代商人法”理论均是这种发展趋势的典型例证。[2] 国际私法上连结点由固定僵化的连结点不断向柔软弹性的连结点发展的过程就如同美术史上油画从具象不断向抽象发展一样，艺术家丰富、多层次、多维度的情感已无法通过具象表达，便发展为抽象艺术，而涉外民事法律关系所涉及的多方位、不同法系和不同利益体的错综复杂的关系业已使立法者无法以单一的固定的连结点单项指引应适用的法律，便发展为通过柔软弹性的连结点来解决法律适用问题。

新中国的国际私法立法和司法实践是从1978年改革开放开始的。考察世界各国国际私法立法，不难看出，20世纪后半叶是国际私法国内立法（或修法）的高潮期，其中主要者包括：1978年奥地利立法、1979年匈牙利立法、1980年布隆迪立法、1985年巴拉圭立法、1985年智利立法、1986年德国立法、1987年瑞士立法、1987年哥斯达黎加立法、1991年美国路易斯安那州立法、1998年意大利立法、1998年委内瑞拉立法、1998年突尼斯立法、1999年列支敦士登立法、1999年斯洛文尼亚立法、2001年韩国立法、2004年比利时立法、2005年保加利亚立法以及2007年土耳其立法，等等。[3] 这些近期国际私法的国内立法，均是我国国际私法立法的有益参照。改革开放后我国国际私法尽管获得长足发展，但是，长期以来我国国际私法系统立法的缺失导致我国司法实践中，尤其是涉外民商事审判实践中“国际私法意识”的缺失。国际私法立法的这种局面显然不

---

① 参见 Martin Gebauer, Flexibility and Predictability in Determining the Law Applicable to Contracts，载《和谐世界与国际法——李双元教授八十华诞贺寿文集》中国法制出版社2009年版，第31～53页。

② 关于国际私法上政策定向和结果选择的方法的论述，参见韩德培：《国际私法的晚近发展趋势》，载韩德培著，黄进等编：《韩德培文选》，武汉大学出版社1996年版，第81～85页。关于现代商人法问题的论述，参见徐国建：《国际统一私法总论》，法律出版社2011年版，第90～123页；郑远民：《现代商人法理论的提出及其对我国的影响》，载《和谐世界与国际法——李双元教授八十华诞贺寿文集》，中国法制出版社2009年版，第562～573页。

③ 有关这些立法的中文翻译，参见邹国勇编著：《外国国际私法立法精选》，中国政法大学出版社2011年版。

符合改革开放后，业已全面融入国际社会的中国的现实。[①] 正因如此，我国国际私法学界期盼作为中国特色社会主义法律体系建设中的重要立法——《法律适用法》应该是一部统一的、体系完备的、国际性的、时代性的以及中国特色的国际私法立法。经济上业已位居世界最前列，国际地位越来越重要的中国的这部立法，在立法的内容和技术等方面均应该成为“举世瞩目的21世纪初世界上重要的国际私法典”。[②]

本文将着眼于《法律适用法》中所运用的连结点，探讨这部立法的可适用性，指出存在的问题，提出如何通过诸如最高人民法院的司法解释去弥补立法的缺陷。

二、《法律适用法》中的弹性连结点评说

（一）《法律适用法》中连结点的分类

国际私法上的连结点按照不同的标准可以进行不同的分类。譬如，有学者将其分为客观连结点和主观连结点、静态连结点和动态连结点以及单数连结点和复数连结点。[③] 为了便于分析和探讨我国国际私法立法中的连结点问题，我们将《法律适用法》中的连结点分成两大类：弹性连结点和固定连结点。尽管我们这里所谓弹性连结点和固定连结点的分类与上述学者们的客观连结点和主观连结点分类实质内容应是相似抑或相同的，但是，我们不赞成从哲学的唯物主义或唯心主义的角度评判国际私法的连结点，因为那样可能给法官等法律使用者一种假象或误导，以为主观的连结点就是唯心主义者的自由评判，而非多个固定连结点中的选择。而这样势必会造成司法实践中适用这种弹性连结点的错误。

（二）弹性连结点

弹性连结点的运用可以说是《法律适用法》的立法者紧跟世界上国际私法发展趋势，使其具有时代性的先进立法理念的体现。《法律适用法》中运用的弹性连结点主要包括最密切联系和当事人意思自治。

---

① 参见徐国建：《我们需要一部怎样的国际私法立法?》，载徐国建：《全球化背景下私法的冲突、协调和统一——国际私法与比较法论集》，法律出版社2010年版，第381页。

② 参见徐国建：《我们需要一部怎样的国际私法立法?》，载徐国建：《全球化背景下私法的冲突、协调和统一——国际私法与比较法论集》，法律出版社2010年版，第381页。

③ 参见杜涛：《涉外民事关系法律适用法释评》，中国法制出版社2011年版，第21～22页。

1. 最密切联系

(1)最密切联系连结点的运用

在涉外民事关系所涉及的若干国家中,以和该法律关系联系最为密切的那个国家的法律作为准据法予以适用,在国际私法上这种确定准据法的方法被称为最密切联系方法。由于晚近国际私法发展中,以最密切联系确定准据法的方法,在一定范围内的适用具有一定的共性,所以,国际私法学者也把准据法的这种确定方法称为"最密切联系原则"。但是,应该指出的是,尽管人们把最密切联系方法说成"原则",这绝不是说,国际私法立法中每一个冲突法规范的制定,都必须先考察哪一个连结点和该涉外民事法律关系具有内在的最密切联系,从而便将该连结点确定为该具体冲突法规范中的连结点。换句话说,在国际私法立法中,冲突法规范中的连结点绝对不是必然和相关的涉外民事法律关系联系最为紧密的。否则,国际私法就无须就不同的涉外民事关系进行不同法律适用的立法,仅规定"涉外民事关系适用与其最具紧密联系国家法律"便足以。国际私法的立法绝对不是仅让立法者代法官判断哪个连结点与涉外民事法律关系最为紧密联系的过程。司法中更不能认为只要法律规定涉外民事法律关系适用哪国法律规定不明确者,均应进行"最密切联系"考量,以确定应于适用的准据法。

《法律适用法》中 5 个条款规定了最密切联系连结点的运用:

第 2 条第 2 款:"本法或其他法律对涉外民事关系法律适用没有规定的,适用与该涉外民事关系有最密切联系的法律。"

第 6 条:"涉外民事关系适用外国法律,该国不同区域实施不同法律的,适用与该涉外民事关系有最密切联系区域的法律。"

第 19 条:"依据本法适用国籍国法律,自然人具有两个以上国籍的,适用有经常居所的国籍国法律;在所有国籍国均无经常居所的,适用与其有最密切联系的国籍国法律。自然人无国籍或者国籍不明的,适用其经常居所地法律。"

第 39 条:"有价证券,适用有价证券权利实现地法律或者其他与该有价证券有最密切联系的法律。"

第 41 条:"当事人可以协议选择合同适用的法律。当事人没有选择的,适用履行义务最能体现该合同特征的一方当事人经常居所地法律或者其他与该合同有最密切联系的法律。"

(2)兜底条款——仅为漏洞补充规则,而非基本原则

《法律适用法》上述第2条第2款关于法律对涉外民事关系法律适用无规定的,适用与该涉外民事关系有最密切联系的法律的规定几乎被我国国际私法学界一致冠以"兜底条款"的俗名,但这倒也非常易懂,且也非常形象。总体来说,这一规定得到了我国国际私法学界的肯定。有学者甚至将该规定美誉为我国"立法的新突破":"本法在一般规定中以最密切联系原则作为法律没有规定时确定涉外民事关系法律适用的补缺规则是立法的新突破,对规范我国涉外民事案件审理中的法律适用、保障涉外民事纠纷的顺利解决、维护当事人合法权益、促进我国对外民事交往的发展将产生积极作用。"①学者这样的美誉也不为过,毕竟从理论上来说,由于立法这样的处理,我国涉外司法中便再不存在有涉外民事关系无准据法可予以援引适用的立法缺漏。②

笔者理解,这一兜底条款的唯一意义就是补充我国涉外民事关系法律适用立法中可能出现的漏洞。对于《法律适用法》的这一条规定,司法实践中并不能因为它具有上述重要意义,就对其进行扩张解释,而是应该严格依据字面解释的传统法律解释方法对其进行解释。③ 然而,我们也看到,有观点认为,"最密切联系原则是《法律适用法》的基本原则",④而且,"从该法的相关规定来看,最密切联系原则则具备了国际私法基本原则的基本特征,是我国国际私法的基本原则"。因为,"首先《涉外民事关系法律适用法》首先充分肯定了最密切联系原则的补缺功能……其次,该款的规定在充分肯定最密切联系补缺功能的同时,也昭示着最密切联系原则是制定具体法律选择规则的依据,或者说我国国际私法的具体法律适用规则均体现了最密切联系原则……第三,《涉外民事关系法律适用法》承认最密切联系原则的矫正功能"。⑤ 我们不能认同这种观点,更不能接受,将兜底条款的规定解释为它昭示着最密切联系原则是我国国际私

---

① 参见黄进、姜茹娇主编:《中华人民共和国涉外民事关系法律适用法释义与分析》,法律出版社2011年版,第10页。

② 关于国际私法中漏洞的补充问题,参见徐国建:《国际统一私法总论》,法律出版社2011年版,第338~358页。

③ 关于国际私法解释方法问题,参见徐国建:《国际统一私法总论》,法律出版社2011年版,第296~337页。

④ 参见万鄂湘主编,最高人民法院民事审判第四庭编著:《中华人民共和国涉外民事关系法律适用法条文理解与适用》,中国法制出版社2011年版,第20页。

⑤ 参见万鄂湘主编,最高人民法院民事审判第四庭编著:《中华人民共和国涉外民事关系法律适用法条文理解与适用》,中国法制出版社2011年版,第24~25页。

法立法上制定具体法律选择规则的依据。我国著名国际私法学者李双元教授所主持的国家社科基金项目“涉外民事关系法律适用法的制定研究”所得出的一个研究结果就是,不能认为《法律适用法》是以“最密切联系”作为制定全部冲突法制度的总的指导原则的。① 这一观点也为直接参与和负责《法律适用法》起草工作的全国人大常委会法工委王胜明先生所确认。他在一篇署名研究文章中解释,立法者之所以在该法第2条第2款规定“本法和其他法律对涉外民事关系法律适用没有规定的,适用与该涉外民事关系有最密切联系的法律”的用意恰恰在于不想将“最密切联系原则”作为制定本法的指导原则。② 王胜明先生的这一阐述无疑是对《法律适用法》第2条第2款所进行的历史解释方法的运用。③

(3)最密切联系连结点的漏洞补充作用

基于上述分析,笔者可以认为,最密切联系连结点在《法律适用法》中的最重要意义就是其漏洞补充的作用,或者叫作兜底作用。我国的国际私法立法在此次立法之前均为分散、不成系统的,所以,也就留下了很多的漏洞。对于我国国际私法漏洞的补充问题,学者们鲜有研究,实践中主要是依赖最高人民法院司法解释予以一定程度上的补充,但是,这种做法遭到学界诟病,最高人民法院被认为有越俎代庖之嫌。④ 此次《法律适用法》立法中立法者在国际私法立法的层面确定了涉外民事关系法律适用的法律漏洞的补充规则,这是我国国际私法立法中首次确定法律漏洞补充规则。立法中有了这样的规定,将来在涉及具体涉外民事关系的法律适用时法律没有规定的情况下,最高人民法院便可以按照法律漏洞补充的原理和方法进行具体的解释和规定,而它那样所作出的在于弥补涉外民事关系法律适用的法律漏洞的司法解释便不再是进行立法的越权行为了。⑤

这里需要探讨的是《法律适用法》第2条第2款中“没有规定的”含义,且尤

---

① 参见李双元文:《关于我国〈涉外民事关系法律适用法〉的几个问题》,此文系李先生所主持的国家社科基金项目“涉外民事关系法律适用法的制定研究”的研究结果,在同名专著中出版。

② 参见王胜明:《涉外民事关系法律适用法若干争议问题》,载《法学研究》2012年第2期。

③ 参见徐国建:《国际统一私法总论》,法律出版社2011年版,第320~323页。

④ 参见丁伟:《司法解释与立法的耦合:中国国际私法和谐发展的时代要求》,载《时代法学》2007年第5期。

⑤ 关于国际私法漏洞补充问题的讨论,参见徐国建:《国际统一私法总论》,法律出版社2011年版,第338~358页。

其是该概念的外延问题。如果从法律漏洞补充的角度,也就是说,如何定义我国涉外民事关系法律适用法中的漏洞?就一般法律而言,所谓"法律的漏洞"("Rechtsluecke"或"Gesetzluecke")是指现行法律对人们合理期望应予规定的事项,而没有规定的情形。① 法律漏洞应该是现行法律所没有规定的事项,是现行法律的一种"不完整性"。② 所以,《法律适用法》第2条第2款中所说的"没有规定的"便是法律的漏洞。我国涉外民事关系法律适用法中这样的漏洞无外乎两类:

其一,立法对于某种涉外民事法律关系的法律适用全部没有予以规定,以致无法适用现行法律条文确定这种法律关系的法律适用。我们不妨将此种法律漏洞称为完全的法律漏洞。比如,公司破产问题《法律适用法》中没有规定,便属于这种完全的法律漏洞。但是,实践中如何运用最密切联系原则对于这样的法律漏洞进行补充对于法官、律师等法律适用者来说会具有很大的挑战。仅就涉外破产问题而言,它涉及破产程序的适用、申请破产的条件、破产财产的界定、债务人和破产管理人的权利范围、破产程序对于债务人作为合同当事人一方的合同的影响以及破产程序终结后债权人的权利,等等。而这些问题又如何通过最密切联系原则确定适用的准据法?是确定和破产申请人最密切联系的国家的法律,还是与被申请破产公司最密切联系的国家的法律,抑或与破产财产最密切联系国家的法律?如上所述,《法律适用法》第2条第2款已经规定漏洞补充规则,这种完全的法律漏洞应该由最高人民法院通过司法解释予以进一步明确,从而避免实践中该条法律适用的极度不一致。

其二,尽管某一涉外民事关系的法律适用业已在法律中予以规定,但是,法律的规定却是不完整、不全面的,留下必须予以补充的法律漏洞,这种情形我们姑且称为部分的法律漏洞。对于这样的漏洞有学者认为,仍然应该采用最密切联系的连结点予以补充,他们还举例《法律适用法》第23条适用中出现的夫妻双方既无共同经常居所地,也无共同国籍情况下,如何确定其人身关系的法律适用问题,以及第17条适用中出现的如何在信托物之所在地和信托关系发生

① 参见王泽鉴:《比较法与法律之解释适用》,载王泽鉴:《民法学说与判例研究》第2卷,中国政法大学出版社1988年版,第16~31页。

② 参见徐国建:《国际统一私法总论》,法律出版社2011年版,第341页。

地间进行选择的问题,认为它们均应按最密切联系原则予以解决。[1] 笔者认为,这种部分的法律漏洞不是必然应该通过最密切联系原则的适用予以漏洞补充,因为如上所述,最密切联系原则并不是本法的基本原则。这种法律漏洞实际上是法律解释的问题,必须通过法律解释的原理和方法予以解决。最密切联系原则只应该是法律解释的一种方法而已。

(4)《法律适用法》中最密切联系连结点具体功能运用考察

如上所述,《法律适用法》除第 2 条第 2 款外,最密切联系连结点还在 4 个条款中出现,并分别起着不同的作用:

- 外国区际法律冲突的解决——多法域国家具体法域的确定。《法律适用法》第 6 条规定,如果涉外民事关系适用外国法律,该国不同区域实施不同法律的,那么依据最密切联系原则,适用与该涉外民事关系有最密切联系区域的法律。在国际私法上,区际法律冲突通常适用本国的区际私法予以解决,我国立法中的这一条规定似有越俎代庖之嫌。

- 自然人有两个以上国籍情况下,国籍国法律的确定。依据第 19 条规定,如果应适用自然人国籍国法律,但自然人具有两个以上国籍,则应适用有经常居所的国籍国法律;在所有国籍国均无经常居所的,适用与其有最密切联系的国籍国法律。法律的这一规定我们认为不尽合理。实际生活中,在自然人拥有双重或多重国籍的情况下,如果该自然人在任何一个国籍国均无经常居所,当然也不可能有住所,很难想象,其中一个国籍国和该自然人会比另一个国籍国联系更为紧密。有学者以 1979 年《匈牙利国际私法》第 11 条和 1978 年《奥地利联邦国际私法规定》第 9 条第 1 款规定为例认为,国外解决国籍积极冲突立法实践中,"通常先以当事人住所或经常居所所在地国籍为准,如果国籍国中没有经常居住地的,以与当事人有最密切联系国家的国籍为准"。[2] 但是,这些立法均没有像《法律适用法》一样,先界定自然人经常居所地国籍国法为准据法,而之后,才以最密切联系连结点在多个国籍国中选择准据法。

- 有价证券的准据法确定。《法律适用法》第 39 条规定了有价证券可以适用有价证券权利实现地法律或者其他与该有价证券有最密切联系的法律。

---

① 参见黄进、姜茹娇主编:《中华人民共和国涉外民事关系法律适用法释义与分析》,法律出版社 2011 年版,第 12 页。

② 参见黄进、姜茹娇主编:《中华人民共和国涉外民事关系法律适用法释义与分析》,法律出版社 2011 年版,第 107 ~ 108 页。

在这里，最密切联系连结点作为有价证券准据法确定的一个选择性的连结点予以适用。有价证券是一个外延非常广泛的法律概念，它包括提单、仓单等财务证券，商业汇票、银行汇票、本票和支票等的货币证券以及股票、债券、基金证券和可转换证券等的资本证券。该条规定中所说的有价证券应作扩大解释，包括所有这些种类的有价证券。[①] 司法实践中，基于有价证券的种类、性质的多样性，难以笼统地认为和有价证券相关的国家与其有最密切联系，而应该区分不同种类的有价证券，具体考察与它最密切联系的国家。例如，股票涉及股东权利实现问题、股票的发行、买卖和转让问题。依据《法律适用法》确定和股票有最密切联系地则通常为股票权利实现地（依据第 39 条第一句规定，准据法为权利实现地法律）、股票发行地、买卖地和转让地。而提单这样非常重要的有价证券的法律适用，实践中当事人通常都会在提单中选择提单适用的法律，很少需要依据客观连结点去确定提单准据法的情况。[②]

- 合同准据法的确定。《法律适用法》第 41 条将最密切联系作为确定合同准据法的一个选择性连结点：当事人可以协议选择合同适用的法律。当事人没有选择的，适用履行义务最能体现该合同特征的一方当事人经常居所地法律或者其他与该合同有最密切联系的法律。这一规定在理论和实践上均存在瑕疵。国际私法上特征性履行理论和方法本来是为了判断哪一国法律和合同最具密切联系而产生和发展起来的，它从属于最密切联系原则，是其衍生，而不是其替代。[③] 从《法律适用法》上述规定的字里行间人们似乎也可以理解成，立法者的本意是在当事人无法律选择时，以最密切联系确定合同准据法，只是在这样做之前要先适用立法者预先推定的和合同具有最密切联系国家的法律——履行义务最能体现该合同特征的一方当事人经常居所地法律。但是，该条的字面意义似乎又让人们觉得，如果当事人无法律选择，可以选择履行义务最能体现该合同特征的一方当事人经常居所地法律或与该合同有最密切联系的法律。因为条文中的“或者”便表明了这样的含义。

---

① 参见万鄂湘主编，最高人民法院民事审判第四庭编著：《中华人民共和国涉外民事关系法律适用法条文理解与适用》，中国法制出版社 2011 年版，第 285 页。

② 参见万鄂湘主编，最高人民法院民事审判第四庭编著：《中华人民共和国涉外民事关系法律适用法条文理解与适用》，中国法制出版社 2011 年版，第 285 页。

③ 关于国际合同中“特征性履行理论”的论述，参见徐国建：《国际合同中“特征性履行理论”》，载徐国建：《全球化背景下私法的冲突、协调和统一——国际私法与比较法论集》，法律出版社 2010 年版，第 113 ~ 120 页。

2. 当事人意思自治

当事人的意思自治是民事主体在私法领域享有的一项基本权利。在国际私法上，当事人享有确定其涉外民事关系准据法的意思自治权利，这也是一个古老的实践。《法律适用法》颁布之前我国《民法通则》（第 145 条第 1 款）、《合同法》[①]（第 126 条第 1 款）、《海商法》（第 269 条）、《民用航空法》（第 118 条）以及《票据法》（第 98 条）等涉外民事关系法律适用的相关立法中均采用当事人意思自治作为涉外合同准据法确定的连结点。当事人意思自治是《法律适用法》中使用的另外一个重要的弹性连结点。

（1）当事人意思自治的总则性规定

涉外民事关系当事人选择适用法律的意思自治权利在第一章“一般规定”的第 3 条予以明确：当事人依照法律规定可以明示选择涉外民事关系法律适用的法律。与前述《法律适用法》第 2 条第 2 款关于最密切联系连结点规定相同，此款规定也是一个统括性条款。但是，鉴于最密切联系连结点业已被《法律适用法》确定为填补法律规定漏洞的补充性兜底条款，当事人意思自治连结点在我国涉外民事关系法律适用法上便显然不具有漏洞补充作用。

那么，立法者在非常有限的条文中为何要做这样的规定？其意义又是什么呢？一些学者认为，该规定的作用不在于实践中的直接适用，而在于体现一种涉外民事关系法律适用法的“立法原则和宗旨”，是一条原则性规定，意义在于一种理念的彰显，或者更直白地说，此规定“没有实质意义”。[②]

如果我们再仔细研究一下学者们对于该条中“依照法律规定”的意义解读时，就会发现该条规定的意义实际上取决于对于该条中这一至关重要的定语的解释。我们注意到学者们倾向于认为，“依照法律规定”是说当事人究竟能否意思自治确定具体的涉外民事关系的准据法还必须看法律中具体条文的规定，如果条文中规定当事人可以选择法律，则他们才享有意思自治权利。反之，如具体的法律条文中没有规定当事人可以这样选择，则他们便不享有这样的权利。[③]

---

① 2021 年 1 月 1 日起《中华人民共和国民法典》施行，《民法通则》《合同法》同时废止。

② 参见黄进、姜茹娇主编：《中华人民共和国涉外民事关系法律适用法释义与分析》，法律出版社 2011 年版，第 13 页；杜涛：《涉外民事关系法律适用法释评》，中国法制出版社 2011 年版，第 61 页。

③ 参见杜涛：《涉外民事关系法律适用法释评》，中国法制出版社 2011 年版，第 61 页；万鄂湘主编，最高人民法院民事审判第四庭编著：《中华人民共和国涉外民事关系法律适用法条文理解与适用》，中国法制出版社 2011 年版，第 30～31 页。

从这一意义上说,这一规定完全是一条没有意义的规定。[①] 但是,有学者认为,根据这条规定,“那些没有任何关于法律适用规则的领域是允许当事人作出法律选择的……”,[②]也就是说,它具有漏洞补充的功能。笔者认为这一观点是不正确的,它违反了《法律适用法》第 2 条第 2 款的规定。笔者曾指出:第 2 条第 2 款和第 3 条均为统括规定,如果法律中规定当事人可以选择法律,则该条规定实为多余;如果当事人选择法律应是确定涉外民事关系适用法律的一项基本制度,则应明确。建议将该条改为:除法律另有规定外,当事人可以明示选择涉外民事关系适用的法律。

如果硬是要挖掘该条规定的意义,那么该条规定的唯一意义就是规定当事人选择法律必须以“明示”的方式进行,从而,在我国涉外民事关系法律适用法的立法上明确排除当事人“默示”选择法律的可能性。

(2)意思自治连结点的具体运用

除上述第 3 条的总则性规定外,《法律适用法》还有 11 个条款运用了意思自治连结点,它们分布于第二章“民事主体”(涉及代理、信托和仲裁)、第三章“婚姻家庭”、第五章“物权”、第六章“债权”以及第七章“知识产权”。这就意味着,在我国立法上,当事人意思自治连结点被扩大适用于涉外代理、信托和仲裁协议关系、婚姻家庭关系、物权关系、债权关系以及知识产权关系中的一些涉外民事关系的准据法的确定。

考察这 11 条的规定,可以看到,它们的立法措辞,或者说系属公式分成两大类:第一类是“授权类”,系属公式是“当事人可以协议选择……(法律关系)适用的法律”。属于这种授权类的规定有第 16 条第 2 款、第 17 条、第 18 条、第 24 条、第 26 条、第 37 条、第 38 条、第 41 条和第 49 条。在这些规定中,法律使用“可以”一词,赋予当事人选择适用法律的权利。而且,这些条款中均规定了当事人没有选择适用法律的解决方案。这一授权类的规定又分成两种。一是当事人可以无限制地选择适用法律的授权,包括第 16 条第 2 款、第 17 条、第 18 条、第 37 条、第 38 条、第 41 条以及第 49 条;二是当事人可以有限制地选择适用法律的授权,包括第 24 条和第 26 条,也就是说,根据这些规定,当事人只能在法

---

① 本人在提交 2010 年天津国际私法学会年会的《对涉外民事关系法律适用法草案二次审议稿的意见》中便指出这条规定是多余的。

② 黄进、姜茹娇主编:《中华人民共和国涉外民事关系法律适用法释义与分析》,法律出版社 2011 年版,第 13 页。

律明确划定的选项中进行法律选择。第二类是“确认类”，系属公式是“……(法律关系)适用当事人协议选择适用的法律”。属于这种确认类的规定有第44条和第47条。分析这两条规定我们可以看到，尽管立法者对于侵权责任、不当得利以及无因管理等债的法律适用有自己的建议，但是，仍然尊重当事人，使其行使意思自治选择的法律优先适用。

三、《法律适用法》中的固定连结点评说

(一) 固定连结点的运用

《法律适用法》除如上所说运用了最密切联系和意思自治两个弹性连结点外，还运用了众多的固定连结点以确定涉外民事关系准据法。这些固定连结点按照在法律中出现的先后顺序可归纳为27个：(1)经常居所地；(2)登记地；(3)主营业地；(4)代理行为地；(5)代理关系发生地；(6)物之所在地；(7)信托关系发生地；(8)仲裁机构所在地；(9)仲裁地；(10)国籍；(11)现在居所地；(12)婚姻缔结地；(13)主要物之所在地；(14)办理离婚手续机构所在地；(15)法院地；(16)不动产所在地；(17)遗产所在地；(18)动产所在地；(19)运输目的地；(20)证券权利实现地；(21)质权设立地；(22)服务提供地；(23)劳务派出地；(24)侵权行为地；(25)损害发生地；(26)不当得利、无因管理发生地；(27)被请求保护地。

所有这些连结点可概括为以下5大类：(1)居所地：经常居所地和现居所地；(2)国籍；(3)行为地：登记地、代理行为地、主营业地、代理关系发生地、信托关系发生地、仲裁地、婚姻缔结地、运输目的地、证券权利实现地、质权设立地、服务提供地、劳务派遣地、侵权行为地、损害发生地、不当得利、无因管理发生地，以及被请求保护地；(4)物之所在地：主要物之所在地、不动产所在地、动产所在地、遗产所在地；(5)法院所在地：仲裁机构所在地以及法院地。

(二) 居所地

在国际私法上住所地是属人法的重要连结点之一。随着国际社会的发展，人们的流动日益频繁，由住所地的连结点延伸发展出居所地、惯常居所地等属人法连结点。住所这一连结点需要有居住人在该地点永久居住的主观意思，而实践中对居住人的这种主观意思的判断是相当困难的。可能也是基于这样的考量，《法律适用法》中并没有使用住所地作为属人法的连结点，而是使用了经常居所地和现居所地两个连结点，我们把它们合并称为居所地连结点。

在实践中这两个连结点的运用可能会出现若干问题。这些问题的出现,主要是因为对《法律适用法》中这两个连结点可能出现的不同理解,以及法律中对该两个连结点的关系的规定。什么是《法律适用法》所规定的经常居所地?笔者认为这是指一个自然人在一定时间,如一年或以上的时间内,频繁居住的地点。判断某一个地点是否为自然人的经常居所地,有三个重要的标准。其一,是一段时间,这段时间不宜太长,自然也不宜太短,若是前者则经常居住地便成为"住所地",显然有违立法者的初衷,若是后者则也会成为"现居所地",自然也不符合立法者对两者进行区分适用的意图。我国司法实践中,最高人民法院于1992年7月14日发布的《关于适用〈中华人民共和国民事诉讼法〉若干问题的意见》中把这一期限界定为1年。其二,是自然人在该地点有居住的事实。这就意味着自然人必须在该地点生活,该地点是其生活之地。其三,自然人必须在该地点经常生活。何为经常也是一个主观判断的问题。如果借鉴诸如国际避免双重征税协定中对"惯常居住"的立法实践,我们可以认为一年内(实际居住年,而非日历年)一自然人在该地点居住满180天变为经常居住。建议最高人民法院未来在解释《法律适用法》时对经常居住作出这样量化的解释。

在解读《法律适用法》中经常居所地概念时,有学者认为会出现当事人拥有两个或两个以上经常居所的情况。如果像我们上面理解的那样去界定经常居所的时间段,即一年中有180天的居住事实,那么从理论上讲,一个人便不可能同时有一个以上的经常居所地,但是,如果不做这样的时间界定,而完全凭主观的判断,或者界定的居住天数相当少,则会出现一人多个经常居所地的情况。笔者认为,应该作如上的时间界定,从而杜绝一人多个经常居所地的情况出现。

如果作上述界定,则实践中可能出现自然人由于在一年内没有在任何一个国家居住满180天,而无经常居所地的情况。显然,《法律适用法》的立法者已经考虑到这样的情况,并从而在《法律适用法》第20条规定,依照《法律适用法》适用经常居所地法律,自然人经常居所地不明的,适用其现在居所地法律。

至于如何理解"现居所地"这一概念,实践中也不可能意见一致。对于该概念可能的理解有以下几种:(1)"现居所地"就是自然人现时所在地。这一理解着眼于该概念中"现"的现时时间要素,而忽略自然人短时间、偶尔在该地点的或然要素。(2)"现居所地"是该自然人目前的居所。居所指自然人短时间居住的所在,是他临时居住的地方。这一理解着眼于自然人临时居住的要素,相较第一种理解对居住地点具有一定的确定性。我们赞同上述第二种理解,并且建议最高人民法院在解释《法律适用法》时也应该界定临时居住,以及临时的时间,比如一年内短于 180 天而长于 30 天,从而排除偶尔所在地点被作为“现居所地”。如果一个人有几个居所,则以他现居所作为确定其属人法的连结点。

《法律适用法》除对自然人的经常居所地作出上述规定外,还在第 14 条第 2 款专门对法人的经常居所地进行了定义:法人的经常居所地,为其主营业地。我们认为法人不像自然人应该是没有经常居所地的,所以《法律适用法》采用这样的概念是不合适的。① 但是,鉴于《法律适用法》在规定适用当事人经常居所地的一些情况下也确实可能会出现当事人是法人的情形,所以,为完善起见,将法人的经常居所定义为法人的主营业地也是可以理解的。

(三)国籍

国籍是国际私法上确定属人法的另一个重要的连结点,《法律适用法》也采纳了该连结点,主要运用于涉外婚姻家庭民事关系的法律适用。但是,在经常居所地以及国籍两个连结点的关系上,《法律适用法》在立法时将优先适用权赋予了自然人的经常居所地,似乎将国籍仅作为一种替代。例如,第 21 条规定:“结婚条件,适用当事人共同经常居所地法律;没有共同经常居所地的,适用共同国籍国法律。”第 23 条规定:“夫妻人身关系,适用共同经常居所地法律。没有共同经常居所地的,适用共同国籍国法律。”

对于自然人国籍冲突《法律适用法》第 19 条作了规定:“依照本法适用国籍国法律,自然人具有两个以上国籍的,适用有经常居所的国籍国法律;在所有国籍国均无经常居所的,适用与其有最密切联系的国籍国法律。自然人无国籍或者国籍不明的,适用其经常居所地法律。”

由于《法律适用法》在多处规定适用当事人“共同国籍”,实践中便会出现这样的问题,即如果一方当事人拥有两个以上国籍,其中一个国籍和另一方当事人的国籍一致,但它既不是其经常居所地也和其无最密切联系,而其另一个国籍却是其经常居所地或者和其具有最密切联系,此种情况下,究竟应该适用上述第 19 条规定,还是应该适用第三章的具体规定?《法律适用法》在该问题上是有矛盾的。笔者认为在这种情况下,应该以当事人共同的那个国籍为准,而不是适用第 19 条解决国籍冲突的规则。

(四)行为地

国际私法上的行为地连结点源于“场所支配行为”(locusregit actum)的法

---

① 参见《徐国建对涉外民事关系法律适用法二审稿的意见》,载《中国国际私法学会 2010 年年会暨涉外民事关系法律适用法研讨会论文集(上)》,2010 年 9 月,第 32 页。

律古谚。[①] 当代国际私法立法和司法实践中,以行为地作为决定行为方式有效性和合同之债或非合同之债的准据法的连结点,则或是从方便当事人出发,或是从保护行为地国家的法律主权与公共秩序等方面因素来考虑的。[②]《法律适用法》广泛地使用了行为地连结点。这些行为地主要包括登记地、代理行为地、代理关系发生地、信托关系发生地、仲裁地、婚姻缔结地、运输目的地、证券权利实现地、质权设立地、服务提供地、劳务派遣地、侵权行为地、损害发生地、不当得利、无因管理发生地,以及被请求保护地。

在国际私法上行为地这一连结点通常是用来确定某种涉外民事法律关系与导致该法律关系产生的行为地具有特殊的关系,所以,该法律关系应该受该地法律支配的一种属地连结点。行为地是被各国国际私法立法普遍采用的一个连结点。《法律适用法》也在民事主体、婚姻家庭、物权、债权以及知识产权等各章中将行为地作为确定相关民事法律关系准据法的连结点。但是,我们也注意到,立法者在运用该连结点时,大多是把该连结点作为替代连结点使用的,也就是说,它并不是确定准据法的首选连结点,而是在法律规定其他连结点没有或无法使用时,作为替补使用来确定准据法的。例如,第 17 条信托关系的准据法,首先,当事人可以协议选择信托适用的法律;其次,若当事人未选择,适用信托物之所在地法律或者信托关系发生地法律。

《法律适用法》立法者只是将行为地法作为替代连结点使用,那么人们不禁要问,该连结点在《法律适用法》中的目的是否还是方便当事人,或者保护行为地国家的法律主权与公共秩序?或者说,是否从立法层面而言,行为地连结点的上述目的意义已经不复存在?这是需要国际私法学界研究的问题。

(五)物之所在地

物之所在地法是国际私法上的一个非常古老的系属公式。世界各国国际私法实践中,物之所在地作为确定涉外物权关系准据法的连结点运用于不动产物权,基本上是各国普遍实践。《法律适用法》第 36 条也明确把不动产所在地作为确定涉外不动产物权关系的连结点予以规定。

但是,涉外动产物权关系是否也应该以物之所在地作为确定其准据法的连结点,国际私法理论界有不同观点。大多数学者认为动产物权也应以动产所在地作为确定准据法连结点,但是也有学者认为,不应如此,因为,"如果对动产也

---

① 参见韩德培主编:《国际私法新论》,武汉大学出版社 1997 年版,第 154 页。

② 参见李双元:《国际私法(冲突法篇)》,武汉大学出版社 1986 年版,第 137 页。

一概适用物之所在地，在此种所在地带有极短暂性时，似乎也会带来不利”。[①]尽管学术界有上述不同观点，但是，各国立法和司法实践中则似乎均采用动产所在地作为确定动产物权关系准据法的连结点。[②]

《法律适用法》（第 37 条）一改各国在动产物权法律适用方面的一致实践，规定动产物权的准据法首先是当事人协议选择的法律，而只有在当事人没有进行这种选择时，适用法律事实发生时动产所在地法律。也就是说，《法律适用法》把当事人意思自治这一连结点运用于动产物权的法律适用。笔者认为《法律适用法》的这一规定实践中会出现无法操作和实施的问题。所谓动产物权关系是指动产物权的取得、变更和丧失的法律关系，而这种法律关系常常需要符合物之所在地法律规定的形式要求，如动产物权的取得、变更和丧失可能必须进行必要的登记、注册等，在此种情况下，如果当事人选择适用物之所在地以外的国家的法律，则显然是不具可操作性的。所以，实践中如果动产物权必须依据物之所在地法进行登记、注册的则显然必须适用物之所在地法，而不是当事人所选择的物之所在地以外的法律。

（六）仲裁机构地和法院地

法院地或者仲裁机构所在地是国际私法上确定程序问题法律适用的重要连结点。《法律适用法》既运用了仲裁机构所在地，也运用了法院地作为连结点。该法第 18 条规定了仲裁机构所在地连结点的适用：当事人可以选择仲裁协议适用的法律，没有选择时，适用仲裁机构所在地法律或者仲裁地法律。涉外仲裁通常是机构仲裁，所以一般说来仲裁地便是仲裁机构所在地，但是，在临时仲裁（ad hoc arbitration）的情况下，便无仲裁机构，所以《法律适用法》考虑到这种情况，在规定仲裁机构所在地的同时也规定仲裁地连结点的相同的适用。

法院地连结点在《法律适用法》中在 4 处出现：（1）第 8 条规定，涉外民事关系的定性，适用法院地法；（2）第 27 条规定，诉讼离婚，适用法院地法律；（3）第 28 条规定，收养关系的解除可以适用法院地法；（4）第 50 条规定，当事人可以在侵权行为发生后协议选择适用法院地法律。除上述 4 个条款明确规定法院地法外，《法律适用法》第 10 条实际上也规定了法院地法的适用：在外国法的查明问题上，不能查明外国法律或者外国法律没有规定的，适用中华人民共和国法律。这条规定就是说，法院或者仲裁机构在进行外国法查明时，外国法无法

① 参见李双元：《国际私法（冲突法篇）》，武汉大学出版社 1986 年版，第 137 页。

② 参见李双元：《国际私法（冲突法篇）》，武汉大学出版社 1986 年版，第 317 ~ 320 页。

查明或外国无法律规定情况下,可以适用法院地或仲裁机构所在地的我国的法律。从上述规定我们可以看到《法律适用法》把法院地连结点用于程序事项的国际私法中的定性以及外国法查明法律的确定,以及和法院地具有非常重要联系的诉讼离婚和知识产权侵权责任的准据法的确定。

四、小结

《法律适用法》是我国第一部系统的国际私法立法,它借鉴了国际上国际私法立法和司法的经验,总结了我国长期,尤其是改革开放以来对外经济、文化、科技以及民商事法律等方面交往的历史,吸取了我国广大的专家和学者的研究成果,凝聚了理论、实务等相关领域人们的智慧,是我国国际私法发展史上一部承上启下、继往开来的立法。《法律适用法》于 2010 年 10 月 28 日公布后,国内外国际私法学者均对其表现出极大的兴趣,研究成果频出。如何使这样一部不再是“学者的法律”在实践中得到运用和实施,成为我国国际私法学界的当务之急。

连结点无疑是这部法律的灵魂所在。通过本文部分对《法律适用法》中连结点的类似于统计性的考察,笔者得出了以下几点观察结果,这些观察结果尚停留在表面,对它们进行深入探讨实属必要:

第一,众多连结点的采用。国际私法学界有一种观点,认为随着国际社会交往的频繁以及社会情形和涉外民商法律关系的多样化,国际私法中的连结点已经不能再只限于几个,而应多样化。《法律适用法》显然做到了这一点,它在短短的 52 个条文中一共使用了 27 个固定连结点以及最密切联系和当事人意思自治两个弹性连结点。连结点的这种多样性可能已雄冠目前国际上同类立法。

第二,新型连结点的引入。《法律适用法》除采用国际私法上传统的连结点,如物之所在地、法院地等之外,还引入了国际私法上较为新型的连结点,如最密切联系、经常居所。

第三,经常居所地的广泛使用。经常居所在《法律适用法》中被频繁使用,它不仅使用于自然人,还适用于法人。经常居所地是《法律适用法》中所规定的固定连结点中使用最为频繁的一个,其凸显了该法在属人法界定方面的居所主义倾向。

第四,多个连结点在同一条文中的无条件并列使用。例如,《法律适用法》

第 17 条规定，当事人如果没有选择信托关系准据法的，信托关系适用信托财产所在地法律或者信托关系发生地法律。在这里，连结点“财产所在地”和“信托关系发生地”被并列适用，且不附任何条件。《法律适用法》这样的规定是不妥当的，留下了法律适用的漏洞，以致这样的法律规定不具可操作性，此种漏洞必须在司法实践中予以补充。类似于这样的规定还有第 18 条、第 28 条、第 33 条、第 39 条、第 41 条以及第 45 条。

最高人民法院《关于适用〈中华人民共和国涉外民事关系法律适用法〉若干问题的解释(一)》评述*

《中华人民共和国涉外民事关系法律适用法》(以下简称《法律适用法》)于2011年4月1日起施行,它是中华人民共和国历史上第一部国际私法的单行法。2012年12月10日最高人民法院审判委员会第1563次会议讨论通过了《关于适用〈中华人民共和国涉外民事关系法律适用法〉若干问题的解释(一)》[以下简称解释(一)],对《法律适用法》总则部分以及分则部分属于一般性问题的内容做出了解释。

解释(一)共21条,按照最高人民法院民四庭的说法,其涵盖以下10个方面:(1)涉外民事关系的界定(第1条);(2)《法律适用法》和其他冲突规范立法的关系(第3条);(3)意思自治(第6条、第7条、第8条);(4)强制法的适用(第10条);(5)法律规避(第11条);(6)先决问题(第12条);(7)外国法查明(第17条、第18条);(8)连结点"自然人经常居所地"和"法人登记

---

* 本文系提交中国国际私法学会2013年年会的论文。针对最高人民法院2012年颁布的法释〔2012〕24号《关于适用〈中华人民共和国涉外民事关系法律适用法〉若干问题的解释(一)》作评述,2020年12月29日,法释〔2020〕18号最高人民法院《关于适用〈中华人民共和国涉外民事关系法律适用法〉若干问题的解释(一)》(2020年修正)颁布,并于2021年1月1日起施行,原司法解释废止。

地”的界定(第15条、第16条);(9)涉外仲裁协议准据法的确定(第14条);(10)区际私法冲突解决(第19条)。[①] 除上述问题外,解释(一)还涉及下述问题:(1)《法律适用法》以及解释(一)的溯及既往效力问题(第2条、第20条、第21条);(2)国际条约和国际惯例适用问题(第4条、第5条、第9条);(3)法律适用的分割(第13条)。

如果我们将解释(一)所涉及的上述问题和《法律适用法》的相关条文进行一一比照就可以发现,解释(一)的部分规定实际上并不是对于《法律适用法》条文的解释,而是对于其相关条文所涉及问题的解释。换句话说,就是对法律漏洞的立法性补充。解释(一)中属于法律漏洞立法性补充的条文有以下一些:(1)第4条、第9条关于国际公约适用问题;(2)第11条关于法律规避问题;(3)第12条关于先决问题;(4)第13条关于分割法律关系问题;(5)第14条关于涉外仲裁协议的法律适用问题。

如上所述,解释(一)主要涉及13个问题。对于这13个问题的其中一些问题,笔者分别简单地评析如下。

(一)关于《法律适用法》适用范围的问题

这里的问题主要是对“涉外民事关系”这一概念的理解问题。而这又有两个方面,其一,何为“民事关系”?其二,何为“涉外”的民事关系?

“民事关系”的含义。涉外司法实践中,人们在决定是否适用《法律适用法》之前必须明确该法中的涉外“民事关系”究竟外延多大。遗憾的是解释(一)对此并没有予以明确,相反,其涉及该问题的第3条规定反而使人们在该问题上变得更糊涂。这一条规定,《法律适用法》和“其他法律”对同一涉外民事关系法律适用规定不一致的,适用《法律适用法》的规定,但《票据法》《海商法》《航空法》等商事领域法律的特别规定以及知识产权领域法律的特别规定除外。仔细研读最高人民法院的该解释,可以得出这样的理解结果:(1)《法律适用法》第2条第1款中的“其他法律”既包括民事法律,也包括商事法律。因为,若不这样理解就无必要在此把这3个法律作“除外”规定。(2)“涉外民事关系”包括涉外商事关系。这一含义的理解来自解释(一)中的对“同一涉外民事关系”法律适用词语的解读。而且,做这样的解读与上述对“其他法律”包括民商事法的理解也是一致的。据此,我们得出的结论是《法律适用法》适用于

---

① 参见“最高人民法院民四庭负责人就《关于适用〈中华人民共和国涉外民事关系法律适用法〉若干问题的解释(一)》答记者问”。

“大概念的涉外民事关系”的法律适用,即包括商事关系在内的涉外民事关系的法律适用。但是,被解释(一)明确排除的《票据法》《海商法》《航空法》与《法律适用法》规定不一致的法律适用规定所调整的涉外商事关系不适用《法律适用法》。但是,这3个特别法中所没有规定的,还是适用《法律适用法》(参见《法律适用法》第2条第2款)。

此外,解释(一)第4条、第5条关于国际条约以及国际惯例适用的规定,也进一步说明,涉外民事关系中包括了商事关系,否则,无法理解和解释为何最高人民法院在解释《法律适用法》适用中涉及国际条约和国际惯例时,要特别明确《票据法》《海商法》《航空法》中的相关规定应予适用。

解释(一)第3条第1款前半句的规定修改了《法律适用法》第2条第2句的规定。后者说其他法律对涉外民事关系法律适用另有特别规定的,依照其规定。这是“特别法优于一般法”原则的体现。而解释(一)则说,《法律适用法》与其他法律对同一涉外民事关系法律适用规定不一致的,适用《法律适用法》。这一规定换一个说法否定了《立法法》(第83条)上述原则,而改为“一般法优于特别法”。这样的司法解释显然是不妥的。

“涉外”的含义。解释(一)在第1条便对“涉外”进行了解释,其所采用的判断标准是国际私法学中所说的三要素的涉外判断法,即主体、客体和法律事实其中一个涉外的民事法律关系,便是涉外民事法律关系。笔者这里仅就以下两点作简单的评析:

第一,解释(一)对主体要素做了非常宽泛的解释。首先,在国籍方面,外国人既包括外国国籍的人,也包括无国籍人;其次,人既包括自然人,也包括法人或者其他组织;最后,这里所说的“外国人”还包括经常居所地在国外的拥有中国国籍的人。只要涉外民事关系的一方系上述三种情形的人,则此种民事关系便为《法律适用法》意义上的涉外民事法律关系。这样的规定在司法实践中显然扩大了《法律适用法》的适用范围,这对于广大华侨利益的保护是有益的。

第二,解释(一)对“涉外”除作如上所述的扩展性解释外,还进一步规定了一个“其他情形”条款(第1条第5项)。作为对《法律适用法》适用中若干问题进行解释的司法文件,解释(一)在这里又将这一问题留下一个必须予以进一步解释才能够予以明确的缺口是不合适的。

(二)关于国际条约和国际惯例的适用问题

《法律适用法》对于国际条约和国际惯例的适用付之阙如。这一问题本来可以根据解释(一)第3条第2款的规定予以解决,即“涉外民事关系法律适用法对于涉外民事关系的法律适用没有规定,而其他法律有规定的,适用其他法律的规定”,直接适用《民法通则》等法律中关于国际条约和国际惯例适用的相关规定。但是,解释(一)可能是为了更加明确规范司法实践中这一问题如何处理,清楚地弥补这一漏洞起见,于其第4条和第5条规定,涉外民事关系的法律适用涉及适用国际条约或者国际惯例的,法院应当根据《民法通则》第142条第2款与第3款以及《票据法》(第95条)、《海商法》(第268条)以及《航空法》(第184条)的相关规定予以适用。但是,知识产权领域的国际条约已经转化或者需要转化为国内法的除外。

实际上,我国涉外立法中关于国际条约和国际惯例适用的规定均采用相同的措辞:(1)中国缔结或参加的国际公约同《法律适用法》有不同规定的,适用国际条约的规定;但是,中国声明保留的条款除外;(2)中国法律和中国缔结或参加的国际条约没有规定的,可以适用国际惯例。

所以,解释(一)用第4款、第5条两个条款对既有立法中的规定进行重复,实无必要。

解释(一)在第4条关于国际条约适用问题上规定,“但知识产权领域的国际条约已经转化或者需要转化为国内法律的除外”,即这些国际条约应该不予适用。这一司法解释实际上将我国缔结或者参加的国际条约划分为两类,即需要转化为国内法的国际条约和无须转化为国内法的国际条约。笔者认为这样的解释是缺乏法律依据的。根据我国《宪法》第67条第14项的规定,我国与外国所缔结的条约由全国人大常委会批准。在实践中,这种批准属于形式上的批准,而不涉及条约的具体内容。某一国际条约一旦获得这种批准便在我国具有约束力。①

就尚未对我国生效的国际条约的适用问题,最高人民法院在解释(一)第9条采用了非常开放的态度:当事人在合同中援引尚未对我国生效的国际条约的,人民法院可以根据该国际条约的内容确定当事人的权利义务,但违反我国公共利益或我国法律、行政法规强制性规定的除外。我国承认国际惯例的适用以及对尚未对我国生效的国际条约的可以适用,就国际私法理论而言就是接受

① 关于国际统一私法条约在缔约方施行的法律基础问题的讨论,参见徐国建:《国家统一私法总论》,法律出版社2011年版,第149页。

现代商人法(lex mercatoria)的适用。[①] 最高人民法院对于现代商人法的这一积极开放态度是值得欢迎和赞许的。

(三)关于当事人意思自治问题

《法律适用法》第3条规定了当事人意思自治原则:当事人依照法律规定可以明示选择涉外民事关系适用的法律。解释(一)对于当事人的意思自治进一步予以明确。

1. 只有法律明确规定当事人可以选择法律的,当事人才可进行法律选择,否则选择无效。解释(一)实际上是明确了《法律适用法》第3条中"依照法律规定"的含义。对于这一规定的含义,学界理解不一。一种观点认为,只有法律相关条文允许当事人选择,方可选择;凡法律未规定当事人可以选择的,当事人不得进行选择。[②] 我们可以将这种观点理解为"法律选择的绝对法定主义",即法无明文规定当事人可以选择法律,则不得为选择。而另一种观点则认为,这一规定强调的是法律不允许选择的领域,当事人则不能行使准据法的选择权。而对于那些没有任何关于法律适用规则的领域是允许当事人作出法律选择的。[③] 这种观点可以理解为"法律选择的相对法定主义",即只要法律不禁止当事人的法律选择,则当事人便可以进行法律选择,尤其是那些没有任何关于法律适用规则的领域是允许当事人作出法律选择的。解释(一)的上述解释显然采纳了前者的观点。在当代各国国际私法立法中普遍扩大适用当事人意思自治原则的趋势下,我国的最高司法机关还采取这样保守的态度,不能不说是非常遗憾的。

2. 选择的法律无须和系争的涉外民事关系有实际联系。解释(一)第7条确定了这一原则。关于当事人选择的法律是否必须与系争的涉外民事关系具有实际联系问题是在国际私法理论和实务界有争论的一个问题。但是,总体来说,无论是欧陆国际私法界还是美国国际私法界,均主要认为当事人选择的法

---

① 关于现代商人法的论述,参见徐国建:《现代商人法论》,载《中国社会科学》1993年第2期;徐国建:《国家统一私法总论》,法律出版社2011年版,第90~123页。

② 参见万鄂湘主编:《中华人民共和国涉外民事关系法律适用法条文理解与适用》,中国法制出版社2011年版,第30页;杜涛:《涉外民事关系法律适用法释评》,中国法制出版社2011年版,第61页。

③ 参见黄进、姜茹娇主编:《中华人民共和国涉外民事关系法律释义与分析》,法律出版社2011年版,第13页。

律必须和系争涉外民事关系有实际联系。[①] 我们很难理解为何最高人民法院在上述当事人意思自治问题上采保守的“法律选择的绝对法定主义”,而在选择的法律是否必须和系争涉外民事关系有实际联系这一问题上又采取放任态度?

3. 当事人选择法律的时间。在这个问题上解释(一)采取相对宽容的态度,允许当事人在一审法庭辩论终结前协议选择或者变更选择适用的法律(第8条第1款)。学术界一般认为,在争议产生后当事人再行选择适用法或者变更业已选择的法律,必须满足三个条件或者说必须受到三个限制:(1)选择或变更必须是明示的;(2)选择或者变更不得使合同归于无效;(3)选择或者变更不得损害第三方的合法利益。[②] 解释(一)在允许当事人事后选择的同时如果还能进行这样的限制,便更加完善了。

4. 承认当事人的默示法律选择《法律适用法》第3条明确规定当事人选择法律应该是明示的。但是,解释(一)第8条第2款却规定,各方当事人援引相同国家的法律且未提出法律适用异议的,人民法院可以认定当事人已经就涉外民事关系适用的法律作出了选择。这一规定和2007年8月8日起施行的《最高人民法院关于审理涉外民事或商事合同纠纷案件法律适用若干问题的规定》(法施〔2007〕14号)第4条第2款规定是一致的。[③] 但是,问题是上述法施〔2007〕第14号文颁布时我国的国际私法立法中并没有限制当事人进行法律选择必须“明示”的法律规定,而解释(一)作出时《法律适用法》在其第3条已经明确规定当事人必须明示选择法律,并从而排除了当事人可以默示法律选择的可能。最高人民法院在对《法律适用法》进行解释时,采用其6年多前的观点,违背了现行法律,显然是非常不妥的。

(四)关于直接适用的强制性规定和法律规避问题

解释(一)第10条规定了以下几种情形属于强制性的规定,直接适用于涉外民事关系,当事人不得通过约定排除其适用:(1)涉及劳动者权益保护的;(2)涉及食品或公共卫生安全的;(3)涉及环境安全的;(4)涉及外汇管制等金融安全的;(5)涉及反垄断、反倾销的;(6)应当认定为强制性规定的其他情形。

---

① 参见李双元:《国际私法(冲突法篇)》,武汉大学出版社1987年版,第359~363页。

② 参见李双元:《国际私法(冲突法篇)》,武汉大学出版社1987年版,第355页;韩德培主编:《国际私法新论》,武汉大学出版社1997年版,第297页。

③ 参见《最高人民法院民四庭负责人就〈关于适用《中华人民共和国涉外民事关系法律适用法》若干问题的解释(一)〉答记者问》。

最高人民法院对于《法律适用法》第 4 条规定作出这样的界定在实践中实属必要。但是,毋庸置疑,上述第六项“应当认定为强制性规定的其他情形”给予了法官非常大的自由裁量权。解释(一)在对直接适用的强制性规定进行界定的同时,也规定一方当事人故意制造连结点,规避中国法律和行政法规中的强制性规定,法院应认定不发生适用外国法的效力。这一解释实际上是对国际私法上的“法律规避”制度作出了规定,是对我国立法在此问题上漏洞的补充。

(五)关于先决问题的解决

《法律适用法》在先决问题上付之阙如,而解释(一)第 12 条对此予以补充。我国学术界在先决问题准据法适用问题上的观点基本有二,即先决问题的准据法依据主要问题所属国冲突规范确定准据法,或者先决问题依据法院地国的冲突规范确定准据法。[①] 解释(一)在该问题上采取了将先决问题独立开来,并依其自身性质确定准据法的处理方法。也就是说,对于先决问题首先必须依据《法律适用法》或其他法律中的相关冲突法规定确定准据法,如果这些法律中没有相应的冲突法规范的规定,则适用与先决问题有最密切联系的法律。

(六)关于涉外民事关系的分割问题

如果一个案件涉及不同的两个或两个以上的涉外民事关系,是以一个单一的准据法适用于所有这些民事关系,抑或为这些不同的涉外民事关系找出不同的准据法,这是国际私法上的所谓分割问题。各国国际私法的立法上少有对该问题予以规定,它更是一个国际私法学上的理论问题。解释(一)第 13 条对该问题进行了的规定:案件涉及两个或两个以上的涉外民事关系时,法院应当分别确定应当适用的法律。在实践中,这一解释的适用还会遇到诸多问题,如该条规定和第 12 条规定竞合的问题。

(七)关于适用中国法律认定仲裁协议效力问题

《法律适用法》第 18 条规定当事人可以选择仲裁协议适用的法律,没有选择的,适用仲裁机构所在地或者仲裁地法律。解释(一)第 14 条进一步明确,当事人未选择涉外仲裁协议适用的法律,也没有约定仲裁机构或者仲裁地,或者约定不明的,法院可以适用中国法律认定仲裁协议的效力。这里必须特别注意的是,在这种情况下适用中国法律,仅仅限于认定仲裁协议的效力。

---

① 参见李双元:《国际私法(冲突法篇)》,武汉大学出版社 1987 年版,第 190 ~ 192 页;韩德培主编:《国际私法新论》,武汉大学出版社 1997 年版,第 193 ~ 194 页。

(八)关于自然人经常居所地和法人登记地的界定问题

自然人经常居所地和法人登记地是《法律适用法》中所使用的27个固定连结点中的两个。① 或许是最高人民法院认为这两个连结点在司法实践中非常重要,解释(一)在第15条和第16条中分别对它们进行了解释。在自然人经常居所地问题上,解释(一)确定了判断的几个因素:(1)连续居住一年以上;(2)起算点是涉外民事关系产生或者变更、终止时;(3)生活中心;(4)就医、劳务派遣、公务等情形除外。对于这一解释有几个问题需要指出:其一,实践中如何确定连续居住。笔者曾在2012年撰写的一篇论文中分析道,"何为经常也是一个主观判断的问题。如果借鉴诸如国际避免双重征税协定中对'惯常居住'的立法实践,我们可以认为一年内(实际居住年,而非日历年)一自然人在该地点居住满180天变为经常居住。建议最高人民法院未来在解释《法律适用法》时对经常居住作出这样量化的解释"。② 然而,解释(一)还是没有给予此问题任何解释。其二,时间点的起算问题。解释(一)确定了法院可以选择的三个点:(1)涉外民事关系产生时;(2)涉外民事关系变更时;(3)涉外民事关系终止时。这样的规定会在实践中出现理解歧义,如果一个案件中有两个或者三个这样的时间点,那么究竟依据哪一个来确定一年的时间呢?笔者认为实践中出现这样的问题时,依循最利于一年满足的原则解释,也就是说,在一个案件中如果有几个时间起算点可以使用,则按照那个使当事人居住时间可以计算满一年的时间点为准。自然,如果几个起算点的计算都能够使当事人的居住时间满足一年的标准,也就不存在问题了。其三,关于就医、劳务派遣、公务等例外情形。笔者认为解释(一)作出这些例外规定实属画蛇添足。首先,这是因为这种例外是无法穷尽的。例如,为何不把就读或者进修放在里面。老年人国外探亲一年以上究竟是否属于这种例外呢?这一例外的标准很难界定。既然立法上确定涉外民事关系可以适用外国法,就应该以一种宽广的胸怀对待外国法的适用,不必在对待外国法适用上采取限制和扭捏的态度。其次,解释(一)第15条在界定自然人经常居所地时事实上已经对特殊情况做了限制,即经常居所地还必须同时是自然人的"生活中心的地方"。如果最高人民法院希望将自然人由于就医、

---

① 关于《法律适用法》中连结点的论述,参见徐国建:《略论〈涉外民事关系法律适用法〉中的连接点》,载《2012年中国国际私法年会论文集》。

② 参见徐国建:《略论〈涉外民事关系法律适用法〉中的连接点》,载《2012年中国国际私法年会论文集》。

劳务派遣、公务等情形下在某地居住超过一年的地方排除在“经常居所地”之外,则完全可以认为由于这样的特殊原因,自然人在这些特殊情况下,尽管在某地居住超过一年,但是,该地并不是其生活中心的地方,所以,就涉外民事关系法律适用而言,不能视为该自然人的经常居所地。

法人登记地也是《法律适用法》所适用的一个连结点。这一连结点主要是用于确定法人民事权利能力、行为能力、组织机构以及股东权利义务等(《法律适用法》第 14 条)。《法律适用法》这样规定实际上是在法人的属人法问题上优先采取国籍主义,而且界定法人的国籍即法人的登记地。《法律适用法》的这一规定应该是明确和无歧义的,登记地即法人的设立地,或者说《法律适用法》第 14 条中所说的法人的登记地就是其设立登记地。我国国际私法学者在这一理论问题上早有明确的理解。“设立地主义,或称登记地主义。这种主张认为,法人的国籍应依其设立地而定,凡在内国设立的法人即为内国法人,凡在外国设立的法人即为外国法人。这是英美法学及判例的主张。”①然而,对于这一本来非常明确的规定,解释(一)第 16 条却又实无必要地要求“法院应当将法人的设立登记地认定为涉外民事关系法律适用法规定的法人登记地”。这样的解释会让人觉得这不是司法解释,而是国际私法的普法。

(九)关于外国法的查明问题

既然《法律适用法》在外国法适用问题上已经采取了非常开明的态度,那么司法实践中对于外国法的查明也就必须相应地开明处理,尽可能地给当事人最多的途径和方便查明外国法。但是,《法律适用法》第 10 条关于外国法查明的规定却没有体现这样的理念。解释(一)第 17 条、第 18 条关于外国法查明和适用的解释可谓其亮点之一。基于该解释,人民法院、仲裁机构或者行政机关对于外国法查明的途径有:(1)当事人提供;(2)已对中国生效的国际条约规定的途径;(3)中外法律专家提供;(4)其他合理途径。这样的规定在实践中基本上穷尽了对外国法查明的途径和手段,最大限度保证了对应于适用的外国法的查明。这里尤其值得提及的是当事人提供以及中外法律专家提供这两种途径,可以说是我国外国法查明制度的突破。而这里所说中外法律专家包括对相关外国法律精通的中外律师。

(十)关于区际法律冲突问题

《法律适用法》没有就我国涉及香港和澳门特别行政区区际法律冲突问题

---

① 参见韩德培主编:《国际私法新论》,武汉大学出版社 1997 年版,第 100 页。

作任何规定。冲突法立法上的这一漏洞解释(一)试图进行补充。解释(一)第19条规定,涉及香港和澳门特别行政区的民事关系的法律适用问题,参照适用解释(一)的规定。对于区际法律冲突的解决的这种做法,最高人民法院实际上是援用其历来的做法。例如,2007年6月最高人民法院《关于审理涉外民事或商事合同纠纷案件法律适用若干问题的规定》第11条也有与此相同的规定。但是,解释(一)的上述规定由于措辞不严谨,没有表明"参照适用《法律适用法》和本规定",在理解上可能存在歧义。该规定只是说涉及香港和澳门特别行政区的民事关系的法律适用问题,参照适用解释(一)的规定,而解释(一)只是对适用《法律适用法》若干问题的解释,并非对该法所有规定和问题的解释,因而,只参照适用解释(一)并不能达到参照适用《法律适用法》的结果。所以,严格来说,解释(一)只不过试图通过第19条规定补充《法律适用法》的漏洞,但是,不严谨的措辞却使得该规定未能达到此目的。希望最高人民法院对于《法律适用法》其后的解释中一定要考虑其解释规定是对既有的《法律适用法》的解释,而不是像2007年6月最高人民法院《关于审理涉外民事或商事合同纠纷案件法律适用若干问题的规定》那样,基本上是在没有法律规定情况下的"规定",而非"解释规定"。

《法律适用法》是新中国历史上首部单独的国际私法立法,是中国对外开放几十年后的必然产物,也是我国国际私法学界改革开放后不断努力的结果。既然有了这样一部立法,保证该立法在实践中得以适用,从而通过我国的涉外司法实践不断完善我国国际私法制度,便成为我国国际私法实务界和理论界的重要使命。最高人民法院的解释(一)试图以司法解释的方法去完善《法律适用法》总则部分和分则部分的一般性的规定,从而使该法律能够在司法实践中得以顺利施行,这无疑是值得肯定的。但是,进一步加强最高人民法院对《法律适用法》解释的质量,显然也是其必须去努力的,毕竟解释(一)还仅仅是对《法律适用法》总则部分和分则部分的一般性的规定的解释,《法律适用法》还有相当多的条款等待着最高人民法院通过司法解释予以完善。

附录:最高人民法院《关于适用〈中华人民共和国涉外民事关系法律适用法〉若干问题的解释(一)》(法释〔2012〕24号)

为正确审理涉外民事案件,根据《中华人民共和国涉外民事关系法律适用法》的规定,对人民法院适用该法的有关问题解释如下:

第一条　民事关系具有下列情形之一的，人民法院可以认定为涉外民事关系：

（一）当事人一方或双方是外国公民、外国法人或者其他组织、无国籍人；

（二）当事人一方或双方的经常居所地在中华人民共和国领域外；

（三）标的物在中华人民共和国领域外；

（四）产生、变更或者消灭民事关系的法律事实发生在中华人民共和国领域外；

（五）可以认定为涉外民事关系的其他情形。

第二条　涉外民事关系法律适用法实施以前发生的涉外民事关系，人民法院应当根据该涉外民事关系发生时的有关法律规定确定应当适用的法律；当时法律没有规定的，可以参照涉外民事关系法律适用法的规定确定。

第三条　涉外民事关系法律适用法与其他法律对同一涉外民事关系法律适用规定不一致的，适用涉外民事关系法律适用法的规定，但《中华人民共和国票据法》、《中华人民共和国海商法》、《中华人民共和国民用航空法》等商事领域法律的特别规定以及知识产权领域法律的特别规定除外。

涉外民事关系法律适用法对涉外民事关系的法律适用没有规定而其他法律有规定的，适用其他法律的规定。

第四条　涉外民事关系的法律适用涉及适用国际条约的，人民法院应当根据《中华人民共和国民法通则》第一百四十二条第二款以及《中华人民共和国票据法》第九十五条第一款、《中华人民共和国海商法》第二百六十八条第一款、《中华人民共和国民用航空法》第一百八十四条第一款等法律规定予以适用，但知识产权领域的国际条约已经转化或者需要转化为国内法律的除外。

第五条　涉外民事关系的法律适用涉及适用国际惯例的，人民法院应当根据《中华人民共和国民法通则》第一百四十二条第三款以及《中华人民共和国票据法》第九十五条第二款、《中华人民共和国海商法》第二百六十八条第二款、《中华人民共和国民用航空法》第一百八十四条第二款等法律规定予以适用。

第六条　中华人民共和国法律没有明确规定当事人可以选择涉外民事关系适用的法律，当事人选择适用法律的，人民法院应认定该选择无效。

第七条　一方当事人以双方协议选择的法律与系争的涉外民事关系没有实际联系为由主张选择无效的，人民法院不予支持。

第八条　当事人在一审法庭辩论终结前协议选择或者变更选择适用的法

律的,人民法院应予准许。

各方当事人援引相同国家的法律且未提出法律适用异议的,人民法院可以认定当事人已经就涉外民事关系适用的法律做出了选择。

第九条　当事人在合同中援引尚未对中华人民共和国生效的国际条约的,人民法院可以根据该国际条约的内容确定当事人之间的权利义务,但违反中华人民共和国社会公共利益或中华人民共和国法律、行政法规强制性规定的除外。

第十条　有下列情形之一,涉及中华人民共和国社会公共利益、当事人不能通过约定排除适用、无需通过冲突规范指引而直接适用于涉外民事关系的法律、行政法规的规定,人民法院应当认定为涉外民事关系法律适用法第四条规定的强制性规定:

(一)涉及劳动者权益保护的;

(二)涉及食品或公共卫生安全的;

(三)涉及环境安全的;

(四)涉及外汇管制等金融安全的;

(五)涉及反垄断、反倾销的;

(六)应当认定为强制性规定的其他情形。

第十一条　一方当事人故意制造涉外民事关系的连结点,规避中华人民共和国法律、行政法规的强制性规定的,人民法院应认定为不发生适用外国法律的效力。

第十二条　涉外民事争议的解决须以另一涉外民事关系的确认为前提时,人民法院应当根据该先决问题自身的性质确定其应当适用的法律。

第十三条　案件涉及两个或者两个以上的涉外民事关系时,人民法院应当分别确定应当适用的法律。

第十四条　当事人没有选择涉外仲裁协议适用的法律,也没有约定仲裁机构或者仲裁地,或者约定不明的,人民法院可以适用中华人民共和国法律认定该仲裁协议的效力。

第十五条　自然人在涉外民事关系产生或者变更、终止时已经连续居住一年以上且作为其生活中心的地方,人民法院可以认定为涉外民事关系法律适用法规定的自然人的经常居所地,但就医、劳务派遣、公务等情形除外。

第十六条　人民法院应当将法人的设立登记地认定为涉外民事关系法律适用法规定的法人的登记地。

第十七条　人民法院通过由当事人提供、已对中华人民共和国生效的国际条约规定的途径、中外法律专家提供等合理途径仍不能获得外国法律的，可以认定为不能查明外国法律。

根据涉外民事关系法律适用法第十条第一款的规定，当事人应当提供外国法律，其在人民法院指定的合理期限内无正当理由未提供该外国法律的，可以认定为不能查明外国法律。

第十八条　人民法院应当听取各方当事人对应当适用的外国法律的内容及其理解与适用的意见，当事人对该外国法律的内容及其理解与适用均无异议的，人民法院可以予以确认；当事人有异议的，由人民法院审查认定。

第十九条　涉及香港特别行政区、澳门特别行政区的民事关系的法律适用问题，参照适用本规定。

第二十条　涉外民事关系法律适用法施行后发生的涉外民事纠纷案件，本解释施行后尚未终审的，适用本解释；本解释施行前已经终审，当事人申请再审或者按照审判监督程序决定再审的，不适用本解释。

第二十一条　本院以前发布的司法解释与本解释不一致的，以本解释为准。

《中华人民共和国民法总则(草案)》第13条修改意见及理由*

一、《中华人民共和国民法总则(草案)》第13条

2017年3月8日,《中华人民共和国民法总则(草案)》(以下简称《草案》)已经正式提请第十二届全国人民代表大会第五次会议审议。《草案》第13条规定:"在中华人民共和国领域内的民事活动,适用中华人民共和国法律,法律另有规定的,依照其规定。"

这种规定基本上延续了《民法通则》第8条的规定,即"在中华人民共和国领域内发生的民事活动,适用本法,法律另有规定的除外。本法关于公民的规定,适用于在中华人民共和国领域内的本国人、外国人、无国籍人,但法律另有规定的除外"。

---

* 本立法建议系应杜涛教授邀请与肖永平教授和杜涛教授联署,最初于2017年3月13日发表于微信公众号"华政国际私法评论"。本建议主要由杜涛教授撰写。《民法总则》于2017年10月1日起施行,并于2021年1月1日《民法典》施行之日起同时废止。《民法总则》第12条最终还是采纳了《草案》第13条之规定,且该规定也写进《民法典》。《民法典》第12条规定:"中华人民共和国领域内的民事活动,适用中华人民共和国法律。法律另有规定的,依照其规定。"

二、存在的问题

(一)《草案》第13条与《涉外民事关系法律适用法》不协调

《草案》第13条的实质是要界定什么情况下适用中国法律,什么情况下可以不适用中国法律。这个问题各国都是交由国际私法来解决。民法总则中要么不规定,要么就用专章篇幅进行全面规定。如果只用一个条文来规定,一定要能够与整个国际私法的基本原则相协调。

我国于2011年颁布的《涉外民事关系法律适用法》第1条规定:"为了明确涉外民事关系的法律适用,合理解决涉外民事争议,维护当事人的合法权益,制定本法。"第2条规定:"涉外民事关系适用的法律,依照本法确定。其他法律对涉外民事关系法律适用另有特别规定的,依照其规定。"根据这两条规定,涉外案件由国际私法确定准据法,非涉外案件直接适用中国法律。

对于什么是"涉外民事关系",国际私法也有既定的标准,通常采用"三要素"说。按照最高人民法院的司法解释,"三要素"包括:当事人一方或双方是外国公民、外国法人或者其他组织、无国籍人,当事人一方或双方的经常居所地在中华人民共和国领域外;标的物在中华人民共和国领域外;产生、变更或者消灭民事关系的法律事实发生在中华人民共和国领域外等。而《草案》第12条以民事活动是否"在中华人民共和国领域内"作为是否适用中国法律的标准,这只是"三要素"中的一项,是不全面的。

(二)《草案》第13条的文字表述存在逻辑循环

《草案》第13条规定:"在中华人民共和国领域内的民事活动,适用中华人民共和国法律,法律另有规定的,依照其规定。"这一规定里,"中华人民共和国法律"和"法律"到底是什么关系? 由于《涉外民事关系法律适用法》也是中华人民共和国法律的一部分,因此,"适用中华人民共和国法律"从逻辑上讲就包括《涉外民事关系法律适用法》和其他国际私法法律法规。但如果这样理解,就意味着,发生于中华人民共和国境内的民事活动,也要适用国际私法。这显然是不合常理的。而如果把"中华人民共和国法律"仅理解为实体法,而不包括《涉外民事关系法律适用法》,那么后面的"但书"中的"法律"又是指什么呢?

(三)《草案》第13条存在立法空白

《草案》第13条仅规定了"在中华人民共和国领域内的民事活动",而没有规定"在中华人民共和国领域外的民事活动"。对于后者,很多情况下也是要适用中华人民共和国实体法律的。因此,既然《民法总则》试图对民法的地域适用范围加以规定,就应该尽量全面,不能只规定一种情况而不及其余。如果认为"在中华人民共和国领域外的民事活动"依照"但书"处理,其理由是什么呢?为什么要对发生于我国领域外的民事活动另眼相待呢?其他法律又具体是什么呢?应当明确说明。

三、修改方案

1. 保守方案:"在中华人民共和国领域内的民事活动,适用中华人民共和国法律。涉外民事关系,依照国际私法的规定确定应适用的法律。"

理由:

如果一定要坚持保留民法地域适用范围条款,笔者认为应当增加一款,专门对涉外民事关系加以概括规定。

在当前"一带一路"倡议下,党和国家都非常重视涉外法律工作。全球化时代,我国的民法并非仅适用于在中国境内发生的民事活动。即使在我国境内发生的民事活动,也并非必然适用我国民法。《草案》第 13 条对于民法的地域适用范围采用了属地主义原则,不符合当代全球化发展趋势,与"一带一路"倡议不协调。《民法总则》作为统领民法各个部门的基本法,应当对涉外民事关系也作出概括性规范,而不能仅仅通过一个模糊的"但书"将其一笔带过。

2. 彻底方案:取消第 13 条。

理由:

民法的地域适用范围,各国都由国际私法加以规范。世界各国民法典,都没有类似于《草案》第 13 条的属地主义条款。原《法国民法典》第 1 条曾有类似条款,但已废除。

第二编　建立法院判决全球流通的国际法律制度探讨

建立法院判决全球流通的国际法律制度

——《承认与执行外国民商事判决公约(草案)》立法资料、观点和述评*

2016年6月1～9日海牙国际私法会议在荷兰海牙召开第一次特委会会议，对《承认与执行外国民商事判决公约(草案)》开始政府间谈判。48个国家的125位政府代表与会对该公约草案的15个核心条款进行逐条讨论和磋商谈判。该公约未来一旦获得通过和实施，将会成为建立国内法院判决全球流通的全新国际法律制度的最为重要的国际法律文件。正因为该项公约具有如此重要的意义，中国此次派出了包括最高人民法院法官、外交部条法专家、法学教授等组成的阵容强大的政府代表团与会。①

迄今为止，任何一个国家的国内法院判决基本上都无法在其他国家获得承认与执行，国内法院判决并不具有全球流通性。依据现行的国际私法理论和实践，一国法院判决只有在基于国际条约规定或是互惠原则前提下才可以在其他国家获得有限的承认与执行。一国和

---

* 本文发表于《武汉大学国际法评论》2017年第5期，并全文转载于《新华文摘》2018年第6期。

① 中国代表团成员包括：外交部孙昂、周勇和徐谭硕；最高人民法院孙劲、曾朝晖和奚向阳；武汉大学法学院何其生教授；上海邦信阳中建中汇律师事务所管理合伙人徐国建律师；中国驻荷兰大使馆苟海波；香港特别行政区律政司许宝如以及澳门特别行政区法务局黄娇真。

另一国缔结相互承认和执行彼此法院判决的双边条约是目前解决法院判决获得他国承认和执行的通常做法，但是，该实践由于双边谈判的艰巨性，使国家缔结此种公约的难度很大，所以，就任何一国而言，迄今都没有缔结众多这样的双边国际条约。再者，即使有这样的双边司法协助条约存在，它们的适用范围也相当有限，仅能约束缔约双方，而无法解决国内法院判决在广泛的国际范围内的流通问题——国内法院判决在广泛的国际范围内无法获得他国承认和执行。总之，到目前为止，世界上并没有规范国内法院判决全球流通（international circulation）的国际统一法律制度，国内法院判决无法在全球范围内流通。这不但直接影响了国内法院判决效力的发挥，妨碍了国际诉讼中当事人获得司法正义的空间和可能性，更是阻碍了国内司法对于国际贸易和国际投资等国际民商事活动的积极推动作用的发挥。

成立于 1893 年的海牙国际私法会议是目前世界上致力于私法国际统一最为重要和最有影响力的广泛性的政府间国际组织，成员涵盖了世界上所有重要经济国家。1987 年 7 月 3 日中国成为该国际组织成员，并积极参与该组织的私法国际统一活动。海牙国际私法会议从 20 世纪 90 年代初便开始致力于在跨国民商事案件最重要的两个领域——跨国民商案件的法院管辖权以及法院判决的承认与执行领域，进行私法统一工作，并着手为此起草国际公约。经过几年的努力，海牙国际私法会议于 1999 年起草出《民商事管辖权和法院判决承认和执行公约（草案）》以及其后 2001 年的“临时公约约文”（2001 Interim Text）。在这些工作的基础上，海牙国际私法会议决定先将该方面的工作缩小集中至起草一部通过当事人协议选择法院确定法院管辖权以及确定法院判决承认和执行的国际公约。2005 年 6 月 30 日《选择法院协议公约》在海牙国际私法会议第 20 届外交大会上获得通过。[①] 随着欧盟批准和加入，该公约已于 2015 年 10 月 1 日正式生效。

2011 年起海牙国际私法会议开始着手起草有关法院判决承认和执行公约。其后，为此专门成立的工作小组于 2012 年至 2015 年先后召开了 5 次专门会议，进行公约的起草工作，并于 2015 年 11 月完成了《承认与执行外国民商事判决

---

① 关于《选择法院协议公约》的背景和评述，参见徐国建：《新世纪海牙国际私法统一重要成果——海牙〈选择法院协议公约〉述评》，载徐国建：《国际统一私法总论》，法律出版社 2011 年版，第 729 ~ 755 页。

公约建议草案》。① 2016 年 6 月 1 ~9 日在荷兰海牙召开的海牙国际私法会议特委会会议,是第一次对该公约草案进行政府间谈判。可以期待,经过各国努力,一项改变世界司法格局的重要条约有望在不久的将来诞生。

毫无疑问,这项私法国际统一工作具有划时代的意义,将会改变国际民商事法律秩序。海牙会议判决计划工作小组给未来公约确定了两项目标:(1)加强正义的获得;(2)通过减少跨境交易相关的成本和风险,促进跨境贸易和投资。②

为实现上述目标,未来的公约在制定时应该做到以下几点,从而最终可以通过这些途径实现上述目标:(1)确保公约所适用的国内法院判决将在公约成员方获得承认和执行,加强法院判决的实际效力,使胜诉一方当事人在正义的获得上可以安心;(2)未来公约要能够确保一成员方法院作出的判决在其他成员方也有效,减少和避免当事人就争议必须在一个或多个公约成员方再行起诉的必要;(3)减少判决获得承认和执行的金钱和时间成本,使当事人可以更快和更低成本地获得正义;(4)未来公约可以使公约成员方的当事人能够确定在什么情形下法院判决在这些国家可以流通,从而改善法律的可预见性;(5)未来公约将致力于使得原告获得更多关于其将提起的诉讼的判决是否可以在其他缔约方得到执行的信息,从而选择正确的诉讼地国家。③

本文将主要就上述海牙会议特委会所讨论的《承认与执行外国民商事判决公约建议草案》以及政府间谈判的焦点问题进行探讨,同时记录该公约草案的一些具有历史性意义的资料及各国的观点,从而揭示公约草案的要点,弄清公约草案的真意,并提出我国在公约一些重要问题上的立场。

---

① "Proposed Draft Text on The Recognition and Enforcement of Foreign Judgments" drawn up by the Working Group on the Judgments Project. Preliminary Document No. 1 of April 2016 for the attention of the Special Commission of June 2016 on the Recognition and Enforcement of Foreign Judgments.

② 参见"Explanatory Note Providing Background on the Proposed Draft Text and Identifying Outstanding Issues", drawn up by the Permanent Bureau, Preliminary Document No. 2 of April 2016 for the attention of the Special Commission of June 2016 on the Recognition and Enforcement of Foreign Judgments, p. 3。

③ 参见"Explanatory Note Providing Background on the Proposed Draft Text and Identifying Outstanding Issues", drawn up by the Permanent Bureau, Preliminary Document No. 2 of April 2016 for the attention of the Special Commission of June 2016 on the Recognition and Enforcement of Foreign Judgments, p. 4。

一、公约草案的结构

(一)概说

公约草案共2章15条规定,从篇幅和结构上来看,显得非常简洁。第一章“范围和定义”共有3个条文;第二章“承认与执行”则涵盖了公约其他全部12个条文。公约草案的结构无疑是和2005年的海牙《选择法院协议公约》结构安排一致的,只是目前的公约草案尚未加进前者的第四章“一般条款”以及第五章“最后条款”的类似内容,经过几轮特委会会议的政府间谈判后提交给未来海牙国际私法会议专门谈判该公约的外交大会的公约最后草案中应该会加进类似章节内容。这里需要顺便指出的是,《选择法院协议公约》除上述对本公约草案结构产生的影响外,也还对条款的具体内容产生了较大影响,所以,未来的判决承认和执行公约和2005年的《选择法院协议公约》除具有承上启下的关系外,还具有内容和体系上密切的联系。

(二)公约的适用范围和定义

公约草案第1条和第2条规定了未来公约的适用范围。这些规定均是以2005年《选择法院协议公约》的相关规定为蓝本的。在公约适用范围的问题上公约草案首先直接规定公约适用于民商事事项法院判决的承认和执行(第1条),并接着以一条较长篇幅的条文规定公约排除适用的事项(第2条)。而且,在排除事项的规定中又包含6个方面的内容:(1)公约排除适用的争议事项(第2条第1款);(2)先决问题(第2条第2款);(3)仲裁事项的排除(第2条第3款);(4)关于特殊程序的协议的排除(第2条第4款);(5)国家作为诉讼当事人的判决问题(第2条第5款);(6)国家和国际组织豁免问题(第2条第6款)。

公约草案第3条是关于公约中所使用的3个术语的定义和解释规定,它们是“被告”“判决”“惯常居民”。

(三)关于判决承认和执行的实质性规定

公约草案第二章共12条规定判决承认与执行的实质性问题。这12个条文的具体内容包括:(1)关于公约成员方间彼此承认和执行法院判决的基本义务等方面的一般性规定(第4条);(2)承认和执行法院判决的根据(第5条);(3)关于知识产权判决和不动产判决的承认与执行的排他性根据(第6条);(4)关于拒绝承认和执行的规定(第7条);(5)关于先决问题的规定(第8条);(6)关于损害赔偿的特别规定(第9条);(7)关于司法和解的特殊规定(第10

条);(8)关于涉及法院判决承认和执行应出具的文件要求的规定(第 11 条);(9)特殊程序事项的规定(第 12 条);(10)判决的同等效力问题(第 13 条);(11)判决的可分割性(第 14 条);(12)公约不妨碍依据国内法对判决的承认和执行问题(第 15 条)的规定。

二、公约的适用范围

(一)公约适用于民商事性质案件的法院判决

本公约的适用范围是民商事案件法院判决的承认和执行(公约草案第 1 条第 1 款,以下援引的条款除另行标明外均系公约草案条款),具体而言,是公约一个成员方法院作出的判决在另一成员方的承认和执行事宜(第 1 条第 2 款)。公约这里所说的民商事仅指作为判决对象的争议事宜的性质,而不是指作出判决的法院的性质。① 公约这里使用了历史上海牙公约所常用的英文措辞"civil or commercial"(民事或商事)。② 鉴于公约适用的法院判决的民商事性质,草案明确排除公约不得扩展适用于税收、海关或其他行政法性质的案件的法院判决(第 1 条第 1 款第二句)。公约草案第 1 条第 1 款的规定系以海牙国际私法会议 1999 年起草的《民商事管辖权和法院判决承认和执行公约草案》第 1 条和《选择法院协议公约》第 1 条第 1 款为蓝本起草,体现了公约的历史传承。③ 公约草案关于其适用范围的规定包括了以下几层含义:

第一,法院判决的承认和执行。本公约开宗明义指出其是关于国内法院判决承认与执行的国际公约,或者说是建立国内法院判决国际流通制度的国际公

---

① 参见 Special Commission on the Recognition and Enforcement of Foreign Judgments (1 – 9 June 2016), Report of Meeting No. 9—Meeting of Tuesday 7 June 2016。

② 在海牙公约的历史上第一个使用该措辞的公约是 1896 年 11 月 14 日的《民事诉讼公约》(Convention on Civil Procedure)。该公约第 1 条、第 5 和第 17 条使用了"civil or commercial"这一表述。后来该表述被海牙几个重要公约采用:1965 年 11 月 15 日《关于向国外送达民事或商事司法文书和司法外文书公约》(Convention on the Service Abroad of Judicial and Extrajudicial Documents in Civil or Commercial Matters),1970 年 3 月 18 日《关于从国外调取民事或商事证据的公约》(Convention on the Taking of Evidence Abroad inn Civil or Commercial Matters),2005 年 6 月 30 日《选择法院协议公约》等。

③ 参见"Explanatory Note Providing Background on the Proposed Draft Text and Identifying Outstanding Issues",drawn up by the Permanent Bureau, Preliminary Document No. 2 of April 2016 for the attention of the Special Commission of June 2016 on the Recognition and Enforcement of Foreign Judgments, p. 5。

约。本公约并不像《选择法院协议公约》那样包含对法院管辖权问题的直接规定。① 至于公约所适用的法院判决的含义、性质和形式,公约草案在第3条中专门对法院判决(judgment)作了一个定义。对此我们将在下文予以专门探讨。

第二,公约所适用的仅限民商事性质的法院判决。第1条第1款在作此限定性规定时沿用了海牙国际私法公约中常用的措辞,即“民事或商事”(civil or commercial matters),而这应该被认为和“民事和商事”(civil and commercial matters)或者汉语习惯上更简洁的说法“民商事”具有相同的含义。②

第三,行政法性质的法院判决被明确排除在公约适用范围之外。如前所述,公约仅适用于民商事性质的法院判决的承认和执行,这样的规定应该已经非常明确;但是,为了杜绝日后在公约适用中可能出现的扩大公约适用范围的可能性,它又补充强调,公约“尤其不延伸适用于税收、海关或其他行政事项”(administrative matters)(第1条第1款第二句)。公约草案在进行这样的排除规定时采用了先列举再统括的规定方式。它所明确列举的只有税收和关税事项。但是,公约所意图排除的是全部行政法性质事项的法院判决。需要正确理解的是,公约这里只是统括性地将行政法性质的法院判决排除出公约的适用范围,公约之所以在该条进行这样的规定,是要突出其仅仅适用于民商事法院判决的特性,而对于那些尽管属于民商事性质,但不应受公约管辖的事项,则在公约草案的第2条予以明确规定。由于各国在哪些事项属于行政法事项的定性问题上规定和理解不一致,公约未来的解释中需要对此予以明确,从而使公约未来的适用和解释能够保持一致。

(二)被排除出公约适用范围的事项

1. 立法考量和背景

尽管公约草案规定其适用范围是民商事的法院判决,但是,它并不适用于所有民商事事项的法院判决。从公约的起草者角度来讲,尽管他们一方面希望公约可以适用至较广的范围,但另外一方面,他们也不得不从实际出发,顾及广大的海牙会议成员可以接受未来公约的程度,以便可以使未来公约获得最广泛

---

① 《选择法院协议公约》第2章共3个条文规定法院管辖权问题,分别涉及被选择法院行使管辖权的义务、未被选择法院不得行使管辖权的义务以及公约不适用于临时保护措施的规定。

② 参见“Explanatory Note Providing Background on the Proposed Draft Text and Identifying Outstanding Issues”, drawn up by the Permanent Bureau, Preliminary Document No. 2 of April 2016 for the attention of the Special Commission of June 2016 on the Recognition and Enforcement of Foreign Judgments, p. 5; Hartley and Dogauchi, Report to the Choice of Court Convention 2005。

的接受和加入。[①] 公约的这条规定是以《选择法院协议公约》第 2 条为范本起草的，负责本公约起草的工作小组认为就公约适用范围应予排除的事项而言，本公约和上述《选择法院协议公约》具有诸多共性。[②] 但是，在 2016 年 6 月的特委会会议上，与会一些国家的代表还是对现有公约草案在适用范围的排除事项上的规定提出了不少修改建议，从而使未来公约在排除的适用范围问题上和上述 2005 年公约有较大区别。

2. 被公约排除的争议事项

公约草案第 2 条第 1 款明确规定了公约不予适用的一些争议事项，它们中有的明显属于民商事性质，一些就性质而言，究竟是否是民商事性质，并不是非常清晰：（1）自然人的身份和法律能力；（2）抚养义务；（3）其他家庭法事项，包括婚姻财产制以及婚姻或相似关系所产生的其他权利和义务；（4）遗嘱和继承；（5）破产、破产法上的和解协议和类似事项；（6）旅客和货物运输；（7）海洋污染、海事请求权的责任限制、共同海损以及紧急拖救和海上营救；（8）核损害责任；（9）法人的有效性、无效或解散，以及其机构作出的决定有效性；（10）公共登记机关登记的有效性；（11）诽谤。比较一下本公约草案的排除规定和 2005 年《选择法院协议公约》（第 2 条第 2 款）的排除规定可以看出，较之本公约草案，2005 年公约所排除出其适用范围的事项更多更广，它把下列几类争议也明确排除出公约适用范围：（1）反垄断（竞争）事项；（2）由或代理自然人提起的人身伤害索赔；（3）非产生于合同关系的对有形财产造成损害的侵权或侵害索赔；（4）版权或相邻权以外的知识产权的有效性；（5）版权或相邻权以外的知识产权的侵权，但不包括当事人间因为违反涉及此种权利的合同而提起的，或可能会因为违反该合同而提起的侵权诉讼。但是，公约草案将“诽谤”事项的法院判决排除在公约适用范围之外，而 2005 年公约并未做如此的排除。

2016 年海牙特委会会议上公约草案第 2 条关于公约排除适用事项的规定

---

① 参见“Explanatory Note Providing Background on the Proposed Draft Text and Identifying Outstanding Issues”, drawn up by the Permanent Bureau, Preliminary Document No. 2 of April 2016 for the attention of the Special Commission of June 2016 on the Recognition and Enforcement of Foreign Judgments, p. 7。

② 参见“Explanatory Note Providing Background on the Proposed Draft Text and Identifying Outstanding Issues”, drawn up by the Permanent Bureau, Preliminary Document No. 2 of April 2016 for the attention of the Special Commission of June 2016 on the Recognition and Enforcement of Foreign Judgments, p. 7。

也是与会代表热烈讨论的条文之一,各国代表除向会议提交了8项关于该条规定的修改案文外,于6月7日上午的会议上专门讨论了公约草案的该条规定。① 特委会会议对该条讨论的要点可以归纳如下:第一,关于收养和亲子关系问题[第2条第1款(a)项]。以色列代表建议公约在排除自然人身份和法律能力时,也同时明确地将收养和亲子关系也排除出公约的适用范围。会议决定把此问题放在公约的解释报告中予以澄清。②第二,关于是否应该将反垄断(竞争)事项排除于公约适用范围之外的问题。2005年《选择法院协议公约》第2条第2款(h)项是将"反垄断(竞争)事项"排除在公约适用范围之外的。而且,反垄断(竞争)事项就性质而言也具有行政法的公法性质,所以中国代表团建议将该事项也如上述《选择法院协议公约》一样排除于公约适用范围之外。但是,由于反垄断(竞争)的一些案件可能只发生在私人公司之间,并不具有公法性质,而是纯粹的民商事性质,所以,讨论中一些代表建议将该问题分成公法性质的部分和私法性质的部分予以不同的对待。对于私人公司间的属于民商事性质的反垄断(竞争)争议的判决,还是应该归入公约的适用范围,而仅将那些由国家执法部门作出决定或处罚的属于公法性质的反垄断(竞争)争议排除在公约适用范围之外。最终,大会主席建议将公约是否应该扩大适用于反垄断(竞争)事项的问题写入备忘录,以期继续讨论,反垄断(竞争)的哪些事项归入公约的适用范围更为合适。③ 第三,关于在将法人的有效性、无效或解散排除出公约的适用范围的同时也应将"自然人或者法人的结社"的有效性、无效或解散排除出公约的适用范围。此建议由欧盟代表提出。经过讨论会议决定采纳欧盟建议,将"自然人或者法人的结社"(association of natural or legal persons)和法人并列加入公约草案第2(1)(i)项。

---

① 关于公约第2条的各国的建议案文包括:Special Commission on the Recognition and Enforcement of Foreign Judgments Working Documents No. 25(以色列),37(阿根廷),38(以色列),42(欧盟),47(欧盟),48(阿根廷),52(中国) and 59(国际律师协会, International Association of Lawyers)。关于特委会6月7日上午会议的纪要见 Special Commission on the Recognition and Enforcement of Foreign Judgments, Report of Meeting No. 9, Meeting of Tuesday 7 June 2016 – Morning Session。

② 参见 Special Commission on the Recognition and Enforcement of Foreign Judgments (1 – 9 June 2016), Report of Meeting No. 9—Meeting of Tuesday 7 June 2016,第19段。

③ 参见 Special Commission on the Recognition and Enforcement of Foreign Judgments (1 – 9 June 2016), Report of Meeting No. 9—Meeting of Tuesday 7 June 2016,第44、46段。

3. 其他涉及排除公约适用的问题

公约草案在第 2 条中还专门以其他 5 款，规定其他涉及排除公约适用的问题：(1)先决问题（第 2 条第 2 款）；(2)仲裁程序（第 2 条第 3 款）；(3)非法院机构的约束力裁定（第 2 条第 4 款）；(4)国家和政府行为（第 2 条第 5 款）；(5)国家豁免（第 2 条第 6 款）。特委会会议上围绕这些问题的规定曾展开讨论：

第一，关于先决问题。澳大利亚代表团提出了一项将公约草案中和先决问题相关事项整合成一个条文的建议，但该建议条文过于复杂，难以理解，没有被特委会采纳。[①] 第二，关于法院外的机构或个人所作的有约束力的裁定（binding determination）的排除适用（第 2 条第 4 款）和仲裁问题的排除适用问题（第 2 条第 3 款）。欧盟代表提交特委会第 42 号提案，建议删除公约草案第 2 条第 4 款，理由是：首先，该条规定的内容已涵盖在第 2 条第 3 款关于公约不适用于仲裁事项的规定中；其次，本公约只适用于法院的判决，而且，公约也已对判决有明确的定义，再在此专门条文特别强调非法院机构或个人所作约束力的裁定的不适用没有必要。[②] 特委会决定删除该条规定。关于排除仲裁和相关程序问题，有西班牙专家提出疑问，是否法院关于仲裁协议效力问题的判决也排除适用？法国代表认为，所有涉及仲裁的问题均应属于公约排除适用事项。[③] 第三，关于政府行为和国家豁免问题（第 2 条第 5 款和第 2 条第 6 款）。在公约草案关于判决不因为一方当事人是政府就不予承认和执行的规定问题上，以色列代表提交议案并发言指出成员方应该可以对该条规定予以保留，声明排除该条的适用。[④] 但是，该建议并未获得其他国家有力支持，没有被特委会采纳。而关于国家豁免条款的规定，以色列等国家的代表提出在规定国家豁免的同时也要在条文中明确其官员或代表也应可以豁免。讨论的结果，一致的意见认为在

---

① 参见 Special Commission on the Recognition and Enforcement of Foreign Judgments (1 – 9 June 2016), Report of Meeting No. 9—Meeting of Tuesday 7 June 2016，第 57 ~ 62 段。

② 参见 Special Commission on the Recognition and Enforcement of Foreign Judgments (1 – 9 June 2016), Report of Meeting No. 9—Meeting of Tuesday 7 June 2016，第 63、66 段。

③ 参见 Special Commission on the Recognition and Enforcement of Foreign Judgments (1 – 9 June 2016), Report of Meeting No. 9—Meeting of Tuesday 7 June 2016，第 73、75 段。

④ 参见特委会第 38 号工作文件和 Special Commission on the Recognition and Enforcement of Foreign Judgments (1 – 9 June 2016), Report of Meeting No. 9—Meeting of Tuesday 7 June 2016，第 78 段。

这里国家的概念中包含了其官员和代表。[①]

三、判决承认和执行的基本原则

(一)实现成员方间判决流通的总目标和基本原则

公约草案第4条是关于法院判决承认和执行的总目标与基本原则的规定,也是公约最为重要的一条规定。其确定的公约的总目标和基本原则是一个成员方法院的判决只要符合公约本章的规定原则上必须在另一个成员方获得承认和执行,并据此在司法史上破天荒地在世界范围内建立法院判决的全球流通机制。只有在本公约有明确规定一缔约国法院判决可以被另一缔约方法院拒绝承认和执行的情形下,法院判决才可以不被公约成员方法院承认和执行。这一条规定还确定了对法院判决承认和执行的机制与条件,即对法院判决的案件的事实问题的审查,以及对判决的生效和可执行性问题。[②]公约草案的这一条规定是以2005年《选择法院协议公约》第8条为蓝本制定的。[③] 在2016年6月海牙特委会会议上,与会各国代表对公约草案这一最为重要的规定也予以了广泛的重视,并进行了深入的讨论。[④] 但是,公约的该总目标和确定的基本原则保持不变。

为了强调未来公约的这一总目标和基本原则,公约草案第4条第2款特别强调对判决唯一可以拒绝承认和执行的情形是存在本公约特别规定的拒绝承认和执行的原因(公约草案第7条规定拒绝承认和执行的原因)。但是,即使在存在本公约特别规定的判决拒绝承认和执行的原因的情形下,被请求国也还是

---

① 参见 Special Commission on the Recognition and Enforcement of Foreign Judgments (1 – 9 June 2016), Report of Meeting No. 9—Meeting of Tuesday 7 June 2016,第78~89段。

② 参见"Explanatory Note Providing Background on the Proposed Draft Text and Identifying Outstanding Issues",drawn up by the Permanent Bureau, Preliminary Document No. 2 of April 2016 for the attention of the Special Commission of June 2016 on the Recognition and Enforcement of Foreign Judgments,p. 14。

③ 参见"Explanatory Note Providing Background on the Proposed Draft Text and Identifying Outstanding Issues",drawn up by the Permanent Bureau, Preliminary Document No. 2 of April 2016 for the attention of the Special Commission of June 2016 on the Recognition and Enforcement of Foreign Judgments,p. 14。

④ 以色列、澳大利亚、中国、瑞士、美国、欧盟以及俄罗斯等国家和地区的代表团分别就本条规定向特委会大会提交了共8个提案。参见 Special Commission on the Recognition and Enforcement of Foreign Judgments Working Documents No. 5、6、10、12、13、15、16 and 21。

可以依据其本国法律对该判决予以承认和执行。[1]

（二）被请求国法院不审查原始国法院判决的案件事实和受原始国法院所查明管辖权事实约束原则

1. 被请求国法院不审查原始国法院判决的案件事实原则

对外国法院的判决予以承认就是承认该判决的判决结果，也承认法院所认定的案件事实。如果被请求国法院可以对原始国法院判决的案件事实进行重新审查，则势必会影响对判决的结果的承认，从而会破坏上述公约所确定的对外国法院判决的总目标和基本原则的实现。出于这样的考虑，公约草案在第4条第2款规定对原始国法院判决的案件事实不进行审查的原则。

2. 被请求国法院受原始国法院所查明管辖权事实约束原则

无论是对外国法院判决还是商事仲裁裁决的承认和执行，在实践中，于申请承认判决和裁决时，通常都会存在对于法院或仲裁庭管辖权的异议，并据此企图阻止对判决或裁决的承认和执行。[2] 正因为原始国法院缺乏管辖权常常被用来阻止判决的承认，从而削弱判决承认公约的效力，在海牙国际私法会议的公约起草历史上，若干个公约均规定了被请求国法院受原始国法院所查明的管辖权事实约束的原则。[3] 也是基于这样的考虑，本公约草案也以2005年《选择法院协议公约》第8条第2款为蓝本起草了第4条第2款的规定。被请求国法院受原始国法院确定其管辖权所发现的事实的约束，除非判决系缺席作出。这一规定的目的就是防止和阻止被请求承认和执行的一方当事人在被请求国法院以原始国法院无管辖权的理由提出拒绝承认和执行的请求，从而不正当地延

① 参见"Explanatory Note Providing Background on the Proposed Draft Text and Identifying Outstanding Issues", drawn up by the Permanent Bureau, Preliminary Document No. 2 of April 2016 for the attention of the Special Commission of June 2016 on the Recognition and Enforcement of Foreign Judgments，第59段，第14页。

② 关于国际商事仲裁裁决承认中的此种情形，参见［美］加里·B. 博恩：《国际仲裁法律与实践》，白麟、陈福勇译，商务印书馆2015年版，第510~511页。

③ 参见1971年《执行公约》第6条、1973年10月《关于抚养义务决定的承认与执行公约》第9条、1996年《关于儿童保护公约》第25条、2000年《成人公约》第24条以及2005年《选择法院协议公约》第8(2)条。

误判决的承认和执行。① 但是,缺席判决就不适用该原则,因为,在这种情况下,申请人必须承担更重的举证义务,尤其是应该依据公约草案第 7 条第 1 款(a)项规定举证说明及时通知了被申请人,从而使其可以有时间进行答辩。②

(三)判决必须在原始国生效且可执行

公约草案明确规定的判决在被请求国获得承认与执行的一项基本原则或前提条件是该判决在原始国业已生效且可以获得执行(第 4 条第 3 款)。换句话说,如果判决在原始国尚未生效或者业已失去效力,则它不得在公约其他成员方获得承认和执行。③ 就判决的执行而言,公约草案规定,只有其在原始国具有可执行性(enforceable),才得以在被请求国获得执行(第 4 条第 3 款)。公约草案这条规定的蓝本是 2005 年《选择法院协议公约》第 8 条第 3 款的规定。

与判决的效力和可执行性相关的是尽管依据原始国法律判决业已生效且也具有可执行性,但是,该判决在原始国却还处于审查程序之中或者寻求正常审查的时间尚未结束的情形。公约草案在第 4 条第 4 款规定了被请求国法院在此种情形下的几种应对解决方案。对于公约草案第 4 条第 3 款和第 4 条第 4 款的规定,在 2016 年 6 月海牙特委会会议上中国代表团提出了修改意见。中国代表团的主要意见是依据包括中国在内的一些国家的法律,判决只要已经生效或可以执行,则针对它们的正常的审查程序便已结束,所以,对于中国律师而言,很难理解公约草案第 4 条第 3 款和第 4 条第 4 款两款规定的关系。所以,中国代表团建议将草案该两款规定合并成一条,并进行更符合逻辑关系的排列。④

---

① 参见"Explanatory Note Providing Background on the Proposed Draft Text and Identifying Outstanding Issues", drawn up by the Permanent Bureau, Preliminary Document No. 2 of April 2016 for the attention of the Special Commission of June 2016 on the Recognition and Enforcement of Foreign Judgments,第 60 段,第 15 页。

② 参见"Explanatory Note Providing Background on the Proposed Draft Text and Identifying Outstanding Issues", drawn up by the Permanent Bureau, Preliminary Document No. 2 of April 2016 for the attention of the Special Commission of June 2016 on the Recognition and Enforcement of Foreign Judgments,第 61 段,第 15 页。

③ 参见"Explanatory Note Providing Background on the Proposed Draft Text and Identifying Outstanding Issues", drawn up by the Permanent Bureau, Preliminary Document No. 2 of April 2016 for the attention of the Special Commission of June 2016 on the Recognition and Enforcement of Foreign Judgments,第 62 段,第 15 页。

④ 参见 Special Commission on the Recognition and Enforcement of Foreign Judgments Working Documents No. 10; Special Commission on the Recognition and Enforcement of Foreign Judgments (1 – 9 June 2016), Report of Meeting No. 9—Meeting of Thursday 2 June 2016,第 17 段。

会上围绕中国代表团的建议与会代表进行了激烈的讨论，特委会最后尽管未将该两款合并，但基本按照中国代表团的修改意见修改了两款规定。[①] 根据修改后的公约草案第4条第4款的规定，如第4条第3款所指的判决在原始国正在审查程序中或者寻求正常审查的时效未过，则被请求法院可以：(1) 给予承认或执行，执行可以以提供该法院所确定的担保为前提条件；(2) 推迟承认或执行；(3) 拒绝承认或执行。但是，第3项下的拒绝承认或执行并不妨碍之后的承认或执行申请。

四、判决承认和执行的根据

(一)概说

公约草案以一条很长的条文第5条规定判决承认与执行的根据。[②] 据说该规定是以海牙国际私法会议2007年的《关于国际追索儿童抚养费和其他形式家庭扶养的公约》第20条第1款的规定为蓝本制定的。[③] 公约草案的这一规定实际上是从原始国法院对判决的案件的管辖权角度规定成员方的哪些案件应该获得承认和执行，即判决承认和执行的基础及根据。这一规定被认为是本公约草案这一建筑的基石，具有非常重要的意义。正因为该规定着眼于原始法院对案件的管辖权，公约草案的这一规定又被称为“管辖过滤器”(jurisdictional filters)或“间接管辖根据”(indirect grounds of jurisdiction)。起草公约草案的工作小组在起草这一条规定时便是试图找到作为判决承认和执行基础的共性，且将确定不让被申请承认或执行人不合理地申辩诉讼本应在另一法院进行的情

---

① 参见 Special Commission on the Recognition and Enforcement of Foreign Judgments Working Documents No. 70, “Revised Draft Text as of 6 June 2016”。Art. 4 (4)：“If a judgment referred to in para. 3, is the subject of review in the State of origin or if the time for seeking ordinary review has not expired, the court addressed may: a) grant recognition or enforcement, which enforcement may be conditional on the provision of such security as it shall determine; b) postpone the recognition or enforcement; or c) refuse the recognition or enforcement. A refusal does not prevent a subsequent application for recognition or enforcement of the judgment.”

② 提交给2016年6月海牙国际私法会议特委会的公约草案第5(1)条原有11项规定，特委会上对这些规定进行了较大的修改。

③ 海牙国际私法会议2007年的《关于国际追索儿童抚养费和其他形式家庭扶养的公约》第20条第1款的规定参见外交部条法司编：《海牙国际私法会议公约集》，法律出版社2012年版，第222～223页。

形作为目标。①如果一个公约成员方法院所作出的判决符合本条所规定的一条或多条"管辖过滤器"要求,则便应该对该判决予以承认或执行。而原始法院对案件行使管辖权的实际基础则并不影响这里的判断。② 公约草案这一条重要的规定被认为增强了法律的可预见性和稳定性,据此公约缔约方的当事人可以清楚地判断在什么情况下法院的判决可以获得公约其他成员方法院的承认和执行。③ 在司法实践中"管辖过滤器"于当事人而言具有双重效用:其一,当事人可以据此选择在哪国法院起诉,其判决才可以被承认和执行;其二,当事人也可以据此决定是否需要参加其他地方法院就同一争议所提起的诉讼,并且进行应诉和抗辩。④

(二)判决承认和执行的根据——"管辖过滤器"

1.判决承认和执行的一般性根据

公约草案(第5条第1款)规定的作为判决承认和执行根据的"管辖过滤器"实际上也就是确定管辖权的连结点,具体有以下要点:(1)被申请承认或执行人的惯常居所(habitual resident);(2)被申请承认或执行人系诉讼中的原告;(3)诉讼中的被告在原始国拥有分支机构、代理机构或其他不具有法人资格的企业实体(establishment),且诉讼请求产生于它们的活动;(4)被告接受管辖;(5)原始法院系合同之债的债务履行地;(6)不动产租赁纠纷的原始判决法院系不动产所在国法院;(7)侵权判决的原始判决法院系侵权地国法院;(8)需要

① 参见"Explanatory Note Providing Background on the Proposed Draft Text and Identifying Outstanding Issues",drawn up by the Permanent Bureau, Preliminary Document No. 2 of April 2016 for the attention of the Special Commission of June 2016 on the Recognition and Enforcement of Foreign Judgments,第64段,第17页。

② 参见"Explanatory Note Providing Background on the Proposed Draft Text and Identifying Outstanding Issues",drawn up by the Permanent Bureau, Preliminary Document No. 2 of April 2016 for the attention of the Special Commission of June 2016 on the Recognition and Enforcement of Foreign Judgments,第65段,第17页。

③ 参见"Explanatory Note Providing Background on the Proposed Draft Text and Identifying Outstanding Issues",drawn up by the Permanent Bureau, Preliminary Document No. 2 of April 2016 for the attention of the Special Commission of June 2016 on the Recognition and Enforcement of Foreign Judgments,第66段,第17页。

④ 参见"Explanatory Note Providing Background on the Proposed Draft Text and Identifying Outstanding Issues",drawn up by the Permanent Bureau, Preliminary Document No. 2 of April 2016 for the attention of the Special Commission of June 2016 on the Recognition and Enforcement of Foreign Judgments,第68段,第17~18页。

注册登记的知识产权判决的原始判决法院系权利的注册登记国法院;(9)无须注册登记的版权等知识产权的判决,而这些权利系依据原始国法律而产生;(10)信托的判决的原始判决法院国系信托文件中所选择的行使管辖权的法院所在国,或者信托文件中规定诉讼案件的信托事项应适用该国法律,再或者信托文件中规定该国系信托的主要管理地;(11)反诉的判决事项系原诉所基于的交易或行为。

通过上面的列举,我们可以看出公约草案确定的判决承认和执行的根据还是比较宽松的。公约草案之所以要这样规定,一方面,是因为作为未来赋予成员方承认和执行其他成员方法院判决义务的公约,如果不考虑原始国法院对案件的管辖权问题,而简单无条件地规定只要是一个成员方的法院判决,其他成员方都必须无条件地予以承认和执行,这并不利于在国际范围内建立起一个公平、合理和正义的法院判决流通制度。如果这样,不但成员方间势必争抢案件管辖权,扩大其司法的影响,甚至由此获取不当的经济利益,导致对成员方间案件管辖平衡的破坏和对司法正义的损害;而且,国际民商事案件的当事人更可能会挑选法院(forum shopping),破坏成员方间民商事案件正常合理的管辖秩序。另一方面,如果把"管辖过滤器"规定得过于严密,使成员方承认和执行其他成员方法院判决的根据过于严苛,则又不符合本公约前述建立世界范围内的法院判决流通制度,通过减少跨境交易相关的成本和风险,促进跨境贸易和投资的立法意图。所以,如何宽严相济地过滤掉原始国法院不具有管辖权的案件判决,是起草本公约草案的难点所在。公约草案这样规定判决承认与执行根据的第三个原因是给予国际民商事关系中的当事人在签署交易合同时或纠纷产生后,便可以明确地知晓在公约哪一个成员方起诉获得法院判决,可以在公约其他成员方获得承认和执行。

2016 年 6 月的海牙特委会会议对公约草案的第 5 条第 1 款规定进行了广泛详细的讨论。为了能够清楚地明确公约立法者在公约该重要规定上的意图,并使人们日后可以准确无误地理解公约的意义,我们将海牙特委会会议对该条讨论的要点归纳介绍如下:

(1)删除被申请承认和执行人的继承人的规定。公约草案第 5 条本来在(a)项和(b)项下规定了被申请承认和执行人的继承人和原始法院的管辖权联系问题,但是,与会的不少国家的代表指出该问题应该由国内冲突法予以解决,而且,2005 年海牙《选择法院协议公约》也没有规定被申请承认和执行人的继承人问题。对该问题的理解和解释可以放在未来对公约解释的报告中予以解释和说明。①

（2）公约草案第5条第1款(d)项规定被告在诉讼中同意接受原始国法院管辖作为“管辖权过滤器”之一。对于这一规定与会代表提出了两个问题：其一，如果争议系被请求国法院专属管辖事项，该如何处理？其二，目前公约草案的措辞是被告在诉讼过程中同意接受原始国法院管辖，但没有考虑被告出庭，却不明确表示接受管辖，而在之后的承认和执行程序中却对原始国法院的间接管辖权提出异议，以阻止判决承认和执行的情形。② 就上述第一个问题，有与会代表指出该问题在公约草案中实际上已经解决，草案第6条和第7条均是关于该问题的规定，因此，没必要再就该条可能涉及被请求国法院专属管辖事项另行规定，或修改现有的规定。而关于被告出庭却未提出管辖异议的问题，特委会觉得可以交由一个工作小组进一步研究，所以，相关的修改条款建议作为讨论稿先放在公约草案修改稿中以方括号标出。③

（3）对于公约草案第5条第1款(e)项有关合同之债履行争议的法院判决的规定，不少国家和地区代表提出修改建议。其中以色列代表建议删除规定中的“或者依据合同准据法”的内容；日本代表则建议把“合同准据法”改为“当事人选择的法律”；欧盟代表的建议是增加“如果无法确定当事人的协议”；韩国代表建议合同履行改为“所涉合同类型的特征性履行”；阿根廷代表提出应该规定案件涉及多个合同债务履行的情形。④ 经过激烈讨论，会议决定对该条规定进行稍微修改，即增加“或者，在未约定履行地的情况下”的内容。⑤ 特委会会议上还专门讨论了该条规定中最后一句“除非被告涉及交易的活动清楚地表明并不构成**有目的的和根本的联系**”中的“有目的的和根本的联系”（a purposefuland substantial connection）问题。美国代表在会议上发言指出，公约草

① 参见 Special Commission on the Recognition and Enforcement of Foreign Judgments Working Documents No. 10；Special Commission on the Recognition and Enforcement of Foreign Judgments（1－9 June 2016），Report of Meeting No. 4—Meeting of Thursday 2 June 2016，第4～20段。

② 该意见主要由法国代表提出，参见 Special Commission on the Recognition and Enforcement of Foreign Judgments Working Documents No. 10；Special Commission on the Recognition and Enforcement of Foreign Judgments（1－9 June 2016），Report of Meeting No. 4—Meeting of Thursday 2 June 2016，第31段。

③ 参见 Revised Draft Text as of 6 June 2016 中第5条第1款(d)项之二规定。

④ 参见 Special Commission on the Recognition and Enforcement of Foreign Judgments Working Documents No. 8、9、15、19 and 20。

⑤ 参见 Revised Draft Text as of 6 June 2016 中第5条第1款(e)项规定。

案目前具有该措辞的规定是工作小组在起草本规定时妥协的结果。规定考虑了大陆法系国家要求考察合同履行地的需求。美国代表指出,尽管美国在判断管辖权时也会考察履行地,但是,依据美国的法律制度在确定可以将被告受管辖法院管辖之前,必须就该被告和管辖法院的联系进行全面的分析。美国宪法所规定的正当程序的要求在这种情况下也应适用,根据美国联邦最高法院的判决在涉及合同的情况下,被告和其被诉的管辖法院所在州之间的联系必须是有目的的和根本的联系。"有目的的"一词传达了被告置身该州可以受益的客观意图(objective intent)。[①] 欧盟代表认为,既然"有目的的联系"一词是表示被告的客观意图,那么该词和"根本的联系"就没什么区别了。美国代表就欧盟的问题进一步解释"根本的联系"(substantial connection)中的"根本"一词是表明被告和管辖法院的联系频率(frequency)。所以,"有目的的联系"和"根本的联系"两者之间还是有区别的。[②]

(4)关于非合同之债法院判决问题[第5条第1款(f)项]。公约草案该条规定的非合同之债争议法院判决的承认和执行根据是侵权行为或不作为系发生于原始国。该条规定在特委会会议上引起与会者比较热烈和广泛的讨论。一些与会代表提出公约草案该条目前的规定应该扩大范围,使其包括两个方面的内容,即各种形式的非合同之债,以及损害发生地国家。对于公约是否应该规定损害发生地国家作为一个"管辖权过滤器",意见争议非常激烈。日本、阿根廷、韩国以及澳大利亚代表认为,应该做这样的扩大。而以欧美代表为主的一些国家和地区代表则认为损害发生地具有不确定性和不可预见性。欧盟代表认为,如果将损害发生地作为管辖权过滤器,会给从事国际商务活动的公司增加很大的不确定性,使它们面临承担潜在责任的风险,因为,如果这样,尽管公司在一些国家从事的活动于其活动地国家而言并不是错误的行为,但也可能面临需要承担此种行为在其他地方可能产生损害的责任。[③] 欧盟代表甚至还认为公约草案目前的规定也缺乏应有的可预见性,尤其在环境损害的情况下,譬

---

① 参见 Special Commission on the Recognition and Enforcement of Foreign Judgments (1 - 9 June 2016), Report of Meeting No. 4—Meeting of Thursday 2 June 2016,第107段。

② 参见 Special Commission on the Recognition and Enforcement of Foreign Judgments (1 - 9 June 2016), Report of Meeting No. 4—Meeting of Thursday 2 June 2016,第108、109段。

③ 参见 Special Commission on the Recognition and Enforcement of Foreign Judgments (1 - 9 June 2016), Report of Meeting No. 4—Meeting of Friday 3 June 2016,第9段。

如核电站泄漏所引起辐射损害。[①] 尽管对该条有不少的讨论意见，但是，由于代表们并未对其修改达成共识，所以在特委会会议上并未对其进行修改。

（5）公约草案第5条第1款（g）项和第5条第1款（h）项涉及知识产权问题，特委会会议上决定在会议上并不对这些规定进行深入讨论，而是留待之后的会议专门举行讨论。

（6）关于信托争议的法院判决［第5条第1款（i）项］的承认和执行的根据问题。特委会会议上以色列和美国代表就该规定提出了建议，但是，它们的主要目的是澄清本规定的含义，或是措辞更为清晰明了，而不是改变规定所体现的立法政策。其中，以色列的建议是澄清和明确这条规定中所说的信托关系，仅指信托的内部关系，而不是信托的外部关系。以色列代表的该建议得到特委会代表的支持和响应，特委会主席提议组成一个非正式工作小组对规定进行修改和完善，使其反映这里的规定仅仅限于信托的内部关系。[②]

（7）对于公约草案第5条第1款（j）项的规定是关于诉讼中就反诉所作出的判决承认和执行根据问题，在特委会会议上与会的一些普通法系国家的代表首先就普通法上的"反诉"及相关制度进行了解释。欧盟代表首先提问，世界上是否有国家法律规定被告在"排除惩罚"（penalty of preclusion）条件下可以提起反诉？美国代表的答复是美国法律有关于反诉的强制规定。特委会主席新西兰代表戈达德（Goddard）先生指出，根据一些普通法系国家法律规定，就本诉事项的反诉需要和本诉一起审理，如果就此不提起反诉，就会导致"禁止反言"（estoppel）的后果。而且，他认为，就其所知一些国家的法律仅仅规定在和诉讼事项内在相连的情况下才适用"排除制度"（preclusion）。澳大利亚代表认为，在需要提出反诉的情况下，规定"排除制度"的政策考量是判决应该尽可能多地将当事人间的事项予以解决，这事关各方利益。欧盟代表对公约草案中规定"排除制度"总体来说是持反对意见的，他们还以一个例子说明该制度的不合理性：公约草案中没有规定过度管辖（exorbitant jurisdiction）制度，实践中一个人在过度行使管辖权的法院被诉，且其在该法院国的财产也被冻结，在规定"排除惩罚"（penalty of preclusion）制度的情况下，该被告如果不提起反诉则其被冻结

① 参见 Special Commission on the Recognition and Enforcement of Foreign Judgments (1－9 June 2016), Report of Meeting No. 4—Meeting of Friday 3 June 2016，第11段。

② 参见 Special Commission on the Recognition and Enforcement of Foreign Judgments (1－9 June 2016), Report of Meeting No. 4—Meeting of Friday 3 June 2016，第22～27段。

的财产便会丧失。鉴于此,欧盟代表提出在公约草案中也应该加上相应的制度规定判决不得在过度管辖国获得承认和执行,而只可以在被告所属国承认和执行,从而保护被告的利益。[①] 特委会在关于本条讨论最后决定把本条涉及"排除惩罚"制度的规定放在方括号中继续讨论。

(8)这里需要特别提及特委会讨论后删除的公约草案第5条中的一个条款。该款规定,原始国法院依据被请求国法律在外国法院判决承认与执行方面也将享有管辖权,则法院判决可以获得承认和执行。对于这款规定,瑞士的代表指出它实际上规定就国内法而言是间接的法院(indirect fora)适用,而这显然是有害的,因为,这里只指向间接法院,而未把既有的安全保障包含进来,并从而导致危险的条理混乱(dangerous incoherency)。瑞士代表进一步解释一些国家法律中规定的公共政策概念远比公约草案中规定的公共政策概念宽泛,因此,如果在公约中引入管辖权的间接根据(indirect grounds of jurisdiction)而不同时扩大公共政策的范围,则会导致混乱和无条理。而且,尽管一些国家国内法上的间接管辖权根据非常宽泛,但它们均只在互惠前提下才予以适用,公约草案恰恰没有正视这一点。而该条规定和公约草案第15条规定相较而言,后者条理清晰,因为它不但包含了管辖权的间接根据,还包含了安全保障机制。[②] 韩国代表也表述了未来公约不应该将过度管辖情形下的法院判决进行流通的观点。[③] 澳大利亚代表也进一步指出反对该条规定的另一个理由,即这样规定会产生不确定性和不稳定性,因为,国内法会经常修订和改变。[④] 鉴于包括加拿大、以色列、美国以及欧盟等国家和地区代表均表示赞同删除公约草案本款规定,特委会最终决定删除此款规定。

2. 针对消费者和雇员的判决承认和执行根据的特别规定

公约草案第5条第2款就针对消费者和雇员的判决的承认和执行作出了两项特别规定:(1)仅在向法院表明同意的情况下,本条第5条第1款(d)项规

---

① 参见 Special Commission on the Recognition and Enforcement of Foreign Judgments (1–9 June 2016), Report of Meeting No. 4—Meeting of Friday 3 June 2016,第33~44段。

② 参见 Special Commission on the Recognition and Enforcement of Foreign Judgments (1–9 June 2016), Report of Meeting No. 4—Meeting of Friday 3 June 2016,第46段。

③ 参见 Special Commission on the Recognition and Enforcement of Foreign Judgments (1–9 June 2016), Report of Meeting No. 4—Meeting of Friday 3 June 2016,第47段。

④ 参见 Special Commission on the Recognition and Enforcement of Foreign Judgments (1–9 June 2016), Report of Meeting No. 4—Meeting of Friday 3 June 2016,第48段。

定才予以适用;(2)本条第5条第1款(e)项规定不予适用。

公约草案的起草者认为,未来公约应该将涉及消费者和雇员的消费合同和劳动合同争议判决的承认和执行也纳入公约的适用范围,从而给弱者地位的消费者和劳动者提供获得正义和有效法律救济的途径。这一立法思想和2005年《选择法院协议公约》的理念是不一致的,后者明确将该两种合同关系排除出公约的适用范围。该规定的立法基础是:一方面,从有利于消费者和雇员的角度出发规定判决的承认与执行,就此而言,没有理由限制"管辖权过滤器"的适用;另一方面,如果是针对消费者和雇员的判决,那么"管辖权过滤器"的适用应该进行相应的修正,以满足一些国家法律上对消费者和雇员作为弱者的特别保护的要求。

尽管对于这些判决的承认和执行仍然可以适用公约规定的大多数"管辖权过滤器",但是,考虑公约第5条第1款的一些特别规定系基于一些国家特别的诉求事项而起草,所以,公约草案第5条第2款在针对消费者和雇员的判决的承认和执行问题上设置了一些例外规定。但是,该规定并不影响公约成员方国内法所规定的关于消费者合同和劳动合同的直接管辖权规则,更不要求成员方改变其国内法关于直接管辖权的规定。①

本来公约草案第5条第1款(d)项规定的"管辖权过滤器"是,如果被告在作出判决的诉讼程序进行中明示同意原始法院的管辖权,则判决便可以获得承认和执行。但是,对于涉及消费者和雇员的判决而言,公约草案[第5条第2款(a)项]在被告如何明示同意这一关键点上作出了更为严格的规定,要求作为被告的消费者或雇员必须"向法院"明示同意,接受原始法院的管辖。依据这一规定,自身为消费者或雇员的被告必须在诉讼程序中,向法院明确表明接受其管辖,被告的这一明示接受管辖行为必须是诉讼程序的一个部分,而且在法院中完成。所以,如果当事人之间并不是当着法官面进行的同意接受法院管辖的意

① 参见"Explanatory Note Providing Background on the Proposed Draft Text and Identifying Outstanding Issues", drawn up by the Permanent Bureau, Preliminary Document No. 2 of April 2016 for the attention of the Special Commission of June 2016 on the Recognition and Enforcement of Foreign Judgments, 第136~138段, 第26~27页。

见或文件交换,并不能满足该条规定的形式要求。[①] 这一规定目的在于确保消费者和雇员真心实意地接受原始法院的管辖,从而更好地保护消费者和雇员。

公约草案第5条第2款(b)项规定公约草案第5条第1款(e)项规定的"管辖权过滤器"不适用于涉及消费者和雇员判决的承认和执行。公约草案第5条第1款(e)项是关于合同之债判决承认和执行的规定:合同之债判决,如果作出判决的国家依据当事人间的协议或合同准据法系债务履行国或者应该履行国,则此种判决应该予以承认与执行,除非被告的交易行为清楚地表明它与该国没有有意和实质性联系。公约草案第5条第2款(b)项规定前述合同之债判决承认与执行的管辖权过滤器并不适用于消费者合同或劳动合同的判决的承认与执行。这主要是因为,如果此规定也适用于涉及消费者和雇员的判决的承认和执行,不利于对消费者和雇员进行特别的保护。排除这一规定适用后,依据公约草案的规定,涉及消费者和雇员的判决的将在以下两种情况下予以承认和执行:(1)原始法院系消费者或雇员在成为诉讼当事人时其惯常居所地法院[见第5条第1款(a)项规定];(2)原始法院依据被请求国法律对判决承认和执行应该享有管辖权[见第5条第1款(k)项规定]。[②]

在2016年6月海牙特委会会议上,与会各国代表对于公约草案该条规定也进行了讨论。围绕该条规定讨论的要点主要集中于以下两个方面:(1)关于消费者的概念和定义问题。公约草案原本没有对消费者的解释。中国代表团提交了第11号提案,建议公约规定和2005年《选择法院协议公约》第2条第1款(a)项以及《联合国国际货物销售合同公约》(United Nations Convention on Contracts of International Sales of Goods,CISG)第2条(a)款关于消费者定义规定相一致的定义。[③]该提议得到与会不少国家代表的支持,获得通过。所以,在修改后的公约草案第5条第2款中增加了"针对主要为个人、家庭或者家务目

---

① 参见"Explanatory Note Providing Background on the Proposed Draft Text and Identifying Outstanding Issues",drawn up by the Permanent Bureau, Preliminary Document No. 2 of April 2016 for the attention of the Special Commission of June 2016 on the Recognition and Enforcement of Foreign Judgments,第140段,第27页。

② 参见"Explanatory Note Providing Background on the Proposed Draft Text and Identifying Outstanding Issues",drawn up by the Permanent Bureau, Preliminary Document No. 2 of April 2016 for the attention of the Special Commission of June 2016 on the Recognition and Enforcement of Foreign Judgments,第142、145段,第27、28页。

③ 参见 Special Commission on the Recognition and Enforcement of Foreign Judgments (1 – 9 June 2016), Report of Meeting No. 5—Meeting of Friday 3 June 2016,第78段。

的活动的自然人(消费者)"的定义内容。[①] (2)关于公约草案这一款规定中使用的"单一"劳动合同的措辞问题。巴西和欧盟代表均提出公约中不应该区分单一劳动合同和集体劳动合同,而应该将它们平等和一致对待。[②]欧盟和以色列代表均指出,公约将来仅适用于集体劳动合同中的私法关系内容,而不是集体劳动合同可能涉及的雇员和雇主间其他性质的争议。[③] 特委会会议上修订的公约草案该条款规定中删除了单个劳动合同中的"单个"一词。

3. 判决承认和执行的排他性根据

公约草案在第 6 条特别规定了涉及知识产权、不动产和不动产租赁三类判决承认和执行的排他性根据。这里所谓的承认和执行的排他性根据(exclusive bases for recognition and enforcement),是指尽管公约草案有上述第 5 条第 1 款规定的判决承认和执行的一般性根据,涉及知识产权、不动产和不动产租赁的 3 类判决,只有是由公约第 6 条(a)项、(b)项和(c)项规定的法院作出,才可以在公约成员方获得承认和执行,进行流通。这也意味着,对于这 3 种事项和性质的判决仅有公约所特别规定的法院作出的判决才可以在公约成员方获得承认和执行。公约草案的这一规定不同于其他规定,它限制依据公约成员方国内法对判决予以承认和执行,这也是公约中唯一限制公约第 15 条的适用的条款。[④]

公约草案规定的判决承认和执行的排他性根据分别如下:

(1)知识产权判决的法院是知识产权登记或备案地法院[第 6 条(a)款]。这里所说的知识产权包括专利、商标、设计以及相似权利。海牙特委会会议上一些国家的代表建议把这里的知识产权范围扩大到包括植物培植权(plant breeders' right)。特委会会议修订公约草案将植物培植权放在方括号中,留待代表们继续讨论。

(2)不动产物权(rights in rem in immovable)的法院判决仅当原始国是不

① 参见 Revised Draft Text as of 6 June 2016 中第 5 条第 2 款的规定。

② 参见 Special Commission on the Recognition and Enforcement of Foreign Judgments Working Documents No. 3,18 and 26。

③ 参见 Special Commission on the Recognition and Enforcement of Foreign Judgments (1 – 9 June 2016), Report of Meeting No. 5—Meeting of Friday 3 June 2016,第 94、95 段。

④ 参见"Explanatory Note Providing Background on the Proposed Draft Text and Identifying Outstanding Issues",drawn up by the Permanent Bureau, Preliminary Document No. 2 of April 2016 for the attention of the Special Commission of June 2016 on the Recognition and Enforcement of Foreign Judgments,第 150 段、第 151 段,第 29 页。公约草案第 15 条规定:"受第 6 条限制,本公约不妨碍判决依据国内法的承认或执行。"

动产所在地国时才可以获得承认和执行[第6条(b)项]。海牙特委会会议上对于公约草案此款原来的规定展开激烈的讨论。首先,以色列代表建议删除条文中不动产"物权"(in rem),从而使公约对不动产排他性根据适用范围更广。① 而瑞士代表反对把"物权"这一限制删掉,认为那样把不动产所有权利的判决均置于排他性限制下,会过于宽泛。②其同时也指出应该对"物权"概念进行定义,使其含义明确。特委会最终还是决定在规定中保留"物权"这一限制。其次,关于不动产(immovable property)和物权(in rem)的定性的法律适用问题。俄罗斯代表在会上提出有必要澄清依据哪个国家的法律界定和定性财产是不动产以及何种不动产上的权利是"物权"(rights in rem)。③ 特委会主席在回答该问题时指出,公约草案本身并没有关于冲突法的规定。因此,应该依据被请求国法律,包括其冲突法规定来确定哪些财产属于不动产,以及何种权利属于物权。而就冲突法而言,大多数国家法律均规定,不动产和物权问题适用财产所在地国家法律(lex situs)。④ 西班牙代表认为,关于不动产和物权界定问题不应该交由被请求国国内法,而应统一解释和界定规则,可以在公约的解释报告中作出统一的解释。⑤ 再次,关于超过6个月的不动产长租合同判决是否应该受排他根据限制问题。公约草案第6条(b)项原规定超过6个月的不动产长租合同判决也和不动产物权判决一样,受承认和执行排他根据的限制。但是,特委会会议上瑞士、韩国和巴西等国代表反对将长租合同归入不动产物权范围,并受制于排他管辖。这主要是因为长租合同并不需要在物之所在国登记。即使在国内法上长租合同可能受到复杂和强制性的规定,但这也不足以使其成为必须予以排他管辖的事项。⑥ 而欧盟代表明确表示不同意删除该规定,即使未来公约

---

① 参见 Special Commission on the Recognition and Enforcement of Foreign Judgments (1 – 9 June 2016), Report of Meeting No. 6—Meeting of Friday 3 June 2016,第53段。

② 参见 Special Commission on the Recognition and Enforcement of Foreign Judgments (1 – 9 June 2016), Report of Meeting No. 5—Meeting of Friday 3 June 2016,第56段。

③ 参见 Special Commission on the Recognition and Enforcement of Foreign Judgments (1 – 9 June 2016), Report of Meeting No. 5—Meeting of Friday 3 June 2016,第71段。

④ 参见 Special Commission on the Recognition and Enforcement of Foreign Judgments (1 – 9 June 2016), Report of Meeting No. 5—Meeting of Friday 3 June 2016,第72段。

⑤ 参见 Special Commission on the Recognition and Enforcement of Foreign Judgments (1 – 9 June 2016), Report of Meeting No. 5—Meeting of Friday 3 June 2016,第74段。

⑥ 参见 Special Commission on the Recognition and Enforcement of Foreign Judgments (1 – 9 June 2016), Report of Meeting No. 5—Meeting of Friday 3 June 2016,第73段。

中规定成员方可以对此规定予以声明保留。[①] 特委会会议通过组建一个非正式工作小组对该条进行修订，并最终在该款中删除了长租合同的规定，而在第6条下增加(c)项规定超过6个月的不动产长租合同的特别管辖权问题。[②] 最后，关于增加声明保留机制问题。鉴于公约规定的排他性管辖根据可能会和成员方国内立法相冲突，特委会会议上一些国家代表建议公约中就排他性管辖问题增加声明保留机制。[③] 特委会主席认为公约后面会加进声明保留机制的，而且，2005年《选择法院协议公约》第21条的规定非常适合参考。[④]

五、判决的拒绝承认和执行

（一）概说

公约草案在规定判决承认和执行的根据（第5条、第6条）后，规定了判决可以被拒绝承认和执行的情形（第7条）。该规定是以2005年《选择法院协议公约》第9项规定为蓝本起草的。[⑤]公约草案的这一条规定，判决在6种情形下可以被拒绝承认和执行。公约措辞是可以（may）被拒绝承认和执行，意味着被请求国在这些情形下不是必须对判决拒绝承认和执行。被请求国法律可以规定公约规定的这些情形下法院仍然可以对判决予以承认和执行，而且，该条规定属于任意性规定（discretionary provision），所以该规定并不要求其他缔约国

① 参见 Special Commission on the Recognition and Enforcement of Foreign Judgments (1 – 9 June 2016), Report of Meeting No. 5—Meeting of Friday 3 June 2016，第82段。

② 参见 Revised Draft Text as of 6 June 2016 中第5条第2款规定："超过6个月的不动产租赁关系的判决不应获得承认和执行，如果不动产不位于原始国，而且，不动产所在国的法院依据该国法律享有排他管辖权。"

③ 巴西、俄罗斯、阿根廷等提出该建议，参见 Special Commission on the Recognition and Enforcement of Foreign Judgments (1 – 9 June 2016), Report of Meeting No. 5—Meeting of Friday 3 June 2016，第57、58、60段。

④ 参见 Special Commission on the Recognition and Enforcement of Foreign Judgments (1 – 9 June 2016), Report of Meeting No. 5—Meeting of Friday 3 June 2016，第59段。《选择法院协议公约》第21条规定："一、当一国在某特定事项上不适用公约有重大利益时，该国可以声明在该事项上不适用本公约。作出声明的国家应确保该项声明不超出必要范围，且所排除的特定事项定义清楚和准确。二、在该事项上，本公约不适用于：（一）作出该项声明的缔约国；（二）其他缔约国，如果排他性选择法院协议指定的是作出该项声明的国家的法院或者一个或多个特定法院。"

⑤ 参见"Explanatory Note Providing Background on the Proposed Draft Text and Identifying Outstanding Issues"，drawn up by the Permanent Bureau, Preliminary Document No. 2 of April 2016 for the attention of the Special Commission of June 2016 on the Recognition and Enforcement of Foreign Judgments，第161段，第33页。

也拒绝判决的承认和执行。①

(二)判决拒绝承认和执行的情形

公约草案规定可以拒绝承认和执行外国判决的情形包括以下6种:

1. 被告没有获得合适的送达。公约草案第7条第1款(a)项具体规定了对被告没有恰当送达的两种情况。第一种情况是送达的时间不对,未使被告有充分的时间为自己辩护。在这种情形下,被告的利益受到损害。但是,如果被告出庭应诉,且没有就送达缺陷提出异议,则不属于上述情形。这一规定目的在于杜绝被告在判决承认和执行阶段再就原始法院诉讼阶段本应提出异议的送达事项再提出异议。这里需要指出的是,就上述"且没有就送达缺陷提出异议"这一重复条件,公约草案还特别规定了一个限制条件,即"如果原始国法律规定允许对送达提出异议"。也就是说,如果原始国法律不允许对送达提出异议,则被告出庭应诉,便不能视为送达瑕疵的情形。第二种情况则是送达的方式不对,它违背被请求国法律规定的送达的根本原则。这种情形下,被请求国的利益会受到损害。公约草案第7条第1款(a)项规定的蓝本是2005年《选择法院协议公约》第9条第(c)款(i)~(ii)项规定。

2. 判决通过欺诈获得。欺诈是一种不诚信和错误的行为,由此获得的判决不应该予以承认和执行。公约草案第7条第1款(b)项对此予以了专门规定。本来公约草案中的规定是如果判决是通过程序事项的欺诈获得,则可对其拒绝承认和执行。2016年6月的海牙特委会会议上,一些国家的代表建议删除将其只限于程序事项的规定,而扩大了该条的适用范围。②

3. 对判决的承认和执行将违反被请求国的公共政策,包括作出判决的特别的程序违反该国程序正义的根本原则[第7条第1款(c)项]。公约草案的该条规定系复制2005年《选择法院协议公约》第9条第(e)款的规定。该规定包括两个判决拒绝承认和执行的理由:其一,违反公共政策;其二,违反程序公正的根本原则。值得注意的是,在二者关系上,它们之间是彼此独立的,后者并不是

---

① 参见"Explanatory Note Providing Background on the Proposed Draft Text and Identifying Outstanding Issues", drawn up by the Permanent Bureau, Preliminary Document No. 2 of April 2016 for the attention of the Special Commission of June 2016 on the Recognition and Enforcement of Foreign Judgments,第162、160段,第33、32页。

② 参见 Special Commission on the Recognition and Enforcement of Foreign Judgments (1-9 June 2016), Report of Meeting No. 5—Meeting of Monday 6 June 2016,第1~9段。

对前者的限制，也就是说，不能将公共政策理解成程序方面的公共政策。① 在起草该条规定时，工作小组曾讨论公约草案制定该条规定时是否也需要保留第2项的规定，因为第2项规定确定的这项关于程序正义根本原则的一般标准在实践中可能会产生不同的理解。但是，后来工作小组还是保留了第2项规定，主要的考虑是，它将给那些国内法上公共政策适用范围相对较狭窄的国家提供拒绝法院判决承认和执行的必要途径。而且，鉴于一些国家宪法规定，程序正义（包括以下一些不同的概念："procedural fairness""due process of law""natural justice or the right to a fair trial"）是宪法性的基本原则，所以，该公约中在赋予成员方对外国法院判决承认和执行时也应该有相应的规定。② 应该指出的是，公约草案第7条第1款(a)～(c)项规定拒绝承认和执行判决的各种情形，就涉及程序正义问题，而且一些规定是彼此交叉重叠的，它们均或多或少涉及诉讼程序方面的问题。例如，原告欺诈获得判决、送达缺陷均主要是程序方面的问题。③ 它们显然也是违反了程序正义的根本原则，所以，被请求国家于这些情形下，可以拒绝对判决进行承认和执行。公约草案第7条第1款(c)项的规定是一条关于程序正义问题的笼统规定，是提供给公约成员方在外国法院判决承认和执行时保护程序正义根本原则的一个总的"安全阀"。

在2016年6月的海牙特委会会议上围绕公约草案的这一规定就一下两个具体问题曾展开广泛的讨论：(1)关于规定中是否应该保留"根本"(manifestly)的限制问题。阿根廷向会议提交了第30号提案，建议删除条文中的"根本"(manifestly)一词，理由是只要承认和执行判决违反公共政策就足够了，无须特别强调"根本"违反公共政策。这一建议也遭到不少代表的反对，尤其是海牙国际私法会议常设局秘书长发言指出，海牙公约中使用" Manifestly"这个词已经

---

① 参见 Hartley/Dogauchi, Report on 2005 Choice of Court Convention, at footnote 229.

② 参见"Explanatory Note Providing Background on the Proposed Draft Text and Identifying Outstanding Issues", drawn up by the Permanent Bureau, Preliminary Document No. 2 of April 2016 for the attention of the Special Commission of June 2016 on the Recognition and Enforcement of Foreign Judgments，第167段，第34页。关于程序正义的宪法规定诸如：The Convention for the Protection of Human Rights and Fundamental Freedoms（《欧洲人权公约》），第6条；美国宪法第五和第十四修正案；1988年《巴西宪法》第5条第LIV节；以及，1987年《菲律宾宪法》第3条第1节。

③ 参见"Explanatory Note Providing Background on the Proposed Draft Text and Identifying Outstanding Issues", drawn up by the Permanent Bureau, Preliminary Document No. 2 of April 2016 for the attention of the Special Commission of June 2016 on the Recognition and Enforcement of Foreign Judgments，第168段，第34页。

有几十年的历史,如果要删除该词,则需要非常充分的理由。会议决定还是保留该措辞。① (2)关于是否在该款规定中特别增加“侵犯国家安全或主权”(infringement of security and sovereignty of State)问题。以色列向会议提出第24号提案,建议在该款中增加这一措辞,且和公共政策并列,作为可以对判决拒绝承认和执行的一个理由。包括中国在内的一些国家赞成以色列的该建议,认为1965年11月15日的“海牙送达公约”以及1970年3月18日的“海牙取证公约”均有这样的规定。而且,如果公约中增加这样的规定也可以使成员方在加入该公约时感觉到更为放心,且可以限制对诉讼程序的滥用。②反对的意见认为,“侵犯国家安全或主权”实际上已经包含在公共政策内涵之中,而且是公共政策的核心内容,所以,没有必要在该款规定中再单独对它进行规定。③会议最后决定将该内容现在公约草案中以方括号标示出来,留待之后讨论确定。

4. 原始法院的管辖和当事人的约定管辖相冲突。公约草案第7条第1款(d)项规定,原始国法院的诉讼程序违反了当事人间的协议约定,或者信托文件的指定,系争纠纷应该由原始国以外的法院审理。依据该规定,如果作出申请承认和执行的判决的原始国法院的诉讼违反了当事人间的排他性的法院管辖协议约定,或者信托文件中争议管辖法院的指定,则被请求国可以拒绝承认和执行此种判决。尽管该项规定中并未明确指出原始国诉讼所违反的当事人间的排他性的法院选择协议,但是,根据海牙国际私法会议常设局的解释,这里所说的当事人间的选择法院协议仅指排他性协议。④ 所以,该项规定并不适用于当事人依据他们之间非排他性的法院选择协议,或者当事人间存在有默示

---

① 参见 Special Commission on the Recognition and Enforcement of Foreign Judgments (1 – 9 June 2016), Report of Meeting No. 7—Meeting of Monday 6 June 2016,第11、17~19段。

② 参见 Special Commission on the Recognition and Enforcement of Foreign Judgments (1 – 9 June 2016), Report of Meeting No. 7—Meeting of Monday 6 June 2016,第10、20段。

③ 参见 Special Commission on the Recognition and Enforcement of Foreign Judgments (1 – 9 June 2016), Report of Meeting No. 7—Meeting of Monday 6 June 2016,第13、26段。

④ 参见“Explanatory Note Providing Background on the Proposed Draft Text and Identifying Outstanding Issues”, drawn up by the Permanent Bureau, Preliminary Document No. 2 of April 2016 for the attention of the Special Commission of June 2016 on the Recognition and Enforcement of Foreign Judgments,第169段,第35页。

(implicit)的放弃排他性法院选择协议的约定,在不同法院起诉的情形。[①] 但是,违反"非对称的法院选择协议"(asymmetric choice of court)作出的判决是否也属于该项规定项下的可以不予承认和执行的情形,有待公约的起草者未来明确。所谓非对称的法院选择协议是指当事人间达成的一方选择的法院系排他性的争议管辖法院,而另一方所选择的法院并不是排他性管辖法院的协议。就2005年《选择法院协议公约》而言,此种"非对称的法院选择协议"并不是排他性质的法院选择协议,不属于该公约的适用范围,但是,如果相关国家在批准该公约时作出了公约第22条项下的声明的情况下,依据此种协议的法院判决的承认与执行也可以适用该公约的规定。[②]

5. 两个相关的判决不一致。公约草案以2005年《选择法院协议公约》第9条(f)~(g)项规定为蓝本规定,如果两个相关的判决不一致可以导致判决被拒绝承认和执行。[③]公约草案第7条第1款(e)项和第7条第1款(f)项规定了属于由此原因可以拒绝承认和执行的几种情形:其一,如果被申请承认和执行的判决与被请求国法院作出的相同当事人间的争议的判决不一致,则可以拒绝对该判决的承认和执行[第7条第1款(e)项]。该项规定的焦点是判决和被请求国法院所作出的一项判决不一致。在这种情况下,被请求国法院所作出的判决应该优先,而不管该判决是在被请求承认和执行判决之前还是之后作出。[④] 这里需要注意的是,相互冲突的两个判决的当事人必须是相同的当事人。但

① 参见"Explanatory Note Providing Background on the Proposed Draft Text and Identifying Outstanding Issues", drawn up by the Permanent Bureau, Preliminary Document No. 2 of April 2016 for the attention of the Special Commission of June 2016 on the Recognition and Enforcement of Foreign Judgments,第169段,第35页。

② 参见Hartley/Dogauchi, Report on 2005 Choice of Court Convention,第105~106段;参见"Explanatory Note Providing Background on the Proposed Draft Text and Identifying Outstanding Issues", drawn up by the Permanent Bureau, Preliminary Document No. 2 of April 2016 for the attention of the Special Commission of June 2016 on the Recognition and Enforcement of Foreign Judgments,第169段,第76脚注,第35页。

③ 2005年《选择法院协议公约》第9条(f)~(g)项规定:"(f)该判决与被请求国就相同当事人间争议作出的判决相冲突;(g)该判决与较早前第三国就相同当事人间就相同诉因所作出的判决相冲突,且该较早判决满足在被请求国得到承认所必需的条件。"

④ 参见"Explanatory Note Providing Background on the Proposed Draft Text and Identifying Outstanding Issues", drawn up by the Permanent Bureau, Preliminary Document No. 2 of April 2016 for the attention of the Special Commission of June 2016 on the Recognition and Enforcement of Foreign Judgments,第170段,第35页。

是,两个判决不必须是针对同一个诉因(cause of action)的。[①] 其二,如果被申请承认和执行的判决和另一国就相同当事人间相同诉因先前所作出的判决不一致,且该第三国先前的判决符合在被请求国获得承认所必需的条件,则判决可以被拒绝承认和执行[第7(1)(f)项]。该项规定涉及的是两个外国法院所作出的判决的不一致情形。适用该项规定拒绝承认和执行判决必须符合四个条件:(1)被请求承认和执行的判决后于冲突判决作出;(2)两个判决的当事人为相同的当事人;(3)两个判决的诉因必须相同;(4)与之相冲突的第三国先前的判决符合在被请求国获得承认所必需的条件。[②] 所以,该项规定的适用较之前一款的规定的适用条件要严格得多。

6. 存在未决的平行诉讼。公约草案第7条第2款规定存在未决的平行诉讼(parallel litigation)的情况下,可以拒绝或者推迟对判决的承认和执行:如果相同当事人间就相同客体(same subject matter)在被请求国法院有未决(pending)判决的诉讼,则可以拒绝或者推迟对判决的承认和执行。但这必须满足以下两个条件:其一,一方当事人先向被请求国法院提起诉讼[第7条第2款(a)项];其二,争议和被请求国存在有密切联系(close connection)[第7条第2款(b)项]。公约草案之所以规定这两个条件,目的在于提高由于平行诉讼而拒绝或推迟判决承认和执行的门槛,从而防止由于该规定而扩大对判决拒绝承认和执行的范围,并尽可能杜绝实践中对该条规定的滥用。公约起草者制定该条规定的目的在于协调不同国家在平行诉讼和外国法院判决承认与执行处理问题上的不同实践。在上述平行诉讼的情况下,一些国家优先考虑其本国法院

---

① 参见 Hartley/Dogauchi, Report on 2005 Choice of Court Convention, 第193段,以及前引"Explanatory Note",第170段,第35页。相同诉因(same cause of action)在不同国家法律中有不同的规定和理解:"same cause of action"(相同诉因),"same subject matter"(相同客体),"same facts"(相同事实),"same purpose"(相同目的),"same claim"(相同诉求),"same reasons"(相同原因),"same legal grounds"(相同法律依据),"same issue"(相同情况),"same object"(相同标的),"same demand"(相同要求)及"same transaction or occurrence"(相同交易或事件)。

② 参见"Explanatory Note Providing Background on the Proposed Draft Text and Identifying Outstanding Issues",drawn up by the Permanent Bureau, Preliminary Document No. 2 of April 2016 for the attention of the Special Commission of June 2016 on the Recognition and Enforcement of Foreign Judgments,第170段,第35页。

未决诉讼，而不承认和执行与该诉讼相冲突的外国法院的判决。① 另一些国家的实践则是优先考虑对外国法院判决承认和执行，而忽略本国法院的平行诉讼。②

六、判决承认和执行的特别问题

（一）概说

公约草案第 8～15 条规定了涉及判决承认和执行的若干特别问题，这些内容的规定实际上也构成了公约的一个专门部分或章节，只是该公约并没有独立章节的设置。公约草案中规定的这些特别问题包括：（1）先决问题（第 8 条）；（2）损害赔偿问题（第 9 条）；（3）司法和解（judicial settlement, transactions judiciares）（第 10 条）；（4）提交的文件（第 11 条）；（5）承认和执行程序（第 12 条）；（6）承认和执行的费用问题（第 12 条）；（7）承认和执行的同等效力问题（第 14 条）；（8）可分割性问题（第 15 条）；（9）基于国内法的承认和执行问题（第 16 条）。公约中所涉及的关于判决承认和执行的这些特殊问题，又是建立法院判决全球流通的国际法律制度的一般性问题，正因为该公约确定了这样的目标，所以，为了该完备的国际法律制度体系的建立，公约草案中专门对这些一般性问题进行了专门的规定。

（二）先决问题

在国际民商事诉讼中，法院在对案件实体事项作出判决之前，常常必须先对一些作为先决问题的事实或法律作出裁定，公约草案在第 8 条就法院判决承认和执行中所涉及的这些先决问题的处理进行了规定。在 2016 年 6 月海牙会议第一次特委会会议对公约草稿修订之前，该第 8 条仅有两款规定：第 1 款规

---

① 采用这种实践的国家和地区包括：比利时、保加利亚、加拿大（魁北克、萨斯喀彻温省）、中国澳门、哥斯达黎加、德国、意大利、墨西哥、黑山共和国、俄罗斯、塞尔维亚、西班牙以及瑞士等。参见“Explanatory Note Providing Background on the Proposed Draft Text and Identifying Outstanding Issues”, drawn up by the Permanent Bureau, Preliminary Document No. 2 of April 2016 for the attention of the Special Commission of June 2016 on the Recognition and Enforcement of Foreign Judgments，第 171 段，脚注 81，第 35 页。

② 采用这种实践的国家和地区包括：澳大利亚、巴西、加拿大（其他适用普通法的省）、中国香港、印度、新西兰、新加坡、英国（英格兰和威尔士）以及美国。参见“Explanatory Note Providing Background on the Proposed Draft Text and Identifying Outstanding Issues”, drawn up by the Permanent Bureau, Preliminary Document No. 2 of April 2016 for the attention of the Special Commission of June 2016 on the Recognition and Enforcement of Foreign Judgments，第 171 段，脚注 82，第 35 页。

定,如果第2条第1款所规定排除的某一事项,或者第6条所规定的被该条规定指定法院之外的法院判决的某一事项作为先决问题产生,对该问题的判决不得根据本公约予以承认或执行;第2款规定,如果一个判决是基于第2条第1款所规定排除事项,或者第6条所规定的被该条规定指定法院之外的法院判决的某一事项作出,则在此范围内,判决的承认或执行可以予以拒绝。

该条这两款规定是以2005年《选择法院协议公约》第10条第1款和第2款的规定为蓝本制定的。本公约草案上述两款规定较之《选择法院协议公约》第10条第1款和第2款的规定而言,显得比较拗口和抽象,难以理解。所以,这里有必要以最为通俗易懂的语言和表达方式阐述其规定的含义。公约草案第8条第1款具有下面两层含义:第一层含义是被公约草案第2条第1款所排除的那些公约不适用的事项,如自然人的身份和法律能力、遗嘱和继承、核损害责任等事项,如果仅仅是作为先决问题出现,那么对这种先决问题的裁决不得依据本公约获得承认和执行;第二层含义则是,对公约草案第6条规定的事项作为先决问题的裁定,如果该裁定系由第6条所规定的法院作出,则此种裁定可以依据本公约获得承认和执行;但是,如果此种裁定是由第6条所规定的法院之外的其他法院作出的,则它不得依据本公约获得承认和执行。要理解公约草案这条规定的含义和目的,还必须再回到公约草案第2条第2款的规定。该款规定,被公约草案第2条第1款排除或者属于第6条所规定的作为排他承认和执行的事项,如果在案件中仅仅作为先决问题,而非作为法院判决的对象或客体出现,则这样的法院判决不得被排除出公约的适用范围。尤其是,在被公约草案第2条第1款排除的事项,仅仅是在抗辩中才出现,而不是作为诉讼的标的,则该判决不得被排除出公约的适用范围。公约草案第2条第2款规定了一条重要的原则,即对于属于公约管辖范围内的事项的法院判决,不因为法院在该案中必须就被公约排除适用的事项或者属于作为排他承认和执行基础的事项作出先行裁定(a preliminary ruling),便变成不属于公约适用的判决。[①]公约草案第8条第1款的规定实际上是对公约草案第2条第2款所规定的原则的进一步说明和补充。公约草案第8条第2款和第1款不同,并不是对先决问题裁定

---

① 参见"Explanatory Note Providing Background on the Proposed Draft Text and Identifying Outstanding Issues", drawn up by the Permanent Bureau, Preliminary Document No. 2 of April 2016 for the attention of the Special Commission of June 2016 on the Recognition and Enforcement of Foreign Judgments,第178段,第37页。

的不承认和执行的规定，而是对以这种裁定为基础所作出的一些特定的判决或判决的部分的不承认的规定。该款规定的目的实际上是在公约第7条所规定的各种对法院判决的承认和执行之外再规定一种对法院判决拒绝承认和执行的情形。它规定允许被请求国法院可以在判决所基于的对先决问题的法院裁定的范围内拒绝承认和执行法院判决。[①]

鉴于公约草案第8条的规定比较抽象，不容易理解，海牙国际私法会议常设局在其准备的对公约草案的解释说明中特别举例说明该条的含义。原告A在X国起诉被告B侵犯其在Y国家注册的专利。诉讼中，被告B答辩称原告A在Y国申请注册的专利是无效的。本案中，法院必须先审理作为先决问题的注册专利的有效性问题，然后才可以审理原告诉请的专利侵权问题。依据公约草案第8条第1款的规定，法院就注册专利有效性问题的裁定不得依据本公约获得承认和执行。而且，依据公约草案第8条第2款的规定，被请求承认和执行的法院也还可以拒绝承认和执行法院关于专利侵权的判决，但是，仅限于基于X国等Y国法院之外的其他国家法院所作专利有效裁定的专利侵权判决的部分。[②] 公约草案这样规定的目的显然是防止成员方法院通过对先决问题的判决将那些本来已经被公约草案排除适用的事项通过钻空子的方式再适用公约，并使不该依据公约获得承认和执行的法院判决又被不当地依据公约获得承认和执行。

在2016年6月海牙会议特委会会议上，瑞士代表建议公约草案的该条规定再增加第3款规定，该建议在特委会上获得通过。[③] 特委会会议所修订的公约草案在第8条增加了以下内容："3. 但是，如果裁定是关于第6条(a)项所规定的权利的有效性，则仅当下列情形下，方可依据上一款规定对判决拒绝或者推迟承认或执行：(a)该裁定和第6条(a)项所述国家法院或具有管辖权的机关

---

① 参见"Explanatory Note Providing Background on the Proposed Draft Text and Identifying Outstanding Issues", drawn up by the Permanent Bureau, Preliminary Document No. 2 of April 2016 for the attention of the Special Commission of June 2016 on the Recognition and Enforcement of Foreign Judgments, 第179段，第37页。

② 参见"Explanatory Note Providing Background on the Proposed Draft Text and Identifying Outstanding Issues", drawn up by the Permanent Bureau, Preliminary Document No. 2 of April 2016 for the attention of the Special Commission of June 2016 on the Recognition and Enforcement of Foreign Judgments, 第180段，第37~38页。

③ 参见 Special Commission on the Recognition and Enforcement of Foreign Judgments Working Documents No. 53。

就该问题所作的判决或决定不一致;或者,(b)关于知识产权有效性的程序还未终结。根据(b)项所作出的拒绝并不妨碍其后申请判决的承认或执行。”①

(三)损害赔偿问题

公约草案第9条是关于损害赔偿的规定,其条文措辞和2005年《选择法院协议公约》第11条规定完全一样。依据公约草案这一条的规定,如果外国法院的判决所确定的损害赔偿,无论是惩戒性的赔偿(exemplary damages)还是惩罚性的赔偿(punitive damages),都不是赔偿一方当事人所受之实际损失或损害,则被请求国法院在此范围内可以对该判决拒绝承认和执行。一些国家的法律在损害赔偿的实践中,可以判决给予原告远远超出其所实际遭受损失或损害要高得多的赔偿,这种损害赔偿常常是具有惩戒性质甚至惩罚性质的,而另外一些国家的法律并无这样的规定,这些国家的法院也不愿意承认和执行外国法院的此种损害赔偿判决。在一些国家的司法实践中可以援引公共政策来拒绝承认和执行外国法院的这种损害赔偿判决,但是,另一些国家的法院并不能依据其本国法律适用公共政策制度拒绝承认和执行外国法院的这种判决。② 鉴于这样的情况,公约草案以2005年《选择法院协议公约》第11条规定为蓝本,在公约草案第9条安排了这一条对于损害赔偿的特别规定,旨在让那些不愿意承认或执行惩戒性或惩罚性损害赔偿判决的国家可以据此拒绝承认外国法院的此种损害赔偿判决。③这一条规定对于未来本公约可以获得国际社会广泛接受非常重要,包括中国在内的不少国家,对于尤其像美国法院的惩罚性损害赔偿是非常反对的,从根本上是不愿意承认和执行这样的损害赔偿法院判决的。如果未来公约没有这样拒绝承认和执行此种损害赔偿法院判决的机制与规定,公约未来被这些国家加入和批准就会受到影响。

在2016年6月海牙会议特委会会议上,代表们对于这条规定也进行了讨

---

① 参见 Special Commission on the Recognition and Enforcement of Foreign Judgments Working Documents No. 70E。

② 参见徐国建:《德国司法实践中的“公共政策”问题:现状与趋势》,载《涉外商事海事审判指导》2004年第3辑。转引自徐国建:《全球化背景下私法的冲突、协调和统一》,法律出版社2010年版,第311页。

③ 参见“Explanatory Note Providing Background on the Proposed Draft Text and Identifying Outstanding Issues”, drawn up by the Permanent Bureau, Preliminary Document No. 2 of April 2016 for the attention of the Special Commission of June 2016 on the Recognition and Enforcement of Foreign Judgments, 第181段, 第39页。

论,但是,鉴于大多数代表对于公约草案以 2005 年《选择法院协议公约》第 11 条为蓝本规定可以拒绝承认和执行外国法院惩戒性或惩罚性损害赔偿判决均表示同意,与会代表对公约草案该规定的讨论主要集中于知识产权侵权损害赔偿问题以及法律所规定的损害赔偿和合同约定的损害赔偿的区别等问题上。以色列代表在会议上建议公约草案第 9 条增加第 3 款规定:“本条不适用于和知识产权相关的判决。”①以色列代表在特委会会议上解释其建议案文时认为,之所以应该把知识产权侵权的损害赔偿排除在公约该规定之外,主要是一些国家法律规定知识产权侵权赔偿是一种法定义务和责任,并不需要证明侵权造成了损害。② 这就是说,以色列希望关于知识产权侵害的惩戒性和惩罚性损害赔偿的法院判决应该因为公约的本条规定而被拒绝承认和执行,它希望这类知识产权的惩戒性和惩罚性法院判决可以依据本公约的规定获得承认和执行。而这显然是包括中国在内的大多数国家所不愿意接受的。最终,特委会主席在听取大多数代表的意见后,决定对公约草案的该条规定不作任何修改。而关于该规定在实践中应该如何解释和适用的问题,则交由未来公约的解释报告予以阐述和说明。③

这里还需要指出的是,公约草案第 9 条第 2 款关于法院费用和律师费用等诉讼费用的合理考虑问题。依据这一款规定,被请求承认和执行国家法院可以适当地考虑法院损害赔偿判决中诉讼费用部分。而这一款规定在未来实践中最大的问题可能就是诉讼费用的确定究竟依据哪一国的法律,以及该款规定和对于外国法院关于律师费等诉讼费用的判决的承认和执行问题的关系问题。

(四)司法和解(judicial settlements, transactions judiciaires)

和 2005 年《选择法院协议公约》第 12 条规定一样,公约草案第 10 条规定了司法和解的执行问题。所谓的司法和解是指诉讼中的当事人为了结束诉讼,而在法官面前所缔结的协议。在通常情况下,司法和解的完成是诉讼当事人向

---

① “This Article shall not apply to judgements in relation to intellectual property rights”, 参见 Special Commission on the Recognition and Enforcement of Foreign Judgments Working Documents No. 24。

② 参见 Special Commission on the Recognition and Enforcement of Foreign Judgments (1 – 9 June 2016), Report of Meeting No. 11—Meeting of Wednesday 8 June 2016,第 49 段。

③ 参见 Special Commission on the Recognition and Enforcement of Foreign Judgments (1 – 9 June 2016), Report of Meeting No. 11—Meeting of Wednesday 8 June 2016,第 52 段。

法官提交一份旨在结束诉讼的协议,由法官记录在案。① 司法和解制度只是大陆法系国家民商事诉讼程序中特有的一项制度,普通法系国家并不熟悉该制度。司法和解有别于所谓的"同意指令"(consent order),后者是指诉讼中的当事人就诉讼的事项达成协议,以此结束诉讼,法官据此作出的裁定。这种"同意指令"被认为是一种法院判决,所以,就基于公约的承认和执行而言,它和公约所定义的判决并无二致。而司法和解则不同,它从形式上来说,是诉讼当事人在法官面前所达成的协议,并不通过法官制作的判决或裁定方式体现,只由法官将该协议记录在案而已。司法和解与当事人间所达成的庭外和解协议(out-of-court settlement)也不一样,后者是诉讼当事人在法庭之外所达成的和解协议,这种协议自然也无须强制执行,而前者则是在法庭上,在法官面前诉讼当事人达成和解,以此结束诉讼程序,它通常和法院判决一样具有可执行性。② 要成为该条意义上的司法和解,必须具备以下条件:其一,此种协议是本公约的一个缔约国的法院所批准的;其二,这种司法和解协议必须是诉讼进行中诉讼当事人在法官面前缔结的;其三,此种协议在原始国可以和法院判决一样获得执行。

这里需要指出的是,公约草案的该条规定仅限于司法和解的执行,而不涉及其承认问题。和2005年《选择法院协议公约》第12条规定一样,之所以不规定对司法和解的承认问题,主要是因为,司法和解这一制度在不同的国家制度规定差异很大,不笼统地规定对其效力的承认,可以避免实践中出现制度的冲突。③但是,这一条规定也不妨碍法院可以将当事人的司法和解协议确认为对案件诉请实体问题(the claim on the merits)契约性的抗辩理由。④

在2016年6月海牙会议特委会会议上,代表们对于这条规定也进行了广泛的讨论,要点可以归纳为以下几点。第一,阿根廷代表建议,将该条款内容修改为:"如果此种和解根据被请求国法律是允许的,缔约国法院已经批准的司法

---

① 参见"Explanatory Note Providing Background on the Proposed Draft Text and Identifying Outstanding Issues",drawn up by the Permanent Bureau, Preliminary Document No. 2 of April 2016 for the attention of the Special Commission of June 2016 on the Recognition and Enforcement of Foreign Judgments,第184段,第40页。

② 参见 Hartley/Dogauchi, Report on 2005 Choice of Court Convention, 第206~207段。

③ 参见"Explanatory Note Providing Background on the Proposed Draft Text and Identifying Outstanding Issues",drawn up by the Permanent Bureau, Preliminary Document No. 2 of April 2016 for the attention of the Special Commission of June 2016 on the Recognition and Enforcement of Foreign Judgments,第188段,第40页。

④ 参见 Hartley/Dogauchi, Report on 2005 Choice of Court Convention, 第209段。

和解,或者在诉讼程序中已经在该法庭面前达成,且在原始国可以与法院判决相同的方式执行的和解协议,应根据公约以与法院判决相同的方式予以执行。"①如此修改的主要理由在于,一些国家法律并不允许在消费者保护和劳动法领域使用这种司法和解制度,而且,涉及这些方面拒绝执行问题,并不能够通过适用公约草案第7条第1款(c)项的公共政策规定予以排除,因为,各国对于这里所规定的公共政策的内容理解也不一致。② 中国、巴西、墨西哥、智利和日本等国代表表示赞同阿根廷的该建议。③ 而瑞士代表则认为,需要澄清该规定中的司法和解是否也适用公约中所规定的相同的"管辖权过滤器"和拒绝执行的理由,如果是这样,则阿根廷代表的建议便是没有必要的,因为消费者保护和劳动法的判决便可以依据公约草案第5条第2款的规定拒绝承认和执行。④ 而美国代表则认为该条所规定的司法和解和2005年《选择法院协议公约》第12条规定一样仅仅适用于非常有限的若干司法和解类型,所以美国代表请求澄清阿根廷代表的理解是否和一般性理解不一样,或者是本公约草案的该条规定已经偏离了2005年公约上述条文的立法概念和意图。⑤ 此次特委会会议决定将阿根廷代表的建议,先加进该条规定,以便在下次特委会会议上继续讨论。⑥ 第二,中国代表提出鉴于司法和解这一制度各国规定不同,为了能够在未来公约适用过程中避免解释的不一致,有必要在公约草案的第3条解释法院判决时一

---

① 参见 Special Commission on the Recognition and Enforcement of Foreign Judgments Working Documents No.57。

② 参见 Special Commission on the Recognition and Enforcement of Foreign Judgments (1 – 9 June 2016), Report of Meeting No. 11—Meeting of Wednesday 8 June 2016, 第53段。

③ 参见 Special Commission on the Recognition and Enforcement of Foreign Judgments (1 – 9 June 2016), Report of Meeting No. 11—Meeting of Wednesday 8 June 2016, 第58、61段。

④ 参见 Special Commission on the Recognition and Enforcement of Foreign Judgments (1 – 9 June 2016), Report of Meeting No. 11—Meeting of Wednesday 8 June 2016, 第56段。

⑤ 参见 Special Commission on the Recognition and Enforcement of Foreign Judgments (1 – 9 June 2016), Report of Meeting No. 11—Meeting of Wednesday 8 June 2016, 第57段。关于2005年《选择法院协议公约》第12条规定仅仅适用于有限的司法和解类型的解释和说明,参见 Hartley/Dogauchi, Report on 2005 Choice of Court Convention, 第206~207段。

⑥ 增加的内容:"[... provided that such settlement is permissible under the law of the requested State.]",参见 Special Commission on the Recognition and Enforcement of Foreign Judgments Working Documents No.70E。

并解释司法和解这一概念。[①] 第三,日本代表认为司法和解制度并非全球接受的概念,而且,是否能像对待法院判决一样对待它也具有不确定性,加之该未来公约和 2005 年《选择法院协议公约》情形是不一样的,所以,建议删除该条规定。[②] 第四,法国代表就司法和解的性质发表了意见,认为它实际上就是一种合同,所以只存在执行而并无承认的问题。也正因如此,他认为案件当事人可以挑战其实质有效性,可以在法院申辩它是无效的。[③]

(五)须提供的文件

和 2005 年《选择法院协议公约》第 13 条一样,公约草案第 11 条规定了寻求判决承认和申请判决执行时当事人需要提供的文件,以及与这些文件相关的问题。就请求方当事人须提交的文件,公约草案(第 11 条第 1 款)规定的文件包括:(1)完整的经证明的判决书副本;(2)如果判决系缺席作出,证明提起诉讼的文书或者同等文书已经通知缺席一方当事人的文件原件或经证明的副本;(3)证明判决有效,或者,在可适用的情况下,它在原始国是可以执行的任何必要的文件;(4)在第 10 条规定的情形下,原审国法院所出具的司法和解或其部分在原审国可以和判决一样的方式获得执行的证明。公约草案之所以具体规定寻求判决承认和执行的须提交的文件,目的在于增强法律的确定性以及降低当事人的相关费用。[④]公约草案上述规定的文件是寻求判决承认和执行时依据本公约所必需提供的,而不管被请求国法律对此有无规定。[⑤] 但是,如果寻求判决承认和执行的一方当事人未能提供公约所规定的这些文件,则应该依据被请

---

① 参见 Special Commission on the Recognition and Enforcement of Foreign Judgments (1 – 9 June 2016), Report of Meeting No. 11—Meeting of Wednesday 8 June 2016,第 67 段。

② 参见 Special Commission on the Recognition and Enforcement of Foreign Judgments (1 – 9 June 2016), Report of Meeting No. 11—Meeting of Wednesday 8 June 2016,第 54、61 段。

③ 参见 Special Commission on the Recognition and Enforcement of Foreign Judgments (1 – 9 June 2016), Report of Meeting No. 11—Meeting of Wednesday 8 June 2016,第 60 段。

④ 参见"Explanatory Note Providing Background on the Proposed Draft Text and Identifying Outstanding Issues",drawn up by the Permanent Bureau, Preliminary Document No. 2 of April 2016 for the attention of the Special Commission of June 2016 on the Recognition and Enforcement of Foreign Judgments,第 189 段,第 41 页。

⑤ 参见"Explanatory Note Providing Background on the Proposed Draft Text and Identifying Outstanding Issues",drawn up by the Permanent Bureau, Preliminary Document No. 2 of April 2016 for the attention of the Special Commission of June 2016 on the Recognition and Enforcement of Foreign Judgments,第 191 段,第 41 页。

求国国家的法律确定这种情况的法律后果。[1]而且，就这些文件的语言文本而言，公约草案规定，除非被请求国法律另有规定，否则，如果这些文件不是以被请求国官方语言作出的，均必须附上获得确认的（certified）被请求法院官方语言的译文（第11条第4款）。公约草案这里规定的确认的形式究竟是什么在实践中可能会产生争议。为了避免解释的分歧，未来公约的解释性报告中应该对此予以明确。

和2005年《选择法院协议公约》第13条第2款规定完全一样，公约草案还规定（第11条第2款），如果判决的内容无法使被请求法院核实公约本章规定的承认和执行判决的条件是否得到满足，则该法院可以要求当事人在上述文件之外提供任何必要的文件。但是，实践中，法院应该避免给当事人附加非属于必要的额外负担。[2] 草案第11条第3款规定请求承认和执行的申请可以（may）附上原始国法院或其官员所签发的海牙国际私法会议所推荐格式的文件。公约草案的这一措辞很显然表明申请附上述文件只是当事人的一个可有可无的选项，而非其义务。如果文件中的信息未受到质疑，则法院可以依赖这些信息，而且，即使没有异议，文件中的信息也并不是定论性质的，被请求国法院仍然可以依据其掌握的全部证据对事项作出决定。[3]

在2016年6月海牙会议特委会会议上，中国代表团对公约草案的该条规定提出了关于草案第11条第1款（c）项的修改意见，建议在该项后增加“表明在其他国家业已寻求执行及其结果的文件”的内容。[4] 中国代表提出此建议的理由是避免判决的重复执行情况。[5] 中国的该提案在会议上引起热烈的讨论。

---

① 参见“Explanatory Note Providing Background on the Proposed Draft Text and Identifying Outstanding Issues”, drawn up by the Permanent Bureau, Preliminary Document No. 2 of April 2016 for the attention of the Special Commission of June 2016 on the Recognition and Enforcement of Foreign Judgments，第192段，第41页。

② 参见 Hartley/Dogauchi, Report on 2005 Choice of Court Convention，第212段。

③ 参见“Explanatory Note Providing Background on the Proposed Draft Text and Identifying Outstanding Issues”, drawn up by the Permanent Bureau, Preliminary Document No. 2 of April 2016 for the attention of the Special Commission of June 2016 on the Recognition and Enforcement of Foreign Judgments，第194段，第42页。

④ 参见 Special Commission on the Recognition and Enforcement of Foreign Judgments Working Documents No. 61。

⑤ 参见 Special Commission on the Recognition and Enforcement of Foreign Judgments（1－9 June 2016），Report of Meeting No. 11—Meeting of Wednesday 8 June 2016，第77段。

但是,以加拿大代表为首的会议代表认为,中国提出该建议的主要目的是解决判决是否也已部分或全部获得履行,而该问题不应作为一条强制性的规定在公约中予以规定,而应交由判决的债权人去提出异议。加拿大代表还建议指出,如果判决可以受到审查,那么被请求国家法院便可以拒绝。[①] 最后,会议主席认为判决是否在其他地方业已获得执行实际上是一个不断变化的情形,即使申请时提供了判决是否获得执行的信息也无法告知被请求国法院判决实际上何时履行。

(六)承认和执行程序

公约草案第 12 条是关于判决承认和执行程序的若干问题的规定,其目的在于提高判决承认和执行的法律确定性(legal certainty)。[②] 和公约草案前述第 11 条规定类似,该条规定也是关于判决承认和执行的技术性规定,第 11 条是对于申请的具体文件的要求,而该条是关于程序事项的规定。该条共两款,第 1 款规定判决承认和执行程序的法律适用问题,该款取自 2005 年《选择法院协议公约》第 14 条;第 2 款是一条全新的规定,规定被请求国法院不得仅因为判决应该在另一国寻求承认和执行便对其拒绝承认和执行。

草案第 12 条第 1 款规定,承认判决、宣告判决可予执行或者登记判决以便执行,以及执行判决的程序,适用被请求国法律,但本公约另有规定的除外。被请求国法律如果没有关于外国判决承认的特别法律规定,那么根据本公约第 4 条的一般规定依法对判决自动地进行承认(recognized automatically by operation of law)。[③] 这里特别需要指出的是,外国判决的承认和执行不得依据公约成员方国内法规定的理由予以拒绝,根据公约草案第 4 条第 1 款第二句的规定,外国判决只能依据公约所规定的理由予以拒绝承认和执行。[④] 草案第 12 条第 1

---

① 参见 Special Commission on the Recognition and Enforcement of Foreign Judgments (1 – 9 June 2016), Report of Meeting No. 11—Meeting of Wednesday 8 June 2016,第 82 段。

② 参见"Explanatory Note Providing Background on the Proposed Draft Text and Identifying Outstanding Issues",drawn up by the Permanent Bureau, Preliminary Document No. 2 of April 2016 for the attention of the Special Commission of June 2016 on the Recognition and Enforcement of Foreign Judgments,第 197 段,第 43 页。

③ 参见"Explanatory Note Providing Background on the Proposed Draft Text and Identifying Outstanding Issues",drawn up by the Permanent Bureau, Preliminary Document No. 2 of April 2016 for the attention of the Special Commission of June 2016 on the Recognition and Enforcement of Foreign Judgments,第 201 段,第 43 页。

④ 参见 Hartley/Dogauchi, Report on 2005 Choice of Court Convention, 第 215 段。

款最后一句规定被请求法院应该迅速办理。这意味着被请求法院应该采用可供适用的最快的程序来办理外国法院判决的承认和执行。公约草案之所以在这一条进行这样的规定,目的在于提醒被请求国法院,即使承认和执行的程序适用其国内法律的规定,但是,法院也不得拖延对于承认和执行申请的办理。而且,作为本公约项下的一项国际义务,公约成员方更是应该采取一定的立法措施以避免其法院不必要地延迟对于外国法院判决的承认和执行申请的办理。① 但是,在 2016 年 6 月海牙会议特委会会议上,澳大利亚代表就该条规定曾发言认为,它最好放在公约的序言中予以规定,或者就干脆从公约条文中删掉,而仅在公约的解释报告中予以阐述说明。② 但是,欧盟、美国和巴西代表均发言表示公约应该保留这一规定,理由是不仅 2005 年的《选择法院协议公约》也有该规定,而且,它在实践中会促请(invite)和提醒(remind)被请求国法院加速办理承认和执行申请。③

这里还需要提及,在 2016 年 6 月海牙会议特委会会议上欧盟代表就公约草案第 12 条提出增加一款关于"不歧视"的规定:"在一缔约国提出由另一缔约国做出的判决执行申请的一方当事人,不得仅因为其系外国公民或者非在寻求执行国家有住所或居所这一原因,而被要求提供担保、保函或押金。"④欧盟代表解释说之所以提出这样的建议理由在于在公约缔约国之间,申请判决执行的原告应该获得平等对待,而不应有任何歧视,这也符合公约草案第 4 条第 4 款规定的精神。⑤ 该建议获得巴西、俄罗斯和意大利等国代表的赞同,但是,以色列、瑞士以及加拿大等国代表对该建议提出了质疑或反对意见。反对的主要理由是:其一,该规定曾经存在于 1954 年《民事诉讼法公约》中,然而,该公约并没有获得广泛接受;其二,属于逻辑性质的理由是,在被请求法院要求申请人出于被请求人的利益而支付费用(costs order),且被申请人成功地阻止判决的承

---

① 参见 Hartley/Dogauchi, Report on 2005 Choice of Court Convention, 第 216 段。

② 参见 Special Commission on the Recognition and Enforcement of Foreign Judgments (1 – 9 June 2016), Report of Meeting No. 11—Meeting of Wednesday 8 June 2016, 第 99 段。

③ 参见 Special Commission on the Recognition and Enforcement of Foreign Judgments (1 – 9 June 2016), Report of Meeting No. 11—Meeting of Wednesday 8 June 2016, 第 103、104、105 段。

④ 参见 Special Commission on the Recognition and Enforcement of Foreign Judgments Working Documents No. 66。

⑤ 参见 Special Commission on the Recognition and Enforcement of Foreign Judgments (1 – 9 June 2016), Report of Meeting No. 12—Meeting of Wednesday 8 June 2016, 第 29 段。

认和执行的情况下，法院关于费用的要求(costs order)并不一定能够在申请人的居住或其财产所在地获得承认和执行；其三，申请人居住地或财产所在地并不一定是公约缔约国，所以，欧盟的该建议并未解决问题；其四，即使像加拿大这样的国家，其国内不同的法域在是否应该提供担保问题上规定也不一致，所以，公约中也无必要就此进行规定。[1] 鉴于代表们对于该建议意见不一，会议主席最后决定先将该建议放在方括号中以待后面的会议上继续讨论。

七、结论

2016年6月1～9日在荷兰召开的海牙国际私法会议特委会会议，第一次对海牙国际私法会议于2015年11月完成的《承认与执行外国民商事判决公约建议草案》进行政府间谈判。该公约草案分为"范围和定义"及"承认与执行"两章，共15条规定。在结构安排上和2005年的海牙《选择法院协议公约》一致，只是尚未加入后者的第四章"一般条款"及第五章"最后条款"的类似内容。《选择法院协议公约》不仅对本公约草案结构产生影响，也在较大程度上影响了本公约条款的具体内容。本公约的适用范围、承认与执行的一般规定、判决可以被拒绝承认和执行的情形及判决承认和执行的特别问题等中的部分内容皆[illegible]以2005年《选择法院协议公约》中的相关规定为蓝本制定的。在谈判过程[illegible]国代表就草案内容提出了一些意见建议，特委会对有其他国家有力支持[illegible]行了采纳。而对于如欧盟代表就公约草案第12条提出的增加一款关[illegible]"的规定此类与会代表有不同意见的建议，大会决定将该类建议留待后面会议讨论决定。总体来看，公约草案的起草和谈判将有助于在世界范围内建立国内法院判决全球流通的国际统一法律制度，促进国内法院判决效力的发挥，推动国内司法对国际贸易和国际投资等国际民商事活动作用的发挥。

---

① 参见 Special Commission on the Recognition and Enforcement of Foreign Judgments (1－9 June 2016), Report of Meeting No. 12—Meeting of Wednesday 8 June 2016，第32、33、35、37、40段。

被攻克的最后堡垒:2019年《承认与执行外国民商事判决公约》所涉关键问题评析*

一、海牙判决项目四次特委会会议和第22届海牙外交大会

为了制定人类历史上第一部全球性和多边性的法院判决承认和执行国际公约,海牙国际私法会议分别在2016年6月、2017年2月、2017年11月以及2018年5月召开了四次海牙判决项目特别委员会会议。四次特委会会议每次均有超过160位来自50多个海牙国际私法会议成员国和一个区域经济一体化组织(REIO)代表参加。此外,这几次会议还吸引了几个海牙国际私法会议非成员及十几个政府间和非政府间国际组织作为观察员派员参加。2019年7月2日在海牙和平宫召开的海牙国际私法会议第22届外交大会闭幕式上,《承认与执行外国民商事判决公约》被与会代表们签署通过(以下视具体情况简称为《海牙判决公约》,其之前的草案简称为《海牙判决公约(草案)》或2018年5月公约

---

* 本文的局部修改稿原发表于《上海政法学院学报(法治论丛)》2020年第2期。

草案)。[①]

2018 年 5 月,公约草案中当时还有以下五个问题是四次特委会会议上各国代表意见分歧尚大,需要在外交大会上进行讨论磋商,并最终达成协议的:(1)知识产权,包括主管机关(competent authorities)决定的承认和执行;(2)共同法院;(3)和其他国际公约的关系;(4) 涉及政府判决的声明机制;(5)反垄断(竞争)事项是否应排除出公约适用范围问题。第四次特委会会议闭幕式上决定成立五个非正式工作小组,会后分别就上述五个问题进行讨论。在外交大会召开前,各工作小组均按计划完成了专题讨论,就讨论结果形成了非正式工作小组报告。2019 年 4 月初各工作小组均已完成各自的报告,并由海牙国际私法会议常设局发给各国代表团。旨在对《海牙判决公约》进行最后谈判并予以通过的第 22 届海牙国际私法会议外交大会于 2019 年 6 月 18 日至 7 月 2 日在荷兰海牙著名的和平宫召开。外交大会上主要讨论上述 2018 年 5 月公约草案中放在方括号中的这五个问题。根据海牙国际私法会议发布的第 22 届外交大会的议程及其后的会议,为时 16 天的外交大会全面讨论了 2018 年 5 月公约草案各章节具体条款,并在会议上对讨论后的公约草案进行了一读和二读,且最终通过了该公约。这个将改变国际司法制度格局的国际公约于 2019 年 7 月 2 日在海牙隆重诞生!

上述外交大会最终解决了 2018 年 5 月公约草案中五大关键的问题,从而使上述国际公约最后顺利诞生!攻克这些关键问题,有的是就它们在公约中的最后规定达成折中方案,有的是最后决定不在公约中对它们进行规定。但是,无论是哪种处理结果,在公约诞生后对这些关键问题进行研究不但对于正确理解公约很有裨益,对于国际私法,尤其是私法国际统一的理论研究和实务探讨也具有很大的意义。本文将以作者本人参加海牙判决项目四次特委会会议以及第 22 届海牙外交大会所收集的一手资料和资讯为基础,主要结合海牙判决项目四次特委会会议和第 22 届海牙外交大会对这些问题的讨论,且尤其是以第四次特委会会议专门成立的上述五个非正式工作小组分别对该五个问题的讨论和研究成果,介绍和分析海牙判决公约谈判中被最后攻克的这五个问题的内

---

① Convention of 2 July 2019 on the Recognition and Enforcement of Foreign Judgments in Civil and Commercial Matters concluded 2 July 2019。公约英语原文可见海牙国际私法会议网站:hcch.net/instruments, No. 41。2018 Draft Convention on the recognition and enforcement of foreign judgments in civil and commercial matters, Working Document No. 262 REV。

容、存在问题的原因和讨论的可能解决方案,对这些问题进行解读和评析,以期给国内学界提供公约立法史料和信息,以对公约进行深入研究。

二、知识产权问题

公约中关于知识产权问题的规定可以说是公约起草过程中争议最大的问题。由于意见分歧过大,第四次特委会会议便有意避开对该问题的讨论,而是把该问题留给外交大会最终讨论定夺。第四次特委会会议成立的非正式工作小组第一组(IWG I)便是"知识产权工作小组"。该小组于 2019 年 4 月初完成了关于知识产权问题讨论的小组报告,该报告的要点归纳如下。

(一)主管机关(competent authorities)问题

知识产权与法律意义上的其他权利相比具有很多特殊性,如权利的地域性、权力授予或取得的特殊性以及国家特定的主管机关对这种特殊的权利的行政管理性,等等。由于依据国内法的规定,国家的主管机关对于知识产权的授予、有效性甚至对其侵权可以作出决定,而就这种特殊的权利而言,这种国家特定的主管机关的这种决定无疑具有在这些问题上类似于法院判决的属性。所以,在公约制定过程中便产生了这样的问题:如果知识产权的法院判决承认和执行未来也适用本公约,那么国家主管机关的涉及知识产权的决定是否可以,以及如何依据本公约实现全球流通?

第三次特委会会议后成立的第二工作小组专门讨论了涉及知识产权有效性的主管机关(competent authorities)问题。[①]涉及该问题的困境便是,一方面,如果认为公约的目标之一在于保护知识产权,那么从原则上说,公约便不应该区分在知识产权有效性问题上法院判决或国家行政主管机关的决定;而另一方面,鉴于公约的适用范围是民商事性质的法院判决,属于行政法性质的国家知识产权行政主管机关的决定便不应该纳入公约的适用范围。

小组成员相互交换了各自国家知识产权行政主管机关的管辖和职责范围及运行机制等内容。一些国家的国家知识产权行政主管机关,如美国国际贸易委员会(International Trade Commission)的职责范围便相当宽泛,对于知识产权的侵权的决定也包括在其职责范围内。而且,即使在那些赋予知识产权行政主管机关较窄权限范围的国家,其知识产权主管机关所行使的功能在不同国家也

---

① 参见 Hague Conference on Private International Law Special Commission on the Recognition and Enforcement of Foreign Judgments (24 - 29 May 2018), WORK. DOC. No. 263 。

是各不相同的。但是,各国国家知识产权行政主管机关的一个共性是它们可以在其国内决定知识产权的有效性问题。

小组成员的一种观点认为就目前掌握的信息而言,还不足以作出任何公约相关规定的方案,而且在该问题上还应该咨询知识产权专家。还有一种观点认为,此问题不应该和知识产权的其他问题割裂开来考虑。更多的小组成员认为在公约中专门就国家知识产权行政主管机关的决定的承认和执行作出规定,目标过于宏伟,而且这也会削弱公约的核心目标。对于公约草案的现有规定,小组成员们认为第 8 条第 3 款规定并不是关于国家知识产权行政主管机关决定的承认和执行的规定,而是确定了允许承认和执行法院基于知识产权有效性作为先决问题(preliminary question)而作出的判决的例外规定。① 另外,小组成员们也不满意公约将法院的“判决”(judgments)外延扩大至包括其他机构(institutions)的决定,起码在并不清楚这种机构的性质、功能和决定程序以及这种决定的效力等信息的情况下,这是不妥当的。

第四次特委会会议上讨论了第二工作小组的上述报告,认为对该问题尚需要收集各国关于主管机关(competent authorities)更多的信息,以便准确了解其是如何运行的。大会还认为对该问题的最终规定在很大程度上也取决于公约对其他问题的规定,尤其是公约如何一般性地规定知识产权问题。大会也考虑召集一个知识产权问题专门工作小组,专门研究公约是将知识产权问题纳入其适用范围,或是排除出公约适应范围,以便为外交大会做好准备。②

第四次特委会会议后专门成立的第一非正式工作小组继续就知识产权问题进行研究。该小组就知识产权主管机关问题向小组成员发放了调查问卷,成员们回答了问卷上的问题。工作小组据此考察了一些国家的主管机关的工作。

---

① Hague Conference on Private International Law Special Commission on the Recognition and Enforcement of Foreign Judgments (13 – 17 November 2017) November 2017 Draft Convention, Art. 8 [3. However, in the case of a ruling on the validity of a right referred to in Article 6, paragraph (a), recognition or enforcement of a judgment may be postponed, or refused under the preceding paragraph, only where – 3. (a) that ruling is inconsistent with a judgment or a decision of a competent authority on that matter given in the State referred to in Article 6, paragraph (a); or 4. (b) proceedings concerning the validity of that right are pending in that State. A refusal under sub-paragraph (b) does not prevent a subsequent application for recognition or enforcement of the judgment.]

② 参见 Hague Conference on Private International Law Fourth Meeting of the Special Commission on the Judgments Project 24 – 29 May 2018 Aide memoire of the Chair of the Special Commission(《特委会主席备忘录》),p. 2。

该调查工作揭示出的问题在于,一方面,一些国家的知识产权主管机关对于知识产权事项具有排他管辖权力,而在其他国家,这些问题只有法院才享有管辖权。各国国内法制度上的这一差异,在公约中势必需要予以顾及。但是,另一方面,本公约在谈判之初所确定下来的公约适用范围,仅仅限于民商事法院判决,行政机关的决定由于不属于民商事性质被明确限制在公约适用范围之外。公约中如何突破困境,将该相互矛盾的两个方面统一起来,便成了对公约起草者的一大挑战。一个可以广泛获得接受的妥协和折中的方案,便是公约谈判者所探寻的出路和目标。

该工作小组在对该问题的讨论过程中,一些国家表示了支持公约采取妥协和折中方案的意愿。但是,如果采取这样的妥协和折中立场,对主管机关的认定应该符合以下标准,这便成了工作小组报告的重点。通过设置这些标准可以界定主管机关以及基于公约可以获得承认的主管机关知识产权决定的范围,避免无限扩大该定义的使用,并有效消除那些国内法上并无这一制度设置的国家的担忧:(1) 主管机关的含义仅限于知识产权办公室,即知识产权的主管机关。之所以要规定这个标准,目的在于排除知识产权主管部门外的也被授权进行知识产权注册工作的政府部门。实践中一些国家在知识产权行政部门之外,可能还有其他机关,例如主管贸易的政府部门,也被授权在其主管的地域管辖范围内进行知识产权的注册工作。根据这一标准,这些政府部门便不被纳入公约所规定的主管机关的范围。(2)主管机关的决定仅限于可以注册的知识产权,或者需要注册的知识产权。该标准的含义不言自明,即主管机关的决定仅限于注册登记才可以获得知识产权保护的那种知识产权,从而限制了依据公约对于主管机关决定承认的范围。在小组讨论中,有代表建议,应该将这里所说的主管机关决定的知识产权限于《与贸易有关的知识产权协议》(Agreement on Trade-Related Aspects of Intellectual Property Rights, TRIPs)所规定的知识产权。(3)知识产权仅限于主管机关地域管辖范围内。该标准的含义也是不言自明的,即主管机关决定的知识产权仅限于其管辖地域范围内的知识产权。这也体现了知识产权严格的地域性。(4)主管机关的决定系经过司法、准司法的对抗式程序作出。对依据公约可以获得承认的主管机关的决定设置这一标准,目的在于区分主管机关在该问题上的司法、准司法权和行政权。也就是说,主管机关基于其被授权享有的司法或准司法权作出的决定,才属于公约项下可以获得承认的主管机关的知识产权决定,而主管机关基于其行政权力作出的决定,便不属于根据公约可以获得承认的主管机关决定。

就知识产权主管机关这一问题,工作小组还讨论了依据未来公约对法院知识产权判决承认和对主管机关知识产权决定承认是否平等对待的问题。该问题又涉及以下具体问题:依据未来公约对于主管机关知识产权决定的承认是否应该仅限于知识产权的有效性(validity)问题,还是应该也包括附属事宜(collateral issues)。就法院知识产权判决的承认而言,此种承认不仅限于知识产权的有效性,还可能涉及双方当事人间的其他问题。对于该问题,在小组讨论中,一些国家代表倾向于认为主管机关知识产权决定的承认应该仅限于对知识产权的有效性的承认,而排除对于附属问题的承认。但是,也有代表对这一观点表现出担忧,认为一些国家的知识产权主管机关除有权决定知识产权的有效性外,还可以裁定知识产权的侵权,因此,未来公约在确定主管机关决定承认的范围时也应考虑这种特殊情形。

(二)公约草案对知识产权的规定

2018 年 5 月公约草案中对知识产权的规定最主要的分歧在于公约中是否需要规定知识产权问题,也就是说公约是否适用于知识产权的判决承认和执行问题。在该问题上,当时主要有四种立场。(1)全部排除。该观点主张公约不适用于法院知识产权判决,在公约中全部排除知识产权规定。美国、澳大利亚、加拿大等国持该主张。[①] (2)全部纳入。和上述观点完全相反,持该立场的国家建议公约规定完全适用于法院知识产权判决,不区分知识产权种类和法院知识产权判决的类型,甚至法院作出的涉及知识产权的禁令也应纳入依据未来公约获得承认和执行的范围。持该观点的主要是欧盟及其成员国以及瑞士。(3)有选择纳入。持该立场的国家建议未来公约中有条件地纳入法院知识产权判决的适用,那些符合知识产权地域性要求的法院的金钱判决可以纳入公约适用范围,依据公约承认和执行。但是,法院关于知识产权的禁令应该排除在公约适用范围之外。中国、巴西和以色列等国当时持这样的观点。(4)灵活立场。俄罗斯、日本和新加坡等国在公约对知识产权的规定问题上并无明确的观点,持比较灵活的立场。

鉴于未来公约在排除还是纳入知识产权问题上走向不明确,工作小组所表达的观点也是基于两个不同选项提出不同意见和修改完善方案。如果未来公约排除知识产权的适用,那么公约草案中第 2 条第 1 款(m)项“排除知识产权

---

① 美国和加拿大于 2019 年 5 月 17 日联名提交给海牙国际私法会议第 22 届外交大会的提案中再次明确表明该立场。See Working Document No. 21.

(以及相似事项)”的规定便不够清晰和明确,应该列出一个被该项排除的知识产权种类的更为清晰和明确的清单。如果未来公约纳入知识产权,则公约草案中涉及知识产权的规定并不全面和充分,仅仅规定知识产权的有效性和侵权,而没有规定对于知识产权的执行问题。工作小组报告中提出了对公约草案涉及知识产权的第 5 条、第 6 条、第 8 条、第 8a 条(增加)及第 11 条进行修改完善的以下建议:

1. 第 5 条“承认与执行的基础”。其第 3 款建议修改后的英文文本如下:

Article 5 Bases for recognition and enforcement

第 5 条　承认和执行基础

3. (a) Paragraph1 does not apply to a judgment on an intellectual property right or an analogous right.

3. (a)第一段不适用于知识产权或类似权利的判决。

(b) A judgment on an infringement in the State of origin of an intellectual property right required to be granted or registered is eligible for recognition and enforcement if it was given by a court in the State in which the grant or registration of the right concerned has been applied for, has taken place or, under the terms of an international or regional instrument, is deemed to have been applied for or to have taken place. However, such a judgment is not eligible for recognition and enforcement if the defendant has not acted in [that State/the State of origin] to initiate or furtherthe infringement, or their activity cannot reasonably be seen as having been targeted at that State.

(b)原审国对需要授予或注册的知识产权的侵权判决适格承认和执行,如果它系申请权利授予或注册国、权利授予或注册国,或者根据国际或地区文书的规定,被认为已经申请或已经授予或注册国作出。但是,如果被告不是在[该国/原审国]实施侵权或进一步侵权,或者它们的行动不能合理地被认为是以该国为目标,则此种判决不得予以承认和执行。

(c) A judgment on an infringement in the State of origin of a copyright or related right, an unregistered trademark or an unregistered industrial design is eligible for recognition and enforcement if it was given by a court in the State for which protection was claimed. However, such a judgment is not eligible for recognition and enforcement if the defendant has not acted in [that State/the State of origin] to initiate or further the infringement, or their activity cannot reasonably be seen as having been targeted at that State.

(c)原审国的版权或相邻权、非注册商标或非注册工业设计侵权判决适格承认和执行,如果它系诉请保护的国家的法院作出。但是,如果被告不是在[该国/原审国]实施侵权或进一步侵权,或者它们的行动不能合理地被认为是以该国为目标,则此种判决不得予以承认和执行。

(d) A judgment on the validity or subsistence in the State of origin of a copyright or related right, an unregistered trademark or an unregistered industrial design is eligible for recognition if it was given by a court in the State for which protection was claimed.

(d) 原审国的版权或相邻权、非注册商标或非注册工业设计有效性或存续的判决适格承认,如果它系被寻求保护国法院作出。

上述修改的目的和意图在于:首先,在公约规定中明确,知识产权侵权判决依据公约可以获得承认和执行,而关于版权或相邻权、未注册的商标或未注册的工业设计有效性(validity)和存续(subsistence)问题的判决依据公约只能获得承认,而不能获得执行。其次,删除了原来第 5 条第 3 款(d)项中的"ownership"(所有权)。原来该项规定中规定的是知识产权的"有效性""存续""所有权"问题的判决。非正式工作小组建议将"所有权"事项予以删除。最后,将该款规定的结构进行修改。原来该款第一部分规定法院的知识产权判决在符合以下 3 项规定的其中之一时便可以获得承认和执行。小组的建议是删除该统括性规定,而分别在三项规定中规定符合该条件的知识产权判决可以获得承认执行,或可以获得承认。该结构的改变也是为了满足上面第一个修改,即该款第 3 项情形下,对于版权或相邻权、未注册的商标或未注册的工业设计的有效性和存续判决仅可予以承认,而不予执行。①

① 被删除的内容:"Such a judgment is eligible for recognition and enforcement if one of the following requirements is met."

2. 第6条“承认与执行的排他性基础”

Article 6 Exclusive bases for recognition and enforcement

第6条　承认与执行的排他基础

Notwithstanding Article 5 –

尽管有第5条的规定——

(a) a judgment that ruled on the validity of an intellectual property right required to be granted or registeredshall be recognized and enforced if and only if the State of origin is the State in which grant or registration [was/has been] applied for, has taken place, or under the terms of an international or regional instrument, is deemed to have been applied for or to have taken place.

(a)需要授予或登记的知识产权有效性的判决应该获得承认和执行，当且仅当原审国系知识产权授予或登记的申请国、已经授予或登记国，或者依据国际或区域国际公约的规定，被认为已经申请或已经授予或登记。

该修改中删掉了原来在有效性(validity)前面的“注册”(registration)一词。小组讨论的结果是，该词要么是多余的，因为“有效性”已经全部包含了“注册”的含义，要么该措辞便存在问题，因为，如果“有效性”和“注册”含义不同，便要首先去弄清楚“注册”的含义。另外，小组建议的该修改还澄清了公约草案第6条(a)项规定将适用于在知识产权申请注册国被拒绝注册的情形。为此，小组的建议中增加了“业已申请”(was/has been applied for)知识产权授予或注册内容，以达到上述澄清的目的。

3. 第8条“先决问题裁定”以及新增第8a条“基于先决问题裁定的法院判决”

Article 8　Rulings on preliminary questions

第8条　先决问题的裁定

A ruling on a preliminary question shall not be recognized or enforced under this Convention if the ruling is on a matter to which this Convention does not apply or on a matter referred to in Article 6 on which a courtof a contracting State other than the State referred to in that Article ruled.

先决问题的裁定不得依据本公约获得承认与执行，如果裁定事项系本公约所不予适用的事项或者裁定事项系第 6 条所规定的国家以外的公约成员国法院作出裁定。

Article 8a Judgments based on rulings on preliminary questions

第 8a 条 基于先决问题的裁定作出的判决

1. Recognition or enforcement of a judgment may be refused if, and to the extent that, the judgment was based on a ruling on a matter to which this Convention does not apply, or on a matter referred to in Article 6, sub-paragraphs (b) and (c), on which a court of a contracting State other than the State referred to in those paragraphs ruled.

如果判决系基于本公约不予适用的事项或者第 6 条(b)项、(c)项所规定的系由该两项规定中所规定国家以外的公约成员国法院作出裁定事项的裁定作出,则它在该范围内,可以被拒绝承认或执行。

Recognition or enforcement of a judgment may be postponed, or refused, if and to the extent that the judgment was based on a ruling on the validity of a right referred to in Article 6, sub-paragraph (a) and was given by a court of a contracting State other than the State referred to in Article 6, sub-paragraph (a) where—

也可以推迟或拒绝对判决的承认与执行,如果,且也仅在该范围内,判决系基于第 6 条(a)项所规定的权利有效性的裁定作出,且判决系第 6 条(a)项规定的国家以外的公约成员国法院作出——

(a) that ruling is inconsistent with a judgment or a decision of a competent authority on that matter given in the State referred to in Article 6, sub-paragraph (a); or

该裁定和第 6 条(a)项规定的国家的主管机关就该事项所作判决或决定不一致;或者

(b) proceedings concerning the validity of that right are pending in that State.

该国关于该项权利有效性的诉讼程序尚在进行中。

A refusal under sub-paragraph (b) does not prevent a subsequent application for recognition or enforcement of the judgment.

基于上述(b)项的拒绝并不妨碍之后申请对判决的承认与执行。

非正式工作小组就公约草案第 8 条进行修改的主要目的是简化该条规定。公约草案原来的第 8 条是关于先决问题的总体规定。非正式工作小组建议将该条规定拆分成两条，其中一条规定先决问题的裁定（Rulings on preliminary question），而另一条规定基于先决问题的裁定作出的法院判决（Judgments based on rulings on preliminary questions）。

4. 第 11 条“知识产权事项中的救济”

Article 11 Remedies in intellectual property matters

第 11 条 知识产权事项中的救济

A judgment on an intellectual property right shall be recognized and enforced only to the extent that it imposes a monetary remedy, including a monetary remedy deriving from an injunction that orders or prohibits behavior in the State of origin.

知识产权的判决仅在其规定金钱补救时，包括源自规定在原审国进行或禁止某种行为的禁令的金钱补救。

非正式工作小组建议对于公约草案第 11 条进行以下修订：首先，将该条规定的原来的名称“知识产权事项中的非金钱救济”修改为“知识产权事项中的救济”，去掉“非金钱”表述。其次，在该条规定中增加“基于命令或禁止在原审国进行或不得进行某种行为的禁令”获得的金钱救济（monetary remedies deriving from an injunction that orders or prohibits behavior in the State of origin）内容，从而使裁定给予此种救济的法院判决可以依据未来公约的规定获得承认和执行。

总之，尽管该非正式工作小组就公约草案中涉及知识产权问题的各条具体规定均提出了上述各项修改意见，但是，对所有这些意见，即使在该小组讨论过程中也有不同的观点。非正式工作小组所提交的，被作为第 22 届海牙外交大会的所谓临时文件（Preliminary Document）《第一非正式工作小组报告——知识产权》中归纳了这些不同意见。①

第 22 届海牙外交大会上就公约关于知识产权问题的规定进行了激烈的讨论。与会各国代表在会议上的发言无非围绕知识产权的上述问题阐述各自的观点和立场。由于在知识产权问题上各国代表观点分歧很大，无法达成共识，最终大会决定知识产权事项全部排除出公约的适用范围［公约第 2 条第 1 款

① 参见 Preliminary Document No. 9 of April 2019 “Report of informal working group I-Intellectual Property Rights”。

(m)项]。[①]但是,值得注意的是,鉴于“知识产权”(intellectual property)这一概念的外延和内涵在不同国家均有不同理解,由此可能导致未来公约适用实践中对公约第 2 条第 1 款(m)项理解和解释的不一致。为此,在外交大会上,中国和美国代表团联合向大会提交了一份关于公约解释报告中涉及“知识产权”条款解释的提案。[②]其主要内容是建议未来公约的解释报告中要说明知识产权是一个非常广泛的概念,不仅包括为国际社会所普遍接受的知识产权事项,还包括其他类似、稍微沾边(tangential)的事项,这些事项在一些国家被称为“相似事项”(analogous matters)。以色列代表就此问题也向大会提交了一份提案,其主要内容和上述中国、美国联合提案接近,也是建议在未来公约解释报告中说明对于“知识产权”概念要基于本公约作自治性解释(autonomous meaning),并对它进行广义解释,既包括国际上接受的作为知识产权的权利,也包括其他的相似权利。[③]

三、共同法院

(一)第四次特委会会议对共同法院问题的讨论结果

2017 年 11 月公约草案第 22 条规定了对于“共同法院”(common courts)法院判决承认和执行的声明机制。[④]共同法院是国际社会司法合作的新的发展方

---

① 参见 Article 2 (1)(m), Convention on the Recognition and Enforcement of Foreign Judgments in Civil or Commercial Matters。

② 参见 Working Document No. 80 REV “Proposal of the delegations of the People's Republic of China and the United States of America”, Explanatory Report text with regard to the term “intellectual property”, distributed 28 June 2019, 22nd Diplomatic Session of HCCH。

③ 参见 Working Document No. 84 “Proposal of the delegations of Israel”, Explanatory Report text with regard to the term “intellectual property”, distributed 28 June 2019, 22nd Diplomatic Session of HCCH。

④ Article 22—Declarations with respect to common courts 1. A Contracting State may declare that—(a) a court common to two or more States exercises jurisdiction over matters that come within the scope of this Convention; and (b) such a court—(i) has only an appellate function; or (ii) has first instance and appellate functions. 2. Judgments of a Contracting State include— (a) judgments given by a court referred to in paragraph 1(b)(i); (b) judgments given by a court referred to in paragraph 1(b)(ii) if all States referred to in paragraph 1(a) are parties to this Convention. Page 2 of 5. 3. If a court referred to in paragraph 1(b)(i) serves as a common court for States some of which are Contracting States and some of which are non-Contracting States to this Convention, judgments given by such a court shall only be considered as judgments of a Contracting State if the proceedings at first instance were instituted in a Contracting State. 4. In case of a judgment given by a court referred to in paragraph 1(b)(ii) the reference to the State of origin in Articles 5 and 6 shall be deemed to refer to the entire territory over which that court had jurisdiction in relation to that judgment.

向，是两个以上国家共同设立的行使司法审判职能的法院机构，然而，目前国际社会并不存在很多这样的共同法院。于目前参与海牙判决公约谈判的大多数国家而言，共同法院尚是一个陌生事物。这决定了在公约草案中规定共同法院判决的承认和执行，或是对共同法院判决不予适用的声明机制均会产生很大的意见分歧。第三次特委会会议后成立的第五工作小组向大会提交了一份关于共同法院讨论的长达5页的报告。① 该报告的主要内容包括：

第一，关于共同法院是以“声明条款”方式规定还是放在公约主文中进行规定的问题。2017年11月公约草案第22条“关于共同法院的声明”就共同法院判决的承认和执行问题进行了规定。2017年12月美国和欧盟联合提交非正式提案，建议在公约草案第4条“一般性规定”中增加一款，规定共同法院问题。② 这两个公约草案文本建议是该小组讨论的出发点。该两个文本的区别在于，公约草案第22条的规定试图描述共同法院的功能，而未涉及公约第5条和第6条所规定的连接因素。而美国和欧盟的联合提案则是强化公约草案第5条、第6条等条文中规定的连接因素，从而起到限制效果。如果进行抽象的理解，依据公约草案规定可以获得承认和执行的共同法院判决要多于依据美欧联合提案之下所获承认和执行的数量。

第二，关于共同法院的定义及其管辖权和主要功能的理解问题。基于一般理解，共同法院系两个或多个国家共同设立的，被授权为这些国家排他行使司法管辖权，或者和国内法院共同行使司法管辖权的法院机构。也正因如此，有一种观点认为，不能把共同法院的权力限制于上诉权。所以，小组讨论的意见认为，如果单从共同法院所行使的管辖权入手，应该认为其所作的判决也是公

---

① 参见 Hague Conference on Private International Law Special Commission on the Recognition and Enforcement of Foreign Judgments (24 – 29 May 2018), WORK. DOC. No. 254。

② Article 4—General provisions…5. For purposes of paragraph 1, a judgment given by a court common to two or more States shall be deemed to be a judgment given by a court of a Contracting State if (a) all members of the common court are Contracting States and have authorized the common court to exercise jurisdiction with respect to the relevant matter, and the judgment is eligible for recognition and enforcement under Article 5(1)(c), (e), (f), (o), or (p); or (b) the judgment is eligible for recognition and enforcement under another sub-paragraph of Article 5(1) or under Article 6, and those eligibility requirements are met in a Contracting State that has authorized the common court to exercise jurisdiction with respect to the relevant matter.

约第 3 条第 1 款(b)项意义上的法院判决。①

第三,关于互惠原则问题。工作小组最为关心的问题是如何确定公约草案第 5 条、第 6 条意义上共同法院判决的原审国法院判决性质。这实际上就是说,基于未来判决公约,原审国和被请求国是相互对应关系,而由于共同法院的共同设立国有的并不一定是公约成员国,所以就没有公约中所确立的"被请求国"相对应的"原审国"的对应性。这也是该小组成员们所提出的公约互惠或对等性原则(reciprocity)的担忧的原因。事实上,本公约草案所基于的一个基本原则就是公约成员国间相互承认和执行判决,互惠或对等原则是公约的基石。如果共同法院所有成员国均为本公约成员国,便不存在对于互惠或对等原则的担忧。但是,鉴于共同法院并无承认和执行外国判决的功能,如果共同法院的一些成员国并非公约成员国,则实践中便会出现共同法院所作出的非公约成员国的判决通过公约中的"共同法院机制"而在公约成员国获得承认和执行的情况。该小组成员将共同法院的这样的判决称为"自由骑手问题"(free rider problem),认为应该阻止这种和缔约国没有联系的判决基于公约的规定在公约成员国获得承认和执行的情况发生。

第四,关于删除该条款的建议以及声明机制问题。小组讨论中也有观点认为公约应该删除关于共同法院的规定,理由主要在于人们对于"共同法院"知之甚少,在公约的运行机制上,必须保持判决的原审国和判决具有特定的联系,而且,实践中也应该阻止"自由骑手"。小组还讨论了公约中涉及共同法院问题的声明机制事宜,既包括积极声明机制也包括消极声明机制。所谓积极声明(opt-in),就是涉及共同法院的公约成员国将更多地提供有关共同法院的信息,以使公约其他成员国能够更好地理解共同法院,在此基础上,它们将作出声明,同意承认和执行共同法院作出的判决。而消极的声明机制(opt-out),是指允许公约成员国声明将不承认和执行共同法院所作出的判决。

这里必须特别指出的是,尽管第五工作小组广泛地讨论了涉及共同法院的各种可能的问题,但是,在涉及该问题的解决方案方面,工作小组并没有就任何一项解决方案达成共识。第四次特委会会议讨论了上述小组工作报告,以及关于该问题的一些建议:(1)将公约草案关于共同法院的第 21 条规定的方括号去掉,而将关于共同法院判决承认和执行的问题留给国内法去解决;(2)在公约草案中放置一些关于共同法院的积极声明的不同格式,包括详细的积极声明选项,

---

① 参见 Working Document No. 254(E)"Working Group 5 on Common Courts-Final Report", distributed May 2018, Item 7,8。

以增强该问题的透明性;(3)在公约草案中起草关于共同法院判决的消极声明规定;(4)通过在公约第4条中规定定义的方式来解决共同法院问题。最终,第四次特委会会议决定在该问题上进行以下处理:(1)删去2017年11月公约第21条的方括号规定;(2)将公约草案中第4条第5款的两个替代条文文本置于方括号中作为该问题继续讨论的标志,以准备第22届海牙外交大会。大会也决定召集一个非正式工作小组以继续讨论共同法院问题,并完善公约相关规定的条文。该非正式工作小组便是第四次特委会会议后所成立的"第二非正式工作小组"。

就公约解释报告而言,第四次特委会会议认为报告中需要解释:(1)通过案例和讨论,说明该条规定所涵盖的共同法院判决的种类,识别出共同法院可以发挥的不同的作用(例如,一审、上诉);(2)那些并不是行使一国司法管辖权,而是就国际法问题对国家行使管辖权的国际法院(如国际法院、欧洲人权法院)将不适用关于共同法院的任何规定;(3)向共同法院提出执行问题的情形应该很少,但是,共同法院对公约缔约国法院判决的承认问题还是相关的。

(二)第四次特委会成立的第二非正式工作小组的研究成果

第四次特委会会议后成立的第二非正式工作小组对公约草案中的共同法院问题进行了进一步讨论研究。为了更有效地进行沟通和讨论,第二非正式工作小组还于2019年2月21~22日在中国香港进行非正式聚会。基于中国香港非正式聚会上讨论内容以及2019年4月11日至15日小组成员间邮件沟通讨论的结果,该小组将一份小组讨论报告提交给了第22届海牙外交大会。[①]该报告主要包括两大部分内容,即该非正式小组对2018年5月的公约草案中涉及共同法院的第4条第5款、第6款内容的修改建议,以及小组对于公约草案中关于共同法院所存在问题的不同意见和观点。

1. 关于公约草案中涉及共同法院的第4条第5款、第6款内容的修改建议

Article 4 General Provisions

第4条 总 则

(...)—

5. For purposes of paragraph 1, a judgment given by a court common to two

---

① See Preliminary Document No. 8 of April 2019 "Report of informal working group Ⅱ-Common Courts", Twenty-Second Session "Recognition and Enforcement of Foreign Judgments, 18 June - 2 July 2019, The Hague".

or more States shall be deemed to be a judgment given by a court of a Contracting State if the Contracting State has identified the common court in a declaration to that effect, and one of the following conditions are met—

5. 为了第 1 款的目的,两个或者多个国家共同的法院作出的判决应被认为是缔约国法院作出的判决,如果缔约国在产生该效果的声明中列出了该共同法院,且同时符合下列一个条件——

(a) all members of the common court are Contracting States whose judicial functions in relation to the relevant matter are exercised by the common court;

(a)共同法院的所有成员均为缔约国,其对相关事项的司法功能由共同法院行使;

(b) the judgment is eligible for recognition and enforcement under sub-paragraphs (a)(b)(d)(g)(h)(i)(j)(k. ii) of paragraph 1 of Article 5 [, Article 5(3),] or under Article 6, and those eligibility requirements are met in a Contracting State whose judicial functions in relation to the relevant matter are exercised by the common court; or

(b)该判决依据第 5 条[第 5 条第 3 款]第 1 款(a)项、(b)项、(d)项、(g)项、(h)项、(i)项、(j)项、(k. ii)项或者第 6 条规定适格获得承认和执行,而且这些适格要求也在其对相关事项的司法功能由共同法院行使的缔约国得到满足;或者

(c) the judgment was given by a common court with appellate functions only, and the proceedings at first instance were instituted in a Contracting State.

(c)判决由只具有上诉功能的共同法院作出,而且一审程序在缔约国举行。

6. The declaration shall identify which of the categories provided for in paragraph 5 is applicable to the common court, and shall contain:

6. 声明应该确定第 5 款的哪些类别适用于共同法院,且应该包含:

(a) the date of entry into force and the date of eventual ceasing of the common court's jurisdictional power in relation to every Contracting State party to that court;

(a)生效日期以及该缔约的法院成员国最终停止共同法院管辖权力的日期;

(b) a description of the common court competence in relation to every Contracting State party to that court, in particular the subject matters of that competence and the extent of its functions, including whether it has first instance jurisdiction.

(b)共同法院对各缔约的该法院成员国的管辖权限的描述,尤其是该管辖权限的客体和其功能的范围,包括它是否享有一审管辖权。

(i) name, location and relevant contact information of the common court;

(i)共同法院的名称、地点和相关的联系信息;

(ii) a copy of the legal instruments that establish the common court and a list of parties to that legal instruments;

(ii)设立共同法院的法律文书副本及该法律文书成员名单;

(iii) jurisdiction and function of the common court;

(iii)共同法院的管辖权和功能;

(iv) whether and how the common court could recognize and enforce judgments under the Convention; and

(iv)共同法院是否及如何依据本公约承认和执行法院判决;以及

(v) other necessary information.

(v)其他必要信息。

Any change to the membership or competence of the common court shall be subject to a new declaration.

共同法院成员或管辖权限的任何变化均应作出新的声明

[7. A Contracting State may declare that it shall not recognize or enforce judgments of a common court that is the object of a declaration under paragraph 5 in respect of any of the matters covered by that declaration. Such declaration for not recognition or enforcement of a common court's judgment is subject to provisions from paragraph 2 of Article 19.]

[7. 缔约国可以声明其不承认和执行第 5 款所规定的声明对象的共同法院就该声明中所含事宜作出的判决。该不承认和执行共同法院判决的声明适用第 19 条第 2 款规定。]

或者

[7. The declaration referred to in paragraph 5 shall have effect only between the Contracting State that made the declaration and other Contracting States that have declared their acceptance of the declaration.]

[7. 第 2 款规定的声明仅在作出该声明的缔约国和其他声明接受该声明的

缔约国间生效。]

第二非正式工作小组关于公约草案中共同法院的规定的修改建议主要包括以下几点:首先,在结构上对 2018 年 5 月公约草案第 4 条第 5 款、第 6 款进行了修改。将原来的第 4 条第 5 款(a)项和(b)项规定进行了合并和调整,而且增加了上述第 6 款,原来的第 6 款调整为现在的第 7 款。其次,通过现在的第 6 款增加对声明的规定。再次,增加了仅仅具有上诉功能的共同法院的判决的承认和执行规定[第 4 条第 5 款(c)项]。最后,删去原来放在方括号中的第 6 款中的声明的交存规定。

2. 草案中该规定存在的问题

第二非正式工作小组的主席巴西的纳尔迪教授(*Prof. Marcelo De Nardi*)和海牙国际私法会议常设局一起在该小组报告中基于前述在中国香港的非正式聚会上讨论的观点归纳了公约草案中涉及共同法院规定所存在的七个问题:

第一,关于欧洲联盟法院(Court of Justice of the European Union, CJEU)是共同法院还是缔约国的法院的性质问题。针对该问题,欧盟的一位参加过 2005 年《选择法院协议公约》谈判的专家回忆道,在当年召开的海牙第 20 届外交大会上上述公约获得通过,且同时通过了欧盟以地域经济一体化组织加入海牙会议的决议。① 该专家认为此次外交大会的结论是欧洲联盟法院被确认为是欧盟作为海牙会议成员的经济一体化组织的法院,并且该公约的解释报告中对该问题有记录。中国香港的非正式聚会上也讨论了涉及欧洲联盟法院的诸如"自由骑手"问题以及互惠和对等原则问题。但是,小组成员最终对欧洲联盟法院的性质并没有达成共识。

第二,共同法院涉及的对等互惠(reciprocity)问题。对此又有以下三点需要考虑:首先,共同法院的成员国希望其法院判决在其他国家可以依据公约获得承认和执行;其次,并不是共同法院成员国的公约缔约国希望知道其国内法院判决如何获得那些作为共同法院成员国的公约缔约国,或者共同法院本身的承认和执行;最后,如果公约缔约国不承认和执行另一作为共同法院成员国的本公约缔约国的共同法院的判决,该共同法院成员国在其国内是否可以基于对等互惠原则对前一公约缔约国法院判决拒绝承认和执行。

---

① 笔者也参加了该会议,也可以确认该事实。

第三,为了消除对于共同法院的不确定性并增加透明度,参加上述非正式聚会的小组成员同意由对共同法院作出声明的国家制作一份关于共同法院的信息清单,并附于本报告后。海牙国际私法会议常设局将把公约草案解释报告草案中提到的现有的共同法院的信息按该信息清单进行汇编。

第四,讨论中一些专家还建议公约中对现有共同法院和未来的共同法院进行区别对待,但是该观点并没有获得广泛接受。鉴于未来的共同法院存在更多的不确定性,而现有的共同法院无论是常设局还是其他机构均进行了充分的分析和研究,所以公约对于未来的共同法院如何进行规定也是比较棘手的问题。① 但是,专家们还是建议对现有的共同法院进行进一步的信息收集。

第五,关于并不是现在和未来共同法院成员的本公约缔约国的权利和义务问题。就这些国家而言,它们会认为"权利和义务"是不对等的,因为它们承担了额外的义务,包括研究和分析这些法院,以及承认和执行这些法院的判决,然而却无法获得这些法院给予的对等互惠待遇。专家们认为积极声明机制(opt in mechanism)对于这些国家决定承担这些义务,甚至享受基于符合《维也纳条约法公约》的共同法院公约而产生的权利,是重要的和必要的。当然,也有其他专家认为,共同法院成员国的本公约缔约国基于本公约的规定承认和执行那些非共同法院成员国的本公约缔约国法院的判决实际上也给予了对等互惠待遇。

第六,关于消极声明机制(opt out mechanism),小组讨论的意见认为应该就公约草案第4条第5款和第6款规定的透明度声明及消极声明机制这两种声明的时间点进行进一步研究,如果采纳消极声明机制,尤其是考虑两个声明的前后顺序问题。有专家建议应给予透明度声明较之于给予消极声明更长的时间段。

第七,专家们还提出其他一些想法。一些专家建议在公约中就欧洲统一专利法院(UPC)以及比荷卢法院(Benelux Court of Justice)进行专门的规定,若有必要,也可以为其他共同法院寻找一个解决方案。一些专家建议公约对于未来的共同法院不进行规定,这样可能使本公约在第22届外交大会上更容易获得

① 对于共同法院的主要研究文件:Working Document No. 254 of May 2018 – Report of informal working group V on common courts (Art. 21), available on the HCCH Secure Portal only; Preliminary Document No. 9 of October 2017 – Note on "common courts" in Article 22 of the February 2017 draft Convention; Preliminary Document No. 7 of April 2019 – Note on "common courts" in Article 4(5), (6) of the 2018 draft Convention, the document comprises an explanatory paper on the nature and workings of common courts in the European Union (prepared by EU)。

通过。一些专家还进一步建议,外交大会上可以对未来的共同法院进行进一步研究以便予以规定。一些专家还认为鉴于英国枢密院(Privy Council)的特殊性,外交大会上可以单独对该法院的地位问题进行讨论,以界定其是否属于上述共同法院的范畴。

总之,共同法院作为海牙公约制定过程中一个新的问题有其特殊性。该问题实际上是欧盟最大的关切,因为它作为一个以区域经济一体化组织加入海牙国际私法会议的会员,在共同法院问题上有在公约中进行特别规定的需求。欧盟特别希望欧洲统一专利法院关于知识产权的判决可以和公约缔约国法院判决一样能够依据公约规定得到其他缔约国承认和执行。所以,共同法院在海牙判决公约中的命运会和知识产权问题的命运紧密相连。

第 22 届海牙外交大会对公约草案中的共同法院问题进行了最后的讨论。最后鉴于大多数与会代表均反对在公约中规定共同法院制度,所以,大会最后决定完全删除 2018 年 5 月公约草案中关于共同法院的规定。这就意味着共同法院所作出的法院判决不得依据本公约获得承认和执行。

四、《海牙判决公约》和其他国际公约的关系

(一)第三次特委会成立的第七非正式工作小组的研究成果

海牙判决项目第三次特委会会议成立的第七非正式工作小组就公约草案中涉及公约和其他国际文书关系问题进行了研究。在讨论公约草案第 25 条时,小组将讨论集中于以下五个问题:(1)本公约与其他国际公约可能会产生冲突的若干情形;(2)第 25 条第 2 款和第 25 条第 3 款中方括号里的“[or other international instrument]”内容;(3)第 25 条第 3 款中方括号中的“[as between Parties to that instrument]”内容;(4)第 25 条第 3 款中方括号中的“[Nothing in the other instrument shall affect the obligations under Article 6 towards Contracting States that are not Parties to that instrument]”内容;(5)方括号中的第 25 条第 5 款内容。

1. 和其他公约可能产生冲突的情形。非正式工作小组主席日本的竹下启介教授(Keshuke Takeshita)所归纳的本公约和其他公约可能出现冲突的 8 种情形是:(1)原审国(Sate of Origin)和被请求国(Requested State)均为本公约成员国,本公约要求被请求国承认和执行原审国法院判决;然而,原审国和被请求国均同时为另一公约成员国,且该公约要求被请求国拒绝承认和执行原审国判

决。(2)原审国和被请求国及第三国均是本公约成员国,本公约要求被请求国承认和执行原审国的判决。被请求国和第三国均为另一个公约的成员国,而该公约要求被请求国拒绝承认和执行判决。(3)只有原审国和被请求国为本公约成员国,本公约要求被请求国承认和执行原审国的判决。被请求国和第三国系另一个公约的成员国,该公约要求被请求国拒绝承认和执行判决。(4)原审国和被请求国为本公约成员国,本公约要求被请求国拒绝承认和执行原审国的判决,如依据公约第6条第3款规定拒绝承认和执行不动产长租合同的判决。然而,原审国和被请求国同时均为另一公约成员国,该公约要求被请求国承认和执行该判决。(5)原审国和被请求国及第三国均是本公约成员国,本公约要求被请求国拒绝承认和执行原审国判决,例如依据公约第6条第3款规定拒绝承认和执行不动产长租合同的判决。然而,原审国、被请求国和第三国同时均为另一公约成员国,该公约要求被请求国承认和执行该判决。(6)原审国和被请求国及第三国均是本公约成员国,本公约要求被请求国拒绝承认和执行原审国判决,如依据公约第6条第3款规定拒绝承认和执行位于第三国的不动产的长租合同的判决。然而,原审国和被请求国同时均为另一公约成员国,该公约要求被请求国承认和执行该判决。(7)原审国和被请求国为本公约成员国,本公约要求被请求国拒绝承认和执行原审国的判决,如依据公约第6条第3款规定拒绝承认和执行位于第三国的不动产的长租合同的判决。然而,原审国和被请求国同时均为另一公约成员国,该公约要求被请求国承认和执行该判决。(8)只有原审国和被请求国为本公约成员国,本公约要求被请求国拒绝承认和执行原审国的判决,例如位于第三国的不动产的长租合同的判决。然而,原审国、被请求国和第三国同时均为另一公约成员国,该公约要求被请求国承认和执行该判决。

总之,本公约下成员国所承担的公约义务主要是两项,即被请求国承认和执行原审国法院作出的法院判决的义务,以及被请求国拒绝承认和执行原审国法院判决的义务。工作小组在几个月的时间中,就召集人所归纳出本公约和其他国际公约可能产生冲突的以上八种情形进行了逐一讨论。①

---

① 笔者作为该小组成员参与了讨论。由于这一纯理论和抽象的冲突情形概括,使讨论变得异常复杂。笔者在和其他一些国家的小组成员私下沟通中获悉,一些人表示需要花很长时间才可以看得懂,甚至根本就没法理解讨论的内容。所以,该方面的讨论似乎陷入一种误区。但是,由此我们也可以看到制定国际公约的艰辛。

2.“或其他国际文件”(or other international instrument)。该问题之所以会引起公约谈判国的关注,在于对于一些国家而言,那些在国际社会并不普遍被承认为“国家”的实体和国家缔结的协定是否应该被该公约草案第 25 条规定间接承认为具有国际效力,而且,更为重要的是,于一些国家而言,这并不仅仅是一个法律问题,更是一个政治问题。在工作小组讨论中,有观点坚决主张删除草案中的这一措辞。而更多的小组成员的观点是从立法技术上考虑该规定,认为不能扩大对“或其他国际文件”(or other international instrument) 措辞的解释。为此,有人建议在该措辞中加入“具有法律约束力”(legally binding)的定语。这一建议并没有得到太多小组成员的支持。工作小组建议在公约解释报告中要清楚说明,公约增加该措辞的唯一目的便是要涵盖那些国家和那些在国际社会并没有被所有国家普遍承认为国家,却又是国际公法主体的“实体”间的协定。这样的协定应该符合《维也纳条约法公约》第 2 条第 1 款(a)项除第二点之外的其他作为国际公约的所有其他三项条件。[①] 而且,小组讨论时还讨论了本公约增加此规定和 2005 年《选择法院协议公约》立法实践将不一致的问题。前者由于没有这样规定,将来在实践中可能会被误解为其所规定的国际“公约”并不包含此类“国际文件”(international instrument)。

3. 关于“公约当事人间”的问题(as between the Parties to the Treaty)。小组成员认为这一措辞的意义不是很清晰。它涉及前述本公约和其他公约所可能产生冲突的 8 种情形中的其中几种情形,在这些情形中,相关的国家并不是另一公约的成员国。有一种意见认为,在这些情况下,另一公约应该优先适用(should prevail)。而另一种观点则不赞同这样的观点,认为另一国际公约不应该优先适用,如果原审国并不是该公约的成员国。

4. 第 25 条第 3 款中方括号中的“其他文件不得影响并不是此种文件的成员国的公约成员国基于第 6 条承担的义务内容”[Nothing in the other instrument shall affect the obligations under Article 6 towards Contracting States that are not Parties to that instrument]。工作小组在该方括号中的句子是应当予以删除还是保留这一问题上未能达成共识。

5. 方括号中的第 25 条第 5 款内容“成员国可以声明其在声明中所列出的

---

① 《维也纳条约法公约》第 2 条第 1 款(a)项规定:“称条约者,谓国家间所缔结而以国际法为准之国际书面协定,不论其载于一项单独文书或两项以上相互有关之文书内,亦不论其特定名称如何。”

其他国际公约应不受本公约影响”。[①]在工作小组讨论时，有一位成员指出此款目的在于，在第 2 款和第 3 款中的“其他国际文件”（or other international instrument）被删除时，由该款规定来处理公约和“其他国际文件”的关系问题。小组讨论中对于公约把方括号中的第 25 条第 5 款作为公约内容予以规定也没有达成共识。

鉴于工作小组对该条规定草稿均未能达成共识，且在第四次特委会会议上也未能改变此情形，会议决定暂时将该条的方括号中的内容依然置于方括号中，留待继续讨论，并为未来召开的外交大会上讨论和定夺该问题做准备。而且，大会拟召集一个非正式工作小组继续讨论、修改和完善公约草案第 25 条的规定。这便是第四次特委会会议后设立的讨论该问题的第三非正式工作小组。

（二）第四次特委会成立的第三非正式工作小组的研究成果

第三非正式工作小组非常详细地讨论了公约草案和目前国际上既存的可能会和本公约未来适用产生矛盾甚至冲突的国际公约的关系。这些公约包括：（1）2005 年《选择法院协议公约》；[②]（2）1958 年《纽约公约》；[③]（3）2019 年《新加坡调解公约》；[④]（4）2012 年欧盟《布鲁塞尔条例》；[⑤]（5）2007 年《卢加诺公约》；[⑥]（6）1993 年《明斯克公约》。[⑦] 工作小组还就 2018 年 5 月公约草案中关于本公约和其他国际公约关系的第 24 条规定提出了修改建议。

---

① ［5. A Contracting State may declare that other international instruments listed in the declaration shall remain unaffected by this Convention. ］

② The Hague Convention on Choice of Court Agreements（concluded 30 June 2005）.

③ United Nations Convention on the Recognition and Enforcement of Foreign Arbitral Awards（New York, 1958）.

④ United Nations Convention on International Settlement Agreements Resulting from Mediation（Singapore Convention） will be concluded on August 7th, 2019.

⑤ Regulation（EU） No. 1215/2012 of the European Parliament and of the Council of 12 December 2012 on Jurisdiction and the recognition and enforcement of judgments in civil and commercial matters（recast）.

⑥ Convention on jurisdiction and the recognition and enforcement of judgments in civil and commercial matters（Lugano, 30 October 2007）.

⑦ The Convention on Legal Assistance and Legal Relations in Civil, Family and Criminal Matters（Minsk, 22 January 1993）（as amended on March 28th, 1997）.

1.2018 年 5 月公约草案第 24 条修改建议

Article 24 Relationship with other international instruments

第 24 条 与其他国际文书的关系

1. This Convention shall be interpreted so far as possible to be compatible with other treaties [or international instruments] in force for Contracting States, whether concluded before or after this Convention.

1. 本公约应尽量作与对缔约国生效的其他条约[或其他国际文书]相一致的解释,无论有关条约是在本公约之前或之后缔结。

2. This Convention shall not affect the application by a Contracting State of a treaty [or other international instrument] that was concluded before this Convention [entered into force for that Contracting State].

2. 本公约不应影响缔约国在本公约对其生效前缔结的其他条约[或对该缔约国生效的其他国际文书]的适用。

3. This Convention shall not affect the application by a Contracting State of a treaty [or other international instrument] concluded after this Convention [entered into force for that Contracting State] as concerns the recognition or enforcement of a judgment given by a court of a Contracting State that is also a Party to that instrument. [Nothing in the other instrument shall affect the obligations under Article 6 towards Contracting States that are not Parties to that instrument.]

3. 本公约不应影响缔约国另一个同时也是该国际文书成员国的本公约缔约国就涉及判决的承认和执行对本公约[对该缔约国生效后]之后签署的条约[或其他国际文书]的适用。[其他文书的规定不得影响基于第 6 条规定而对并不是该文书成员国的本公约缔约国的义务。]

2. 该工作小组的修改建议包括以下几点主要内容:

(1)将原来第 24 条第 2 款方括号中的“该其他国际文书当事国间”的措辞删除。工作小组意见认为本公约缔约国将来在本公约对其生效后应该仍然可以像目前一样适用之前对其生效的条约。工作小组同时也认为应该继续对适用之前公约的必要的限制进行探讨。

(2)工作小组建议将第 24(3)款中原来的措辞“为了获得……的目的”(*for the purpose of obtaining*)修改为“就涉及”(*as concerns the*),以便可以使缔约国适用之后的条约去拒绝承认和执行同时系该其他文书成员国的本公约缔约国作出的法院判决。

(3)鉴于公约第24条规定就本公约"之前的其他公约"和"之后的其他公约"予以分别对待,即前者适用第24条第2款规定,而后者适用第24条第3款规定,如何科学地在该条规定中确定划线时间点,也是工作小组予以讨论的问题。2018年5月公约草案中均使用本公约对缔约国生效的时间点作为划线时间点。但是,为了实践中划线时间点的一致性,一些专家建议将目前公约草案第24条第2款和第3款中的"对缔约国生效"(*entered into force for that Contracting State*)删除,代之以本公约的缔结(*the conclusion of the Convention*)为划线时间点。这一修改并不改变对于本公约缔约国而言,只在本公约对其生效后,它才负有公约所规定的义务,而且,仅在本公约和另一个相关国际文书均对该缔约国生效时,才会出现两个公约对其适用的冲突情形。

(4)关于"国际文书"概念使用问题。公约草案第24条中使用"其他国际文书"(other international instruments)来表述其他的国际公约或条约。之所以如此表述,其中一个原因是前文所说的国际政治原因。第三非正式工作小组就该条中究竟是使用"international treaty"还是"international instruments"这一公约制定中的政策问题(policy issue)未能达成共识。所以,工作小组所提交的报告中仍然保留该两种说法,留待外交大会上最终讨论定夺。

(三)本公约和相关国际公约的关系分析

如上所述,第三非正式工作小组曾专门就上述一些既有的涉及判决承认和执行的国际公约进行分析,探讨这些公约和未来的《海牙判决公约》是否会产生适用上的冲突。下面我们将该小组分析结果归纳如下。

1.2005年《选择法院协议公约》

海牙判决项目特委会在《海牙判决公约》和2005年《选择法院协议公约》关系问题上态度始终比较明确,认为由于有前者的第7条第1款(d)项以及后者的第9条(g)项规定,所以,两者间不会有真正的冲突。[①] 所以,《海牙判决公约》第24条除了第1款外其他规定均不会适用于处理其与2005年《选择法院协议公约》的关系。第三非正式工作小组确认了该观点。尽管如此,该小组还

① Francisco Garcimartin and Geneviève Saumier, Judgments Convention: Revised Draft Explanatory Report, Prel. Doc. No.1 of December 2018, para.14; https://assets.hcch.net/docs/7d2ae3f7-e8c6-4ef3-807c-15f112aa483d.pdf.

是具体探讨了两个公约关系问题上可能出现的以下情形:(1)原审国和被请求国均为《海牙判决公约》的缔约国;(2)被请求国和 A 国系 2005 年《选择法院协议公约》的缔约国;(3)原审国就特定争议作出判决;(4)排他性选择法院协议所约定的 A 国法院就相同争议作出了不一致的判决。如果原审国法院在 A 国之前作出判决,依据《海牙判决公约》第 7 条第 1 款(d)项以及 2005 年《选择法院协议公约》第 9 条(g)项规定,被请求国似乎无须承认和执行上述任何一个判决。该观点也是《海牙判决公约(草案)解释报告(草案)》第 423 段所持观点。① 该工作小组进一步确认公约草案解释报告的观点,认为在此种情形下,应该留给被请求国自行决定该拒绝承认和执行的理由是否导致对判决的实际拒绝承认和执行,因为两个公约在上述相关条文中均仅仅规定"可以拒绝"(may refuse)。在工作小组讨论中也有专家指出,鉴于两个公约的目标均在于促进对判决的承认和执行,所以,在上述公约解释报告(草稿)第 423 段所说情况下,被请求国法院不可以自由拒绝对两个判决的承认和执行。如果被请求国法院决定依据《海牙判决公约》第 7 条第 1 款(d)项规定拒绝承认和执行原审国法院判决,则它便不能依据 2005 年《选择法院协议公约》第 9 条(g)项规定拒绝承认和执行 A 国法院判决,因为原审国判决不能满足其在被请求国获得承认和执行的条件。被请求国法院只有在原审国法院判决符合在被请求国获得承认和执行的条件的情况下,才可以自行决定依据 2005 年《选择法院协议公约》第 9 条(g)项规定拒绝承认和执行 A 国法院判决。该工作小组特别强调,在上述情况下,2005 年《选择法院协议公约》第 26 条第 1 款规定以及未来《海牙判决公约》第 24 条第 1 款规定的适用均应该考虑该两个公约促进在其缔约国承认和执行外国法院判决的目标。

2. 1958 年《纽约公约》

《海牙判决公约》和 1958 年《纽约公约》的关系是《海牙判决公约》起草伊始便受到广泛关注的一个问题。目前,国际社会基于《纽约公约》民商事仲裁裁决基本都可以实现全球流通,所以,国际民商事仲裁成为解决国际民商事纠纷的最为重要的途径。《海牙判决公约》的诞生和成功势必会改变这一现有国际争议解决格局,从而影响仲裁从业者。为了争取国际社会对《海牙判决公约》广

---

① Francisco Garcimartin and Geneviève Saumier, Judgments Convention: Revised Draft Explanatory Report, Prel. Doc. No.1 of December 2018, para. 423; https://assets.hcch.net/docs/7d2ae3f7-e8c6-4ef3-807c-15f112aa483d.pdf.

泛的支持,避免它受到特定团体和对象的反对,更好地平衡未来国际社会在国际民商事争议解决中诉讼和仲裁的作用,《海牙判决公约》的立法者需要在此项工作的开始便确定好本公约的定位,处理好本公约和仲裁,尤其是和 1958 年《纽约公约》的关系。

《海牙判决公约》立法者的基本态度是在未来公约适用范围内排除涉及仲裁和仲裁裁决的所有事项和问题(第 2 条第 3 款)。而且,为了在《海牙判决公约》将来的适用中不会干涉仲裁制度,未来公约的立法者也明确,被请求国对于未来公约另一缔约国作出的判决,如果该判决的法院诉讼程序和当事人的仲裁协议矛盾,可以拒绝承认和执行。上述公约解释报告(草稿)第 67 段对此有明确的解释。所以,第三非正式工作小组认为《海牙判决公约》和《纽约公约》不会有冲突。《海牙判决公约》对缔约国生效后,《纽约公约》仍然一如既往地对该国适用。为了更精准地说明这一点,该工作小组还进行了下面的情景分析:(1)原审国和被请求国均为《海牙判决公约》的缔约国,被请求国和 A 国均为《纽约公约》缔约国;(2)国际商事合同的两方当事人在合同中协议 A 国为其争议仲裁地;(3)依据当事人的仲裁协议仲裁庭作出了一个仲裁裁定,而原审国法院却作出了一个与仲裁裁决不一致的法院判决。这种情况下,被请求国有义务基于《海牙判决公约》的规定承认和执行原审国法院判决,而且,也还有义务根据《纽约公约》的规定承认和执行在 A 国作出的仲裁裁决。但是,根据《海牙判决公约(草案)》第 2 条第 3 款规定,被请求国法院可以拒绝承认和执行原审国法院判决,而 A 国作出的仲裁裁决可以依据《纽约公约》获得承认和执行。此外,如果《海牙判决公约(草案)》缔约国错误地认为未来公约和《纽约公约》存在冲突,将现在草案中置于方括号中的留待进一步讨论定夺的措辞"该文书当事方间"(*as between Parties to that instrument*)予以删除,则可以根据《海牙判决公约(草案)》第 24 条第 2 款规定给予《纽约公约》以优先适用权。

3. 2019 年 8 月《新加坡调解公约》

2018 年 6 月 27 日联合国贸易法委员会第 51 届会议通过了《联合国关于调解所产生的国际和解协议公约》,又称《新加坡公约》。该工作小组探讨了《海牙判决公约》和《新加坡公约》的关系问题,认为被请求国根据《新加坡公约》并不对于《新加坡公约》的其他缔约国承担互惠对等的公约义务,因为只要被请求国系该公约缔约国,且调解协议提交给被请求国承认和执行,则该公约便应予以适用。被请求国仅仅受制于条约必须信守(*pacta sunt servanda*)原则所产生的公约义务,并依据《新加坡公约》的规定对于那些属于该公约适用范围的调解协议予以承认和执行。该工作小组还分析了《海牙判决公约》和《新加坡公约》可能出现冲突的这样的情形:原审国和被请求国均为《海牙判决公约》的缔约国,且被请求国是《新加坡公约》缔约国,争议的一方当事人,即原审国法院判决的权利人(*judgment creditor*),可以根据《海牙判决公约》寻求判决的承认和执行,而争议的另一方当事人,即原审国法院判决的债务人(judgment debtor),以该法院判决违反既有的依据《新加坡公约》可以获得承认和执行的和解协议为由,对该法院判决的承认和执行提出异议。①如果认为《新加坡公约》第 3 条第 2 款也适用于认可和执行程序(*exequatur/enforcement proceedings*),则该公约将要求判决的义务人撤销调解协议,并证明问题已获得解决。但是,《新加坡公约》并不强制要求被请求国拒绝执行该法院判决。处理结果应该依据被请求国国内法,包括在该国生效的国际条约的规定予以确定。所以,被请求国可以根据《海牙判决公约》执行法院判决,而不会违反《新加坡公约》下的义务。而且,被请求国也可以依据《海牙判决公约(草案)》第 24 条第 2 款拒绝原审国法院的判决,如果该原审国同时是《新加坡公约》缔约国。如果原审国并不是《新加坡公约》缔约国,则被请求国不得拒绝执行原审国法院判决,除非《海牙判决公约(草案)》将第 24 条第 2 款中目前置于方括号中的措辞"该文书当事方间"(*as between Parties to that instrument*)予以删除。

4. 2012 年欧盟《布鲁塞尔条例》

《布鲁塞尔条例》规定欧盟成员国对另一欧盟成员国法院作出的判决的承认和执行,以及基于该条例第三部分第三章规定的理由,对相应的法院判决予以拒绝承认和执行。因此,该条例和《海牙判决公约》可能在适用上会存在两种冲突情形:其一,依据条例对判决必须予以承认和执行,而这可能违反了《海牙判决公约》下对这些法院判决的拒绝承认和执行义务。从理论上讲,如果欧盟成员国同时是《海牙判决公约》缔约国,则其基于《布鲁塞尔条例》对欧盟成员国法院判决承认和执行的义务可能会和根据《海牙判决公约》对原审国法院判决的拒绝承认和执行的公约义务相冲突。但是,鉴于《海牙判决公约》所规定的拒绝对法院判决承认和执行仅仅限于违反该公约第 6 条所规定的排他管辖事项,而这些基于《海牙判决公约》不应获得承认和执行的判决和《布鲁塞尔条

---

① 参见 Francisco Garcimartin and Geneviève Saumier, Judgments Convention: Revised Draft Explanatory Report, Prel. Doc. No. 1 of December 2018, para. 416 – 419; https://assets.hcch.net/docs/7d2ae3f7 – e8c6 – 4ef3 – 807c – 15f112aa483d.pdf。

例》规定第 45 条第 1 款(e)项(ii)目所规定应予拒绝承认和执行的判决是一致的,因而,就该问题而言,《海牙判决公约》和《布鲁塞尔条例》之间并无实际冲突。其二,与上述情形正好相反,依据条例对判决必须拒绝承认和执行,而这可能违反了《海牙判决公约》下对这些法院应该予以承认和执行的义务。该工作小组分析后认为,这种冲突情况在实践中可能会实际产生,起码在涉及租赁协议纠纷判决和保险纠纷判决的情况下可能会产生这样的冲突。

工作小组具体分析了以下两个假设的案例,并得出结论,《布鲁塞条例》和《海牙判决公约》会产生实际冲突:

案例一,房屋租赁协议纠纷判决的承认和执行。《海牙判决公约》第 6 条(c)项仅仅适用于超过 6 个月的长租赁协议纠纷的法院判决,而短于 6 个月的房屋租赁协议纠纷则适用《海牙判决公约》的一般法律规定,且在符合公约第 5 条第 1 款所规定的任何一个管辖权依据,并同时不存在依据公约第 7 条规定的对判决拒绝承认和执行的理由时,纠纷的法院判决必须获得承认和执行。《布鲁塞条例》第 24 条第 1 款也同样适用于短于 6 个月的房屋租赁纠纷的法院判决。这里法院的管辖权有两个,即不动产所在地及承租人和出租人均在欧盟有住所,他们的住所地。根据《布鲁塞条例》第 45 条第 1 款(e)项(ii)目规定,在违反该条例第 24 条第 1 款规定的情况下,欧盟另一成员国便必须拒绝对判决承认和执行。假设承租人在法国拥有惯常居所(*habitual residence*),租赁物业位于比利时,出租人在德国有住所,该不动产租赁期限短于 6 个月。出租人在法国起诉承租人。根据《海牙判决公约》的规定,由于出租人在承租人的惯常居所地法国起诉,所以应该适用该公约第 5 条第 1 款(a)项规定,而不是第 6 条的规定。依据《海牙判决公约》的规定,比利时在该案中应该承认和执行法国法院的判决。然而,由于法国法院的判决违反了《布鲁塞条例》关于排他管辖的规定,所以,依据该条例第 45 条第 1 款(e)项(ii)目规定,对其应该拒绝承认和执行。所以,在该假设案例情况下,《布鲁塞条例》和《海牙判决公约》会产生适用中的实际冲突。

案例二,保险合同纠纷判决的承认和执行。《布鲁塞条例》对于保险合同纠纷法院判决的承认和执行的基本原则是,必须在被保险人住所地对被保险人进行起诉,否则依据该条例第 45 条第 1 款(e)项(i)目的规定欧盟成员国对法院判决应该拒绝承认和执行。《海牙判决公约》对于保险合同纠纷的判决没有特别规定。基于公约规定,如果保险合同纠纷判决符合公约第 5 条所规定的任何一个管辖依据,如第 5 条第 1 款(g)项规定,则公约缔约国有义务承认和执行法院判决,尽管《布鲁塞尔条例》禁止在这种情况下承认和执行法院判决。因此,在该假设案例情况下,《布鲁塞条例》和《海牙判决公约》也会产生适用中的实际冲突。

此外,该工作小组在进行比较分析后认为就消费者合同以及雇佣合同而言,《布鲁塞条例》和《海牙判决公约》在很大程度上不会产生冲突,但是,也无法完全排除这种冲突的可能性,而这方面的区别完全取决于实践中对该两个国际文书如何解释。该小组也最终确认,《海牙判决公约(草案)》中第 24 条第 4 款规定是解决该公约和《布鲁塞尔条例》出现上述适用冲突时的解决条款。

5. 2007 年《卢加诺公约》

《卢加诺公约》对于法院判决承认和执行的规定和上述《布鲁塞尔条例》的规定非常相近。该非正式工作小组在对《卢加诺公约》规定分析后认为,上述关于《海牙判决公约》和《布鲁塞尔条例》关系的分析也同样适用于对于《海牙判决公约》和《卢加诺公约》的关系。和前述与《布鲁塞尔条例》关系一样,就不动产租赁协议纠纷和保险合同纠纷争议的法院判决的承认和执行而言,《卢加诺公约》和《海牙判决公约》在适用上可能会产生实际冲突。而在消费者合同争议的判决方面,情形也和上述《布鲁塞尔条例》一样,在很大程度上不会产生两个国际文书适用的冲突。但是,也不能完全排除这种冲突的可能性,是否会产生冲突完全取决于实践中对该两个国际文书的解释。在《海牙判决公约》和《卢加诺公约》适用中出现冲突情形时,可以适用《海牙判决公约》第 24 条第 4 款规定解决这种冲突。《海牙判决公约》该条的适用将赋予《卢加诺公约》优先适用权。

6. 1993 年《明斯克公约》

《明斯克公约》第 82 条规定,该公约不影响对缔约国生效的其他国际协定的规定。鉴于该规定并未明确不受该公约影响的对缔约国生效的其他国际协定是《明斯克公约》缔约国加入该公约时业已对其生效的国际协定,还是也包括加入《明斯克公约》后对缔约国生效的国际协定,而在这两个不同的情况下,《明斯克公约》和《海牙判决公约》在适用中是否会出现冲突便会产生不同的答案。如果《明斯克公约》上述规定中的其他国际协定不包括在缔约国加入《明斯克公约》后对该缔约国生效的其他国际协定,则依据《海牙判决公约》第 24 条第 2 款规定,在出现这两个公约适用冲突时,《明斯克公约》具有优先适用权,应该以其规定为准。如果《明斯克公约》上述规定中的其他国际协定也包括在缔约国加入《明斯克公约》后对该缔约国生效的其他国际协定,则这两个公约彼此均规定对方具有优先适用权,被请求国可以自由决定依据它们哪一个公约的规定决定对法院判决的承认和执行,也因此并不存在实际冲突。

该工作小组还进一步分析了《明斯克公约》和《海牙判决公约》可能会出现实际冲突的情形:假设《明斯克公约》规定的只是缔约国加入《明斯克公约》时业已对该缔约国生效的其他国际协定,两个国际文书可能出现冲突的情形是:原审国和被请求国均为《明斯克公约》缔约国,而被请求国和 A 国也是《海牙判决公约》缔约国。原审国法院就位于 A 国的不动产长期租赁协议纠纷作出了判决。基于《明斯克公约》规定,被请求国应该承认和执行该法院判决,而依据《海牙判决公约》第 6 条(c)项规定,由于 A 国对此纠纷具有排他管辖权,被请求国应该拒绝承认和执行该判决。小组讨论中,对于这种情形,有两种观点。一种观点认为,如果将《海牙判决公约(草案)》第 24 条第 2 款置于方括号中的措辞"该文书当事方间"(as between Parties to that instrument)予以删除,则被请求国可以适用《明斯克公约》。如果保留《海牙判决公约(草案)》上述方括号中的措辞,被请求国便应该依据《海牙判决公约》的规定拒绝承认和执行该判决,因为判决涉及 A 国,而它并不是《明斯克公约》缔约国,所以,在该案中并不能将适用于缔约国之间关系的《明斯克公约》适用于非缔约国 A 国。如果删除《海牙判决公约(草案)》中上述措辞,《明斯克公约》便具有优先适用权,尽管人们可以合理地认为,原审国并不能希望被请求国依据《明斯克公约》的规定去承认和执行其判决。

(四)2019 年《海牙判决公约》的规定

总之,《海牙判决公约》和其他国际文书的关系是本国际公约起草中一个必须解决的技术问题。国际公约涉及方方面面,尤其是与相似领域的其他国际文书的关系的处理,不仅关乎公约成员国对公约的签署和批准,也关乎该公约未来究竟能否成功实施。在第 22 届外交大会上参会各国代表对该问题进行了深入探讨,并最终达成一致意见,形成了现在公约第 23 条的规定。该规定有以下几点主要内容:

1. 确定本公约的解释在涉及其他国际公约关系方面应尽可能与在缔约国生效的其他条约相兼容,无论其缔结于本公约之前或之后。

2. 本公约不影响缔约国在本公约之前缔结的其他国际条约的适用。

3. 涉及承认或执行同为此条约缔约国之法院所作判决,本公约不影响对于缔约国在本公约之后缔结的其他条约。但是,该条约中的任何内容不得影响不属于其缔约方的本公约缔约国根据第 6 条所承担的义务。

4. 在下述两种情况下,本公约不影响作为本公约一方的区域经济一体化组织的涉及由本公约缔约国,且同时也是该区域经济一体化组织成员国的法院所作出的法院判决的承认或执行的规则的适用,如果(a)该规则在本公约缔结之前已获得通过;(b)该规则在本公约缔结之后获得通过,但是不影响不属于该组织成员国的本公约缔约国依据第 6 条所承担的义务。

五、涉及国家判决的声明机制问题

(一)第三次特委会成立的第四非正式工作小组的研究成果

第三次特委会成立的第四非正式工作小组就"涉及政府的判决的声明问题"(*judgments pertaining to governments*)进行讨论,并取得相应的研究成果。2017 年 11 月公约草案第 20 条以两款内容规定政府、政府机关或以政府名义行事的任何人作为一方当事人的案件承认和执行的声明问题。① 第四工作小组就该问题进行讨论后形成了若干建议提交给大会讨论决定。② 小组对于该条第 1 款规定达成共识,并形成了条文措辞;而对于该条第 2 款如何进行规定则建议了三个方案。大会讨论了工作小组的这些建议,决定:(1)在 2017 年 11 月公约草案第 20 条文本基础上进行修改,并把该修改后的文本仍然放在方括号中留待进一步讨论定夺;(2)在公约规定排除事项的第 2 条中增加(n)项和(o)项两条新条款,即将武装行为和执法行为排除在公约适用范围之外,并将该两款规定放在方括号中留待继续讨论。③

大会认为对公约草案第 20 条的规定尚需进行进一步讨论研究,而且应该

① Article 20 Declarations with respect to judgments pertaining to governments 1. A State may declare that it shall not apply this Convention to judgments which arose from a proceeding to which it is a party, or to which any of its governmental agencies or any person acting on behalf of such governmental agency is a party, only to the extent specified in the declaration. The State making such a declaration shall ensure that the declaration is no broader than necessary and that the exclusion from scope is clearly and precisely defined. 2. With regard to a declaration made pursuant to paragraph (1), the Convention shall not apply to the excluded proceedings as specified and defined in the declaration—(a) in the Contracting State that made the declaration; (b) in other Contracting States, where recognition or enforcement of a judgment given in a Contracting State that made the declaration is sought.

② 参见 Hague Conference on Private International Law Special Commission on the Recognition and Enforcement of Foreign Judgments (24 – 29 May 2018), WORK. DOC. No. 237。

③ Article 2 (n) and (o): [(n) activities of armed forces, including the activities of their personnel in the exercise of their official duties;] [(o) law enforcement activities, including the activities of law enforcement personnel in the exercise of official duties;]

认真考虑工作小组建议的解决方案，包括通过明确第 2 条第 4 款规定已达到该目的的可能性。大会还注意到应该特别关注现在草案第 20 条第 2 款的规定。大会还考虑设立一个非正式工作小组进一步研究并优化涉及政府的法院判决的条文规定。[①]

（二）第四次特委会成立的第四非正式工作小组的研究成果

第四次特委会会议后成立的第四非正式工作小组于 2019 年 4 月提交了该小组的报告《涉及政府的判决的声明的第四非正式工作小组报告》（*Report of informal working group Ⅳ-declaration with respect to judgments pertaining to governments*）。《海牙判决公约（草案）》中第 20 条的规定如下：

Article 20 Declarations with respect to judgments pertaining to governments

第 20 条 涉及政府的判决的声明

1. A State may declare that it shall not apply this Convention to judgments arising from proceedings to which any of the following is a party—

1. 缔约国可以声明它将不把本公约适用于下列一方系诉讼一方当事人的判决——

(a) that State, or a person acting on behalf of that State, or

(a) 该国或者代表国家行动的人，或者

(b) a government agency of that State, or a person acting on behalf of such a government agency.

(b) 该国的政府机构，或者代表该政府机构行动的人。

The declaration shall be no broader than necessary and the exclusion from scope shall be clearly and precisely defined.

声明范围以必要为限，且被排除的范围应该定义明确和准确。

2. A declaration pursuant to paragraph 1 shall not exclude from the application of this Convention judgments arising from proceedings to which an enterprise owned by a State is a party.

2. 依据第 1 款所作声明不得排除本公约对于国有企业作为诉讼一方当事

---

① 参见 Hague Conference on Private International Law Fourth Meeting of the Special Commission on the Judgments Project 24 – 29 May 2018 "Aide memoire of the Chair of the Special Commission"（《特委会主席备忘录》），p. 2。

人的判决的适用。

3. If a State has made a declaration pursuant to paragraph 1, recognition or enforcement of a judgment originating from that State may be refused by another Contracting State if the judgment arose from proceedings to which that other Contracting State, one of its government agencies, or equivalent persons to those referred to in paragraph 1 is a party, to the same extent as specified in the declaration.

3. 如果一国依据第 1 款作出声明,该国所作的判决的诉讼程序中另一缔约国的国家、政府机构,或者与第 1 款所规定的等同的人系一方当事人,则该另一缔约国在声明的相同范围内可以拒绝承认和执行该判决。

该非正式工作小组就公约草案中第 20 条第 1 款、第 2 款的上述规定提出了如下修改建议:

建议一:第 20 条第 1 款保持不变。第 2 款改为:"2. A declaration pursuant to paragraph 1 shall not extend to civil or commercial activities of an enterprise owned by a State."(2. 依据第 1 款所作声明不得扩大到国有企业的民商事活动。)

建议二:第 20 条第 1 款保持不变。第 2 款改为:"2. (a) Without prejudice to Article 2(5), a declaration pursuant to paragraph 1 shall not extend to civil or commercial activities of a separate entity. (b) In paragraph 2(a), a separate entity means an entity which—(i) is distinct from the executive organs of the government of the State; (ii) is capable of suing or being sued; and (iii) engages in civil or commercial activities for profit."[2. (a)不影响第 2 条第 5 款规定,依据第 1 款所作声明不得扩大到单独实体的民商事活动。(b)第 2 款(a)项规定的单独实体应是——(i) 区别于国家的政府的执行机关;(ii)可以起诉或被诉;(iii)为盈利而进行民商事活动。]

建议三:第 20 条第 2 款予以删除。第 1 款修改为:"1. A State may declare that it shall not apply this Convention to judgments arising from proceedings to which any of the following is a party—(a) that State, or a natural person acting on behalf of that State; (b) a government agency of that State, or a natural person acting on behalf of such a government agency; or (c) an entity with an independent legal personality, or a natural person acting on behalf of such an entity, when engaged in the exercise of sovereign authority. The declaration shall be no broader than necessary and the exclusion from scope shall be clearly and precisely defined. ”[1. 缔约国可以声明它将不把本公约适用于下列一方系诉讼一方当事人的判决——(a)该国或者代表国家行动的人;(b)该国的政府机构,或者代表该政府机构行动的人;或者(c)具有独立法律人格的实体,或者代表该实体行动的人,参与实施主权权力的活动。声明范围以必要为限,且被排除的范围应该定义明确和准确。]

就公约草案第20条第3款的规定,该非正式工作小组建议修改为:“3. A requested State may refuse recognition or enforcement of a judgment from a State that made a declaration pursuant to paragraph 1 if the judgment arose from proceedings to which either the State that made the declaration or the requested State, one of their government agencies or a person acting on behalf of either is a party, to the same extent as specified in the declaration. ”“3. 被请求国可以在和声明明确的范围一致的范围内拒绝承认和执行依据第1款规定作出声明的国家的判决,如果该判决系作出声明的国家或被请求国,或其政府机构,或代表它们行动的人作为一方当事人的诉讼作出。”

该非正式工作小组还在提交的报告中对于海牙公约解释报告第59节、第385节、第60节、第388节和第391节以及注解265和266的修改或删除提出了建议。

(三)2019年《海牙判决公约》的规定

第22届海牙外交大会上各国代表们同意公约保留该规定,在问题上最后通过的文本包括以下内容:

1. 缔约国可以就公约在对涉及国家作为主体的法院判决承认和执行问题上作出声明。

2. 国家(*a State*)作为主体既包括国家本身,也包括代国家行事的自然人、该国政府机构或代政府机构行事的自然人。

3. 公约对缔约国依据公约作出的声明明确要求,声明未超出必要范围,适用范围的排除界定清晰准确。

4. 公约还规定,声明不应区别对待国家、该国政府机构或代其行事的当事人在原审诉讼中作为原告或者作为被告的判决。

5. 作为缔约国作出此种声明的后果,公约规定对于作出此种声明国家法院的判决可以拒绝承认或执行,如果该判决诉讼中的一方当事人系前述国家。

六、反垄断(竞争)事项排除问题

(一)概说

海牙判决项目特委会第四次会议后成立的第五非正式工作小组就公约中是否将反垄断(竞争)事项排除出公约的适用范围问题进行了讨论。2018 年 12 月海牙国际私法会议常设局就反垄断(竞争)事项发布了一个研究性的说明文件,它也成为该工作小组讨论研究该问题时的参考文件。① 2019 年 4 月第五非正式工作小组提交了一份工作报告,以供第 22 届海牙外交会议讨论定夺。②

就海牙判决公约是否将反垄断(竞争)事项的法院判决纳入公约适用范围的问题,在公约的立法政策层面涉及两个不同方向的考量:其一,如果将此类判决纳入公约适用范围,可以推动反垄断(竞争)领域法院判决的私法性质的执行,从而鼓励包括代表私人企业的国家机关等原告尽可能多地提起跨境反垄断诉讼。所以,《海牙判决公约》应该包括此类法院判决,从而使其依据公约可以获得全球流通。其二,反垄断(竞争)领域情形各异,公约规定缔约国对反垄断(竞争)纠纷的法院判决承认和执行也可能会妨碍接受国(receiving State)给予原告更为有利判决的机会,而《海牙判决公约》所接受的法院却对原告作出了不利的判决。因此,《海牙判决公约》对此类法院判决予以规定,从而使得跨境反垄断(竞争)纠纷的判决获得流通,可能并不会产生好的经济效益(economically beneficial)。工作小组着重探讨了人们对《海牙判决公约》将反垄断(竞争)纠纷判决纳入公约适用范围的法律和技术层面的关切。

(二)若干关切点

1. 关于与 2005 年《选择法院协议公约》的一致性问题

2005 年《选择法院协议公约》第 2 条第 2 款明确将反垄断(竞争)事项排除出公约的适用范围。该工作小组的一些成员认为,为了保持和该公约在适用范围规定上的一致性,《海牙判决公约》也应该如此排除反垄断(竞争)事项的适用。这些人甚至还认为,《海牙判决公约》排除它们的适用更为必要,因为依据《海牙判决公约》将是单方选择法院,而 2005 年《选择法院协议公约》则是当事

---

① Note on the possible exclusion of anti-trust matters from the Convention as referred in Art. 2(1)(p) of the 2018 draft Convention, Prel. Doc. No. 2 of December 2018.

② Report of informal working group V-possible exclusion of anti-trust (competition) matters, Prel. Doc. No. 5 of April 2019.

人双方共同选择法院。而小组的另一些成员则认为《海牙判决公约》让当事人在公约所允许的法院中单方选择就反垄断(竞争)事项而言并没有什么问题。他们进一步认为,2005 年《选择法院协议公约》和《海牙判决公约》存在很多实质性的差异,在反垄断(竞争)事项上的不同规定是合理的。2005 年《选择法院协议公约》包含了直接管辖权规定,规定没有被当事人选择的法院必须拒绝行使管辖权,而这样的规定在涉及公共利益的事项中是没有必要的。

2. 涉及公共利益

工作小组成员一致建议《海牙判决公约》对于反垄断(竞争)事项的适用仅仅涉及反垄断(竞争)事项的私法方面的情形。不言自明,由于《海牙判决公约》仅适用于民商事事项,公法性质的反垄断(竞争)事项是被排除在本公约适用范围外的。所以,在公约条文中并不需要规定反垄断(竞争)公法性质法院判决不得适用本公约的问题。但是,在工作小组的讨论中,一些人也指出,无论是公法性质的政府机关还是私人提起的反垄断(竞争)诉讼,均会涉及公共利益(*public interests*),而且,实践中也很难,甚至很不适合去区分公法性质和私法性质的反垄断(竞争)事宜的执法行动。讨论中,也有人表示担忧,如果反垄断(竞争)案件判决可以依据公约获得承认和执行,势必会促使政府机构去提起更多的反垄断(竞争)事项诉讼。而究竟这样的结果是必要的还是不必要的,该工作小组内存在意见分歧。该小组讨论中,还有人提出另一个担忧,认为如果《海牙判决公约》把反垄断(竞争)事项纳入其适用范围,可能会导致在实践中公共政策制度的频繁适用。但是,小组其他一些人认为在适用公约承认和执行反垄断(竞争)事项法院判决对于被请求国无法接受时,应该可以适用公共政策例外制度。此外,该小组讨论中还有一种观点认为,在基于特殊的经济政策实施,纯粹的经济损失(pure economic loss)转化为"法律意义上的损失"(legally meaningful loss)的情况下,判决不应该依据本公约实现流通。

3. 域外效力问题

通常认为反垄断(竞争)法具有严格的地域性,它不应具有域外适用的效力。但是,如果反垄断(竞争)事项的法院判决可以依据《海牙判决公约》获得国际流通,势必会产生所谓的溢出效应(spillover effect),从而使反垄断(竞争)法产生域外效力。小组讨论中一些人表示了这样的担忧。但是,另一些人则认为,私法的域外适用是典型的国际私法问题,这不仅仅是反垄断(竞争)法的问题。该小组在该问题的讨论中还进一步讨论了"刺破公司面纱"(piercing of the corporate veil)会导致反垄断(竞争)法律域外适用的问题。在该问题上,该小组达成的共识是《海牙判决公约》将不创设法院管辖权方面“刺破面纱”(jurisdictional veil-piercing)的基础。就《海牙判决公约》把反垄断(竞争)事项纳入其适用范围所可能涉及的域外效力问题,小组讨论中还有人提出了这样的担忧,即在实践中,在选择法院时,这可能产生鼓励所谓“最严苛规定的竞赛”(*race to the severest regulation*)的效果,而这可能会产生有害的结果,尤其是对于那些拥有特别优势的工业领域的小国而言。此外,该小组还讨论了《海牙判决公约》如果把反垄断(竞争)事项纳入其适用范围所可能产生的挑选法院的问题(*forum shopping*)。讨论中也有人指出,由于反垄断(竞争)案件涉及金额都较大,律师们会有提起这方面诉讼的冲动,在制定诉讼策略时自然也会挑选最有利的法院进行诉讼。但是,另一种观点却认为,在该领域的挑选法院并不是一个问题,反而可以有助于反垄断(竞争)法律的执法。而且,由于在该领域并不存在过多的可供选择的法院,所以,实践中选择法院也不会成为一个实际问题。

(三)排除的范围

该小组讨论了对公约排除适用反垄断(竞争)事项的范围进行一定程度的限缩的可行性问题。尽管也有一些小组成员就此提出了一些建议,但是,该小组并未能形成对 2018 年 5 月公约草案第 2 条第 1 款(p)项排除反垄断(竞争)事项既有措辞修改的建议。在讨论该问题时,有人提出,在反垄断(竞争)事项作为先决问题的合同性质的争议情况下,这种争议的法院判决依据公约的流通可能会因为公约关于先决问题的第 8 条第 2 款规定的适用受到妨碍。有人认为,《海牙判决公约》应仅适用于反垄断(竞争)事项的合同纠纷的法院判决,而把反垄断(竞争)事项的侵权纠纷的法院判决排除在适用范围外。但是,另一种观点认为,恰恰是反垄断(竞争)事项的侵权纠纷的法院判决才特别需要获得流通。反对把反垄断(竞争)事项的法院判决排除出公约适用范围的小组成员认为,那些建议把它们排除出公约适用范围的担忧已经充分地通过公约第 19 条的声明机制予以解决。除上述讨论外,该小组还讨论了把公约排除适用的反垄断(竞争)事项予以分类处理的问题,即将反垄断(竞争)事项的法院非金钱判决排除在公约适用范围之外,而把反垄断(竞争)事项的法院的金钱判决置于公约适用范围之内,依据公约规定进行流通。但是,小组在这方面也没有形成一致的意见。

总之,反垄断(竞争)是一个涉及各国经济政策和产业政策,并会在实践中产生较大经济影响的法律问题。所以,对于《海牙判决公约》是否应将该问题纳入公约适用范围的问题,各国都非常关心和重视。

(四)2019年《海牙判决公约》的规定

第22届海牙外交大会上反垄断(竞争)问题是各国代表花大精力去解决的问题。寻找一个折中方案,谋求各国在该问题上的妥协,从而达到各国在该问题上的共识,将是攻克该问题的方向性选择。外交大会就该问题最后的谈判中主张公约适用于反垄断事项的代表和反对公约中进行这样规定的代表曾一度形成谈判僵局。在这种情况下,中国代表团积极发挥协调作用,沟通两派观点,最终达成共识,形成了公约最后在该问题上的规定:①

反垄断(竞争)事项原则上被排除出公约的适用范围,但有下列例外:

以下反垄断行为的法院判决属于本公约的适用范围:该行为构成在实际或潜在竞争者之间的限制竞争协议,或者协同措施,以固定价格、串通投标、设定产量限额或配额,或者通过分配客户、供应商、商业领域或区域来划分市场。

上述第2项规定的属于公约适用范围的反垄断行为,必须是行为本身以及后果二者都发生在原审国。

七、其他尚需解决的问题

在2019年6~7月海牙第22届外交大会召开之前,《海牙判决公约》的谈判除了上述五个最主要问题分歧依然很大,是《海牙判决公约》最终诞生需要在外交大会上重点予以攻克的堡垒外,当时也还有一些在解决难度上并不是那么困难的遗留问题需要解决。这些问题主要包括:(1)隐私权事项排除问题;(2)不动产租赁的专属管辖问题;(3)海洋污染以及紧急拖救和海上营救问题;(4)关于被请求国法院在多大程度上可以对原审国判决的实体内容进行审查问题;(5)关于公约的声明机制问题。

(一)隐私权事项排除问题

公约的适用范围中是否排除隐私从判决项目第一次特委会会议开始便一直是存在较大争议的一个问题。究其原因,主要是因为隐私涉及宪法权利和人权的敏感性,以及该概念内涵和外延在不同国家法律上存在很大差异的特殊性。例如,企业的大数据以及企业的信息是否属于隐私保护范围。而且,涉及隐私的争议还包括侵权和合同两个不同种类。是否将这两个种类的隐私争议法院判决均

---

① 参见 Convention of 2 July 2019 on the Recognition and Enforcement of Foreign Judgments in Civil and Commercial Matters concluded 2 July 2019, Art. 2(1)(p)。

排除出公约适用范围,还是如一些国家所主张的仅仅将侵权性质的隐私争议法院判决排除出公约适用范围,而保留公约对于隐私合同争议法院判决的适用。

(二)不动产物权和不动产租赁的专属管辖问题

2018 年 5 月公约草案第 6 条(b)项、(c)项分别规定不动产以及 6 个月以上不动产租赁的法院判决承认和执行的排他性基础。根据公约草案第 6 条(b)项的规定,只有不动产位于原审国,对于不动产物权争议的判决才可以依据本公约获得承认和执行,从而保护不动产所在国对于不动产的专属管辖权。而根据公约草案第 6 条(c)项的规定,超出 6 个月的不动产租赁争议的法院判决,如果原审国不是不动产所在国,且不动产所在国法律规定不动产所在国法院对不动产争议享有排他管辖权,则这种法院判决不得依据本公约获得承认和执行。对于这两项规定目前尚存一些意见分歧。就前者而言,一些国家认为公约草案中所使用的措辞不动产物权(rights in rem in immovable property)概念不明确,其内涵和外延均不清晰,有必要在公约条文中予以明确。就后者而言,一些国家主张不动产租赁不应有时间长短限制,只要是不动产租赁争议法院判决便需要适用该不动产所在国法院排他管辖权的保护原则。

(三)海洋污染以及紧急拖救和海上营救问题

海洋污染以及紧急拖救和海上营救属于专门的法律领域,受专门的国际公约的管辖,因此,有观点认为它们应该被排除在公约适用范围之外,所以,2018 年 5 月公约草案中把它们排除在公约适用范围之外。但是,在该问题上也存在意见分歧。就海洋污染而言,美国认为应该全部纳入公约适用范围,而欧盟的观点是仅仅应该排除船舶造成的海洋污染(*ship-sourced marine pollution*)。而关于紧急拖救和海上营救问题,鉴于对它们的定性的差异,即一些国家认为它们属于法律强制性的规定,是一种行政性的强制法,并不是民商事性质,所以,应该被排除出公约的适用范围。而另一种观点则认为,尽管它们具有一定的法律强制性,但总体还是民商事性质,不应该排除出公约适用范围。

(四)关于被请求国法院在多大程度上可以对原审国判决的实体内容进行审查问题

2018 年 5 月公约草案第 4 条第 2 款规定,被请求国法院原则上不得对原审国法院作出的判决的实质问题(merits of the judgment)进行审查(review)。但是,同时草案当时也给该原则开了一个小小的天窗,即当时尚置于方括号中要进一步讨论定夺的例外规定。如果公约保留该例外规定,对该例外如何作出界定,从而使其不破坏该款所确定的对原审判决不审查原则,是外交大会上需要解决的一个法律技术问题。

(五)关于公约的声明机制问题

2018年5月公约草案第30条规定了公约的声明机制。这是为了解决成员国间意见分歧、达成妥协,使公约可以在最大限度上获得各国采纳的一个制度性的安排。但是,在该事项上也还有一些明显的问题需要解决,首先是可以作出声明的公约规定的范围。公约草案第30条第1款规定可以作出声明的条款包括第15条(诉讼费用问题)、第18条(限制承认和执行的声明)、第19条(关于特定事项的声明)、第26条(关于非单一法律制度的声明)和第28条(区域经济一体化组织不含其成员国加入公约问题)。其次,公约草案中还有第4条(一般规定)、第20条(涉及政府判决的声明)及第24条(与其他国际公约的关系)的声明事宜暂时被放在方括号中留待进一步讨论决定。这主要是由于这些相关规定的取舍取决于公约整体对声明机制的规定,所以,相关事项的内容当时也还只能被暂时放置在方括号中留待进一步讨论定夺。总之,公约中整个声明机制的最终确定需要在外交大会上进一步谈判确定。最后,2018年5月公约草案第30条第4款对于嗣后声明、声明的修正或撤销问题的生效时间也还处于待确定状态。

总之,海牙国际私法会议在其126年历史上历经20多年艰辛努力制定世界首部综合性和广泛性的外国判决承认和执行公约的旅程终于抵达目的地。上述这些问题是到达胜利顶峰尚存的最后堡垒,对它们的了解可以为后来者理解公约提供有价值的资讯。作为有幸参与过2005年《选择法院协议公约》谈判和制定工作,并见证其诞生的亲历者,以及2019年《海牙判决公约》项目四次特委会会议和第22届海牙外交大会的参与者,笔者始终深信各国定能通过海牙国际私法会议这个平台,以制定一部多边国际公约的方式,创设一个国际社会关于外国民商事法院判决的承认和执行,实现外国民商事法院判决全球流通的全新的国际司法制度。而且,国际社会对此意愿是非常强烈的,时机也已成熟,该领域国际立法的经验也已经足够丰富,通过进一步谈判,以灵活态度解决尚存问题,消除全部遗留问题,最终就整个公约文本达成全面共识,前途应该是光明的。笔者也很荣幸地亲历海牙国际私法会议第22届外交大会,并见证上述林林总总的问题的最终解决,更可以亲自见证这部具有划时代意义的国际公约的横空出世!将这部被誉为国际司法制度规则改变者的公约诞生最后被攻克的这些堡垒的第一手信息分享给我国国际私法学界,也是我的责任所在。

2019年6月15日初稿、2019年11月30日二稿于上海复兴公园

2019 年海牙《承认与执行外国民商事判决公约》评述*

一、概述

1958 年联合国《承认及执行外国仲裁裁决公约》，即《纽约公约》，在过去的 60 年中使各国的仲裁裁决在国际上流通成为可能。然而，至今仍然没有一部像《纽约公约》一样的创设国内法院判决全球流通机制的全球性的多边国际公约。

2019 年 7 月 2 日在荷兰海牙和平宫召开的海牙国际私法会议第 22 届外交大会闭幕式上通过了《承认与执行外国民商事判决公约》(Convention on the Recognition and Enforcement of Foreign Judgments in Civil and Commercial Matters)。该公约被国际社会称为是国际司法制度规则的改变者(game changer)。在此之前，在国际范围内缺乏一个全球性的国内法院民商事判决全球流通的国际法律机制。海牙国际私法会议组织起草的《承认与执行外国民商事判决公约》经过 2016 年 6 月、2017 年 2 月、2017 年 11 月和 2018 年 5 月召开的对该公约进行谈判的四次特别委员会会议讨论，并最终于 2019 年 7 月 2 日在荷兰海牙召开的第 22 届外交大会上

---

* 本文系作者为中国国际仲裁 30 人编著的《1958 年〈承认与执行外国仲裁裁决公约〉(〈纽约公约〉)理论与适用》一书撰写的附录。该书 2020 年 10 月由法律出版社出版。

获得通过,一部具有划时代意义的国际私法公约——2019年海牙《承认与执行外国民商事判决公约》(以下简称2019年《海牙判决公约》)隆重诞生。[①] 这是迄今为止国际社会就外国民商事法院判决承认和执行公约所制定的最受关注,也是获得最多国家参与的一项国际司法制度建设的项目工程。中国政府也对该国际立法项目予以高度重视,均派规模庞大的代表团参加了上述判决项目特委会的四次会议和第22届外交大会。[②]

实际上,海牙国际私法会议在一个世纪之前的20世纪20年代就曾尝试制定关于判决承认和执行的国际公约,但这项工作由于第二次世界大战而中止。第二次世界大战结束后,这项工作重新启动,并于1956年诞生了《国际货物买卖合同中选择法院协议的公约》,它于1958年签署。在该国际公约成果的鼓舞下,一个适用范围更广的海牙《选择法院公约》于1964年获得通过,并于1965年签署。但是,该两个海牙公约始终未能生效。[③] 1966年海牙国际私法会议通过了《外国民商事判决承认和执行公约》,并于1971年签署。但是,该公约规定,外国法院判决的承认和执行以该公约任何两个成员国之间签署双边条约为前提条件,而且,它还附了一个选择性的议定书,将一些所谓的过度的管辖理由排除出公约的适用范围。[④] 海牙国际私法会议上述3个关于判决承认和执行的

---

① Convention of 2 July 2019 on the Recognition and Enforcement of Foreign Judgments in Civil and Commercial Matters concluded 2 July 2019. 公约英语原文可见海牙国际私法会议官网:hcch. net/instruments, No. 41。

② 参加第22届海牙外交大会的中国代表团规模最为庞大共21位代表,团长为中国驻荷兰大使徐宏,代表有来自香港特别行政区律政司共6位代表,包括司长郑若骅以及黄庆康、丁国荣、陈婉冰、欧阳慧儒和冯奔奔,来自澳门特别行政区政府法务局两位代表费佃娜(Ilda Cristina Fernandes de Sousa Ferreira)和王洋玲,以及最高人民法院、外交部、商务部、国家版权局、国际知识产权局、中国驻荷兰总领馆和学界与律师代表,分别是奚向阳、孙劲、孙笑非、吴琼、胡国磊、胡爽、张熙、孙国顺、赵磊以及何其生与徐国建。但部分香港特别行政区的代表因故未能参加会议。

③ Convention on Choice of Court Agreements in the Context of International Sales Contracts of 1956 和 Convention on the Choice of Court。参见海牙国际私法会议前秘书长 Hans van Loon,"Towards a global Hague Convention on the Recognition and Enforcement of Judgments in Civil and Commercial Matters"(该论文由 Hans van Loon 于2019年2月28日电邮给笔者,他没标明该文在何处发表)。

④ The Hague Convention on the Recognition and Enforcement of Foreign Judgments in Civil and Commercial Matters concluded 1February 1971,该公约英文和法文文本见 Hague Conference on Private International Law, Collection of Conventions(1951 – 2009),第112~129页;Supplementary Protocol to the Hague Convention on the Recognition and Enforcement of Foreign Judgments in Civil and Commercial Matters concluded 1February 1971 公约英文和法文文本见 Hague Conference on Private International Law, Collection of Conventions(1951 – 2009),第130~133页;参见 Hans van Loon 前引文章。

国际公约是 1988 年《卢加诺公约》比较成功地实现欧洲区域性法院判决承认和执行制度统一的有力的精神激励,也为后来进一步进行该领域公约制定积累了一些初步的经验。海牙国际私法会议前秘书长范·鲁(Hans van Loon)先生认为,这些海牙公约促进了欧盟实现共同体内判决全流通制度的成功建设,但欧盟的这一成功却很不幸地进一步导致上述海牙公约的失败。① 但是,上述海牙公约的失败并没有阻止海牙国际私法会议在时机成熟时,继续推进制定国际范围内适用的外国民商事法院判决承认和执行公约的愿景和努力。

1992 年 5 月美国国务院的法律顾问冯·梅伦(von Mehren)教授给时任海牙国际私法会议秘书长的乔治·德罗兹(Georges Droz)致函,建议海牙会议开始关于法院判决承认和执行的多边公约的谈判。这成为海牙国际私法会议进入 21 世纪重启并重点进行判决承认和执行多边国际公约谈判和制定工作的契机。2005 年海牙《选择法院协议公约》获通过并成功生效,且赢得包括我国在内的一些世界上主要贸易大国的接受,无疑增强了海牙国际私法会议以及国际社会对制定一部广泛性的民商事法院判决承认和执行的国际公约,并以此建立一个民商事判决全球全流通的崭新国际司法制度的信心。

二、公约的结构

2019 年《海牙判决公约》由序言和四章 32 条组成:

(一)序言

序言部分开宗明义规定了制定该公约的宗旨、任务和目标:(1)宗旨:通过司法合作,促进有效地获得司法救济,从而保障以规则为基础的多边贸易、投资和流动;(2)任务:创设一套外国民商事判决的承认与执行的统一的核心规则;(3)目标:建立外国判决全球流通的国际法律制度。

(二)第一章“适用范围和术语定义”

该章共 3 条:第 1 条“适用范围”共 2 款,规定公约适用于民商事判决的承认与执行(第 1 款),即一缔约国对另一缔约国法院判决的承认和执行(第 2 款)。第 2 条“排除事项”共 5 款,第 1 款明确规定被排除出公约适用范围的 17 个事项;第 2 款规定上述被排除事项作为案件先决问题出现不影响公约对判决适用;第 3 款特别规定公约不适用于仲裁及其相关程序;第 4 款规定判决不因

---

① 参见 Hans van Loon 前引文章。

为一方为国家而不适用公约；第5款规定国家和国际组织的特权和豁免不受公约任何规定的影响。第3条“术语定义”共2款，第1款中对公约中所使用的“被告”以及“判决”两个概念作出了统一的定义；第2款规定非自然人的实体或法人的惯常居所。

（三）第二章“判决的承认与执行”

第二章共12条：

1. 第4条“一般规定”共4款：第1款规定同为公约缔约国的被请求国承认和执行原审国法院判决的公约义务，仅限于公约规定的理由才可以拒绝承认与执行；第2款规定被请求国不得审查判决的实质问题；第3款规定判决只有在原审国生效和可执行方可依据公约承认与执行；第4款特别规定判决在原审国尚可上诉，被请求国可以暂缓或拒绝对其承认与执行，但这不妨碍当事人其后申请承认和执行。

2. 第5条“判决承认与执行的基础”共3款：第1款规定判决适格承认与执行的13个基础，也即如果原审国的判决满足该13个条件中的其中之一，便适格依据公约获得承认与执行，它们包括：(1)被申请人在成为原审诉讼当事人时在原审国有惯常居所；(2)被申请人系自然人，在成为原审诉讼当事人时在原审国有主营业地，且诉讼请求系源自该经营活动；(3)被请求人系原审原告；(4)被告在成为原审诉讼当事人时在原审国有经营实体，且诉讼争议产生于该经营实体的活动；(5)被告同意原审法院的管辖权；(6)被告在原审法院参与实体抗辩，且未对法院管辖权提出过异议；(7)合同之债判决由合同履行地法院作出；(8)不动产租赁判决由不动产所在地法院作出；(9)判决系对被告的合同之债判决，而该合同之债以位于原审国的不动产做物权担保，且合同之诉与无权之诉一并对同一被告提起；(10)侵权之债判决，侵权行为发生于原审国；(11)信托纠纷判决，信托文件中指定的法院位于原审国，或者起诉时信托文书指定的主要管理地位于原审国；(12)对反诉的判决，反诉人胜诉，反诉和本诉须出自同一交易或事件，才可以获得承认和执行，而若反诉人败诉，可予承认和执行；(13)非排他选择法院协议所指定法院作出的判决。

3. 第6条“承认与执行的排他基础”。该条规定专属管辖问题：不动产物权的判决，只有原审国为不动产所在地时，才可以获得承认和执行。

4. 第7条“拒绝承认与执行”共2款，特别规定对判决拒绝承认与执行的情形。第1款规定了6种应该对判决拒绝承认与执行的情形：(1)未通知被告，致其未有充分时间安排答辩，或者尽管通知了被告，但通知方式与被请求国文书送达基本原则相悖；(2)判决系通过欺诈取得；(3)违反公共政策；(4)原审法院诉讼违反了当事人选择法院协议或者信托文件中的法院指定；(5)判决与被请求国法院就相同当事人间争议所做判决不一致；(6)判决与他国法院就相同当事人之间相同争议事项的在先判决不一致。第2款规定，如果相同当事人间的同一客体在被请求国法院尚待裁决，且被请求国法院先于原审法院受理本案以及被请求国和该争议有密切联系，则可以推迟或拒绝外国法院的判决。

5. 第8条“先决问题”共2款，规定作为先决问题的判决的承认与执行的特别情形。第1款规定先决问题的裁决事项如果不属于本公约适用范围内的事项，或者该裁决是不动产所在地以外的国家法院作出的，则先决问题裁决不得根据本公约承认与执行。第2款规定判决基于另一裁决作出，而该裁决所涉事项不属于本公约适用范围，或者该裁决是不动产所在地以外的国家法院作出的，则该判决可予拒绝承认或执行。

6. 第9条“可分割性”，规定判决可以分割开来予以承认与执行。

7. 第10条“损害赔偿”共2款，规定对于超出当事人实际损失或损害的惩罚性或惩戒性赔偿判决的拒绝承认与执行问题。

8. 第11条“司法和解协议”，规定司法和解协议可以和法院判决一样，依据本公约获得承认与执行。但是，此种司法和解协议必须是在原审国可以像判决那样获得执行的。

9. 第12条“提交的文件”共4款，规定承认与执行外国法院判决程序中当事人所必需的文件提交以及相关文件的语言问题。

10. 第13条“程序”共2款：第1款规定判决承认与执行适用被请求国的程序法规定；第2款规定被请求国法院不得以判决应在另一国寻求承认与执行为由拒绝承认与执行判决。

11. 第14条“诉讼费用”共3款：第1款规定申请判决承认与执行的当事人不得被要求提供担保、保证金或押金；第2款规定支付诉讼费用的裁定在其他缔约国可以获得执行；第3款规定缔约国可以声明不适用第1款规定，或它不适用于指定的法院。

12. 第15条“依据国内法的承认与执行”，规定本公约不妨碍依据国内法对判决的承认与执行。

(四)第三章“一般条款”

第三章共8条，主要是规定缔约国和该公约的关系问题。

1. 第16条“过渡性规定”，规定本公约仅适用于案件在原审国立案时，本公约业已在原审国以及被请求国均已生效的案件法院判决的承认和执行。该规定属于对公约时间适用范围的规定。

2. 第17条、第18条和第19条均为缔约国对公约“声明”的规定。第17条“限制承认与执行的声明”规定缔约国可以声明,对于争议当事人均为被请求国居民,且当事人关系和争议的任何其他因素均只和被请求国相关,而只有原审法院地点不在被请求国的法院判决,其法院不予承认与执行。第18条“关于特定事项的声明”共2款,规定如果一国对特定事项不适用公约具有重大利益,它可以声明公约不适用于此事项(第1款),对于该声明事项,公约不适用于作出声明的缔约国,以及其他被寻求承认与执行由作出声明的缔约国法院作出的判决的缔约国(第2款)。第19条“与国家相关判决的声明”共2款,规定一国可以声明,本公约不适用于该国,或代其行事的自然人,或者该国政府机构,或代其行事的自然人作为当事人的诉讼的判决(第1款)。在声明范围内,声明国法院的涉及声明事项的判决可以被拒绝承认与执行(第2款)。

3. 第20条“统一解释”,规定各国法院对于公约解释的要求,应考虑其国际性质,以及促进其适用统一的需要。

4. 第21条“公约施行的检评”,规定海牙国际私法会议秘书长应定期作出安排,检评本公约包括对其所作任何声明的施行状况,并就此向该国际组织的总务和政策理事会汇报。

5. 第22条“多法域国家”共4款,规定本公约在多法域国家适用的规则。

6. 第23条“与其他国际公约的关系”共4款,规定了处理本公约和其他国际公约的关系的规则。其基本原则是,本公约不影响和妨碍对缔约国生效的其他国际公约的适用。

(五)第四章“最后条款”

第四章共9条,是海牙国际私法公约常用条款。

第24条规定本公约的“签署、批准、接受、核准或加入”。第25条规定拥有多法域的国家可以声明公约适用于其全部法域或者仅适用于一个或多个法域。第26条和第27条均是对区域经济一体化组织(Regional Economic Integration Organisation)的特别规定,其中第27条规定成员国不成为公约缔约方的区域经济一体化组织。第28条是公约的生效条款,规定本公约将在第二个国家存放本公约批准、接受、核准或加入的文件后生效。第29条“依据公约建立关系”是所谓的双边化条款规定,其中第1款规定,只有两缔约国任何一方均未针对另一方作出本条规定的不与该国建立条约关系的通知情况下,本公约才在两个缔约国间生效。该条第 2 款、第 3 款分别规定,缔约国在一定时间内可以通知公约存放机关,另一国的批准、接受、核准和加入,并不具有在该国间依据本公约建立关系的效力;一国在存放缔约文件时,可以通知公约存放机关,该国的批准、接受、核准或加入,并不具有和一公约缔约国依据本公约建立关系的效力。第 30 条是关于公约声明的规定。第 31 条规定退出公约。第 32 条是本公约的最后一条规定,它规定公约存放机关的通知。

三、公约的适用范围

(一)公约适用于法院民、商事性质的判决

1. 法院民、商事性质的判决

本公约的适用范围是民、商事案件法院判决的承认和执行(2019 年《海牙判决公约》第 1 条第 1 款,以下援引的条款均系 2019 年《海牙判决公约》条款),具体而言,是公约一个缔约国法院作出的判决在另一缔约国的承认和执行事宜(第 1 条第 2 款)。公约这里所说的民、商事仅指作为判决对象的争议事宜的性质,而不是指作出判决的法院的性质。① 也就是说,本公约适用于所有的法院,不区分法院本身的性质,无论它们是民事法院、商事法院、刑事法院、行政法院抑或是劳动法院。② 至于一个法院判决是否属于民事或商事性质,取决于判决所依据的当事人诉请的性质或者诉讼的性质。公约这里使用了历史上海牙公约所常用的英文措辞"civil or commercial"("民事或商事")。③ 鉴于公约适用的法院判决的民商事性质,公约明确排除公约不得扩展适用于税收、关税或其

---

① See Special Commission on the Recognition and Enforcement of Foreign Judgments(1 – 9 June 2016),Report of Meeting No. 9 – Meeting of Tuesday 7 June 2016.

② 参见 Nygh/Pocar Report, para. 27;本公约草案联合报告人以及海牙国际私法会议常设局共同起草的"Note on Article 1(1)of the 2016 preliminary draft Convention and the term 'civil or commercial matters'", Prel. Doc. No. 4 of December 2016 for the attention of the Special Cimmission of February 2017 on the Recognition and Enforcement of Foreign Judgments, para. 6。

③ 在海牙公约的历史上第一个使用该措辞的公约是 1896 年 11 月 14 日的"民事诉讼公约"(Convention on Civil Procedure)。该公约第 1 条、第 5 条和第 17 条使用了"civil or commercial"这一表述。后来该表述被海牙几个重要公约所采用:1965 年 11 月 15 日《关于向国外送达民事或商事司法文书和司法外文书公约》(Convention on the Service Abroad of Judicial and Extrajudicial Documents in Civil or Commercial Matters);1970 年 3 月 18 日《关于从国外调取民事或商事证据的公约》(Convention on the Taking of Evidence Abroad inn Civil or Commercial Matters)以及 2005 年 6 月 30 日《选择法院协议公约》等。

他行政法性质的案件的法院判决(第1条第1款第二句)。公约第1条第1款的规定系以海牙国际私法会议1999年起草的“民商事管辖权和法院判决承认和执行公约草案”的第1条和2005年《选择法院协议公约》的第1条第1款为蓝本起草,体现了本公约的历史传承。① 公约关于其仅限于法院民商事判决的适用范围的规定包括了以下几层含义。

第一,法院判决的承认和执行。本公约开宗明义地表明,它是关于国内法院判决承认与执行的国际公约,或者说是建立国内法院判决国际流通制度的国际公约。本公约并不像2005年《选择法院协议公约》那样包含有对法院管辖权问题的直接规定。② 至于公约所适用的法院判决的含义、性质和形式,公约在第3条中专门对法院判决(judgment)作了一个定义:“判决”,是指法院对案件实质问题所作的任何决定,而无论该决定的名称,包括裁定、命令以及法院(包括法院的官员)关于费用或开销的裁定,如果此种裁定与依据本公约可以获得承认或执行的对案件实质问题的决定相关。临时保全措施并不是本公约意义上的判决,被排除在公约适用范围之外。

第二,公约所适用的仅限民商事性质的法院判决。如前所述,公约第1条第1款在作此限定性规定时沿用了海牙国际私法公约中常用的措辞,即“民事或商事”(civil or commercial matters)。该措辞中使用了选择性的连接词“或”“或者”,而不是“和”,似乎给人的感觉是“民事”“商事”二者仅可其中之一,而不能并行或同时存在。笔者认为,这样的理解是不正确的,公约这里的措辞应该被认为和“民事和商事”(civil and commercial matters)或者汉语习惯上更简洁的说法“民商事”具有相同的含义。③

第三,行政法性质的法院判决被明确排除在公约适用范围之外。如前所述,公约仅适用于民、商事性质的法院判决的承认和执行,这样的规定应该已经非常明确;但是,为了杜绝日后在公约适用中可能出现的扩大公约适用范围的

---

① See Judgment Convention:Revised Preliminary Explanatory Report see the website of the Hague Conference on Private International law,https://assets.hcch.net/docs/7cd8bc44-e2e5-46c2-8865-a151ce55e1b2.pdf,p.5.

② 《选择法院协议公约》第二章共3个条文规定法院管辖权问题,分别涉及被选择法院行使管辖权的义务、未被选择法院不得行使管辖权的义务以及公约不适用于临时保护措施的规定。

③ See Judgment Convention:Revised Preliminary Explanatory Report see the website of the Hague Conference on Private International law,https://assets.hcch.net/docs/7cd8bc44-e2e5-46c2-8865-a151ce55e1b2.pdf,p.5;Hartley and Dogauchi,Report to the Choice of Court Convention 2005.

可能性,它又补充强调,公约"尤其不延伸适用于税收、关税或其他行政事项(administrative matters)"(第 1 条第 1 款第二句)。公约在进行这样的排除规定时采用了先列举再统括的规定方式。它所明确列举的只有税收和关税事项。但是,公约所意图排除的是全部行政法性质事项的法院判决。

第四,判决涉多个不同性质诉讼问题。如果一个法院判决涉及一个以上的诉讼,且一个诉讼是民商事性质的诉讼,而其他的诉讼则并不是民商事性质的诉讼,在这样的情况下,应该适用分割原则予以处理。本公约第 9 条规定:判决的可分割部分的承认或执行应该获得允许,如果仅就该部分提出承认或执行申请,或者判决仅有该部分依据本公约可以获得承认或执行。根据公约该可分割原则,本公约也仅适用于民商事性质的诉讼,而不适用于判决所涉的其他性质的诉讼。

2. 法院民、商事性质的判决的自治解释

法院民、商事性质的判决的定性,对于其是否属于本公约适用范围至关重要。但是,公约并没有规定由哪个法院依据什么原则、标准或法律进行这样的定性。根据公约的解释报告,为了适用公约而进行的对法院判决是否属于公约意义上的民商事性质判决的定性和决定应该由被请求法院作出。① 被请求法院应该按照国际公约解释的原则和方法,对本公约中的民商事事项这一概念予以解释,并从而在具体案件中,确定某一法院判决是否是民商事性质的判决。②

(二)公约的对人适用范围

本公约所适用的主体既包括民商法意义上的自然人、法人主体,也包括公法意义上的政府部门、国家机关和国际组织,具有广泛性特征。这里需要说明的是,尽管公约第 2 条在规定适用范围时并没有明确规定公约是否可以适用于国际组织,但是,一般认为,法院的判决不能仅仅因为一方当事人为国际组织,且其涉案系基于其作为私法主体的性质,而不予适用。③ 为了明确表明公约适用主体的这一广泛性,公约还在第 2 条第 4 款特别规定:"判决不仅仅因为国

---

① See Francisco Garcimartin and Geneviève Saumier, Judgments Convention: Revised Draft Explanatory Report, Prel. Doc. No. 1 of December 2018, para. 26; https://assets.hcch.net/docs/7d2ae3f7-e8c6-4ef3-807c-15f112aa483d.pdf.

② 关于国际私法性质的公约的解释原则和方法,参见徐国建:《国际统一私法总论》,法律出版社 2011 年版,第 296~337 页。

③ See Francisco Garcimartin and Geneviève Saumier, Judgments Convention: Revised Draft Explanatory Report, Prel. Doc. No. 1 of December 2018, para. 72.

家,包括政府、政府机构或代理国家行事的人是诉讼程序的一方当事人的事实而被排除出本公约的范围。"①该款规定是公约中的一条为其正确施行的澄清性质规定,它进一步明确,决定本公约适用范围的是法院判决所确定的争议的性质,而不是争议所涉主体的性质和类型,也不是作出判决的法院的性质和类型。② 但是,鉴于作为公法上的主体的国家,包括政府、政府机构或代理国家行事的人是诉讼程序的一方当事人毕竟具有和私法主体自然人和法人的性质差异,公约的立法者在作出这样规定的同时,也同时通过公约第 19 条的规定赋予缔约国可以声明,公约不适用于具有主权性质的主体作为一方当事人的诉讼的判决。

就公约对人适用范围而言,还有一个特殊问题需要注意。请求权在不同性质的当事人间的转移,例如,由于转让、继受或继承而转移,也不会影响诉讼的性质,以及公约对相关的法院判决的适用。自然人或法人即使将请求权转让给公法主体,也不会使其民商事的性质发生变化。代位求偿(subrogation),如政府机构代位求偿私人的请求权,也同样不会改变请求权的性质,并影响公约对相应法院判决的适用。③

(三)公约的地域适用范围

公约第 1 条第 2 款界定了其区域适用范围:本公约适用于在一个缔约国承认与执行另一缔约国所作出的判决。根据这一规定,法院判决原审国和被请求国均必须同时是本公约的缔约国。原审国(State of origin)是寻求在他国承认和执行的法院判决作出法院所属的国家,而被请求国(the requested State)则是法院判决寻求获得其承认和执行的国家(见公约第 4 条第 1 款)。

在人们理解公约中原审国和被请求国规定的含义时,需要特别注意公约第 22 条关于非单一法律制度国家的规定。公约中所规定的非单一法律制度国家

---

① Art. 4(2):A judgment is not excluded from the scope of this Convention by the mere fact that a State, including a government, a governmental agency or any person acting for a State, was a party to the proceeding.

② See Francisco Garcimartin and Geneviève Saumier, Judgments Convention: Revised Draft Explanatory Report, Prel. Doc. No. 1 of December 2018, para. 70; https://assets. hcch. net/docs/7d2ae3f7 - e8c6 - 4ef3 - 807c - 15f112aa483d. pdf.

③ See Francisco Garcimartin and Geneviève Saumier, Judgments Convention: Revised Draft Explanatory Report, Prel. Doc. No. 1 of December 2018, para. 70; https://assets. hcch. net/docs/7d2ae3f7 - e8c6 - 4ef3 - 807c - 15f112aa483d. pdf.

是公约对原审国和被请求国一般法律制度的特别的和例外的规定。

(四)公约的时间适用范围

公约在第 16 条“过渡性规定”中确定了其时间适用范围:本公约应适用于这些判决的承认和执行,在原审国提起诉讼时,公约已经在该国以及在被请求国生效。也就是说,寻求基于本公约获得承认和执行的法院判决,在原审国法院立案时,原审国以及被请求国必须同时已经是本公约的缔约国。需要特别注意的是,公约这里规定的重要的时间点是寻求承认和执行的法院判决所基于的诉讼案件在原审国开始之日(the date of institution of the proceedings),而不是原审国法院判决向被请求国申请承认和执行的案件的立案时间。本公约除在第 16 条外,还在其他一些条款中,如公约第 5 条第 1 款(k)项和第 30 条第 5 款,规定了诉讼开始时间(the time proceedings were instituted),而公约却没有给该重要概念和用语作出定义。但是,一般理解认为,诉讼开始意味着业已完成在原审国开始诉讼活动的第一步的程序活动,例如,诉讼文件向法院提交并立案,或者在立案前如果文件需要送达,负责送达的机关接受了文件。①

(五)先决问题和公约的适用范围

是否在原审国法院诉讼中只要被公约排除出适用范围的事项无论是作为诉讼的本体问题出现,抑或仅作为先决问题出现,原审法院的这种判决都应该被排除出公约适用范围呢?在该问题上,本公约立法者态度非常明确:被排除事项仅仅作为先决问题出现,法院判决不因此被排除出公约适用范围。本公约第 2 条第 2 款对此予以明确规定。该条的规定实际上表明,诉讼中所涉法律事项(legal matters or issues)可以区分为本体事项(principal issue)和先决事项(preliminary questions or issues),法院对于前者的裁定,必须基于对后者的在先决定,也就是说,先决问题确定后,才可以裁定本体问题。例如,在知识产权许可协议违约责任的诉讼中,法官必须先确定被许可的知识产权是否有效。在该案中,违约索赔便是案件的本体问题,而知识产权的有效性问题便是先决问题。在司法实践中,先决问题常常是被告提出抗辩的理由。根据公约的该规定,一个外国民商事法院判决是否属于公约适用范围取决于原审诉讼的本体,或客体(object of the proceedings),如果它属于公约适用范围,则法院判决便可以依据

---

① See Nygh/Pocar Report, para. 43; Prel. Doc. No. 4, para. 264; Francisco Garcimartin and Geneviève Saumier, Judgments Convention: Revised Draft Explanatory Report, Prel. Doc. No. 1 of December 2018, para. 35.

本公约获得承认和执行,即使诉讼中出现的先决问题属于被公约排除适用的事项。值得注意的是,在理解公约本款规定时,需要和公约第 8 条关于先决问题的一般性规定结合起来。该规定主要解决法院先决问题裁定的后果问题,包括这样的裁决是否可以依据本公约获得承认和执行问题。

四、被公约排除的争议事项

(一)被公约排除的争议事项概说

公约第 2 条"范围排除事项"规定了被明确排除出公约适用范围的事项,从而进一步净化了公约第 1 条第 1 款所规定的本公约的适用范围。首先,该规定排除了一些属于民商事性质的事项(第 1 款)。其次,对于那些虽然被公约明确排除出公约范围的事项,但是,在原审国的诉讼中作为先决问题出现,公约对其仍然适用(第 2 款)。再次,该条规定中以一款特别规定公约不适用于仲裁及相关程序(第 3 款)。最后,本条还规定,即使国家或政府机构是原审国诉讼中的主体和当事人,本公约也应予以适用,但是,国家和国际组织所依法享有的豁免权和特权则不受影响(第 4 款和第 5 款)。在适用这些规定时,被请求国法院不受原审国法院所作出的判决是否涉及被公约排除适用事项决定的影响。①

公约第 2 条第 1 款明确规定了公约不予适用的一些争议事项,它们中有的明显属于民、商事性质,但也有一些就性质而言,究竟是否是民、商事性质,并不是非常清晰:(1)自然人的身份和法律能力;(2)抚养义务;(3)其他家庭法事项,包括婚姻财产制以及婚姻或相似关系所产生的其他权利和义务;(4)遗嘱和继承;(5)破产、破产法上的和解协议、金融机构的破产方案和类似事项;(6)旅客和货物运输;(7)跨境海洋污染、非国家管辖区域的海洋污染、船舶海洋污染、海事赔偿责任限制和共同海损;(8)核损害责任;(9)法人、或自然人或法人组成的团体的有效性、无效或解散,以及其机构作出的决定有效性;(10)公共登记机关登记的有效性;(11)诽谤;(12)隐私;(13)知识产权;(14)武装力量的行为,包括其人员的公务行为;(15)执法机构的行为,包括其人员的公务行为;(16)反垄断(竞争)事项,但基于下述行为的判决除外,该行为构成在实际或潜在竞争者间的限制竞争协议,或者协同措施,以固定价格、串通投标、设定产量限额或配额,或者通过分配客户、供应链、商业领域或区域来划分市场,而且此

---

① See Francisco Garcimartin and Geneviève Saumier, Judgments Convention: Revised Draft Explanatory Report, Prel. Doc. No. 1 of December 2018, para. 26.

种行为及其后果两者均发生在原审国；(17)通过单边的国家措施进行的主权债务重组。

公约在第 2 条中还专门以 4 款规定其他涉及排除公约适用的问题：(1)先决问题(第 2 条第 2 款)；(2)仲裁程序(第 2 条第 3 款)；(3)国家和政府行为(第 2 条第 4 款)；(4)国家豁免(第 2 条第 5 款)。

(二)自然人的身份和法律能力

自然人的身份和法律能力问题被明确排除出公约的适用范围[第 2 条第 1 款(a)项]。基于这一规定具体排除公约适用范围的法院判决包括离婚判决、法律上的分居判决、婚姻无效判决、亲子关系设立和争议的判决、收养、未成年人或无行为能力人身份及能力的判决。被排除出公约适用范围的还有关于父母责任的判决，包括监护权、见面权、抚养权、监护或类似措施、儿童保护措施或者对儿童财产管理、保护或处置的判决。①

(三)抚养义务

公约第 2 条第 1 款(b)项规定，抚养义务不属于公约适用范围。依据该规定，所有产生于家庭关系、亲子关系婚姻或者姻亲关系的抚养、扶养义务均属于被排除出公约适用范围的事项。海牙国际私法会议曾制定过若干个规范抚养问题的国际公约，它们对抚养问题有明确和详细的规定。

(四)其他家庭法事项，包括婚姻财产制

公约第 2 条第 1 款(c)项规定，婚姻财产制以及婚姻或相似关系所产生的其他权利和义务。关于婚姻财产制问题，1978 年 3 月 14 日《关于婚姻财产制法律适用的海牙公约》进行了专门的规定。本公约该项规定排除的事项，包括夫妻婚姻存续期间或离婚以后其彼此间，以及在例外情况下和第三人间的请求权的所有法院判决，而这些判决会影响他们基于婚姻关系产生的财产方面的权利。

(五)遗嘱和继承

公约第 2 条第 1 款(d)项规定，将遗嘱和继承排除出公约适用范围。海牙国际私法会议私法统一历史上曾制定有 3 个涉及遗嘱和继承问题的公约，即 1961 年 10 月 5 日《关于遗嘱处分方式法律冲突的公约》；1973 年 10 月 2 日《遗

---

① See Nygh/Pocar Report, para. 30, note 16; Francisco Garcimartin and Geneviève Saumier, Judgments Convention: Revised Draft Explanatory Report, Prel. Doc. No. 1 of December 2018, para. 39.

产国际管理公约》;以及 1989 年 8 月 1 日《关于遗产继承的准据法公约》。[①] 继承包括遗嘱继承和法定继承。基于公约的该项规定,无论是遗嘱继承还是法定继承均被排除出公约的适用范围。

(六)破产、破产和解、金融机构的分拆和类似事项

公约第 2 条第 1 款(e)项规定将破产、破产和解、金融机构的分拆和类似事项排除出公约适用范围。世界上不少国家的法律均规定不只是法人可以破产,自然人也可以宣告破产。本公约这里规定的破产既包括法人破产,也包括自然人破产。这里所说的破产包括破产程序中的清盘(winding up)和清算(liquidation)。[②] 公司不是由于破产原因而进行的清盘和清算由公约第 2 条第 1 款(i)项规定。[③] 破产和解(composition)指破产债务人为了防止公司清算而和其债权人缔结对公司进行重整或重组协议的程序。[④] 债务人和债权人纯属在法庭外,就债权债务处理所进行的协议安排,并不是这里所说的破产和解,也不属于公约该项规定排除公约适用的事项。[⑤] 公约第 2 条第 1 款(e)项规定中的"类似事项",包含了协助无偿债能力或者财务上陷入困境的公司或个人在继续进行贸易活动中恢复偿债能力的各种方式和方法,例如,《美国破产法》第 11 条的规定。[⑥] 这些属于"类似事项"的各种方式和方法在一些国家可能会放在破产

---

① 这 3 个海牙公约的中文本分别见中华人民共和国外交部条法司编:《海牙国际私法会议公约集》,法律出版社 2012 年版,第 37 ~ 39 页、第 86 ~ 95 页、第 156 ~ 162 页。

② "Winding up"是英联邦国家公司法上的概念,指对公司进行清盘,既包括破产情况下的清盘,通常被称为清算(liquidation),也包括不是因为破产而进行的清算,通常被称为"dissolution"。在"winding up"程序中公司并不一定最终被清算(liquidated),可以通过委托临时清盘人(provisional liquidator)对公司进行重整。"Winding up"开始了就可以开始破产法所规定的所有行动,但是否最终清算,还需要看有没有通过破产程序中的和解(composition)或者重整计划(感谢李小林博士提供相关信息和解读)。

③ See Nygh/Pocar Report, para. 36; Hartley/Dogauchi Report, para. 56; Francisco Garcimartin and Geneviève Saumier, Judgments Convention: Revised Draft Explanatory Report, Prel. Doc. No. 1 of December 2018, para. 43.

④ See Nygh/Pocar Report, para. 36; Hartley/Dogauchi Report, para. 56; Francisco Garcimartin and Geneviève Saumier, Judgments Convention: Revised Draft Explanatory Report, Prel. Doc. No. 1 of December 2018, para. 43.

⑤ See Francisco Garcimartin and Geneviève Saumier, Judgments Convention: Revised Draft Explanatory Report, Prel. Doc. No. 1 of December 2018, para. 43.

⑥ See Nygh/Pocar Report, para. 36; Hartley/Dogauchi Report, para. 56; Francisco Garcimartin and Geneviève Saumier, Judgments Convention: Revised Draft Explanatory Report, Prel. Doc. No. 1 of December 2018, para. 43.

和解规定中,而在另一些国家可能会被纳入"类似事项"中,但是,鉴于所有这些均被排除出公约适用范围,所以在公约本项适用中究竟将相关事项纳入公约这里规定的哪个概念中是无关紧要的。

(七)旅客和货物运输

公约第 2 条第 1 款(f)项规定国内或国际旅客和货物运输合同不适用公约的规定,而无论使用何种运输工具,例如,海上运输、陆地运输、空中运输或是多式联运,均被排除在公约适用范围之外。旅客和货物运输是私法国际统一的重要领域,在这方面国际上已经有一些非常重要的国际公约。为了避免本公约和这些既有的国际公约相冲突,本公约的立法者们有意将该领域排除在公约适用范围之外。鉴于旅客和货物运输合同常常是商事性质的合同,人们可能会认为公约该项规定所排除的只是商事性质的旅客和货物运输合同。这种认识是不正确的。一般民事性质的旅客和货物运输也是该项规定所排除适用的内容。例如,由于出租车司机的过失导致的出租车乘客受伤损害赔偿的法院判决也是属于被排除适用的事项。但是,该项规定并不排除运输中对第三方所造成伤害的情形,如受害人不是作为运输合同关系一方当事人的旅客,而只是该合同关系外的第三人。而且,如果在一个由多种服务所组成的合同关系中,如运输、住宿和餐饮等,旅客运输服务仅仅是此种服务的一部分,且不是所有此项服务中的主要部分,则这样的合同并不是此项规定所排除的事项。①

(八)海洋污染、海事请求权的责任限制、共同海损以及紧急拖救和海上营救

公约第 2 条第 1 款(g)项规定了跨境海洋污染、非国家管辖区域的海洋污染、船舶海洋污染、海事请求权责任限制、共同海损。2018 年 11 月的公约草案的这条规定和 2005 年《选择法院协议公约》第 2 条第 2 款(g)项规定的措辞完全一样。如前所述,目前本公约的该规定,较 2005 年《选择法院协议公约》,在排除事项中删除了"紧急拖船和救助",在海洋污染方面增加了两个限制,即不适用公约的仅限于"跨境海洋污染"和"非国家管辖区域的海洋污染"。另外,就是增加了"船舶海洋污染"。据此,非跨境的属于国家区域管辖区域范围内的海洋污染纠纷法院判决将适用公约的规定,船舶造成的海洋污染,无论是否是"跨境海洋污染"和"非国家管辖区域的海洋污染"均被排除出公约的适用

① See Francisco Garcimartin and Geneviève Saumier, Judgments Convention: Revised Draft Explanatory Report, Prel. Doc. No. 1 of December 2018, para. 48.

范围。

(九)核损害责任

公约第 2 条第 1 款(h)项规定,核损害责任不适用公约的规定。核损害责任和其他侵权损害责任相比具有特殊性。目前,国际上有若干个关于核损害责任的国际公约,它们均规定,就核损害责任而言,核事故发生地国家法院享有对核事故造成损害责任诉讼排他管辖权。[①] 鉴于这些特别领域的国际公约的特殊性,根据本公约第 23 条关于本公约和其他国际公约的关系的规定,本公约在一些情况下应该让位于这些特殊公约,给予这些特殊公约优先适用的机会。基于这样的考虑,本公约的立法者,便通过公约第 2 条第 1 款(h)项的规定,将核损害责任排除出公约适用范围。

(十)法人、社团的有效性、无效或解散,以及其机构作出的决定有效性

公约第 2 条第 1 款(i)项规定,法人、或自然人或法人组成的社团的有效性、无效或解散,以及其机构作出的决定有效性不适用公约的规定,被排除在公约适用范围之外。就主体而言,这里不仅只指法人,也还包括自然人或法人的"社团"(association),即不具有法律人格的未登记的实体。[②] 涉及法人的这些事项通常均属于规范法人或这些实体的法律的排他性管辖,以避免将统一的法律关系置于不同的法院管辖之下,从而保证法律关系的确定性。[③] 涉及这些问题的法院判决通常均不为其他国家所承认,因而在本公约中也予以排除。这里被排除出公约适用范围的是法人或社团的有效性、无效或解散事宜,以及其机构,如股东大会或董事会所作出的决定的有效性问题。

(十一)公共登记机关登记的有效性

公约第 2 条第 1 款(j)项规定,公共登记机关登记的有效性或无效性不适用公约的规定。这里所说的公共登记,包括土地权属登记、土地费用的登记、商业财产的登记以及知识产权的登记等。人们通常会认为,这些公共登记事项并不是本公约意义上的民商事事项,而是国家机关行使主权和公权力的行为,因而无须特别规定予以排除,而是自然而然地被排除在公约适用范围之外。但

---

① Hartley/Dogauchi Report, para. 64.

② See Francisco Garcimartin and Geneviève Saumier, Judgments Convention: Revised Draft Explanatory Report, Prel. Doc. No. 1 of December 2018, para. 51.

③ See Nygh/Pocar Report, para. 170; Francisco Garcimartin and Geneviève Saumier, Judgments Convention: Revised Draft Explanatory Report, Prel. Doc. No. 1 of December 2018, para. 51.

是,鉴于一些国际公约,例如,欧盟的《布鲁塞尔规定Ⅰ》规定了排他管辖这种登记的有效性问题(第 22 条第 3 款),为了避免公约未来适用中理解的歧义,本公约立法者认为,最好还是在这里明确排除公约对这些事项的适用。基于公约第 2 条第 1 款(j)项的排除规定,涉及公共登记机关登记的有效性(validity of entries)问题被排除的事项还包括由于登记机关拒绝登记申请,或者修改登记内容,产生纠纷而引起的申请人起诉登记机关的诉讼。① 但是,并非涉及公共登记机关登记的所有问题均被排除出公约的适用范围。一般认为,涉及登记的法律效力(legal effects)的问题便不属于公约该项规定排除的内容。

(十二)诽谤

公约第 2 条第 1 款(k)项规定,由于诽谤引起的诉讼的法院判决不适用公约的规定。诽谤(defamation)一般被认为是民法上的一种侵权行为,由于本公约和 2005 年海牙《选择法院协议公约》不同,没有排除公约对侵权行为法院判决的适用,法院对诽谤这种侵权诉讼的判决本应属于公约的适用范围。但是,诽谤这种侵权行为区别于其他侵权行为的特殊性在于,前者在一些国家属于敏感问题,涉及言论自由等宪法权利问题。考虑这一特殊性,公约的立法者通过第 2 条第 1 款(k)项规定明确将其排除出公约适用范围。

(十三)隐私

公约第 2 条第 1 款(l)项规定,将侵犯隐私引起的诉讼的法院判决排除在公约适用范围之外。和前面所述诽谤一样,隐私问题在一些国家也是一个敏感的问题,它也既涉及个人私权保护问题,也涉及宪法上的基本权利问题,而且,无论是立法上还是司法上均常常需要准确地平衡个人私权和言论自由权之间的关系。隐私问题是否要排除在公约适用范围之外,在 4 次特委会会议上曾有不同的观点和比较激烈的讨论。但是,在外交大会上各国代表最终还是一致同意把隐私排除在本公约的适用范围之外。隐私和诽谤不同,诽谤所涉及的是无中生有或被歪曲的信息,而隐私涉及的则是真实信息(true information),如文字信息、图片、录音和影像等。②

(十四)知识产权

公约第 2 条第 1 款(m)项规定将知识产权(以及相似事项)诉讼的法院判

---

① See Francisco Garcimartin and Geneviève Saumier, Judgments Convention: Revised Draft Explanatory Report, Prel. Doc. No. 1 of December 2018, para. 52.

② See Francisco Garcimartin and Geneviève Saumier, Judgments Convention: Revised Draft Explanatory Report, Prel. Doc. No. 1 of December 2018, para. 55.

决排除在公约适用范围之外。公约排除适用于知识产权法院判决的承认和执行后,外国知识产权法院判决的承认和执行便只可以依据各国国内法、双边国际条约或者其他多边国际公约获得承认和执行。知识产权事项是否应该全部,或者是否仅应该部分被排除出公约适用范围,可以说是本公约起草和制定过程中争议最大的一个问题。外交大会最终决定,公约全部排除对于知识产权法院判决的适用。尽管知识产权被本公约全部排除在公约适用范围之外,但是,鉴于对知识产权的概念及其内涵和外延各国理解不一致,中国代表团在第 22 届外交大会上向大会提交了一项提案,希望在公约的解释报告中明确“知识产权”(intellectual property)的含义,以免在公约未来的适用过程中出现对该公约规定的歧义。[①] 后来,该提案由中国和美国代表团联合作出,向外交大会提交。[②]

(十五)武装力量行动

公约第 2 条第 1 款(n)项规定将武装力量行动,包括其成员执行公务行为的法院判决排除在公约适用范围之外。无论是武装力量行动还是其成员执行公务的行为显然既不是民事也不是商事性质的事项,照理依据公约第 1 条第 1 款的规定,也不应该属于本公约适用范围,因而,本来也无须在公约中特别规定将其排除在公约适用范围之外。但是,鉴于国际社会不同国家对于国家统治行为(acta jure imperii)和国家管理行为(acta jure gestionis)尚没有一个统一的标准定义,对于哪些行为应该归入这些行为,认识也不一致,因而,为了保证未来公约适用中的确定性,在公约谈判过程中,有些国家代表建议在公约第 2 条中明确排除这些事项的公约适用。公约该项规定清楚地表明,武装力量行动在任何情形下均不属于公约的适用范围,公约缔约国无义务承认和执行这些事项的法院判决,无论这种行为在原审国或是被请求国是否被界定为国家统治行为(acta jure imperii)。

(十六)执法行动

公约第 2 条第 1 款(o)项规定将执法行动,包括执法官员执行公务行为的法院判决排除在公约适用范围之外。该项规定的排除和上述武装力量行动的

---

① See Work. Doc. No. 80 E, Proposal of the delegation of the People's Republic of China, "Explanatory Repost text with regard to the term 'intellectual property'", distributed on 27 of June 2019.

② See Work. Doc. No. 80 E REV, Proposal of the delegations of the People's Republic of China and the United States of America, "Explanatory Repost text with regard to the term 'intellectual property'", distributed on 28 of June 2019.

排除，无论从被排除理由还是公约所规定的方式方面均是相似的。但是，和武装力量行动的排除相比，执法行动的排除具有一个明显的特点，就是为了避免公约适用中对于哪些机关可以被界定为执法机关产生争议，公约该项规定直接规定为执法行动（law enforcement activities），而不是具体的执法机关或执法者的行动排除出公约适用范围。实践中，从事执法行动的机关便是公约意义上的执法机关，如警察力量或者边防官员。[①]

（十七）反垄断（竞争）事项

公约第 2 条第 1 款（p）项规定将部分反垄断事项法院判决排除在公约适用范围之外。2005 年海牙《选择法院协议公约》第 2 条第 1 款（h）项，是将反垄断所有事项均排除出公约适用范围之外。在这样规定时，该公约使用了“anti-trust（competition）matters”的表述。[②] 反垄断是否应该排除在公约适用范围之外，也是本公约起草过程中存在较大意见分歧的一个问题。直到 2018 年 5 月的海牙判决项目第四次特委会会议结束，与会的各国代表们对该问题也还没有达成共识，所以该问题一直被置于方括号中，提交第 22 届海牙外交大会最终谈判定夺。[③] 本公约还是采用了上述海牙《选择法院协议公约》第 2 条第 1 款（h）项中的用词。之所以公约该项规定中以括号方式将“竞争”（competition）列出，是因为反垄断法在国际上主要有两个不同称呼，即反垄断或反托拉斯法（anti-trust law，这是美国对该法律的称呼）以及竞争法（competition），为避免歧义，本公约立法者将二者并列予以规定。[④] 但是，这里需要特别注意的是，所谓的“不正当竞争法”（“unfair competition”，法语“concurrence déloyale”）事项，如发布误导性广告，并不属于这里所说的“竞争法”范畴，它并不是公约该项规定所排除的事项。[⑤] 反垄断法事项可以分为两类，即行政法性质的反垄断法事项和民法性质

---

① See Francisco Garcimartin and Geneviève Saumier, Judgments Convention: Revised Draft Explanatory Report, Prel. Doc. No. 1 of December 2018, para. 60.

② 该海牙公约的中文翻译见中华人民共和国外交部条法司编：《海牙国际私法会议公约集》，法律出版社 2012 年版，第 204～214 页。该公约翻译文本将《海牙选择法院协议公约》第 2 条第 1 款（h）项“anti-trust（competition）matters”翻译为“反托拉斯（竞争）事项”。

③ See Work. Doc. No. 1 E, Draft Convention on the recognition and enforcement of foreign judgments in civil or commercial matters, distributed on 29 November 2018.

④ See Francisco Garcimartin and Geneviève Saumier, Judgments Convention: Revised Draft Explanatory Report, Prel. Doc. No. 1 of December 2018, para. 61.

⑤ See Hartley/Dogauchi Report, para. 60; Francisco Garcimartin and Geneviève Saumier, Judgments Convention: Revised Draft Explanatory Report, Prel. Doc. No. 1 of December 2018, para. 62.

的反垄断事项，前者理应被排除出本公约的适用范围，公约本项规定主要去排除的是属于民事性质的反垄断事项，如违反反垄断法而产生的侵权索赔案件的法院判决、原告主张合同具有反竞争性质因而无效的法院诉讼判决、买方以卖方滥用市场支配地位为由向其提起的返还多支付费用的诉讼的法院判决。根据本公约第 8 条第 2 款的规定，如果反垄断事项在诉讼中仅仅是作为先决问题出现，则该诉讼的法院判决不因为由此涉及反垄断事项，而被排除于公约适用范围之外。① 例如，原告基于合同起诉被告，而被告则抗辩称，合同由于违反反垄断法而无效，则由于诉讼中反垄断事项只是作为先决问题出现，因此，该诉讼的法院判决仍然是可以适用本公约的。如前所述，本公约并未如 2005 年《选择法院协议公约》全部排除公约对反垄断事项的适用，而是保留了垄断行为和这些垄断行为的后果均发生于原审国的下列垄断行为产生纠纷的法院判决的公约适用：构成在实际或潜在竞争者间限制竞争协议，或者协同措施，以固定价格、串通投标、设定产量限额或配额，或者通过分配客户、供应商、商业领域或区域来划分市场的垄断行为。

（十八）仲裁和相关程序

公约第 2 条第 3 款规定本公约不适用于仲裁和相关程序。与上述各排除公约适用事项所不同的是，公约在第 2 条中以专门的一款规定排除其对仲裁和相关程序适用，而前面那些被排除事项均在第 2 条第 1 款下逐项予以规定。本公约作这样的结构安排，无非是想突出排除其对仲裁和相关程序适用的重要性和特殊性。依据公约第 2 条第 3 款规定本公约所不予适用的仲裁和相关程序应作宽泛的解释，即本公约将不干预和影响现有以及未来产生的关于仲裁和相关程序的国际公约的适用，尤其是 1958 年关于外国仲裁裁决承认和执行的《纽约公约》的适用。从本公约立法的政策层面来看，本公约不干预现有的国际仲裁制度是其基本的原则之一。这一政策可以保证本公约未来不会遭到国际仲裁界的反对，并从而在目前国际范围内业已存在的仲裁裁决全球流通制度之外，建立一套关于外国法院判决承认和执行的司法制度，最终实现未来国际社

---

① 本公约第 8 条第 2 项规定："2. Recognition or enforcement of a judgment may be refused if, and to the extent that, the judgment was based on a ruling on a matter to which this Convention does not apply, or on a matter referred to in Article 6 on which a court other than the court referred to in that Article ruled." 中文译文为："2. 如果判决是基于某一裁定作出，而该裁定的对象是对本公约所排除适用的某一事项，或第 6 条规定的某一事项，但作出该裁定的法院是该条规定的法院之外的法院。"

会仲裁裁决和法院判决双轨并行流通的机制。被这一排除条款所排除的既包括仲裁裁决,也包括法院判决。对于前者比较好理解,本公约将不适用于对于仲裁裁决的承认和执行。而且,本公约也不适用于那些涉及仲裁程序的法院判决的承认和执行,例如,宣告仲裁协议有效或者无效、无法执行的法院裁定;判决当事人参与仲裁程序或者停止仲裁程序的法院裁定;撤销或者修改仲裁裁决的法院裁定;确定仲裁地的法院裁定;裁定延长作出仲裁裁决期限的法院裁定。① 这里还需特别指出的是,基于公约该款规定,被请求承认和执行法院判决的公约缔约国法院可以拒绝承认和执行原审国法院的判决,如果原审国法院的诉讼和当事人间的仲裁协议相矛盾。之所以应该作这样的理解,原因在于该款规定目的在于防止本公约干预仲裁程序,因此,被请求国法院可以拒绝承认和执行和当事人间仲裁协议相矛盾的法院判决,即使在原审诉讼中没有审理仲裁协议的效力问题,如在缺席判决的情况下。但是,如果被告出庭参加诉讼,且没有以他们间有仲裁协议存在为由对法院管辖权提出异议,则通常不应该认为法院判决和仲裁协议相矛盾,该法院判决在这种情况下并不是被该款规定排除适用的内容。②

五、判决的承认和执行以及拒绝承认和执行

(一)总则

1. 承认与执行外国判决的基本义务

2019 年海牙《判决公约》第 4 条被认为是该公约的基石,它规定缔约国(原审国)法院所作判决应该依据本公约规定在另一缔约国(被请求国)承认与执行,从而明确确定了公约缔约国承认其他缔约国法院判决的公约义务,作为该一般性公约义务的例外,该条进一步规定,只有基于本公约规定的理由,缔约国法院才可以对其他缔约国法院作出的判决予以拒绝承认与执行。

2. 不审查原审判决实质内容原则

为了使本公约在实践中实实在在地发挥其使外国民商事判决在公约缔约国流通的作用,公约特别规定,被请求国法院对于申请承认与执行的外国法院

---

① See Francisco Garcimartin and Geneviève Saumier, Judgments Convention: Revised Draft Explanatory Report, Prel. Doc. No. 1 of December 2018, para. 66.

② See Francisco Garcimartin and Geneviève Saumier, Judgments Convention: Revised Draft Explanatory Report, Prel. Doc. No. 1 of December 2018, para. 67.

判决不得就其实质问题(merits)进行审查(第4条第2款)。该规定意味着,只要原审法院判决符合公约所规定的承认与执行的条件,则便不会被被请求国的法院审查和重新讨论。该原被认为是公约缔约国间相互承认与执行法院判决原则的必然推论结果(corollary),即如果被请求承认与执行的法院作出该判决所依据的基本事实或者法律依据可以被被请求国法院进行审查,则公约的目的便基本无法实现。① 基于该规定,即使被请求国法院发现,原审法院在审理和判决时事实认定或者法律适用错误,也不得拒绝承认与执行该法院判决。

3. 判决在原审国业已生效且可以承认与执行

依据本公约可以获得承认与执行的原审国法院判决,必须是在原审国业已生效的判决,而且,也只有在原审国可以获得执行的法院判决,方可以依据本公约获得执行(第4条第3款)。另外,如果判决在原审国尚可以上诉,或者正常上诉的期限尚未届满,则被请求国可以暂缓或者拒绝承认与执行该判决。但是,由此所作的拒绝并不妨碍当事人随后再次申请判决的承认与执行(第4条第4款)。

(二)判决承认与执行的条件

公约的立法者在规定上述缔约国承认与执行其他缔约国法院判决的一般义务的同时,也规定了判决可以依据本公约予以承认与执行需要符合的条件。公约立法者把原审法院是否对案件具有管辖权作为确定判决是否可以依据本公约予以承认与执行需要符合的条件和标准,并在公约第5条第1款总共规定了13个标准,在本公约中这被称为"基础"(bases)。这些以原审法院是否对案件具有管辖权的标准,从判决申请承认与执行角度来看,只是原审法院间接的管辖权,所以被称为法院间接管辖权的标准或"过滤器"(indirect jurisdictional filters)。判决只要符合其中一个标准,或者形象地说可以通过其中一个"过滤孔",便适格依据本公约获得承认与执行。这13个标准具体如下:

1. 惯常居所

判决承认或执行的被申请人,在其于原审法院成为诉讼当事人时,在原审国拥有惯常居所[公约第5条第1款(a)项]。公约在这里将"惯常居所"(habitual residence)作为确定原审法院对案件管辖权的一个连结点。较之住所

① See Francisco Garcimartin and Geneviève Saumier, HCCH Convention of 2 July 2019 on the Recognition and Enforcement of Foreign Judgments in Civil or Commercial Matters: Draft Explanatory Report(updated as December 2019), para. 111.

或者国籍等自然人的连接因素，惯常居所被认为更可以表明自然人和其社会与经济环境，而且法院也不太容易进行相互冲突的评判。根据公约的该项规定，被请求国法院应该认为原审法院对案件具有管辖权，如果判决承认或执行的被申请人，在其于原审法院成为诉讼当事人时，在原审国拥有惯常居所。

2. 主营业地

判决承认与执行的被申请人系自然人，在原审法院成为诉讼当事人时，其主营业地位于原审国，且判决所基于的诉讼请求源自该经营活动[公约第 5 条第 1 款(b)项]。自然人从事经营或职业活动可以在其惯常居所地以外的其他国家，在这样的情况下，就判决的承认与执行而言，公约的立法者觉得如果自然人的主营业地在原审国，这一连接便足以认定原审法院对案件的管辖权，如果案件中的诉讼请求源自自然人的该经营活动。

3. 原告

判决承认或执行的被申请人系原审诉讼的原告，而非反请求的一方当事人[公约第 5 条第 1 款(c)项]。通常说在民事或商事案件中，主动向法院提出诉讼请求的案件原告是认可该法院对其案件拥有管辖权的。因此，原告向原审法院提起诉讼请求的行为便使基于该诉讼请求而作出的法院判决对于该原告来说可以执行。

4. 分支机构

被告在成为原审法院诉讼当事人时，在原审国拥有分支机构、代理机构或其他不具有独立法律人格的实体，而且，判决所基于的诉讼请求源于该分支机构、代理机构或实体的活动[公约第 5 条第 1 款(d)项]。

5. 同意

公约第 5 条第 1 款(e)项和(f)项规定，被告明确同意接受原审法院的管辖权，从而视为原审法院对案件具有管辖权，以及被告到原审法院进行实体抗辩，而未提出管辖异议。前者可以被认为是被告的明示同意，而后者则是以行为默示同意。被告同意接受法院的管辖在国际上被广泛认为是法院对案件具有管辖权的一种实践。

6. 应诉答辩且不抗辩管辖权

被告在原审国法律规定的期限内未对管辖权提出异议并在原审法院就实体问题进行答辩，除非根据该法律对管辖权或对行使管辖权的异议明显不会得到支持。

7. 合同之债

合同之债的判决是由合同履行地或本应是履行地的法院作出，那么依据本公约的规定，原审法院对该案具有管辖权，其判决便适格依据本公约承认与执行。履行地应按以下规则确定：第一，依据当事人的约定确定；第二，在当事人未约定履行地时，依据合同准据法，除非被告的相关交易活动与该国不存在有意和实质联系（a purposeful and substantial connection）［公约第5条第1款（g）项］。

8. 不动产租赁

不动产租赁争议的判决被公约以一项特别规定予以规定。公约第5条第1款（h）项规定，不动产租赁（不动产租用）判决，该判决由财产所在地法院作出。这一规定实际上是不同国家关于不动产租赁争议问题的两种不同观点和做法的协调与妥协的结果。在一些国家，不动产租赁被视为不动产物权（rights in rem），关于其请求权由不动产所在地法院专属管辖；而在另一些国家，它被视为合同问题，被认为是属人性质，并不由不动产所在地法院行使专属管辖。①

9. 以物权担保的合同之债

公约第5条第1款（i）项特别规定，对于被告合同之债的判决，该债务由位于原判国的不动产物权担保，且合同之诉与物权之诉一并对同一被告提起，则该判决适格依据本公约承认或执行。本公约第6条规定不动产物权的判决，只有在它系物之所在地法院作出时，才可以依据本公约承认与执行。如果没有第5条第1款（i）项的特别规定，则不是在债务人惯常居所地法院起诉的合同请求权的判决［参见公约第5条第1款（a）项］，或者依据其法律款项尚未到期的国家法院判决［参见公约第5条第1款（g）项］，均无法依据本公约获得承认。②

10. 非合同之债

对于非合同之债，损害行为或不作为发生在原审国，则原审法院具有管辖权，判决适格依本合同承认与执行［参见公约第5条第1款（j）项］。公约并未对非合同之债进行定义，只是在该款中规定，产生于人身伤亡、有形财产损害或

① See Francisco Garcimartin and Geneviève Saumier, HCCH Convention of 2 July 2019 on the Recognition and Enforcement of Foreign Judgments in Civil or Commercial Matters: Draft Explanatory Report (updated as December 2019), para. 189.

② See Francisco Garcimartin and Geneviève Saumier, HCCH Convention of 2 July 2019 on the Recognition and Enforcement of Foreign Judgments in Civil or Commercial Matters: Draft Explanatory Report (updated as December 2019), para. 192.

灭失的非合同之债。当然,如果被请求执行人在原审法院诉讼时在原审国拥有惯常居所,则便无必要适用该标准判断判决是否适格依据本公约承认与执行,而可以直接适用第 5 条第 1 款(a)项的标准。

11. 信托

关于信托有效性、解释、效力、管理或变更的争议,如果符合以下一个管辖权标准,则判决便适格依据本公约承认与执行:其一,起诉时,信托文书中指定的管辖法院在原审国;其二,起诉时,信托文书明示或默示指定信托主要管理地在原审国[参见公约第 5 条第 1 款(k)项]。这里需要注意的是该项规定只涉及信托内部关系争议的法院判决,而不涉及信托外部关系,即信托当事人和第三人的争议案件。后者适用本条其他项的规定。

12. 反诉

关于反诉判决的承认与执行问题,依据公约第 5 条第 1 款(l)项的规定,如果本诉和反诉源于相同的交易或事件且反诉人胜诉,则认为原审法院对案件具有管辖权,反诉判决适格依据本公约承认与执行;如果反诉人败诉,则可以推定原审法院对案件具有管辖权,反诉判决可以承认与执行。

13. 非排他性选择法院协议

公约第 5 条第 1 款最后一个间接管辖权"过滤器"是(m)项规定的非排他选择法院协议中规定的法院被认为对案件具有管辖权,其所作法院判决适格依据本公约获得承认与执行。为明确起见,公约在这里还规定了非排他选择法院协议的定义:为本款之目的,"非排他性选择法院协议"指双方或多方当事人为解决具体法律关系中已经或可能发生的争议所签订的,指定一国法院,或一国的一个或多个特定法院,而排出任何其他法院管辖的协议。

(三)对判决拒绝承认与执行

基于上述介绍,符合上述 13 种间接管辖权规定的外国法院判决原则上应该依据本公约的规定获得承认与执行。但是,公约也还以第 7 条规定了对于形式上符合前述承认与执行的间接管辖权标准的法院判决,可以拒绝承认与执行的情形。

1. 未通知被告

未通知被告构成依据公约规定可以对判决拒绝承认与执行的理由[参见公约第 7 条第 1 款(a)项]。这又包括两种情形:其一,未通知被告致使其未有充分时间安排答辩,除非被告在原审法院出庭并答辩,且在本可依据原审国法律对通知提出异议情况下,而没有提出此种异议;其二,尽管通知到被告,但通知方式与被请求国文书送达的基本原则相悖。

2. 欺诈

如果判决系欺诈取得,则便构成拒绝承认与执行该判决的理由之一[参见公约第7条第1款(b)项]。欺诈获得法院判决在一些国家被认为是属于违反公共政策应予拒绝承认与执行的情形,而另一些国家则认为,欺诈构成一个独立的拒绝承认与执行判决的理由。鉴于各国在该问题上这种不同的实践,公约的立法者单独以公约第7条第1款(b)项规定以欺诈手段获得的判决可予拒绝承认与执行。

3. 公共政策

各国国际私法立法中均将公共政策作为一个"安全阀"予以规定,它也是拒绝承认与执行法院判决的理由之一。公约第7条第1款(b)项规定,如果承认与执行外国判决会明显违反请求国的公共政策,则判决可以予以拒绝承认与执行。值得注意的是,公约在作这样的规定时,还特别强调,这里所规定的公共政策还包括程序性的公共政策,即判决基于的特定诉讼程序以及被请求国程序公正的基本原则,以及国家安全与主权。尽管上述公共政策的外延规定看上去很宽泛,但是,一般认为,对公共政策应作限缩解释,仅应该在例外情形下才可以以违反公共政策为由拒绝承认与执行外国判决。①

4. 违反选择法院协议

当事人选择法院的协议应该得到尊重,这是私法上当事人意思自治原则的基本要求。违反当事人选择法院的协议,由当事人选择的法院之外的法院作出的判决可以予以拒绝承认与执行[参见公约第7条第1款(c)项]。公约规定的当事人选择法院的协议既包括当事人特别缔结的选择法院协议,也包括信托文件中对于法院的指定。

5. 不一致的判决

在国际争议解决领域,常常会出现同一个争议当事人事实上在一个以上法院起诉的情形,即所谓的平行诉讼(parallel proceedings)或者多重诉讼(multiple proceedings),并因此出现多个法院判决,尤其是相互冲突和不一致的判决的情形。公约在规定判决的承认与执行时便必须考虑在出现这样的不一致的法院

---

① See Francisco Garcimartin and Geneviève Saumier, HCCH Convention of 2 July 2019 on the Recognition and Enforcement of Foreign Judgments in Civil or Commercial Matters: Draft Explanatory Report(updated as December 2019), para. 259.

判决时，哪一个判决应该享有优先获得承认与执行。公约第 7 条第 1 款(e)项和(f)项规定，出现不一致的判决的情况可以作为拒绝承认与执行判决的理由。依据(e)项的规定，被请求执行判决的国家自己的法院就相同当事人间的相同争议作出的判决具有优先权，其他和该判决不一致的法院判决，被请求国可以拒绝承认与执行。而公约(f)项则规定，先作出的法院判决具有优先权——被请求承认与执行的判决与他国(第三国)法院就相同当事人之间相同争议事项的在先判决不一致的，可以作为拒绝承认与执行判决的理由，条件是在先判决满足获得被请求国承认的要求。

6. 未决案件

与上述平行诉讼所作不一致判决相关，公约第 7 条第 2 款规定，如果相同当事人间的同一客体在被请求国法院尚待裁决，则外国判决的承认与执行可以予以推迟或拒绝。但是，这必须同时符合两个条件：其一，被请求国法院先于原审国受理该案；其二，被请求国与此争议之间具有密切联系。公约本款进一步规定，依据本款对外国判决的拒绝承认与执行，并不妨碍此后再次申请承认与执行该判决。

六、结论

在国际社会，各国均投入大量的人力和物力致力于打造自己公正、高效的法院系统。但是，直到今天，各国法院在解决跨国民商事纠纷方面的作用并未得到发挥。其中的主要原因便是一国的法院判决很难在其他国家得到承认与执行。但是，国际社会实际上是非常期盼有一个类似 1958 年《承认与执行外国仲裁裁决公约》的规定外国法院判决承认与执行的多边国际公约的诞生。2005 年海牙《法院选择协议公约》是国际社会在该方面共同努力的一个重要成果。2019 年 7 月 2 日通过的《海牙判决公约》则是该领域一个更为重要的国际公约。它们二者一起构成了建立判决全球流通制度的法律框架。相信这两部国际公约在未来岁月中会广泛为国际社会各缔约国所接受，成为像 1958 年《纽约公约》一样具有广泛影响的国际公约。

论法院判决全球流通的范围和限制

——2019年《承认与执行外国民商事判决公约》适用范围评析*

一、概述

2019年7月2日在荷兰海牙和平宫召开的海牙国际私法会议第二十二届外交大会闭幕式上，通过了《承认与执行外国民商事判决公约》(Convention on the Recognition and Enforcement of Foreign Judgments in Civil and Commercial Matters，以下简称2019年《海牙判决公约》)。该公约被国际社会称为国际司法制度的“规则改变者”(game changer)。在此之前，在国际范围内缺乏一个国内法院民商事判决全球流通的国际法律机制。1958年的《承认及执行外国仲裁裁决公约》(the New York Convention on the Recognition and Enforcement of Foreign Arbitral Awards，以下简称《纽约公约》)在过去的60年中使国内仲裁裁决全球流通成为可能。但是，很长时间以来，国际上都没有一部像《纽约公约》一样的创设国内法院判决全球流通机制的全球性的多边国际公约。海牙国际私法会议(Hague Conference on Private International Law，HCCH)组织起草的《承认与执行外国民商事判决公约》业已经过分别于2016年6月、

---

* 本文发表于《中国国际私法与比较法年刊》(2019·第24卷)，第269～299页。

2017年2月、2017年11月和2018年5月先后召开的四次海牙判决项目特别委员会会议讨论产生,并形成了2018年5月的海牙《承认与执行外国民商事判决公约(草案)》。① 该公约草案后于2019年6月18日~7月2日在荷兰海牙召开的第二十二届外交大会上讨论通过。至此,一部具有划时代意义的国际私法公约——2019年《海牙判决公约》隆重诞生。② 这是迄今为止国际社会就外国民商事判决承认和执行公约制定最受关注、获得最多国家参与的一项国际司法制度建设的项目工程。中国政府也对该国际立法项目予以高度重视,委派规模庞大的代表团参加了上述判决项目特委会的四次会议和第二十二届外交大会。③

实际上,海牙国际私法会议在一个世纪之前即20世纪20年代就曾尝试制定有关判决承认和执行的国际公约。这项工作由于第二次世界大战的爆发而中止。第二次世界大战结束后,这项工作重新启动,于1956年诞生了《国际货物买卖合同中选择法院协议的公约》并于1958年签署。在该国际公约成果的鼓励下,一个适用范围更广的海牙《选择法院协议公约》于1964年获得通过,并于1965年签署。但是,该两个海牙公约始终未能生效。1966年海牙国际私法会议通过了《外国民商事判决承认和执行公约》,并于1971年签署。但是,该公约规定外国法院判决的承认和执行以该公约任何两个成员国之间签署双边条约为前提条件,而且,它还附了一个选择性的议定书,将一些所谓的"过度的管辖理由"排除出公约的适用范围。海牙国际私法会议上述三个关于判决承认和执行的国际公约,是1968年《关于民商事案件管辖权和承认与执行判决的公约》(简称《卢加诺公约》)比较成功地实现欧洲区域性法院判决承认和执行制

① See Draft Convention on the recognition and enforcement of foreign judgments in civil and commercial matters distributed on 29 November 2018, Work. Doc. No. 1 E of Twenty-second Session (18 June - 2 July 2019), HCCH.

② Convention of 2 July 2019 on the Recognition and Enforcement of Foreign Judgments in Civil and Commercial Matters concluded 2 July 2019. 公约英语原文,参见海牙国际私法会议官网:http://hcch.net/instruments, No. 41, 最后访问日期:2019年11月1日。

③ 参加第二十二届海牙外交大会的中国代表团规模最为庞大,共21位代表,团长为中国驻荷兰大使徐宏,代表有来自香港特别行政区律政司共6位代表,包括司长郑若骅以及黄庆康、丁国荣、陈婉冰、欧阳慧儒和冯奔奔,来自澳门特别行政区政府法务局两位代表费佃娜(Ilda Cristina Fernandes de Sousa Ferreira)和王洋玲,以及最高人民法院、外交部、商务部、国家版权局、国际知识产权局、中国驻荷兰大使馆和学界与律师代表,分别是奚向阳、孙劲、孙笑非、吴琼、胡国磊、胡爽、张熙、孙国顺、赵磊以及何其生与徐国建。但部分香港特别行政区的代表因故未能参加会议。

度统一的有力的精神激励,也为后来进一步制定该领域的公约积累了一些初步经验。海牙国际私法会议前秘书长范・鲁先生认为,这些海牙公约促进了欧盟实现共同体内判决全流通制度的成功建设,但欧盟的这一成功却很不幸地进一步导致上述海牙公约的失败。[①] 但是,上述海牙公约的失败并没有阻止海牙国际私法会议在时机成熟时,继续推进制定国际范围内适用的外国民商事法院判决承认和执行公约的愿景和努力。1992 年 5 月美国国务院的法律顾问冯・梅伦(von Mehren)教授向时任海牙国际私法会议秘书长的乔治・德罗兹(Georges Droz)致函,建议海牙会议开始关于法院判决承认和执行的多边公约的谈判。这成为海牙国际私法会议在进入 21 世纪后重启并重点进行判决承认和执行多边国际公约谈判和制定工作的契机。2005 年海牙《选择法院协议公约》获得通过并生效,且赢得包括我国在内的世界上主要贸易大国的接受,这无疑增强了海牙国际私法会议以及国际社会对制定一部广泛性的民商事法院判决承认和执行的国际公约,以此建立一个民商事判决全球流通的崭新国际司法制度的信心。

2018 年 5 月的海牙《承认与执行外国民商事判决公约(草案)》(以下简称"2018 年 5 月公约草案")是 2019 年《海牙判决公约》得以在 2019 年 7 月 2 日于海牙国际私法会议第二十二届外交大会上顺利获得全体与会代表一致通过的重要立法基础。第二十二届海牙外交大会上需要攻克的"2018 年 5 月公约草案"中的"五大堡垒"包括:(1)知识产权问题;(2)共同法院问题;(3)公约和其他国际文书的关系问题;(4)国家作为判决一方的声明机制问题;(5)反垄断(竞争)事项排除问题。[②] 毕竟这个公约在未来可能会改变国际司法制度,实现国内判决的全球流通,意义非凡。所以,在公约谈判过程中各国均会首先将其自身利益置于首位去评估和考量未来公约对其国家利益的影响。在公约谈判中,经常听到的一个词就是其国内所谓的"stakeholders"(利益相关方)对公约某个问题的关切、态度和立场。知识产权问题不但利害关系大,而且它的地域性(territoriality)也决定了一国国内法院关于知识产权的判决在公约其他成员国

---

① See Hans van Loon, "Towards a Global Hague Convention on the Recognition and Enforcement of Judgments in Civil and Commercial Matters".(该论文由 Hans van Loon 于 2019 年 2 月 28 日电邮给笔者,他未标明该文在何处发表。)

② 鉴于这些被攻克的问题具有较高的学术研究价值以及私法国际统一的实践意义,本文作者将另文详细探讨和分析公约制定过程中所最终攻克的这些困难问题。

的承认和执行，可能会对被请求国的知识产权制度以及相应的利益产生巨大影响。所以，在公约制定的全过程中，公约是否要全部排除知识产权判决的承认和执行，以及如果不全部排除，怎样规定部分排除问题，始终是与会代表讨论得最为激烈的问题。最终，知识产权问题被全部排除出公约的适用范围。反垄断（竞争）事项的排除适用问题也是谈判中争论非常激烈的一个问题。三种观点激烈交锋，即反垄断事项全部纳入公约适用范围、全部排除出公约适用范围以及折中解决方案，即将部分反垄断事项的法院判决纳入公约适用范围。经过各方努力磋商，最后找到解决方案，并最终使外交大会攻克了这一堡垒。这样一部由包括世界最主要国家在内的几十个国家参与的国际公约，不可能在特定问题上，尤其是各国具有重大关切的问题上，仅体现一国意志，最终必然是妥协的结果。这些困难问题的解决，充分体现各国期望制定出这部国际公约的良好愿望，以及在国际公约谈判中灵活与妥协的诚意。

所以，结合“2018 年 5 月公约草案”的背景内容对其后正式获得通过的 2019 年《海牙判决公约》的全面研究具有重要的学术价值和实践意义，本文主要研究该公约及上述草案中的适用范围和限制问题，它是本公约的基石之一。

二、2019 年《海牙判决公约》的适用范围

（一）2019 年《海牙判决公约》适用于法院民、商事性质的判决

1. 法院民、商事性质的判决

本公约的适用范围是民、商事案件法院判决的承认和执行（第 1 条第 1 款，以下援引的条款均系 2019 年《海牙判决公约》条款，除非特别说明系“2018 年 5 月公约草案”条款），具体而言，是公约一个成员国法院作出的判决在另一成员国的承认和执行事宜（第 1 条第 2 款）。公约这里所说的“民、商事”仅指作为判决对象的争议事宜的性质，而不是作出判决的法院的性质。① 也就是说，公约适用于所有的法院，不区分法院本身的性质，无论它们是民事法院、商事法院、刑事法院、行政法院还是劳动法院。② 刑事法院依据其国内诉讼法就所有权争议

① See Special Commission on the Recognition and Enforcement of Foreign Judgments (1 - 9 June 2016), Report of Meeting No. 9 - Meeting of Tuesday 7 June 2016.

② 参见 Nygh/Pocar Report, para. 27。本公约草案联合报告人以及海牙国际私法会议常设局共同起草的“Note on Article 1(1) of the 2016 preliminary draft Convention and the term ‘civil or commercial matters’”, Prel. Doc. No. 4 of December 2016 for the attention of the Special Cimmission of February 2017 on the Recognition and Enforcement of Foreign Judgments, para. 6。

行使管辖权,受理的民事性质诉请的案件,并最终就此作出的法院判决,也是该公约意义上的民事判决,属于公约的适用范围。至于一个法院判决是否属于民事或商事性质,取决于判决所依据的当事人诉请的性质或者诉讼的性质。该公约使用了历史上海牙公约所常用的英文措辞"civil or commercial"("民事或商事")。[①] 鉴于公约适用的法院判决的民商事性质,公约明确排除公约不得扩展适用于税收、关税或其他行政法性质的案件的法院判决(第 1 条第 1 款第二句)。公约第 1 条第 1 款的规定系以海牙国际私法会议 1999 年起草的"民商事管辖权和法院判决承认和执行公约草案"第 1 条和 2005 年《选择法院协议公约》第 1 条第 1 款为蓝本起草的,体现了海牙公约的历史传承。公约关于其适用范围仅限于法院民商事判决的规定有以下几层含义:

第一,法院判决的承认和执行。公约开宗明义其是建立国内法院判决国际流通制度的国际公约。公约并不像《选择法院协议公约》那样包含有对法院管辖权问题的直接规定。[②] 至于公约所适用的"法院判决"的含义、性质和形式,公约在第 3 条中专门对"法院判决"(judgment)作出了定义:"判决"指法院对案件实质问题所作的任何决定,而不管该决定的名称,包括裁定、命令以及法院(包括法院的官员)关于费用或开销的裁定,如果此种裁定与依据本公约可以获得承认或执行的对案件实质问题的决定相关。临时保全措施并不是本公约意义上的判决,被排除在公约适用范围之外。

第二,公约所适用的仅限民商事性质的法院判决。如前所述,公约第 1 条第 1 款在作此限定性规定时沿用了海牙国际私法公约中常用的措辞,即"民事或商事"。该措辞中使用了选择性的连接词"或""或者",而不是"和",给人的感觉似乎是"民事""商事"二者其中之一,而不能并行或同时存在。笔者认为,这样的理解是不正确的,公约这里的措辞正如本公约的解释报告以及 2005 年《选择法院协议公约》的解释报告所持观点,应该被认为和"民事和商事"(civil and commercial matters)或者汉语习惯上更简洁的说法"民商事"具有相同的含义。

---

① 在海牙公约的历史上第一个使用该措辞的公约是 1896 年 11 月 14 日《民事诉讼公约》(Convention on Civil Procedure)。该公约第 1 条、第 5 条和第 17 条使用了"civil or commercial"这一表述。后来该表述被海牙几个重要公约所采用:1965 年 11 月 15 日《关于向国外送达民事或商事司法文书和司法外文书公约》、1970 年 3 月 18 日《关于从国外调取民事或商事证据的公约》以及 2005 年 6 月 30 日《选择法院协议公约》等。

② 《选择法院协议公约》第 2 章共 3 个条文规定法院管辖权问题。

第三,行政法性质的法院判决被明确排除在公约适用范围之外。如前所述,公约仅适用于民、商事性质的法院判决的承认和执行,这样的规定已经非常明确;但是,为了避免日后在公约适用过程中可能出现的扩大公约适用范围的情况,它又补充强调,公约"尤其不延伸适用于税收、关税或其他行政事项"(administrative matters)(第1条第1款第二句)。公约在进行这样的排除规定时采用了先列举再统括的规定方式。它所明确列举的只有税收和关税事项。但是,公约所意图排除的是全部行政法性质事项的法院判决。需要正确理解的是,公约这里只是统括性地将行政法性质的法院判决排除出公约的适用范围,公约之所以在该条作出这样的规定,是要突出其仅适用于民商事法院判决的特性。而尽管属于民商事性质,但却也不应受公约管辖的事项,则在公约的第2条逐一明确予以排除。由于各国在哪些事项属于行政法事项定性问题上的规定和理解不一致,公约需要在未来的解释中予以明确,以确保公约在全球范围内的统一适用和解释。

第四,判决涉多个不同性质的诉讼问题。如果一个法院判决涉及一个以上的诉讼,且一个诉讼是民商事性质的诉讼,而其他的诉讼并不是民商事性质的诉讼,在这样的情况下,应该适用分割原则予以处理。公约第9条规定,判决的可分割部分的承认或执行应该获得允许,如果仅就该部分提出承认或执行申请,或者判决仅有该部分依据本公约可以获得承认或执行。根据可分割原则,公约也仅适用于民商事性质的诉讼,而不适用于判决所涉的其他性质的诉讼。在一些情况下,公法性质的事项可能会作为先决问题而不是主要问题产生,例如,基于反垄断当局所作出的侵权决定而产生的索赔请求。公约适用于法院作出的当事人基于该公法性质的事项所提起民事索赔的判决。① 公约第8条第1款和第2款就涉及先决问题的法院判决规定:(1)对于先决问题的裁定不得依据公约获得承认或执行,如果该裁定是对于公约所不予适用的事项作出的,或者它是对于第6条"承认与执行的排他性根据"所规定的事项作出的,而作出该裁定的法院是该条规定的法院之外的法院;(2)如果判决是基于另一裁定作出,而该裁定的对象是被本公约所排除适用的某一事项,或虽然属于第6条规定的某一事项,但作出该裁定的法院是该条规定的法院之外的法院,则该判决可予

---

① See Francisco Garcimartin and Geneviève Saumier, Judgments Convention: Revised Draft Explanatory Report, Prel. Doc. No.1 of December 2018, para.32. Accessed on November 1st, 2019, https://assets.hcch.net/docs/7d2ae3f7-e8c6-4ef3-807c-15f112aa483d.pdf.

以拒绝承认或执行。

2. 法院民商事性质的判决的自治解释

法院民商事性质的判决的定性对于其是否属于本公约适用范围至关重要。但是,公约并没有规定由哪个法院依据什么准据法所规定的原则、标准或规则进行这样的定性。根据公约的解释报告,为了适用公约而进行的对法院判决是否属于公约意义上的民商事性质判决的定性和决定应该由被请求法院作出。① 被请求法院应该按照国际公约解释的原则和方法,对本公约中的"民商事事项"这一概念予以解释,进而在具体案件中,确定某一法院判决是否是民商事性质的判决。② 在作出这样的决定时,被请求国法院应基于公约的自治原则进行解释。也就是说,它应该考虑促进公约统一适用的要求,遵循公约的目标和目的,坚守公约的国际性质,独立自治地解释"民商事事项"这一概念,确定法院判决是否是本公约所应予以适用的民商事性质判决。被请求国法院不得依据其本国法,或者任何一个国家的国内法进行这样的解释和判断。③ 只有这样才可以确保按照公约第 20 条所规定的对公约进行统一解释,以保证其国际性质以及促进其统一适用的需要的目标的实现。

(二)2019 年《海牙判决公约》的主体适用范围

公约所适用的主体既包括民商法意义上的自然人、法人,也包括公法意义上的政府部门、国家机关和国际组织,具有广泛性特征。这里需要说明的是,尽管公约第 2 条在规定适用范围时并没有明确其是否可以适用于国际组织,但是,一般认为,法院的判决不能仅因为一方当事人为国际组织,且其涉案系基于其作为私法主体的性质,而不予适用。④ 为了明确适用主体的广泛性,公约还在第 2 条第 4 款特别规定:"判决不仅仅因为国家,包括政府、政府机

---

① See Francisco Garcimartin and Geneviève Saumier, Judgments Convention: Revised Draft Explanatory Report, Prel. Doc. No. 1 of December 2018, para. 26. Accessed on November 1st, 2019, https://assets.hcch.net/docs/7d2ae3f7 - e8c6 - 4ef3 - 807c - 15f112aa483d.pdf.

② 关于国际私法性质的公约的解释原则和方法,参见徐国建:《国际统一私法总论》,法律出版社 2011 年版,第 296 ~ 337 页。

③ See Francisco Garcimartin and Geneviève Saumier, Judgments Convention: Revised Draft Explanatory Report, P rel. Doc. No. 1 of December 2018, para. 26; Nygh/Pocar Report, para. 43; Prel. Doc. No. 4, para. 27; Hartley/Dogauchi Report, para. 49; Prel. Doc. No. 4, para. 5.

④ See Francisco Garcimartin and Geneviève Saumier, Judgments Convention: Revised Draft Explanatory Report, Prel. Doc. No. 1 of December 2018, para. 72.

构或代理国家行事的自然人是诉讼程序的一方当事人而被排除出本公约的范围。”①该款规定是公约中为其正确施行而订入的一条澄清性质规定，它进一步明确，决定本公约适用范围的是法院判决所确定的争议的性质，而不是争议所涉主体的性质和类型，也不是作出判决的法院的性质和类型。② 但是，鉴于作为公法上的主体的国家，包括政府、政府机构或代理国家行事的人是诉讼程序的一方当事人，毕竟和作为私法主体的自然人和法人之间存在性质差异，公约的立法者在作出这样规定的同时，也通过第 19 条的规定赋予缔约国作出声明的权利，即公约不适用于下列主体作为一方当事人的诉讼的判决：(a)该国国家或者代表该国行事的自然人，或者(b)该国政府机构，或者代表该政府机构行事的自然人。公约由于有第 19 条“关于适用主体的声明”的规定，所以在实践中，除非成员国作出这样的声明，否则公约将适用于国家，包括政府、政府机构或代理国家行事的自然人作为私法主体参与民商事性质的法律关系所产生纠纷的法院判决。判断本公约是否适用于就涉及国家或政府机构的争议所作的法院判决，存在以下三个最核心的标准：第一，产生诉讼请求的行为本身属于私人可以进行的行为；第二，被诉请的侵害可以是对私人的侵害；第三，请求的补救措施是寻求对相同行为造成的相同侵害的私人可以获得的类型的补救措施。③

公约在将国家和其他政府机关作为其可予适用的主体的同时，还对这类特殊主体的适用作了两款特别的解释性规定，即前述第 2 条第 4 款和第 5 款的规定。前者规定判决不仅因为国家，包括政府、政府机构或代理国家行事的自然人是诉讼程序的一方当事人的事实而被排除出本公约的适用范围。也就是说，除了缔约国依据公约第 19 条规定作出声明，本公约将适用于作为民商事主体行事的国家或政府机构，而不是其行使主权权力的行为，而且也不区分国家或

---

① Art. 4(2): A judgment is not excluded from the scope of this Convention by the mere fact that a State, including a government, a governmental agency or any person acting for a State, was a party to the proceeding.

② See Francisco Garcimartin and Geneviève Saumier, Judgments Convention: Revised Draft Explanatory Report, Prel. Doc. No. 1 of December 2018, para. 70. Accessed on November 1st, 2019, https://assets.hcch.net/docs/7d2ae3f7-e8c6-4ef3-807c-15f112aa483d.pdf.

③ See Nygh/Pocar Report, para. 43; Prel. Doc. No. 4, para. 40.

政府机构是判决债权人还是判决债务人。[①] 鉴于公约适用于国家、政府机构以及公务员，为了避免歧义和公约适用中所可能出现的错误解释，公约用一条所谓的“零效力条款”（nil-effect clause），即其第 2 条第 5 款规定本公约的任何条款均不得影响国家或国际组织自身及其财产的特权和豁免。该款也规定了国家代表和政府官员的特权和豁免问题，例如，外交和领事官员的特权与豁免。[②]

就公约的主体适用范围而言，还有一个特殊问题需要注意，即请求权在不同性质的当事人之间的转移。例如，请求权由于标的的转让、继受或继承而转移，并不会影响诉讼的性质，也不会影响公约对相关法院判决的适用。自然人或法人即使将请求权转让给公法主体，也不会使其民商事的性质发生变化。代位求偿（subrogation），例如，政府机构代位求偿私人的请求权，也同样不会改变请求权的性质，并影响公约对相应法院判决的适用。[③]

（三）2019 年《海牙判决公约》的地域适用范围

公约第 1 条第 2 款界定了其地域适用范围：“本公约适用于在一个缔约国承认与执行另一缔约国所作出的判决。”根据这一规定，法院判决原审国和被请求国均必须同时是本公约的成员国。原审国（State of origin，本文中也称为“原始国”或“原判国”）是寻求在他国承认和执行的法院判决作出法院所属的国家，而被请求国（requested State）则是法院判决寻求获得其承认和执行的国家（公约第 4 条第 1 款）。尽管公约第 4 条删除了“2018 年 5 月公约草案”第 45 条第 5 款、第 6 款和第 7 款关于共同法院（common court）的规定，但我们还是有必要予以提及和探讨。该草案第 4 条第 5 款规定：“为第 1 款之目的，两个或两个以上国家的共同法院作出的判决，如果缔约国已经在声明中确定了共同法院具有此效果，并满足下列任一条件，应被视为是缔约国法院作出的判决：（a）共同法院的所有成员均为其有关事项的司法职能由共同法院行使的缔约国，并且该判决适格根据第 5 条第 1 款（c）项、（e）项、（f）项、（l）项或者（m）项获得承认和执行；（b）该判决适格根据第 5 条第 1 款、第 5 条第 3 款的规定或根据第 6 条规定获得承认和执行，并且其有关事项的司法职能由共同法院行使的缔约国满足

① See Francisco Garcimartin and Geneviève Saumier, Judgments Convention: Revised Draft Explanatory Report, Prel. Doc. No. 1 of December 2018, para. 71.

② See Francisco Garcimartin and Geneviève Saumier, Judgments Convention: Revised Draft Explanatory Report, Prel. Doc. No. 1 of December 2018, para. 73.

③ See Francisco Garcimartin and Geneviève Saumier, Judgments Convention: Revised Draft Explanatory Report, Prel. Doc. No. 1 of December 2018, para. 25.

了这些资格要求。”第 6 款规定:“缔约国可以声明,不承认或执行作为第 5 款声明对象的涉及该声明涵盖的任何事项的共同法院的判决。”第 7 款规定:“第 5 款所述声明仅在作出声明的缔约国与宣布接受声明的其他缔约国之间有效。此类声明应交存荷兰外交部,并由其通过外交途径向每个缔约国提交经认证的副本。”欧盟和其他一些区域组织存在其成员国所共同拥有的法院,并由这些法院对这些区域组织国家的一些法律事务行使司法管辖权。这些具有国家法院一定性质和一些特征但又区别于一般国内法院的所谓“共同法院”,究竟是否等同于本公约所规定的“法院”,公约是否应该将它们和缔约国国内法院一视同仁予以对待,曾一度成为公约制定者难以决断的问题。鉴于公约最终全部删除了关于共同法院的规定,本公约所规定的法院便不包括这些共同法院。

在人们理解公约中原审国和被请求国规定的含义时,需要特别注意公约第 22 条关于非单一法律制度国家的规定。公约中所规定的非单一法律制度国家是公约对原审国和被请求国一般法律制度的特别的和例外的规定。

(四)2019 年《海牙判决公约》的时间适用范围

公约在第 16 条“过渡性规定”中确定了其时间适用范围:“本公约应适用于如下判决的承认和执行,即在原审国提起诉讼时,公约已经在该国以及被请求国生效。”也就是说,寻求基于本公约获得承认和执行的法院判决,在原审国法院立案时,原审国以及被请求国必须同时已经是本公约的成员国。需要特别注意的是,公约这里规定的重要的时间点是寻求承认和执行的法院判决所基于的诉讼案件在原审国开始之日(date of institution of the proceedings),而不是原审国法院判决向被请求国申请承认和执行的案件的立案时间。除了第 16 条外,本公约还在其他一些条款中,如公约第 5 条第 1 款(k)项和第 30 条第 5 款,规定了诉讼开始时间(time proceedings were instituted),却没有对这一重要概念和用语进行定义。但是,无论是 Nygh/Pocar 的报告还是本公约的两位报告人贾西马丁(Francisco Garcimartin)和萨乌弥尔(Geneviève Saumier)对本公约的解释报告,均认为“诉讼开始”意味着业已完成在原审国开始诉讼活动的第一步的程序。例如,诉讼文件向法院提交并立案,或者在立案前如果文件需要送达,负责送达的机关接收了文件。①

① See Nygh/Pocar Report, para. 43; Prel. Doc. No. 4, para. 264; Francisco Garcimartin and Geneviève Saumier, Judgments Convention: Revised Draft Explanatory Report, Prel. Doc. No. 1 of December 2018, para. 35.

(五)先决问题和2019年《海牙判决公约》的适用范围

下文将详细讨论的一些被公约排除适用的事项(公约第2条第2款),以及由于不是民商法性质事项(公约第1条第1款)而被排除出公约适用范围的事项在司法实践中可能会在诉讼中作为先决问题出现的情形。是否在原审国法院诉讼中,只要被公约排除出适用范围的事项,无论是作为诉讼的主要问题出现,抑或仅作为先决问题出现,原审法院的这种判决都应该被排除在公约适用范围之外呢？在该问题上,公约立法者的态度非常明确:如果被排除事项仅仅作为先决问题而出现,则法院判决并不因此被排除出公约适用范围(第2条第2款)。该规定实际上表明诉讼中所涉及的法律事项或问题(legal matters or issues)可以区分为主要问题(principal issue)和先决问题(preliminary questions or issues),法院对于前者的裁定必须基于对后者的在先决定,也就是说,只有先决问题确定后,才可以裁定主要问题。例如,知识产权许可协议违约责任的诉讼中,法官必须先确定被许可的知识产权是否有效。在该案中,违约索赔便是案件的主要问题,而知识产权的有效性问题便是先决问题。在司法实践中,先决问题常常是被告提出抗辩的理由。根据公约的该款规定,一个外国民商事法院判决是否属于公约适用范围取决于原审诉讼的本体或客体(object of the proceedings),如果它属于公约适用范围,则该法院判决便可以依据公约获得承认和执行,即使诉讼中出现的先决问题属于被公约排除适用的事项。值得注意的是,在理解公约该款规定时,需要和公约第8条关于先决问题的一般性规定结合起来。该规定主要解决法院先决问题裁定的后果问题,包括该裁决是否可以依据本公约获得承认和执行问题。

三、被2019年《海牙判决公约》排除的争议事项

(一)立法考量和背景

尽管公约规定其适用范围是法院的民、商事判决,但是它并不适用于所有民、商事事项的法院判决。公约之所以以专门条款规定被公约排除适用的争议事项,主要基于以下理由:首先,从公约起草者的角度来讲,尽管他们一方面希望公约可以适用至较广的范围,但另一方面,他们也不得不从实际出发,顾及广大的海牙会议成员可以接受未来公约的程度,从而可以使未来公约获得最广泛的接受和加入。其次,一些被公约排除适用的事项业已由其他国际公约予以规定,尤其是海牙国际私法会议所制定的其他国际公约,本公约的制定者认为本

公约不应干预那些公约的正常施行和适用。[①] 最后,一些被排除的事项对于一些国家来说是比较敏感的事项,公约起草者在起草公约时就如何规定这些事项,难以达成广泛的一致,所以这些事项就被明确排除出公约的适用范围之外。[②]

公约的这条规定是以2005年《选择法院协议公约》第2条为范本起草的。负责公约起草的工作小组认为,就公约适用范围应予排除的事项而言,公约和上述《选择法院协议公约》具有诸多共性。但是,在2016年6月的特委会会议上,一些与会国家的代表还是对现有公约草案在适用范围的排除事项上的规定提出了不少修改建议,从而使公约在排除的适用范围问题上和上述2005年《选择法院协议公约》有较大区别,如本公约适用于雇佣合同、消费者合同、人身侵害、有形财产的损害、不动产物权和租赁、部分反垄断(竞争)事项等领域。

在公约谈判和制定过程中,2016年海牙特委会会议上《海牙判决公约(草案)》(以下简称公约草案)第2条关于公约排除适用事项的规定也是与会代表热烈讨论的条文之一,各国代表除了向会议提交了8项关于该条规定的修改案文外,还于2016年6月7日上午召开的会议上专门讨论了该条规定。[③] 特委会对该条讨论的要点可以归纳如下:第一,关于收养和亲子关系问题[第2条第1款(a)项],以色列代表建议公约在排除自然人身份和法律能力的同时,明确地将收养和亲子关系也排除出公约的适用范围。会议决定在公约的解释报告中对此问题予以澄清。[④] 第二,关于是否应该将反垄断(竞争)事项排除在公约适用范围之外问题。2005年《选择法院协议公约》[第2条第2款(h)项]是将"反

---

① See Nygh/Pocar Report, para. 29; Prel. Doc. No. 4, para. 264; Hartley/Dogauchi Report, para. 53; Francisco Garcimartin and Geneviève Saumier, Judgments Convention: Revised Draft Explanatory Report, Prel. Doc. No. 1 of December 2018, para. 38.

② See Francisco Garcimartin and Geneviève Saumier, Judgments Convention: Revised Draft Explanatory Report, Prel. Doc. No. 1 of December 2018, para. 38.

③ 关于公约第2条的各国的建议案文包括:Special Commission on the Recognition and Enforcement of Foreign Judgments Working Documents No. 25(以色列), 37(阿根廷), 38(以色列), 42(欧盟), 47(欧盟), 48(阿根廷), 52(中国) and 59(国际律师协会, International Association of Lawyers)。关于特委会6月7日上午会议的纪要,参见Special Commission on the Recognition and Enforcement of Foreign Judgments, Report of Meeting No. 9, Meeting of Tuesday 7 June 2016 – Morning Session。

④ See Special Commission on the Recognition and Enforcement of Foreign Judgments (1–9 June 2016), Report of Meeting No. 9 – Meeting of Tuesday 7 June 2016, para. 19.

垄断(竞争)事项”排除在公约适用范围之外的。而且就性质而言,反垄断(竞争)事项也具有行政法的公法性质,所以中国代表团建议将该事项也如上述法院选择协议公约一样排除在公约适用范围之外。但是,由于反垄断(竞争)的一些案件可能只发生在私人公司之间,并不具有公法性质,而是纯粹的民商事性质,所以,一些代表建议将该问题分成公法性质的部分和私法性质的部分,予以不同的对待。对于私人公司间的属于民商事性质的反垄断(竞争)争议的判决,应该归入公约的适用范围,而仅将那些由国家执法部门作出决定或处罚的属于公法性质的反垄断(竞争)争议排除在公约适用范围之外。最终,大会主席建议将公约是否应该扩大适用于反垄断(竞争)事项的问题写入备忘录,以期继续讨论反垄断(竞争)的哪些事项归入公约的适用范围更为合适。① 于是该问题便成了海牙国际私法会议第二十二届外交大会上对于公约草案中需要最终攻克的几个堡垒之一。前文提到,在外交大会对于反垄断(竞争)事项的排除适用问题的谈判中,有三种观点激烈交锋,即反垄断事项全部纳入公约适用范围、全部排除出公约适用范围以及折中解决方案,即将部分反垄断事项的法院判决纳入公约适用范围。在外交大会上,关于该问题的谈判曾一度陷入僵局。中国代表团建设性地提出,在阻止反垄断法的域外适用效力的前提条件下,将针对部分特定反垄断事项的法院判决纳入公约适用范围的解决方案。该解决方案最终获得意见分歧各方的一致赞同,于是在大会上获得一致通过。② 第三,关于在将法人的有效性、无效或解散排除出公约的适用范围的同时也应将“自然人或者法人的结社”的有效性、无效或解散排除出公约的适用范围。此建议由欧盟代表提出,经过与会代表讨论最终决定采纳欧盟建议,将“自然人或者法人的结社”(or association of natural or legal persons)和“法人”并列加入公约草案第2条第1款(i)项。公约第2条的具体规定在后来第二次、第三次和第四次判决项目特委会会议上均有讨论,直到在第二十二届海牙外交大会上最后对这一条规定中尚未达成一致意见的具体内容进行最终谈判,并就该条内容全部达成一致通过。

(二)被2019年《海牙判决公约》排除的事项概说

公约第2条“范围排除事项”规定被明确排除出公约适用范围的事项,从而

---

① See Special Commission on the Recognition and Enforcement of Foreign Judgments (1 – 9 June 2016), Report of Meeting No. 9 – Meeting of Tuesday 7 June 2016, paras. 44, 46.

② 参见《海牙判决公约 ABC——访中国谈判代表团徐国建博士》,载微信公众号“邦信阳律师事务所”2019年7月9日,https://mp. weixin. qq. com/s/3BgjRdSi8APG3DMFvNrggg。

进一步净化公约第1条第1款所规定的本公约的适用范围。首先,该规定排除了一些属于民商事性质的事项(第1款)。其次,对于那些虽然被公约明确排除出公约范围的事项,如果在原审国的诉讼中作为先决问题出现,公约对其仍然适用(第2款)。再次,该条以其中一款特别规定公约不适用于仲裁及相关程序(第3款)。最后,公约第2条还规定,即使国家或政府机构是原审国诉讼中的主体和当事人,本公约也应予以适用,但是国家和国际组织所依法享有的豁免权和特权不受影响(第4款和第5款)。在适用这些规定时,被请求国法院不受原审国法院所作出的判决是否涉及被公约排除适用事项决定的影响。①

公约第2条第1款明确规定了公约不予适用的一些争议事项,其中有些明显属于民、商事性质,而下列事项究竟是否是民、商事性质则并不是非常清晰:(1)自然人的身份和法律能力;(2)抚养义务;(3)其他家庭法事项,包括婚姻财产制以及婚姻或相似关系所产生的其他权利和义务;(4)遗嘱和继承;(5)破产、破产和解协议、金融机构的破产方案和类似事项;(6)旅客和货物运输;(7)跨境海洋污染、非国家管辖区域的海洋污染、船舶海洋污染、海事赔偿责任限制和共同海损;(8)核损害责任;(9)法人或自然人与法人组成的团体的有效性、无效或解散,以及其机构所作决定的有效性;(10)公共登记机关登记的有效性;(11)诽谤;(12)隐私;(13)知识产权;(14)武装力量的行为,包括其人员的公务行为;(15)执法机构的行为,包括其人员的公务行为;(16)反垄断(竞争)事项,但基于下述行为的判决除外,该行为构成在实际或潜在竞争者间的限制竞争协议,或者协同措施,以固定价格、串通投标、设定产量限额或配额,或者通过分配客户、供应链、商业领域或区域来划分市场,而且此种行为及其后果两者均发生在原审国;(17)通过单边的国家措施进行的主权债务重组。

比较一下2019年《海牙判决公约》的排除规定和2005年《选择法院协议公约》(第2条第2款)的排除规定可以看出,2019年《海牙判决公约》所排除适用的事项更多更广,二者排除事项存在差异和内容完全不同的规定主要有以下内容:

(1)未被2005年《选择法院协议公约》排除但却被2019年《海牙判决公约》排除适用的事项,包括:①诽谤;②隐私;③武装力量的行为,包括其人员的公务行为;④执法机构的行为,包括其人员的公务行为;⑤通过单边的国家措施

① See Francisco Garcimartin and Geneviève Saumier, Judgments Convention: Revised Draft Explanatory Report, Prel. Doc. No. 1 of December 2018, para. 26.

进行的主权债务重组。

(2)2005 年《选择法院协议公约》和 2019 年《海牙判决公约》均有排除,但是排除的具体范围不一致的事项,包括:①破产、破产和解协议、金融机构的破产方案,以及类似事项。2019 年《海牙判决公约》明确将金融机构的破产方案排除在公约适用范围之外,而 2005 年《选择法院协议公约》并未作这样的规定。②关于污染事项的排除问题,2019 年《海牙判决公约》现规定的是跨境海洋污染、非国家管辖区域的海洋污染、船舶海洋污染、海事赔偿责任和共同海损;而 2005 年《选择法院协议公约》规定的是海洋污染、海事诉讼的责任限制,共同海损以及紧急拖船和救助。对比二者可以发现,2019 年《海牙判决公约》排除事项中删除了“紧急拖船”和“救助”。而关于海洋污染,2019 年《海牙判决公约》则更为明确地规定:未被公约适用排除的仅仅是“跨境海洋污染、非国家管辖区域的海洋污染”,也就是说,国内海域污染纠纷法院判决还是适用 2019 年《海牙判决公约》的,公约在海洋污染方面较之 2005 年《选择法院协议公约》扩大了适用范围。但是,2019 年《海牙判决公约》明确排除了将“船舶造成的海洋污染”。③在关于法人有效性等问题上,2019 年《海牙判决公约》在其排除适用事项中扩大了主题范围,即不仅仅如 2005 年《选择法院协议公约》把法人的这些事项予以排除,还包括自然人或法人组成的团体的有效性、无效或解散,及其机构所作决定的有效性事项。④这两个公约在适用范围排除事项上最大的区别之一是知识产权事项被全部排除出 2019 年《海牙判决公约》,而在 2005 年《选择法院协议公约》中还保留了对部分知识产权事项的适用——版权或相邻权以外的知识产权的有效性,以及版权或相邻权以外的对知识产权的侵权,但不包括当事人间因为违反涉及此种权利的合同而提起的,或可能会因为违反该合同而提起的侵权诉讼。⑤在反垄断(竞争)问题上,2005 年《选择法院协议公约》是全部予以排除的,2019 年《海牙判决公约》则保留了对于因垄断行为及其后果均发生于原审国的下列垄断行为而产生纠纷的法院判决的适用:构成在实际或潜在竞争者间限制竞争协议,或者协同措施,以固定价格、串通投标、设定产量限额或配额,或者通过分配客户、供应商、商业领域或区域来划分市场的垄断行为。

(3)侵权事项和不动产事项被全部排除出 2005 年《选择法院协议公约》的适用范围,但是,2019 年《海牙判决公约》却没有予以排除。前者对它们排除的规定所用的措辞是:自然人或者其代表提起的人身伤害诉讼;非因合同关系产生的侵权或者不当行为对有形财产造成的损害;不动产物权以及不动产租赁权。

2019 年《海牙判决公约》在第 2 条中专门以其 4 款规定了其他涉及排除公约适用的问题:①先决问题;②仲裁程序;③国家和政府行为;④国家豁免。需要说明的是,在公约的最初草案中该条规定还有一款关于法院外的机构或个人所作的有约束力的裁定(binding determination)的排除适用(2016 年公约草案第 2 条第 4 款)的特别规定,但是后来被删除了。公约谈判的特委会会议,尤其是 2016 年 6 月的第一次特委会会议围绕这些问题曾展开过非常广泛深入的讨论,笔者将公约此条的谈判背景简略地介绍给读者,以便大家可以更好地理解该条规定的内容:第一,先决问题。澳大利亚代表团提出了一项将公约草案中和先决问题相关事项整合成一个条文的建议,但该建议条文过于复杂,难以理解,没有被特委会采纳。① 第二,上述法院外的机构或个人所作的有约束力的裁定的排除适用(第 2 条第 4 款)和仲裁问题的排除适用问题(第 2 条第 3 款)。欧盟代表提交特委会第 42 号提案,建议删除公约草案第 2 条第 4 款:首先,该条规定的内容已涵盖在第 2 条第 3 款关于公约不适用于仲裁事项的规定中;其次,公约只适用于法院的判决,而且公约也已对判决作出明确的定义,再在此以专门条文特别强调非法院机构或个人所作约束力的裁定的不予适用没有必要。② 特委会后来决定删除该条规定。关于排除仲裁和相关程序问题,有西班牙专家提出疑问,是否法院关于仲裁协议效力问题的判决也排除适用? 法国代表认为所有涉及仲裁的问题均应是公约排除适用事项。③ 第三,政府行为和国家豁免问题(第 2 条第 5 款和第 2 条第 6 款)。在公约草案关于判决不因为一方当事人是政府就不予承认和执行的规定问题上,以色列代表提交议案并发言指出成员国应该可以对该条规定予以保留,声明排除该条的适用。④ 但是,该建议并未获得其他国家的有力支持,所以没有被特委会采纳。而关于国家豁免条款的规

---

① See Special Commission on the Recognition and Enforcement of Foreign Judgments (1 – 9 June 2016), Report of Meeting No. 9 – Meeting of Tuesday 7 June 2016, paras. 57 – 62.

② See Special Commission on the Recognition and Enforcement of Foreign Judgments (1 – 9 June 2016), Report of Meeting No. 9 – Meeting of Tuesday 7 June 2016, paras. 63, 66.

③ See Special Commission on the Recognition and Enforcement of Foreign Judgments (1 – 9 June 2016), Report of Meeting No. 9 – Meeting of Tuesday 7 June 2016, paras. 73,75.

④ 参见特委会第 38 号工作文件和 Special Commission on the Recognition and Enforcement of Foreign Judgments (1 – 9 June 2016), Report of Meeting No. 9 – Meeting of Tuesday 7 June 2016, 第 78 段。

定,以色列等国家的代表提出在规定国家豁免的同时也要在条文中明确其官员或代表也应可以豁免。讨论的结果是,一致认为“国家”的概念中包含了其官员和代表。①

(三)自然人的身份和法律能力

自然人的身份和法律能力问题被明确排除出公约的适用范围[第2条第1款(a)项]。基于这一规定具体排除公约适用范围的有关自然人的身份和法律能力的法院判决,包括离婚判决、法律上的分居判决、婚姻无效判决、亲子关系成立和争议的判决、收养、未成年人或无行为能力人身份及能力的判决。被排除于公约适用范围的还有关于父母责任的判决,包括监护权、探视权、抚养权、监护或类似措施、儿童保护措施或者对儿童财产管理、保护或处置的判决。② 鉴于海牙国际私法会议历史上已经制定了多个涉及该领域的国际公约,例如,1996年10月19日《关于父母责任和保护儿童措施的管辖权、法律适用、承认、执行和合作公约》以及2000年1月13日《成年人国际保护公约》,所以,本公约的立法者认为应该将这些已经有公约规定的事项排除出公约适用范围。③ 关于自然人的姓名和国籍的判决也属于2019年《海牙判决公约》排除适用的范围。而关于抚养义务和其他家庭法事项,包括婚姻财产制以及婚姻或相似关系所产生的其他权利和义务则属于公约第2条第1款(b)项或(c)项规定的排除事项。

(四)抚养义务

公约第2条第1款(b)项规定抚养义务不属于公约适用范围。依据该规定,所有产生于家庭关系、亲子关系、婚姻或者姻亲关系的抚养、扶养义务均属于被公约排除适用的事项。海牙国际私法会议曾制定过若干个规范抚养问题的国际公约,它们对抚养问题有明确和详细的规定。这些公约包括1958年4月15日《儿童抚养义务判决的承认和执行公约》、1973年10月2日《抚养义务判决的承认和执行公约》以及2007年11月23日《关于国际追索儿童抚养费和

---

① See Special Commission on the Recognition and Enforcement of Foreign Judgments (1 – 9 June 2016), Report of Meeting No. 9 – Meeting of Tuesday 7 June 2016, paras. 78 – 89.

② See Nygh/Pocar Report, para. 30, note 16; Francisco Garcimartin and Geneviève Saumier, Judgments Convention: Revised Draft Explanatory Report, Prel. Doc. No. 1 of December 2018, para. 39.

③ 该两个公约中文翻译分别参见中华人民共和国外交部条法司编:《海牙国际私法会议公约集》,法律出版社2012年版,第172~183页、第184~193页。

其他形式家庭抚养的公约》。[①] 在实践中，扶养义务常常是和婚姻财产制交叉重叠的。但是，由于本公约将抚养义务以及婚姻财产制一并排除出其适用范围，因而在本公约中也就没有必要对"抚养义务"和"婚姻财产制"两个概念进行定义，以划清二者间的界限。[②]

（五）其他家庭法事项，包括婚姻财产制

公约第 2 条第 1 款（c）项规定婚姻财产制以及婚姻或相似关系所产生的其他权利和义务。关于婚姻财产制问题，1978 年 3 月 14 日《婚姻财产制度法律适用公约》进行了专门的规定。该项规定排除的事项包括在婚姻存续期间或离婚以后双方当事人之间以及在例外情况下和第三人间的请求权的所有法院判决，而这些判决会影响他们基于婚姻关系产生的财产方面的权利。这里所说的"权利"，包括对夫妻财产的管理权和处分权，以及夫妻间为了确定他们间的财产制度而缔结的婚姻财产协议。这些权利、请求由于和夫妻的婚姻关系紧密相连，是婚姻关系的组成部分，受婚姻关系法律调整，因而均被排除在本公约的适用范围之外。但是，夫妻间并非受婚姻关系法律调整，而是基于一般性的民事法律，如合同法、物权法、侵权行为法等在夫妻作为民事主体之间所产生的权利请求并未被排除出公约的适用范围。[③] 该项规定中所说的"相似关系所产生的其他权利和义务"指未结婚但可以获得法律上认可的伴侣关系，如一些国家法律所允许的登记注册的伙伴关系（partnership）。[④]

（六）遗嘱和继承

2019 年《海牙判决公约》第 2 条第 1 款（d）项规定将遗嘱和继承排除出公约适用范围。海牙国际私法会议私法统一化历史上曾制定有三个涉及遗嘱和继承问题的公约，即 1961 年 10 月 5 日《关于遗嘱处分方式法律冲突的公约》、1973 年 10 月 2 日《遗产国际管理公约》以及 1989 年 8 月 1 日《关于遗产继承的

---

① 这三个海牙公约的中文本分别参见中华人民共和国外交部条法司编：《海牙国际私法会议公约集》，法律出版社 2012 年版，第 29～32 页、第 100～106 页、第 215～240 页。

② See Nygh/Pocar Report, para. 32; Francisco Garcimartin and Geneviève Saumier, Judgments Convention: Revised Draft Explanatory Report, Prel. Doc. No. 1 of December 2018, para. 40.

③ See Nygh/Pocar Report, para. 35; Hartley/Dogauchi Report, para. 55; Francisco Garcimartin and Geneviève Saumier, Judgments Convention: Revised Draft Explanatory Report, Prel. Doc. No. 1 of December 2018, para. 41.

④ See Nygh/Pocar Report, para. 35; Francisco Garcimartin and Geneviève Saumier, Judgments Convention: Revised Draft Explanatory Report, Prel. Doc. No. 1 of December 2018, para. 41.

准据法公约》。[①] 继承包括遗嘱继承和法定继承。基于公约的该项规定,无论是遗嘱继承还是法定继承均被排除出公约的适用范围。在这里,公约之所以将遗嘱特别列举出来,只是为了表明以自己的死亡为条件处分自己财产的被继承人的这种处分的形式和实质有效性也被排除在公约适用范围之外。被继承人通过遗嘱处分设立信托关系,法院对于这种设立信托的遗嘱的有效性的判决以及对该遗嘱进行解释的判决均被排除在本公约适用范围之外。但是,法院关于遗嘱所确立的信托的效力、信托管理或者信托变化的判决并没有被排除在公约适用范围之外,而受本公约的管辖。[②]

(七)破产、破产和解、金融机构的分拆和类似事项

公约第2条第1款(e)项规定将破产、破产和解(composition)、金融机构的分拆和类似事项排除出公约适用范围。世界上不少国家的法律均规定不只是法人可以破产,自然人也可以宣告破产。本公约这里规定的破产既包括法人破产,也包括自然人破产。这里所说的"破产"包括破产程序中的清盘(winding up)和清算(liquidation)。[③] 公司非由于破产原因而进行的清盘和清算由公约第2条第1款(i)项规定。[④] 破产和解指破产债务人为了防止公司清算而和其债权人缔结对公司进行重整或重组协议的程序。[⑤] 债务人和债权人在法庭外,就债权债务处理所进行的协议安排,并不是这里所说的"破产和解",也不属于该

---

① 这三个海牙公约的中文本分别参见中华人民共和国外交部条法司编:《海牙国际私法会议公约集》,法律出版社2012年版,第37~39页、第86~95页、第156~162页。

② See Nygh/Pocar Report, para. 36; Francisco Garcimartin and Geneviève Saumier, Judgments Convention: Revised Draft Explanatory Report, Prel. Doc. No. 1 of December 2018, para. 42.

③ "Winding up"是英联邦国家公司法上的概念,指对公司进行清盘,既包括破产情况下的清盘,通常被称为清算(liquidation),也包括不是因为破产而进行的清算,通常被称为dissolution。在winding up程序中公司并不一定最终被清算(liquidated),可以通过委托临时清盘人(provisional liquidator)对公司进行重整。Winding up开始了就可以开始破产法所规定的所有行动,但是否最终清算,还需要看有没有通过破产程序中的和解(composition)或者重整计划。(感谢李小林博士提供相关信息和解读)

④ See Nygh/Pocar Report, para. 36; Hartley/Dogauchi Report, para. 56; Francisco Garcimartin and Geneviève Saumier, Judgments Convention: Revised Draft Explanatory Report, Prel. Doc. No. 1 of December 2018, para. 43.

⑤ See Nygh/Pocar Report, para. 36; Hartley/Dogauchi Report, para. 56; Francisco Garcimartin and Geneviève Saumier, Judgments Convention: Revised Draft Explanatory Report, Prel. Doc. No. 1 of December 2018, para. 43.

项规定中公约排除适用的事项。[1] 公约第 2 条第 1 款(e)项规定中的“类似事项”包含了协助无偿债能力或者财务上陷入困境的公司或个人在继续进行贸易活动中恢复偿债能力的各种方式和方法,例如,美国《破产法》第 11 条的规定。[2] 这些属于“类似事项”的各种方式和方法在一些国家可能会被置于有关破产和解的规定中,而在另一些国家可能会被纳入“类似事项”,但是鉴于所有这些均被排除出公约适用范围,所以在公约本项适用中究竟将相关事项纳入公约哪个概念无关紧要。

值得注意的是,和 2005 年《选择法院协议公约》相关规定比较,人们可以发现 2019 年《海牙判决公约》增加了一项排除公约适用的内容,即金融机构的清理(resolution of financial institutions)。“金融机构的清理”是一个全新的概念,是指一些国家为了防止金融机构倒闭而规定的法律保护措施。这些稳定金融秩序、保护金融机构的措施,是在国际机构金融稳定委员会直接资助下设立起来的。2009 年 4 月在伦敦召开的二十国集团(G20)峰会后成立了旨在国际范围内维护金融稳定的机构即金融稳定委员会,其总部在瑞士巴塞尔,该新机构取代了原来的金融稳定论坛(Financial Stability Forum)。对金融机构的清理包括:清算、对存款人补偿、资产和债务的出售和(或)转让、设立临时过渡机构、减计资产账面价值或者债转股。[3] 这些措施大多属于行政法性质,并不是 2019 年《海牙判决公约》所适用的民商事事项,自然不应该属于公约适用的范围,本来也无须在公约中特别予以规定,就像 2005 年《选择法院协议公约》那样,不专门将此事项明确列为公约不予适用的事项。但是,在 2017 年 2 月召开的海牙判决项目第二次特委会会议上,欧盟代表建议,为了更明确地表明这些事项不属于公约适用范围,避免公约未来适用时的不确定性,在 2019 年《海牙判决公约》该项规定中可以把该事项明确列出来予以排除。该建议得到与会大多数国家

---

① See Francisco Garcimartin and Geneviève Saumier, Judgments Convention: Revised Draft Explanatory Report, Prel. Doc. No. 1 of December 2018, para. 43.

② See Nygh/Pocar Report, para. 36; Hartley/Dogauchi Report, para. 56; Francisco Garcimartin and Geneviève Saumier, Judgments Convention: Revised Draft Explanatory Report, Prel. Doc. No. 1 of December 2018, para. 43.

③ See Financial Stability Board, Key Attributes of Effective Resolution Regimes for Financial Institutions, 15 October 2014; Francisco Garcimartin and Geneviève Saumier, Judgments Convention: Revised Draft Explanatory Report, Prel. Doc. No. 1 of December 2018, para. 44.

代表的支持,于是便有了现在的规定。①

2019 年《海牙判决公约》第 2 条第 1 款(e)项规定所予以直接排除适用的是和破产直接相关的法院判决,也就是说,如果原审国诉讼的基础是破产程序中债权人和债务人的权利义务关系,那么法院对该诉讼的判决,便是公约本项规定所明确予以排除适用的法院判决。但是,如果诉讼是基于一般民商事法律规范,则法院适用这些一般民商事法律规范所作出的法院判决,便不属于本项排除适用的判决,可以依据公约规定获得承认和执行。被请求承认和执行的法院,在判断一个法院判决是否是基于破产法律规范作出且被排除出公约适用范围的判决时,应该特别考虑以下因素:该法院判决是否在相应的破产程序开始之时或之后作出;作出法院判决的诉讼是否服务于所有债权人的利益;作出法院判决的诉讼如果不是债务人无偿债能力是不会开始的。基于这些标准,公约不适用于法院所作出的那些直接和破产程序相关的裁定和判决,例如,裁定破产程序开始的判决、批准破产企业重整的裁定、撤销有损于全体债权人利益的交易的判决以及请求权求偿位次的法院裁定。② 但是,如果法院判决是针对基于一般民商事法律规定而提起的诉讼作出的,则不属于公约第 2 条第 1 款(e)项规定的被公约排除适用的法院判决,即使诉讼中的原告或者被告是破产程序中的破产管理人,也不影响"该法院判决并不是破产程序判决"的性质判断,从而不属于被公约排除适用的"与破产相关的判决"(insolvency-related judgments)。这种情形在破产程序中是很常见的,如破产管理人向法院起诉请求破产公司的债务人偿还债务,法院对这种诉讼所作的判决便不是与破产相关的判决,可以适用公约进而获得承认和执行。

(八)旅客和货物运输

公约第 2 条第 1 款(f)项规定国内或国际旅客和货物运输合同不适用公约的规定,而无论使用何种运输工具,例如,海上运输、陆地运输、空中运输或是多式联运,均被排除在公约适用范围之外。旅客和货物运输是私法国际统一化的重要领域,在这方面国际上已经有一些非常重要的国际公约。为了避免本公约

---

① See Minutes of the Special Commission on the Recognition and Enforcement of Foreign Judgments (16 – 24 February 2017), Minutes No. 2, paras. 30 – 50.

② See Work. Doc. No. 104 of February 2017, "Proposal of the delegation of the European Union" (Special Commission on the Recognition and Enforcement of Foreign Judgments, 16 – 24 February 2017); Francisco Garcimartin and Geneviève Saumier, Judgments Convention: Revised Draft Explanatory Report, Prel. Doc. No. 1 of December 2018, para. 45.

和这些既有的国际公约相冲突,本公约的立法者们有意将该领域排除在公约适用范围之外。鉴于旅客和货物运输合同常常是商事性质的合同,人们可能会认为公约该项规定所排除的只是商事性质的旅客和货物运输合同。这种认识是不正确的。一般民事性质的旅客和货物运输也是该项规定所排除适用的内容。例如,由于出租车司机的过失导致的出租车乘客受伤损害赔偿的法院判决也是属于被排除适用的事项。但是,该项规定并不排除运输中对第三方所造成伤害的情形,如受害人不是作为运输合同关系一方当事人的旅客,而只是该合同关系外的第三人。而且,如果一个由多种服务所组成的合同关系中,如运输、住宿和餐饮等,旅客运输服务仅仅是此种服务的一部分,且不是所有此项服务中的主要部分,则这样的合同并不是此项规定所排除的事项。①

(九)海洋污染、海事请求权的责任限制、共同海损以及紧急拖救和海上营救

2019 年《海牙判决公约》第 2 条第 1 款(g)项规定了跨境海洋污染、非国家管辖区域的海洋污染、船舶海洋污染、海事请求权责任限制、共同海损等事项。2018 年 11 月的公约草案中与这条对应的规定和 2005 年《选择法院协议公约》第 2 条第 2 款(g)项规定的措辞完全一样。如前所述,目前 2019 年《海牙判决公约》的该项规定,较 2005 年《选择法院协议公约》在排除事项中删除了“紧急拖船和救助”,同时在海洋污染方面增加了两个限制,即不适用 2019 年《海牙判决公约》的情况限于“跨境海洋污染”“非国家管辖区域的海洋污染”“船舶海洋污染”。据此,非跨境的属于就国家管辖区域范围内的海洋污染纠纷所作出的法院判决将适用公约的规定;船舶造成的海洋污染,无论是否为“跨境海洋污染”和“非国家管辖区域的海洋污染”均被排除出公约的适用范围。该规定主要是在中国公约谈判代表团的提案基础上修改形成的。在第二十二届海牙外交大会上中国代表团于 2019 年 6 月 27 日向大会提交了第 77 号提案,建议将公约草案第 2 条第 1 款(g)项修改为:“跨境海洋污染、国家管辖外的海洋污染、海事请求权责任限制和共同海损。”[Art. 2,1,(g) transboundary marine pollution and marine pollution beyond national jurisdiction, limitation of liability for maritime claims, and general average]②最终,该提案在大会上获得通过。后来

---

① See Francisco Garcimartin and Geneviève Saumier, Judgments Convention: Revised Draft Explanatory Report, Prel. Doc. No. 1 of December 2018, para. 48.

② HCCH, 22nd Session (18 June – 2 July 2019), Work. Doc. No. 77, distribution: 27 June 2019, “Proposal of the delegation of the People’s Republic of China”.

有代表建议在该项规定中增加“船舶造成的海洋污染”,也获得大会的接受,并由公约起草小组对该条进行技术性起草,形成现有规定。2005 年《选择法院协议公约》和 2019 年《海牙判决公约》之所以均把上述海事事项排除出公约的适用范围,是因为海商法是非常特殊的法律领域,到目前为止并不是世界上所有国家都接受了国际上对该领域的法律进行统一的相关国际公约。2019 年《海牙判决公约》的制定者采纳了 2005 年《选择法院协议公约》的立法方法,也将海洋污染、海事请求权的责任限制、共同海损等几种海事事项排除在公约适用范围之外。需要指出的是,公约这里只是将涉及海事的上述几个事项予以排除,而其他海事事项,如海商海事保险、紧急和非紧急拖救、船舶建造、船舶抵押等则仍属于公约适用范围。①

(十)核损害责任

2019 年《海牙判决公约》第 2 条第 1 款(h)项规定核损害责任不适用公约的规定。核损害责任和其他侵权损害责任相比具有特殊性。目前,国际上有若干个关于核损害责任的国际公约,它们均规定,就核损害责任而言,核事故发生地国家法院享有对核事故造成损害责任诉讼的排他管辖权。② 鉴于这些特别领域的国际公约的特殊性,根据公约第 23 条关于公约和其他国际公约的关系的规定,公约在一些情况下应该让位于这些特殊公约,给予这些特殊公约优先适用的机会。基于这样的考虑,公约的立法者便通过公约第 2 条第 1 款(h)项的规定,将核损害责任排除出公约适用范围。公约的两位报告人贾西马丁和萨乌弥尔在分析该项规定时指出,一些拥有核发电厂的国家却没有签署有关核损害责任的任何一个国际公约,这些国家也不情愿依据公约第 5 条所规定的任何一条管辖基础承认公约其他成员国法院所作出的核损害责任判决。这些国家的核发电厂的运营者受到其国内法有关责任限制的法律保护,或者核损害赔偿由其国内设立的公募基金予以支付,依据其国内法进行的集体诉讼有必要统一地划分责任,并在所有核损害受害人之间平等地分配赔偿基金。③ 基于这样的原因,公约的立法者将核损害责任排除在公约适用范围之外。需要注意的是,该

---

① See Hartley/Dogauchi Report, para. 59; Francisco Garcimartin and Geneviève Saumier, Judgments Convention: Revised Draft Explanatory Report, Prel. Doc. No. 1 of December 2018, para. 49.

② See Hartley/Dogauchi Report, para. 64.

③ See Francisco Garcimartin and Geneviève Saumier, Judgments Convention: Revised Draft Explanatory Report, Prel. Doc. No. 1 of December 2018, para. 50.

规定仅排除核事故责任(nuclear accidents),因此,一般性的非属于核事故的而是属于一般性的核损害的医疗赔偿请求权,如核辐射医疗赔偿请求权,便不属于该规定排除适用的范围,相关的法院判决应属于公约适用范围。[①]

(十一)法人、社团的有效性、无效或解散,以及其机构作出的决定有效性

2019年《海牙判决公约》第2条第1款(i)项规定法人、自然人或法人组成的社团的有效性、无效或解散,以及其机构作出的决定有效性不适用公约的规定,被排除在公约适用范围之外。就主体而言,这里不仅只指法人,还包括自然人或法人组成的"社团"(association),即不具有法律人格的未登记的实体。[②]涉及法人的这些事项通常均由规范法人或这些实体的法律所属国法院进行排他性管辖,以避免将统一的法律关系置于不同的法院管辖之下,从而保证法律关系的确定性。[③]涉及这些问题的法院判决通常均不为其他国家所承认,因而在本公约中也予以排除。这里被排除出公约适用范围的是法人或社团的有效性、无效或解散事宜,以及其机构,如股东大会或董事会所作出的决定的有效性问题。应该注意的是,公约该项规定所排除的事项是涉及法人或社团属人性质的事项以及应该依据法人或社团之章程确定其机构作出的决定的有效性问题,而且,这些排除事项是被明确且穷尽列举的。这些列举之外的涉及法人或社团的事项均适用公约规定。上述被列明的排除事项之外的涉及法人的问题,如关于公司分红的支付问题的法院判决以及董事责任或社团成员会费支付问题的法院判决均没有被排除出公约的适用范围。此外,对于法人作为民商事法律关系一方主体,无论这些法律关系是合同之债还是侵权之债,均适用公约的规定。

(十二)公共登记机关登记的有效性

2019年《海牙判决公约》第2条第1款(j)项规定公共登记机关登记的有效性或无效性不适用公约的规定。这里所说的"公共登记",包括土地权属登记、土地费用的登记、商业财产的登记以及知识产权的登记等。人们通常会认为这些公共登记事项并不是本公约意义上的民商事事项,而是国家机关行使主权和公权力的行为,因而无须特别规定而是自然而然地被排除在公约适用范围之

---

① See Francisco Garcimartin and Geneviève Saumier, Judgments Convention: Revised Draft Explanatory Report, Prel. Doc. No. 1 of December 2018, para. 50.

② See Francisco Garcimartin and Geneviève Saumier, Judgments Convention: Revised Draft Explanatory Report, Prel. Doc. No. 1 of December 2018, para. 51.

③ See Nygh/Pocar Report, para. 170; Francisco Garcimartin and Geneviève Saumier, Judgments Convention: Revised Draft Explanatory Report, Prel. Doc. No. 1 of December 2018, para. 51.

外。但是,鉴于一些国际公约,如欧盟的《布鲁塞尔条例 I》规定排他地管辖这种登记的有效性问题(第 22 条第 3 款),为了避免未来适用公约时发生理解上的歧义,本公约立法者认为最好还是明确排除公约对这些事项的适用。基于公约第 2 条第 1 款(j)项的排除规定,在公共登记机关登记的有效性(validity of entries)问题中被排除的事项还包括由于登记机关拒绝登记申请或者修改登记内容而产生纠纷,进而引起的申请人起诉登记机关的诉讼。① 但是,并非涉及公共登记机关登记的所有问题均被排除出公约的适用范围。一般认为,涉及登记的法律效力(legal effects)的问题便不属于公约该项规定排除的内容。例如,房地产登记机关登记的房屋优先购买权人对该房屋的第三方购买人基于此种优先购买权登记所提起的诉讼,或者原告基于不动产转让无效而提起的诉讼。即使在这两种情况下,被告对不动产的所有权均在不动产登记机关进行了登记,也不属于公约该项规定所排除的事项。在这两种情形下,法院的判决所针对的并不是登记机关登记的有效性(validity of entries)问题,而是合同的有效性问题。②

(十三)诽谤

2019 年《海牙判决公约》第 2 条第 1 款(k)项规定由于诽谤(defamation)引起的诉讼的法院判决不适用公约的规定。诽谤一般被认为是民法上的一种侵权行为,由于 2019 年《海牙判决公约》和 2005 年《选择法院协议公约》不同,其并没有排除公约对侵权行为法院判决的适用,法院对诽谤这种侵权诉讼作出的判决本应属于公约的适用范围。但是,诽谤这种侵权行为区别于其他侵权行为的特殊性在于,前者在一些国家属于敏感问题,涉及言论自由等宪法权利。考虑这一特殊性,公约的立法者通过第 2 条第 1 款(k)项规定明确将其排除出公约的适用范围。被明确排除的诽谤既包括对自然人的诽谤也包括对法人的诽谤,诽谤的方式既包括诋毁也包括造谣中伤(libel and slander),诽谤的途径也涵盖各种公开的传播方式,如报纸、电台、电视或互联网。③

---

① See Francisco Garcimartin and Geneviève Saumier, Judgments Convention: Revised Draft Explanatory Report, Prel. Doc. No. 1 of December 2018, para. 52.

② See Nygh/Pocar Report, para. 172; Francisco Garcimartin and Geneviève Saumier, Judgments Convention: Revised Draft Explanatory Report, Prel. Doc. No. 1 of December 2018, para. 53.

③ See Francisco Garcimartin and Geneviève Saumier, Judgments Convention: Revised Draft Explanatory Report, Prel. Doc. No. 1 of December 2018, para. 54.

(十四)隐私

2019年《海牙判决公约》第2条第1款第(1)项规定将因侵犯隐私而引起的诉讼的法院判决排除在公约适用范围之外。和前面所述诽谤一样,隐私问题在一些国家也是一个敏感问题,它既涉及个人私权保护问题也涉及宪法上的基本权利问题,而且无论是在立法上还是在司法上均常常需要准确地平衡个人私权和言论自由权之间的关系。对于隐私问题是否要排除在公约适用范围之外,四次特委会会议上曾有不同的观点和比较激烈的讨论。第四次特委会结束时,该问题还被放在方括号中,留待海牙外交大会最后讨论定夺。① 但是,在外交大会上各国代表最终还是一致同意把隐私排除在本公约适用范围之外。隐私和诽谤不同,诽谤所涉及的是无中生有或被歪曲的信息,而隐私涉及的则是真实信息(true information),如文字信息、图片、录音和影像等。② 在讨论和准备该项规定起草过程中,海牙国际私法会议常设局及与会代表们就隐私的基本问题做了不少的基础性研究工作,就侵犯隐私的定义达成基本共识:侵犯隐私,是指对涉及私人生活的信息进行未经授权的公开披露(an unauthorized public disclosure of information relating to private life)。③ 公约的两位报告人贾西马丁和萨乌弥尔在分析该项规定时指出侵犯隐私的概念包含以下三个关键要素:第一,隐私信息必须是通过公开的传播渠道予以披露的,包括通过报纸、电台、电视或互联网渠道。第二,隐私信息的披露未经相关人授权,如通过合同方式或经由相关有权机关授权。判决承认和执行实践中,对于这一要求,可能需要被请求国法院通过审查原审国法院判决中对事实的认定进行判断。第三,这里被排除的侵犯隐私只限于对自然人的隐私侵犯问题,并不涉及法人隐私问题,因为法人是没有私生活的。涉及自然人的数据保护问题以及对自然人个人保密

---

① See Work. Doc. No. 1 E, Draft Convention on the recognition and enforcement of foreign judgments in civil or commercial matters, distributed on 29 November 2018.

② See Francisco Garcimartin and Geneviève Saumier, Judgments Convention: Revised Draft Explanatory Report, Prel. Doc. No. 1 of December 2018, para. 55.

③ See Work. Doc. No. 226 Revised of November 2017, "Proposal of the delegation of the European Union" (Special Commission on the Recognition and Enforcement of Foreign Judgments, 13 - 17 November 2017); Prel. Doc. No. 8 of November 2017 for the attention of the Third Meeting of the Special Commission on the Recognition and Enforcement of Foreign Judgments, 13 - 17 November 2017, "Note on the possible exclusion of privacy matters from the Convention as reflected in Article 2(1)(k) of the February 2017 draft Convention". Francisco Garcimartin and Geneviève Saumier, Judgments Convention: Revised Draft Explanatory Report, Prel. Doc. No. 1 of December 2018, para. 55.

信息的侵犯问题均包含在该项规定中。[①] 但是，法人的数据保护（data protection）和保密信息的侵犯均不属于被该项规定所排除的内容。公约该项规定所排除适用的是那些基于上述对自然人隐私侵犯所产生的索赔或阻止隐私信息公开披露的法院判决。

（十五）知识产权

2019 年《海牙判决公约》第 2 条第 1 款（m）项将知识产权（以及相似事项）诉讼的法院判决排除在公约适用范围之外。公约排除适用于知识产权法院判决的承认和执行后，外国知识产权法院判决的承认和执行便只能依据各国国内法、双边国际条约或者其他多边国际公约获得承认和执行。知识产权事项是否应该全部，或者是否仅应该部分地被排除出公约适用范围，可以说是本公约起草和制定过程中争议最大的一个问题。在 2017 年 11 月的海牙判决项目第三次特委会会议上花了最长时间讨论该议题，而且未能取得实质性进展。因而，为了不影响公约谈判进程，2018 年 5 月第四次特委会会议上便没有把知识产权问题列入会议讨论议程。[②] 2019 年海牙第二十二届外交大会上对知识产权问题最后进行了激烈的讨论，但是，与会各国代表最终还是一致同意将知识产权问题全部排除出公约适用范围。特委会会议以及第二十二届外交大会在讨论知识产权问题是否应该在公约适用范围中予以排除时，有几种不同的观点。一种观点认为，在公约规定的排除事项中应该详细列举被排除的知识产权判决，但是不作穷尽式排除。另一种观点则认为，公约中仅规定一个开放的清单，而对排除适用的知识产权事项，尤其是知识产权的种类不作详细列举。外交大会最终决定公约全部排除对于知识产权法院判决的适用。尽管知识产权被本公约全部排除在适用范围之外，但是鉴于各国对知识产权的内涵和外延理解不一致，中国代表团在第二十二届外交大会上提交了一项提案，希望在公约的解释报告中明确“知识产权”（intellectual property）的含义，以免未来在适用公约的

---

① See Francisco Garcimartin and Geneviève Saumier, Judgments Convention: Revised Draft Explanatory Report, Prel. Doc. No. 1 of December 2018, para. 55.

② See Aide memoire of the Chair of the Special Commission, Third meeting of the Special Commission on the Judgments Project, 13 – 17 November 2017, Hague Conference on Private International Law; Aide memoire of the Chair of the Special Commission, Fourth meeting of the Special Commission on the Judgments Project, 24 – 29 May 2018, Hague Conference on Private International Law.

过程中对该公约规定产生歧义。① 后来,该提案由中国和美国代表团联合作出,并向外交大会提交。②

在知识产权是否纳入公约适用范围的谈判和制定过程中,这些争议和背景信息值得我国国际私法学界予以关注和研究。毕竟知识产权全球保护在相当长时间内将会是全球国际私法学界值得探索和研究的问题,知识产权法院判决的全球流通问题尽管被排除出 2019 年《海牙判决公约》适用范围之外,但在未来它仍是国际社会各国彼此合作,一直努力去争取获得突破,形成全球范围内外国法院知识产权判决流通机制的方向和目标。尽管这次海牙会议的努力未能取得成果,但是,国际社会如何面对该问题,怎样解决相关的知识产权法院判决和外国法院判决全球流通体系相互衔接,这次国际立法活动也积累了比较丰富的宝贵经验。

(十六)武装力量行动

2019 年《海牙判决公约》第 2 条第 1 款(n)项规定将武装力量行动,包括其成员执行公务行为的法院判决排除在公约适用范围之外。无论是武装力量行动还是其成员执行公务的行为显然既不是民事也不是商事性质的事项,依据公约第 1 条第 1 款的规定,不应属于本公约适用范围,也无须在公约中特别规定将其排除在公约适用范围之外。但是,鉴于国际社会不同国家对于"国家统治行为"(*acta jure imperii*)和"国家管理行为"(*acta jure gestionis*)尚没有一个统一的标准定义,对于哪些行为应该归入上述概念,认识也不一致,为了保证未来公约适用中的确定性,在公约谈判过程中有些国家代表建议在公约第 2 条中明确排除公约对这些事项的适用。公约该项规定清楚地表明,武装力量行动在任何情形下均不属于公约适用范围,公约成员国无义务承认和执行这些事项的法院判决,无论这种行为在原审国或是被请求国是否被界定为国家统治行为。基于该项规定被排除的仅是武装力量行动以及武装力量成员执行公务行为所引起的诉讼的法院的非民商事判决。因此,武装力量成员非执行公务行为所引起的诉讼的法院的民商事判决不属于排除事项之列。例如,军人在执行公务外购

① See Work. Doc. No. 80 E, Proposal of the delegation of the People's Republic of China, "Explanatory Repost text with regard to the term intellectual property", distributed No. 27 of June 2019.

② See Work. Doc. No. 80 E REV, Proposal of the delegations of the People's Republic of China and the United States of America, "Explanatory Repost text with regard to the term 'intellectual property'", distributed on 28 of June 2019.

买车辆或者非执行公务时交通事故纠纷而引起的诉讼的法院判决，均应该适用本公约的规定。相反，如果军人在执行公务过程中出现车祸，引起索赔诉讼的法院判决则不属于本公约适用范围。[①]

（十七）执法行动

2019 年《海牙判决公约》第 2 条第 1 款（o）项规定将执法行动，包括执法官员执行公务行为的法院判决排除在公约适用范围之外。该事项的排除和上述武装力量行动的排除无论是被排除理由还是公约所规定的方式均是相似的。但是，和武装力量行动的排除相比，执法行动的排除具有一个明显的特点，就是为了避免公约适用中对于哪些机关可以被界定为执法机关产生争议，公约该项直接规定将“执法行动”（law enforcement activities），而不是具体的执法机关或执法者的行动排除出公约适用范围。实践中，从事执法行动的机关便是公约意义上的执法机关，如警察力量或者边防官员。[②]

（十八）反垄断（竞争）事项

2019 年《海牙判决公约》第 2 条第 1 款（p）项规定将部分反垄断事项法院判决排除在公约适用范围之外。2005 年《选择法院协议公约》第 2 条第 1 款（h）项也将反垄断所有事项排除在公约适用范围之外。在作出规定时，该公约使用了“anti-trust (competition) matters”的表述。[③] 反垄断事项是否应该排除在公约适用范围之外，也是本公约起草过程中存在较大意见分歧的一个问题。直到 2018 年 5 月的海牙判决项目第四次特委会会议结束，与会的各国代表们对该问题仍没有达成共识，所以该问题一直被置于方括号中，提交第二十二届海牙外交大会最终谈判定夺。[④] 本公约还是采用了上述《选择法院协议公约》第 2 条第 1 款（h）项中的用词。公约该项规定中之所以以括号方式将“竞争”（competition）列出，是因为反垄断法在国际上主要有两个不同称呼，即反垄断

---

① See Francisco Garcimartin and Geneviève Saumier, Judgments Convention: Revised Draft Explanatory Report, Prel. Doc. No. 1 of December 2018, paras. 58 – 59.

② See Francisco Garcimartin and Geneviève Saumier, Judgments Convention: Revised Draft Explanatory Report, Prel. Doc. No. 1 of December 2018, para. 60.

③ 该海牙公约的中文翻译，参见中华人民共和国外交部条法司编：《海牙国际私法会议公约集》，法律出版社 2012 年版，第 204 ~ 214 页。该公约翻译文本将《海牙选择法院协议公约》第 2 条第 1 款 h 项“anti-trust (competition) matters”翻译为“反托拉斯（竞争）事项”。

④ See Work. Doc. No. 1 E, Draft Convention on the recognition and enforcement of foreign judgments in civil or commercial matters, distributed on 29 November 2018.

或反托拉斯法（anti-trust law，这是美国对该法律的称呼）以及竞争法（competition law）。为避免歧义，本公约立法者将二者予以并列规定。① 根据公约第 8 条第 2 款的规定，如果反垄断事项在诉讼中仅作为先决问题出现，则该诉讼的法院判决并不因为由此涉及反垄断事项，而被排除于公约适用范围之外。② 例如，原告基于合同起诉被告，而被告则抗辩称合同因违反反垄断法而无效，则由于诉讼中反垄断事项只是作为先决问题出现，所以该诉讼的法院判决仍然可以适用本公约。

如前所述，本公约并未如 2005 年《选择法院协议公约》全部排除对反垄断事项的适用，而是保留了垄断行为和这些垄断行为的后果均发生于原审国的下列垄断行为而产生纠纷的法院判决的公约适用：构成在实际或潜在竞争者间限制竞争协议，或者协同措施，以固定价格、串通投标、设定产量限额或配额，或者通过分配客户、供应商、商业领域或区域来划分市场的垄断行为。如前所述，公约第 2 条第 1 款（p）项的规定最后获得通过体现了中国、美国和欧盟作为本公约谈判中的三股最大力量在公约重要的具体问题上的相互妥协与合作结果。在第二十二届外交大会上澳大利亚、欧盟和美国曾就该项规定向大会提交了一项提案，建议公约草案该项修改为："反垄断（竞争）事项，但不包括就构成在实际或潜在竞争者间限制竞争协议，或者协同措施，以固定价格、串通投标、设定产量限额或配额，或者通过分配客户、供应商、商业领域或区域来划分市场的垄断行为所提起的诉讼。"这一建议遭到韩国和新加坡等国代表团的强力反对，他们表示不能接受该建议。外交大会关于该事项的谈判曾一度陷入僵局。中国代表团成员利用大会茶歇和午休时间积极与相关各方进行沟通，了解反对各方的反对理由。韩国和新加坡代表之所以反对，其主要是担心这些作为被公约排除适用的反垄断事项中的例外，即属于公约适用范围的反垄断事项，可能会据此产生域外适用的效力，并最终导致一些国家法院可以长臂管辖发生于其他公约缔约国的垄断行为纠纷诉讼。在了解反对方的担心后，中国代表团提出了解

① See Francisco Garcimartin and Geneviève Saumier, Judgments Convention: Revised Draft Explanatory Report, Prel. Doc. No. 1 of December 2018, para. 61.

② 本公约第 8 条第 2 款规定："Recognition or enforcement of a judgment may be refused if, and to the extent that, the judgment was based on a ruling on a matter to which this Convention does not apply, or on a matter referred to in Article 6 on which a court other than the court referred to in that Article ruled."（"如果判决是基于某一裁定作出，而该裁定的对象是对本公约所排除适用的某一事项，或第 6 条规定的某一事项，但作出该裁定的法院是该条规定的法院之外的法院。"）

决方案,即在上述澳大利亚、欧盟和美国提案的文本上附加这些垄断行为的行为本身及其后果均必须发生在原审国的限制条件,即增加“而且此种行为及其后果两者均发生于原审国”(“and where such conduct and its effect both occurred in the State of origin”),从而消除韩国和新加坡等反对国的担心。中国代表团的这一建设性的方案不但获得韩国和新加坡等国的同意和接受,也同时得到澳大利亚、欧盟和美国的支持和采纳。最终,澳大利亚、中国、欧盟和美国一起向外交大会提交了关于公约排除和有限适用于反垄断事项的联合提案,且该联合提案原封不动地在外交大会上获得与会各国代表的一致接受并最终通过,形成目前公约第 2 条第 1 款(p)项规定。

(十九) 仲裁和相关程序

2019 年《海牙判决公约》第 2 条第 3 款规定本公约不适用于仲裁和相关程序。与上述各排除公约适用事项所不同的是,公约在第 2 条中以专门的一款规定排除其对仲裁和相关程序适用,而前面那些被排除事项均在第 2 条第 1 款下逐项予以规定。本公约作这样的结构安排无非是想突出排除其对仲裁和相关程序适用的重要性和特殊性。这一规定曾经是海牙判决项目特委会会议,且尤其是 2017 年 2 月第二次特委会会议的讨论热点。[①] 依据本公约第 2 条第 3 款规定,应对本公约所不予适用的“仲裁和相关程序”作宽泛的解释,即本公约将不干预和影响现有以及未来产生的关于仲裁和相关程序的国际公约的适用,尤其是 1958 年《纽约公约》的适用。从立法的政策层面看,本公约不干预现有的国际仲裁制度是其基本的原则之一。这一政策可以保证本公约未来不会遭到国际仲裁界的反对,并从而在目前国际范围内业已存在的仲裁裁决全球流通制度之外,建立一套关于外国法院判决承认和执行的司法制度,最终实现未来国际社会仲裁裁决和法院判决双轨并行流通的机制。被这一排除条款所排除的对象既包括仲裁裁决,也包括法院判决。对于前者比较容易理解,本公约将不适用于仲裁裁决的承认和执行。而且,本公约也不适用于涉及仲裁程序的法院判决的承认和执行,例如,宣告仲裁协议有效或者无效、无法执行的法院裁定;判决当事人参与仲裁程序或者停止仲裁程序的法院裁定;撤销或者修改仲裁裁决的法院裁定;确定仲裁地的法院裁定;或者,裁定延长作出仲裁裁决期限的法

① 参见徐国建:《海牙〈判决执行公约〉谈判手记 | 诉讼和仲裁:未来的较量?》,载微信公众号“邦信阳律师事务所”2017 年 3 月 3 日,https://mp.weixin.qq.com/s/8UfRVdHKuD_a7z-9bCnNxQ。

院裁定。[1] 这里还需特别指出的是,基于公约该款规定,如果原审国法院的诉讼和当事人间的仲裁协议相矛盾,被请求承认和执行法院判决的公约成员国法院可以拒绝承认和执行原审国法院的判决。笔者认为,之所以应该作这样的理解,在于该款规定的目的是防止本公约干预仲裁程序,所以,被请求国法院可以拒绝承认和执行与当事人间仲裁协议相矛盾的法院判决,即使在原审诉讼中没有审理仲裁协议的效力问题,如在缺席判决的情况下未予以审理。但是,如果被告出庭参加诉讼,且没有以他们之间存在仲裁协议为由对法院管辖权提出异议,则通常不应该认为法院判决和仲裁协议相矛盾,该法院判决在这种情况下并不是被该款规定排除适用的内容。[2]

四、结论

2019 年 7 月 2 日通过的《海牙判决公约》是迄今为止国际社会诞生的第一部全球性的多边外国民商事法院判决承认和执行的国际公约,在国际范围内为实现国内法院判决的全球流通制度的建立,提供了国际法律的基础和根据。这是国际社会迄今实现该领域私法统一所取得的最为可喜的成绩。公约的第 1 条及第 2 条规定对其适用范围进行了界定,这实际上也是国际社会未来依据该公约可以实现全球流通的国内民商事法院判决的范围。该公约适用于法院民、商事性质的判决,在判决涉及多个不同性质诉讼问题时,适用分割原则,以尽可能使民商事性质的法院判决可以依据该公约获得全球流通。关于法院判决是否属于公约性质上的民、商事性质这一问题,由被请求法院按照国际公约解释的原则和方法确定。在主体适用范围上,公约适用的对象包括自然人、法人,除非缔约国根据公约第 20 条作出适用主体的声明,公约也将适用于国家,包括政府、政府机构或代理国家行事的人作为私法主体参与民商事性质的法律关系所导致的纠纷而引起的诉讼的法院判决。在地域适用范围上,公约适用于在一个缔约国承认与执行另一缔约国作出的判决。在寻求承认和执行的时间上,公约要求在原审国提起诉讼时,公约已经在该国以及在被请求国生效。公约的立法者们基于一些现实的考虑,在公约第 2 条"范围排除事项"中规定了被明确排除

---

① See Francisco Garcimartin and Geneviève Saumier, Judgments Convention: Revised Draft Explanatory Report, Prel. Doc. No. 1 of December 2018, para. 66.

② See Francisco Garcimartin and Geneviève Saumier, Judgments Convention: Revised Draft Explanatory Report, Prel. Doc. No. 1 of December 2018, para. 67.

出公约的适用范围的若干事项。为了防止对国际社会现有的仲裁制度和相关程序的干预,从而使本公约在国际社会获得尽可能多的支持,并使公约可以得到国际社会最为广泛的接受,公约明确规定不适用于仲裁和相关程序。由此,2019 年《海牙判决公约》从正反两方面完成了对其适用范围问题的规定,既给予了成员国以明确指导,又赋予了缔约国在一些问题上的自主权。

2019年海牙《承认与执行外国民商事判决公约》判决承认和执行机制概述*

一、背景与概要

2019年7月2日在荷兰海牙和平宫召开的海牙国际私法会议第22届外交大会闭幕式上，通过了《承认与执行外国民商事判决公约》(以下简称《海牙判决公约》)。该公约被国际社会誉为国际司法制度规则的改变者(game changer)。在此之前，在国际范围内缺乏一个全球性的国内法院民商事判决全球流通的国际法律机制。1958年的《承认与执行外国仲裁裁决公约》，即《纽约公约》，在过去60年中使国内仲裁裁决全球流通成为可能。但是，国际上很长时间都没有一部像《纽约公约》一样的创设国内法院判决全球流通机制的全球性的多边国际公约。海牙国际私法会议组织起草的《海牙判决公约》经过2016年6月、2017年2月、2017年11月和2018年5月召开的对该公约进行谈判的四次特别委员会会议讨论，并最终于2019年7月2日在荷兰海牙召开的第22届外交大会上获得通过，一部具有划时代意义的国际私法公约——2019年《海牙判决

---

* 本文原发表于《中国应用法学》2020年第4期。

公约》隆重诞生。① 这是迄今为止国际社会就外国民商事法院判决承认和执行公约所制定的最受关注,也是获得最多国家参与的一项国际司法制度建设的项目工程。中国政府也对该国际立法项目予以高度重视,派规模庞大的代表团参加了上述判决项目特委会的四次会议和第22届外交大会。②

本文主要探讨公约最核心部分,第二章"判决的承认与执行"所确定的外国民商事法院判决承认与执行的基本机制。

二、公约判决与承认机制的基本内容

2019年《海牙判决公约》第二章"判决的承认与执行",顾名思义,是关于外国民商事判决承认与执行的法律制度性的规定。该章内容从第4条至第15条共12条,分别是一般规定(第4条)、判决承认与执行的条件(第5条)、承认与执行的排他基础(第6条)、拒绝承认与执行(第7条)、先决问题(第8条)、可分割性(第9条)、损害赔偿(第10条)、司法和解协议(第11条)、提交的文件(第12条)、程序(第13条)、诉讼费用(第14条)以及依据国内法的承认与执行(第15条)。

从上面介绍的该章规定内容可以看出,公约在本章的规定主要涉及外国民商事判决承认和执行的以下几个主要方面的内容:

第一,规定缔约国相互间承认与执行判决的条约义务(第4条)。这也是公约最为核心的规定,可以说,公约其他规定均是围绕如何保证该规定内容的实际实施和有效执行展开的,也就是说,确定一套公约成员国间相互承认与执行法院判决的国际法律制度。

第二,判决承认与执行的条件或基础(第5条)。尽管《海牙判决公约》立法者的理念是通过本公约保证公约成员国的法院判决在其他公约成员国可以

---

① Convention of 2 July 2019 on the Recognition and Enforcement of Foreign Judgments in Civil and Commercial Matters concluded 2 July 2019. 公约英语原文可见海牙国际私法会议官网:hcch. net/instruments, No. 41。

② 参加第22届海牙外交大会的中国代表团规模最为庞大共21位代表,团长为中国驻荷兰大使徐宏,代表有来自香港特别行政区律政司的郑若骅司长以及黄庆康、丁国荣、陈婉冰、欧阳慧儒和冯奔奔,来自澳门特别行政区政府法务局的费佃娜(Ilda Cristina Fernandes de Sousa Ferreira)和王洋玲,以及最高人民法院、外交部、商务部、国家版权局、国际知识产权局、中国驻荷兰总领馆和学界与实务界代表,分别是奚向阳、任端平、孙劲、孙笑非、吴琼、胡国磊、胡爽、张熙、孙国顺、赵磊以及何其生与笔者。但部分香港特别行政区的代表因故未能参加会议。

获得承认与执行,但是,公约在确立判决承认与执行制度时必须先确定一些标准或者条件,只有符合这些标准,或者满足这些条件的法院民商事判决才可以在其他公约成员国获得承认和执行。公约的立法者选择以原审法院对案件的管辖权作为出发点,来确定依据本公约规定可以获得承认与执行的判决的标准或条件。公约的第 5 条具体规定了这些标准或条件,并把它们称为承认与执行的基础(bases for recognition and enforcement)。以原审法院当初受理案件管辖权作为判决承认与执行的标准,从被请求承认与执行判决的法院角度看,这种法院受理案件的管辖权并不是被请求法院对案件直接的管辖权,而是可以被看作一种间接管辖权,所以,在公约的谈判过程中,谈判代表们均习惯性地把这些标准或条件称为间接管辖权过滤器(indirect jurisdictional filters)。此外,在法院民商事案件的管辖问题上,大多数国家对特殊案件均规定有法院排他管辖制度。为了协调不同国家法院专属或称为排他管辖的不同规定,公约特别规定了判决承认与执行的排他性管辖标准和条件(第 6 条)。

第三,公约规定了被请求国法院对请求承认与执行案件可以拒绝承认与执行的情形(第 7 条)。依据公约的规定,缔约国法院的民商事判决只要符合上述第 5 条第 1 款所规定的判决承认与执行标准和条件之一便可依据本公约获得承认与执行。但是,实践中由于原审诉讼中的瑕疵,以及判决承认与执行的结果会导致对被请求国社会公共利益的损害等特殊情形,对于这些存在严重问题的法院判决也予以承认与执行显然是不合适的,本公约的立法者自然也考虑到这种情况,因而,在公约中便特别规定了被请求国法院可以拒绝承认与执行外国民商事判决的情形(第 7 条)。我们也可以认为,这是公约在承认与执行外国民商事判决方面规定了一个负面清单,对于属于该负面清单中所规定情形的法院判决,被请求国法院可以拒绝承认与执行。

第四,和判决承认与执行相关的其他问题。公约第二章还就涉及判决承认与执行的一些特殊问题进行了规定,包括涉及承认与执行的先决问题、判决内容可以分割开来予以承认与执行的规定、关于损害赔偿金判决的特别规定,以及在承认与执行方面等同于法院判决的司法和解协议的规定。

第五,法院判决承认与执行的程序事项问题。这方面的规定包括请求承认与执行法院判决的当事人所应该提交的文件种类及格式等方面的要求、承认与执行外国法院判决应该适用哪个国家的程序法律规定问题,以及关于法院承认与执行外国法院判决诉讼程序的诉讼费用问题。

第六,关于本公约的规定不妨碍公约成员国依据其国内法的规定对外国法院判决承认与执行的特别规定。

三、缔约国承认与执行外国法院判决义务

(一)被称为是公约"基石"的规定

《海牙判决公约》第4条规定:"一、缔约国(原判国)法院所作判决应依本章规定在另一缔约国(被请求国)承认与执行。仅限于本公约规定的理由才可以拒绝承认与执行。二、被请求国不得审查判决的实质问题。为适用本公约确为必须时,方可进行这样的考量。三、判决惟有在原判国有效,方能得以承认;惟有在原判国可执行,方能得以执行。四、若第三款所指判决在原判国尚是审查的对象,或者正常审查的期限尚未届满,则被请求国可暂缓或拒绝承认与执行该判决。此次拒绝并不妨碍当事人随后再次申请判决的承认与执行。"

公约的该条规定被认为是公约中最为重要的规定,也被称为公约的基石(corner stone)。[①] 这一条文共4款具体的规定,包含以下主要内容:第一,缔约国间彼此承认与执行法院判决的义务(第4条第1款第一句)。在本公约中,作出法院判决的国家被称为原判国或原审国(State of origin),而其法院被请求承认与执行法院判决的国家被称为被请求国(requested State)。第二,对于本公约项下的法院判决,只有在存在本公约所规定的理由时,才可以对其拒绝承认与执行(第4条第1款第二句)。第三,被请求国法院不得审查法院判决的实质内容。作为该原则的例外,只有在为了适用本公约确实必需的情况下,才可以考量被请求承认与执行的法院判决的实质内容。第四,被请求承认的法院判决必须是在原判国业已生效的法院判决,而被请求执行的法院判决必须是在原判国可以被执行的法院判决。第五,作为一种特殊情况,如果上述在原判国业已生效或者可以执行的法院判决依据原判国法律尚可以上诉,或者正常上诉的期限尚未届满,那么被请求国法院可以暂缓或者拒绝承认与执行该判决。如果被请求国法院因为该原因拒绝承认与执行该判决,当事人可以在这之后再次申请承认与执行该法院判决。

(二)缔约国承认和执行义务

《海牙判决公约》第4条第1款第一句明确规定,缔约国(原判国)法院所作

---

① 参见 Francisco Garcimartin and Geneviève Saumier, HCCH Convention of 2 July 2019 on the Recognition and Enforcement of Foreign Judgments in Civil and Commercial Matters: Draft Explanatory Report, para. 108;海牙判决项目四次特委会会议主席新西兰大卫·J. 戈达德(David J. Goddard)在第22届海牙外交大会上便以"corner stone"形容公约此条规定。

判决应依本章规定在另一缔约国(被请求国)承认与执行。它确定了公约成员国的核心义务是对其他成员国法院的民商事判决根据公约的规定予以承认与执行。基于整个公约的规定来看,缔约国该公约义务附设有以下四个条件,前三者是所谓的积极条件,第四个则是消极条件:第一,被承认与执行的法院判决属于公约的适用范围(第 1 条和第 2 条);[①]第二,法院判决在原审国业已生效(第 4 条第 3 款);第三,该法院判决依据本公约第 5 条、第 6 条规定符合被承认与执行的条件,适格获得承认与执行;第四,法院判决并不属于本公约第 7 条所规定的可予拒绝承认与执行的情形。[②]

(三)拒绝承认和执行只能基于公约规定的理由

为了进一步明确《海牙判决公约》第 4 条第 1 款第一句上述规定公约成员国承认与执行其他缔约国法院判决的公约义务的绝对性,公约在该款以第二句进一步明确,对于本公约项下的其他缔约国的法院判决,仅限于本公约规定的理由才可以拒绝承认与执行。这一规定强调,公约成员国不可以自行确定对公约项下的外国法院判决予以拒绝承认与执行,而只有在有关法院判决存在本公约所明确规定的可以拒绝承认与执行的理由时,才可以对该外国法院判决不予以承认与执行。换句话讲,如果一个法院判决属于本公约适用范围,符合本公约所规定的承认与执行的标准和条件,适格获得承认与执行,则缔约国不得依据其本国法律的规定拒绝对其承认与执行。本公约专门在第 7 条规定了可以对法院判决拒绝承认与执行的若干理由。

四、不审查判决实质问题原则

《海牙判决公约》第 4 条第 2 款规定,被请求国不得审查外国法院判决的实质问题。为适用本公约确为必须时,方可进行这样的考量。公约之所以在确定公约成员国相互承认和执行法院判决的义务后,紧接着就规定被请求国的法院不得审查法院判决的实质问题,我们的理解是,这实际上是通过一种特殊的方式,给公约所规定的判决的承认与执行下一个定义和给一个解释,即判决的承

---

① 关于本公约的适用范围的论述,参见徐国建:《论法院判决全球流通的范围和限制——2019 年〈承认与执行外国民商事判决公约〉适用范围评析》,载《中国国际私法与比较法年刊》第 24 卷,法律出版社 2020 年版。

② 参见 Francisco Garcimartin and Geneviève Saumier, HCCH Convention of 2 July 2019 on the Recognition and Enforcement of Foreign Judgments in Civil and Commercial Matters: Draft Explanatory Report, para. 109。

认与执行不是对判决所涉争议进行重新审理,而仅仅是对原判国的法院判决进行承认和执行。该规定对于公约所确定的成员国相互承认彼此的法院判决的基本原则的实现是至关重要的。如果允许成员国可以重新审理案件,则便退回到没有本公约可以适用时的状态,彼时当事人为了实现其权益,只能在被请求国向法院再行提起诉讼,以获得可以执行的判决。所以,公约的解释报告认为该规定实际上是公约成员国相互承认判决原则的自然的推论。[①] 公约的该规定是从 2016 年的公约草案初稿第 4 条第 2 款的最初规定经过四次特委会会议和第 22 届外交大会讨论而演变过来的。[②] 由此,我们更可以看出公约的起草者目的是通过该规定定义判决的承认的概念。

公约这里使用了普通法上的实质问题(merits)这个概念。一般认为,它是指案件中当事人诉请或抗辩的内容或根据,是裁定案件时实质性的考量因素。[③] 公约这里所说的案件的实质问题,是指被请求承认与执行的法院判决对于案件事实的认定以及对于法律的适用问题。根据公约的该规定,被请求国法院不可以审查判决对于案件事实的认定以及法律适用是否正确。即使被请求国法院发现原审判决中对案件事实的认定或法律适用存在实体方面的错误,也不可以仅仅基于该原因对裁定对该外国法院判决拒绝承认与执行。[④]

2005 年海牙《选择法院协议公约》第 8 条第 2 款有类似的规定:“在不影响为适用本章规定所必要的审查的前提下,不应对原审法院作出的判决的实质问题进行审查。除非判决是缺席作出的,被请求法院应受原审法院就确立其管辖权所基于的事实认定的约束。”尽管《海牙判决公约》的上述规定最初也是以 2005 年《选择法院协议公约》的这一规定为蓝本起草的,但是,本公约最终文本的规定和 2005 年《选择法院协议公约》的上述规定还是有诸多不同:第一,这两款规定的第一句的措辞和表达方式有所不同。本公约采用了更为简洁明了的

---

① 参见 Francisco Garcimartin and Geneviève Saumier, HCCH Convention of 2 July 2019 on the Recognition and Enforcement of Foreign Judgments in Civil and Commercial Matters: Draft Explanatory Report, para. 111。

② 参见 2016 Preliminary Draft Convention, Art. 4 (2): “Without prejudice to such review as is necessary for the application of the provisions of this Chapter, there shall be no review of the merits of the judgment given by the court of origin”。

③ 参见 *Black's Law Dictionary*, 2009, 9th Edition, p. 1079。

④ 参见 Francisco Garcimartin and Geneviève Saumier, HCCH Convention of 2 July 2019 on the Recognition and Enforcement of Foreign Judgments in Civil and Commercial Matters: Draft Explanatory Report, para. 111。

规定，目的是更加突出对判决的实质问题不进行审查的基本原则。第二，这两款规定中对于审查一词使用了不同的表述。其中，2005 年《选择法院协议公约》该款第一句中规定例外情形下对判决可以进行"必要的审查"（such review as is necessary），而本公约该款对应的第二句则没有沿用"审查"（review）一词，而是用了"考量"一词（such consideration as is necessary）。《海牙判决公约》选用该词进行表述被认为更为准确，也可以避免错误解释。[①]《海牙判决公约》制定者有意在此选用"考量"或"考虑"一词，旨在强调即使为了适用公约本章规定所必需，也不可以像一般的上诉程序中那样，对案件的实质问题进行再审，而仅可以非常有限度地对事实或法律适用的错误予以"考虑"。第三，在关于规定的范围问题上，2005 年《选择法院协议公约》规定的是"为适用本章规定"，而《海牙判决公约》则是规定"为适用本公约"，二者的范围有较大的差异。《海牙判决公约》之所以规定为了适用本公约的规定，而不是限于本章的规定，目的在于防止公约适用中人们据此逆向解释（*a contrario* interpretation）本公约第 4 条第 2 款规定不涵盖依据公约第 1 条或第 2 条对公约的适用范围进行考量的情况。[②] 这就是说，被请求承认与执行的外国法院判决的实质问题涉及《海牙判决公约》第 1 条或第 2 条规定的本公约适用范围的问题，如果属于必要，被请求国法院是可以依据公约第 4 条第 2 款的该规定对判决的这些实质问题进行考量的。第四，两个公约的规定还存在一个实质性的差别。2005 年《选择法院协议公约》第 8 条第 2 款规定，除非判决是缺席作出的，被请求法院应受原审法院就确立其管辖权所基于的事实认定的约束，而《海牙判决公约》没有这样的规定。两个公约在该问题的规定上之所以有这样的实质差异，主要原因在于，2005 年《选择法院协议公约》的该条规定是原审法院确定其管辖权所认定的事实。2005 年《选择法院协议公约》的目的之一还在于协调和统一缔约国间法院的管辖权，即对于所谓的法院直接管辖权进行统一规定。然而，《海牙判决公约》只规定对外国法院判决承认与执行制度，并不去统一规定原审法院的管辖规则。尽管《海牙判决公约》以所谓的间接管辖权作为出发点，确定对法院判决

---

① 参见 Francisco Garcimartin and Geneviève Saumier, HCCH Convention of 2 July 2019 on the Recognition and Enforcement of Foreign Judgments in Civil and Commercial Matters: Draft Explanatory Report, para. 112。

② 参见 Francisco Garcimartin and Geneviève Saumier, HCCH Convention of 2 July 2019 on the Recognition and Enforcement of Foreign Judgments in Civil and Commercial Matters: Draft Explanatory Report, para. 112。

承认与执行的标准和条件，但是，它并不像2005年《选择法院协议公约》那样去协调统一规定原审法院的管辖权。在《海牙判决公约》起草和谈判的最初阶段，各国代表在此问题上便达成共识，《海牙判决公约》将不像2005年《选择法院协议公约》那样去规定法院直接管辖权，因此，《海牙判决公约》第4条第2款便没有像前者一样规定被请求国法院应受原审法院就确立其管辖权所基于的事实认定的约束。这也是它们二者在该问题上存在实质差异的原因所在。[①]

如前所述，《海牙判决公约》第4条第2款还是作了一个例外性规定，即为适用本公约确为必须时，方可对判决的实质问题进行考量。公约在此特别选用“考量”一词，目的在于限制此种情况的适用，从而保证公约所确定的不对判决的实质问题进行审查的基本原则在实践中能够得到尊重和遵守。那么实践中，如何适用公约这里所规定的这种“考量”呢？公约解释报告的作者对此举了一个很好的例子进行说明。根据《海牙判决公约》第5条的规定，被请求国法院应该基于公约所规定的案件和原审国的联系，即所谓的间接管辖权，确定法院判决是否适格获得承认与执行。例如，根据《海牙判决公约》第5条第1款第1项的规定，被请求国法院应该去确定法人在成为原判法院诉讼中的当事人时是否在原判国拥有惯常居所，从而决定被请求承认与执行的法院判决依据本公约的规定是否适格获得承认与执行。不管原审法院在该问题上是如何认定和决定的，如果必须，被请求国法院为了适用公约可以就此问题作出自己的认定和决定。尽管被请求国法院对原审法院案件间接管辖权的这样的认定并不能被认为是其对原审法院判决的实质问题的审查，但是，本公约的解释报告在解读公约第4条第2款时认为该款规定也涵盖了这种情况，只是该款规定默示地提醒被请求国法院的此种操作可能被认为是对外国判决质疑（impugning）的情形，因而，只能严格限于为了正确适用公约的规定所必需的情况下，才可以进行这样的操作。公约的解释报告认为公约第4条第2款的这一规定适用于被请求国法院对于公约第5条其他各款、公约第二章各条，尤其是第7条（拒绝承认与执行）和第10条（损害赔偿）以及第1章，且尤其是第1条（民商事事项）和第2

---

① 参见 Minutes of the Special Commission on the Recognition and Enforcement of Foreign Judgments (1 – 9 June 2016), Minutes No. 3, paras. 4 – 16, and Minutes No. 13, paras. 3 and 4; Francisco Garcimartin and Geneviève Saumier, HCCH Convention of 2 July 2019 on the Recognition and Enforcement of Foreign Judgments in Civil and Commercial Matters: Draft Explanatory Report, para. 112。

条(被排除适用事项)等公约规定的适用情形。①

五、判决具有效力和可执行性

《海牙判决公约》第 4 条第 3 款规定,判决唯有在原判国有效,方能得以承认;唯有在原判国可执行,方能得以执行。此一规定对于被请求承认与执行的外国法院判决附设一个非常重要的前提条件,即它们在原审国业已生效,并是继续有效的,而且对于寻求被请求国予以执行的判决,还是在原审国具有可执行性,是可以执行的。在国际民事诉讼理论上,一国法院承认外国民商事判决,实际上是指赋予该外国法院的判决在其作出国所享有的权威性和法律效力,从而使其可以在被请求国也享有相应的权威和法律效力,包括法院对其进行强制执行。所以,一般认为,可以为被请求国法院承认的外国法院判决必须是在原审国业已生效,且仍然具有法律效力的判决。而且,如果法院判决需要在被请求国获得强制执行,它还必须在原审国具有可执行性。《海牙判决公约》也正是基于这样的考量,在第 4 条第 3 款进行了这样的规定。

人们通常习惯性地把外国法院判决的承认与执行不加区分地放在一起,作为一个概念来理解,这主要是因为对外国法院判决的强制执行,必须首先要对其进行承认。但是,外国法院判决的承认与执行实际上是两个独立的概念和法律机制,即外国法院判决的承认,以及外国法院判决的执行,或者说外国法院判决的承认并执行。我国国际私法的理论上也是进行这样的区分的,通常认为,承认与执行外国法院判决是两个既有联系,又相互区别的法律行为。一般说来,承认外国法院判决是执行我国法院判决的前提条件,但在某些案件中执行并不是承认外国法院判决的必然结果。一方面,有些已经得到承认的外国法院判决可能由于某种原因而无法获得强制执行;另一方面,除给付判决以外的民商事判决只发生承认问题,如一个单纯允许当事人离婚而不涉及任何财产或其他经济问题的判决就无须执行。② 下面将就该两个不同的法律概念和机制进行分析探讨。

---

① 参见 Minutes of the Special Commission on the Recognition and Enforcement of Foreign Judgments (1 - 9 June 2016), Minutes No. 3, paras. 4 - 16, and Minutes No. 13, paras. 3 and 4; Francisco Garcimartin and Geneviève Saumier, HCCH Convention of 2 July 2019 on the Recognition and Enforcement of Foreign Judgments in Civil and Commercial Matters: Draft Explanatory Report, para. 115。

② 参见韩德培主编:《国际私法新论(下)》,武汉大学出版社 2009 年版,第 620 页。

(一)外国法院判决的承认

所谓外国法院判决的承认是指被请求国赋予该判决权威和法律效力,进一步讲是赋予原审国法院对案涉当事人权利和义务的决定以效力。譬如,原判法院在判决中认为原告享有某种权利或不享有某种权利,则承认该判决的法院也应认为原告享有此权利或者不享有此权利。在确认之诉的情况下,如果原判法院确认当事人间存在某种法律关系,则被请求法院也应接受该认定,认为当事人间便存在原判法院所确认的法律关系。从广泛意义上讲,对于外国法院判决的承认便认可和接受了该判决的所有效力,包括对案涉争议不得再行诉讼的限制效力,即所谓的一事不再理("*res judicata*"或"preclusive effects"),以及判决的可执行性。据此,如果外国法院判决在被请求国被承认,它便可以阻止相同当事人间就相同争议在被请求国提起的诉讼,也就是说,被告无须就相同诉请进行两次答辩,从而可以避免重复诉讼引起的诉累。在国际民事诉讼中,所谓一事不再理是指外国法院就当事人间的争议业已作出判决,则该判决便应为内国法院所承认,原判法院对当事人间的法律关系的认定和对当事人权利和义务的决定对内国有效,内国法院基于有关当事人的请求,不再受理和审理相同当事人间的相同争议。①

公约中如何明确对外国法院判决承认的效力包含一事不再理的法律原则,是本公约起草过程中需要解决的一个问题。在该问题上,公约的前几个草案均规定对于外国法院判决的承认应该给予该判决在原判国所具有的相同的效力。② 这样规定目的在于明确一事不再理效力的范围是由原判国法律确定,而不是根据被请求国法律确定的。该规则同样适用于判决的其他类似的效力,如所谓的"争点禁反言"(issue preclusion)以及"间接禁反言"(collateral

① 参见韩德培主编:《国际私法新论(下)》,武汉大学出版社2009年版,第621页。

② Art. 9 "Equivalent Effects" of the Draft Convention of February 2017 reads: "A judgment recognized or enforceable under this Convention shall be given the same effect it has in the State of origin. If the judgment provides for relief that is not available under the law of the requested State, that relief shall, to the extent possible, be adapted to relief with effects equivalent to, but not going beyond, its effects un der the law of the State of origin."

estopple)。① 公约的起草者们最初试图在公约中这样规定所基于的理论依据是所谓的效力延伸学说(doctrine of extension of effects)。该学说认为承认外国法院判决便意味着延伸判决基于原判国法律所具有的效力,而不是使该判决的效力等同于被请求国的判决。② 但是,2017 年 2 月的公约草案第 9 条的这一规定在其后于 2017 年 11 月召开的第三次特委会会议上便被删除了。其原因主要是 2005 年《选择法院协议公约》对该问题未曾予以规定,加之一些国家的与会代表担心该规定在实践中适用所可能产生的不好的后果,尤其是在原判国法律基于"争点禁反言"和"间接禁反言"学说赋予判决很广泛效力的情况。③ 另外,也需要指出,公约也未规定要求依据被请求国家的法律的规定确定外国判决的效力。公约的解释报告认为对于该问题应该基于公约的宗旨和目的以公约统一解释的方式进行解释。依据公约对于外国法院判决的承认义务也便意味着当事人不能就同一个诉讼请求或诉因在其他国家再行进行诉讼。因此,如果外国法院的判决决定了诉讼请求中所包含的权利与义务,则这些权利和义务便不得再行成为被请求国法院诉讼的对象。④

---

① 笔者在参加完 2017 年 11 月该公约谈判的第三次特委会会议后就本次会议写了一篇随笔,其中关于本次会议中谈到的一事不再理和禁止反言问题有以下一段记录和描述,转录于此和读者们分享:提到"一事不再理"原则,笔者在此和读者分享一个公约谈判中的花絮。在本公约草案中,如上所述,美国除了将其国内法上的"故意和实质联系"(purposeful and substantial connection)概念纳入公约,其理由是这是美国宪法中"正当程序"(due process)的要求;还争取在公约中引进其国内法上的"Claim Preclusion"概念,即相当于"一事不再理"概念。但是,欧盟代表在大会上便直接指出该国际公约采纳一国国内法上所独有的概念不合适。实际上,"一事不再理"在美国法上除了"claim preclusion"外(相当于"相同请求权的不再理"),还有 issue preclusion(相当于"事实的不再审")。而在欧洲大陆法上,"一事不再理"只有一个概念,即"res judicata"。而英国法上,"一事不再理"的相对应概念是"禁止反言"(estopple)。与美国法概念类似,它也有两个概念,即"cause of action estopple"(相当于"相同请求权的禁止反言")以及"issue estopple"(相当于"对事实的禁止反言")。更为复杂的是,苏格兰法上还有;类似的概念,即所谓的"未曾主张便不得主张"(competent and omitted)。总之,国际私法公约起草中会面临诸多由于各国法律概念不同而引起的困难和障碍,对其充分理解,并寻找到解决方案,是对公约起草者们的巨大挑战。

② 参见 Francisco Garcimartin and Geneviève Saumier, HCCH Convention of 2 July 2019 on the Recognition and Enforcement of Foreign Judgments in Civil and Commercial Matters: Draft Explanatory Report, para. 119。

③ 参见 *Aide memoire* of the Chair of the Special Commission (Special Commission on the Recognition and Enforcement of Foreign Judgments (13 – 17 November 2017)), para. 33。

④ 参见 Minutes of the Special Commission on the Recognition and Enforcement of Foreign Judgments (13 – 17 November 2017), Minutes No. 9, para. 28, and Working Document No. 195 of October 2017, "Proposal of the delegation of the United States of America"。

根据《海牙判决公约》第 4 条第 3 款前一句的规定,被请求承认的外国法院判决必须在原判国具有效力。公约这里所说的原判法院判决在原判国具有效力是指该判决具有法律上的有效性(legally valid),并且是可以实施的(operative)。[①] 这也就意味着判决应该是业已生效,并且并未失效,仍然是有效的。如果原审国的法院判决在原审国尚未生效,或者已经失效,则依据《海牙判决公约》第 4 条第 3 款的规定,它不得在公约任何其他成员国获得承认。

(二)外国法院判决的执行

外国法院判决的执行是指被请求国家的法院或者其他有管辖权的机关适用法律程序保证原判国法院判决的债务人,即被申请执行人,履行原判法院所作判决的行为。通常来说,如果外国法院判决中规定一方当事人必须向另一方当事人支付一定金额的款项,即所谓的金钱判决,进行某种行为或者禁止进行某种行为,即所谓的禁令(injunctive relief),这实际上意味着该判决中包含了国家将通过强制性权力保证判决可以获得履行。据此,如果判决的债务人不去履行判决项下的义务,在判决的债权人提出请求时,法院或其他国家机关将依据法定的程序,强制判决债务人履行判决,以使判决权利人的判决项下的权利得以实现。对于金钱判决的执行,人们比较容易理解。国际司法实践中法院所作的禁令的裁决常常也需要由法院通过强制执行程序予以执行。被请求国法院对于外国法院判决予以执行,必然意味着它首先是承认该外国法院判决在被请求国的权威和效力,不管在实践中被请求国法院是否对该外国判决进行单独的承认程序,并对其作出承认的裁定,抑或直接裁定对外国判决予以执行。实践中也有一些外国法院判决仅需要承认,而无须予以执行,或者无法进行执行的情形。例如,原判法院判决被告并不欠原告金钱债务,对于这样的判决,被请求国法院无须,也无法予以执行,而只需要承认该判决的内容,并基于对判决承认所产生的一事不再理效力,拒绝受理相同当事人间相同诉请而可能在被请求国法院所提起的新的诉讼。总之,对外国法院判决的承认并不意味着需要对该判决进行执行,但是,执行外国判决肯定是需要对外国判决予以承认的。

也是基于上述外国法院判决承认与执行的差异,《海牙判决公约》第 4 条第 3 款就被请求国法院承认与执行外国法院判决的最基本条件进行区别规定,即

---

① 参见 Francisco Garcimartin and Geneviève Saumier, HCCH Convention of 2 July 2019 on the Recognition and Enforcement of Foreign Judgments in Civil and Commercial Matters: Draft Explanatory Report, para. 123。

对外国法院判决的承认的基本条件和对外国法院判决执行的基本条件是不一样的。根据《海牙判决公约》第4条第3款后一句的规定,被请求执行的外国法院判决除在原审国具有效力外,还必须是在原判国具有可执行性,是可以予以执行的。反之,如果原判国法院判决在原判国依据该国法律不具可执行性,无法被执行,则也不得依据公约的规定在其他公约成员国获得执行。实践中可能会出现这样的情况,即原判国法院的一个判决在原判国是有效力的,但是,出于种种原因在原判国却不具有可执行性,例如,对它尚可以进行上诉,所以依据原判国法律该判决暂时不可以予以执行。另外,也可能出现这样的情况,即原判国的法院判决由于上诉被撤销,或者过了可以申请执行的时效,因而它在原判国不再具有可执行性,此种判决也便不能再根据公约规定在公约其他成员国获得执行。①

这里还需要提到的是,《海牙判决公约》2017年2月的草案第9条尚规定了判决执行中的补救转化机制(adaptation of remedies)。根据该规定,如果判决所规定的补救措施是被请求国法律上所不存在的制度,那么该补救措施应该转化成在最大限度上和原判国法律所规定的该补救措施具有相同效果的补救措施。② 这一规定的意图是尽可能地让原判国法律上所规定的补救措施可以在被请求国获得执行,实际上是体现原判国法律制度优先的原则,使被请求国适应原判国的法律规定。但是,该规定在其后于2017年1月召开的第三次特委会会议上被删除。删除该规定从形式上来讲主要是因为2005年的海牙《选择法院协议公约》并没有这样的规定。而实质上主要是公约在该问题上究竟采取原判国法律优先原则,还是采取被请求国法律优先原则,各国谈判代表意见不一致。删除该规定实际上使公约的规定采用被请求国法律优先的原则。2005年《选择法院协议公约》的解释报告在阐述该问题时便指出:公约并不要求缔约国给予其法律上并不存在的补救措施,即使它被要求执行规定了此种补救措施的外国法院判决。缔约国并不必须为本公约目的而去创设新类型的补救措施。

---

① 参见 Francisco Garcimartin and Geneviève Saumier, HCCH Convention of 2 July 2019 on the Recognition and Enforcement of Foreign Judgments in Civil and Commercial Matters: Draft Explanatory Report, para. 124。

② Art. 9 (2nd sentence) of the Draft Convention of February 2017 reads: "If the judgment provides for relief that is not available under the law of the requested State, that relief shall, to the extent possible, be adapted to relief with effects equivalent to, but not going beyond, its effects un der the law of the State of origin."

但是,它们应该适用其自己国家法律上所规定的补救措施,以便给予外国法院判决尽可能大的效力。[①]

六、效力未定判决的暂缓承认与执行

《海牙判决公约》第4条第4款规定,若第3款所指判决在原判国是审查的对象,或者正常审查的期限尚未届满,则被请求国可暂缓或拒绝承认与执行该判决。此次拒绝并不妨碍当事人随后再次申请判决的承认与执行。公约该规定赋予被请求国法院对于前述在原判国具有效力的法院判决以及可以执行的判决可以暂缓或者拒绝承认与执行,如果这些法院判决在原判国是审查的对象,或者正常审查的期限尚未届满。这里需要强调的是,该款规定并不禁止被请求国法院对这种外国法院的判决直接进行承认与执行。该款这里的英文措辞是"可以"(may),而不是"应该"(shall)。由此也可以看出公约是赋予被请求国这样的权利,而不是规定它有这样做的义务。[②] 一般来说,法院的判决如果依法还可以上诉,则该判决的效力还处于不确定状态,上诉还可以改变该判决或者撤销该判决。对于这种效力没有最终确定的外国法院判决,本公约规定它仍然可以获得承认与执行,只要它符合前述在原判国具有效力以及可以予以执行的条件。但是,公约同时也赋予被请求国法院可以暂缓或者临时拒绝对其进行承认与执行。如果被请求国法院拒绝对它们进行承认与执行,则此次拒绝并不妨碍当事人随后在效力最终确定后再次申请对其承认与执行。公约并没有规定可以获得承认与执行的外国法院判决必须是终局的和最终效力确定的判决。[③] 公约之所以这样规定主要是考虑到各国法律在法院判决的上诉机制、生效以及可执行性问题上的不同规定的实践。对于该问题,目前世界上还没有统

---

① 参见 Trevor Hartley and Masato Dogauchi, Explanatory Report on the 2005 HCCH Choice of Court Convention, in The Proceedings of the Twentieth Session, Tome Ⅲ, Choice of Court Agreements, Antwerp-Oxford-Portland, Intersentia, 2010, para. 89。

② 参见 Francisco Garcimartin and Geneviève Saumier, HCCH Convention of 2 July 2019 on the Recognition and Enforcement of Foreign Judgments in Civil and Commercial Matters: Draft Explanatory Report, para. 132; Trevor Hartley and Masato Dogauchi, Explanatory Report on the 2005 HCCH Choice of Court Convention, in The Proceedings of the Twentieth Session, Tome Ⅲ, Choice of Court Agreements, Antwerp-Oxford-Portland, Intersentia, 2010, para. 174。

③ 参见 Francisco Garcimartin and Geneviève Saumier, HCCH Convention of 2 July 2019 on the Recognition and Enforcement of Foreign Judgments in Civil and Commercial Matters: Draft Explanatory Report, para. 128。

一的法律的规定和统一的司法实践。普通法系国家通常是法院在相同当事人间就相同争议作出判决,该判决才便具有一事不再理的效力,即使相同当事人间的该争议可能是上诉程序的客体。相反,在大多数大陆法系国家,法院的判决只有不再可以上诉才具有一事不再理的效力。① 判决的执行的情形也类似,一些国家的司法实践中,法院的判决即使还可以上诉,也可以予以执行。而在另外一些国家的司法实践中,法院的判决只有在一般的上诉程序结束,判决的最终效力确定后才可以予以执行。②

公约之所以规定可以获得承认与执行的外国法院判决不但不需要在原判国是终局的和最终效力确定的判决,而且不需要它们依据被请求承认与执行国法律属于终局的和最终效力确定的判决,一方面,是因为国际上对于法院判决的终局和最终效力并没有一个统一的定义和标准,这样规定可以使对公约的适用变得简单;另一方面,公约采取这样的解决方案,可以更好地保护判决权利人的合法权益。③ 但是,公约不要求可以获得承认与执行的外国法院判决终局的和最终效力确定的判决,在实践中也可能产生这样的情况,即判决在被请求承认与执行国承认和执行后,该判决之后却在原判国被撤销或被改判。为了尽可能避免这样的情况出现,《海牙判决公约》第 4 条第 4 款规定了被请求国法院对于非终局及最终效力未定的判决可以暂缓或临时拒绝承认与执行的制度。

《海牙判决公约》在该条款规定中处理了两个稍有差异的情形:其一,判决在原审国是审查对象(the subject of review)。公约这里并没有使用上诉(appeal)这一诉讼法上专门的概念,而是用了一个含义更广的概念——审查(review)。公约的制定者主要也是考虑到各国诉讼法在上诉制度上的不同,使用"审查"可以更广泛地把不同国家的不同的判决审查制度涵盖。当然,这种对

---

① 参见 Peter Nygh and Fausto Pocar, Report on the Preliminary draft Convention on Jurisdiction and Foreign Judgments in Civil and Commercial Matters, in Proceedings of the Twentieth Session, Tome Ⅱ, Judgments, Cambridge-Antwerp-Portland, Intersentia, 2013, para. 304。关于国际民事诉讼中的"审判后申请和上诉"问题的评述和各国相关制度的介绍,参见李双元、欧福永主编:《国际民商事诉讼程序研究》,武汉大学出版社 2016 年版,第 219 ~231 页。

② 参见 Francisco Garcimartin and Geneviève Saumier, HCCH Convention of 2 July 2019 on the Recognition and Enforcement of Foreign Judgments in Civil and Commercial Matters: Draft Explanatory Report, para. 127。

③ 参见 Peter Nygh and Fausto Pocar, Report on the Preliminary draft Convention on Jurisdiction and Foreign Judgments in Civil and Commercial Matters, in Proceedings of the Twentieth Session, Tome Ⅱ, Judgments, Cambridge-Antwerp-Portland, Intersentia, 2013, paras. 306 –311。

于判决的最为普遍的审查实践便是上诉。在规定这一标准时,公约没有特别强调是正常审查(ordinary review),所以,应该理解公约这里所说的审查的对象中的审查,既包括正常程序中的审查(ordinary review),也包括特别程序中的审查(extraordinary review)。[①] 其二,正常审查的期限尚未届满。这意味着对于判决的审查尚未开始,但是,允许寻求该审查的期间尚未终止。公约的解释报告认为该条款所规定的审查包括以下任何一种对于判决的审查:(1)可能对判决进行修改的审查;(2)作为一般诉讼程序组成部分的审查,诉讼中的任何一方当事人均应该合理地预见到该诉讼步骤;(3)根据原审国法律,仅仅可以在请求承认与执行的判决本身确定的一定期限终止前才可以进行的审查。[②]

在本公约该条款所规定的上述两种情形下,被请求国法院可以依据公约的该规定对请求承认与执行的外国法院判决暂缓或暂时拒绝承认与执行。其一,暂缓承认与执行。这是说被请求国法院暂停对该外国法院判决的承认与执行,等审查结束或者正常程序中的审查期限终止再行对该判决进行承认与执行。公约解释报告认为,在暂缓承认与执行期间,被请求承认与执行国法院可以根据其本国法律的规定采取保全措施,以确保判决在未来的执行。[③] 其二,暂时拒绝承认与执行。这就是说被请求国法院对于上述情况下的外国法院判决可以裁决拒绝承认和执行。法院根据公约本条款的规定所做的拒绝承认与执行是临时性的。一旦判决在审查程序结束后成为终局判决,判决的权利人可以再向被请求国法院提出承认与执行的请求。[④]

---

① 参见 Francisco Garcimartin and Geneviève Saumier, HCCH Convention of 2 July 2019 on the Recognition and Enforcement of Foreign Judgments in Civil and Commercial Matters: Draft Explanatory Report, para. 129。

② 参见 Francisco Garcimartin and Geneviève Saumier, HCCH Convention of 2 July 2019 on the Recognition and Enforcement of Foreign Judgments in Civil and Commercial Matters: Draft Explanatory Report, para. 129。

③ 参见 Francisco Garcimartin and Geneviève Saumier, HCCH Convention of 2 July 2019 on the Recognition and Enforcement of Foreign Judgments in Civil and Commercial Matters: Draft Explanatory Report, para. 130。

④ 本文初稿 2020 年 2 月 22 日完成于上海思南路,定稿于 2020 年 4 月 8 日。

第三编　国际商事仲裁问题研究

国际商事仲裁的法律适用问题*

一、本文提要

本文重点阐述国际商事仲裁的法律适用问题。国际商事仲裁中的法律适用问题不仅包括确定适用于仲裁争议当事人权利义务裁定的实体问题的法律，还包括仲裁程序法律适用问题，以及作为仲裁基础的当事人间决定将其争议提交仲裁的仲裁协议的法律适用。在某一国际商事仲裁案件中，涉及以下四个方面的法律选择：(1)管辖当事人基础合同和相关实体主张的实体法；(2)管辖当事人仲裁协议的实体法；(3)适用于仲裁程序的程序法；(4)冲突法规则。在同一国际商事仲裁案件中，上述所列管辖法律可能相同，也可能不同，这取决于当事人选择或相应法域内的强制规定等。除部分法域对于仲裁程序法的强制规定外，无论是国际公约还是大多数国家的仲裁立法均给予当事人协议选择适用法律，尤其是选择适用实体法的自由。虽然当事人意思自治原则是国际商事仲裁重要原则之一，但是当事人自主选择管辖当事人基础合同和相关实体主张的实体法并非没有限制，当事人行使自治权时应当受到强行法和

---

* 本文系应邀为上海市律师协会的律师实务进阶培训教程《国际商事仲裁律师实务》撰写的第六章“国际商事仲裁裁决的法律适用”，法律出版社2018年版，第193～226页。本文撰写得到司文、彭丽明博士的协助，特此致谢。本文在收入本书出版时在格式和体例方面做了适当修改。

公共秩序的限制。在没有协议选择适用法的情况下，仲裁当事人基础法律关系和实体主张所依据的实体法，管辖仲裁协议的实体法，适用于仲裁程序的仲裁程序法，以及适用于上述法律选择的冲突规则均可能受不同国家法律管辖。本文阐述了仲裁法律适用中的特殊问题：先决问题、时效问题、反致和转致、时效、多法域国家法律的确定、外国法的查明等问题。最后，本文探讨了国际商事仲裁中国际统一实体法的适用，阐述了现代商人法在国际商事仲裁中的适用问题。

二、国际商事仲裁的法律适用概述

（一）国际商事仲裁中的法律适用的内涵

国际商事仲裁所解决的是商事性质的争议，但是这种争议又是国际性质或称涉外性质的。这种争议的国际性或涉外性意味着争议的元素涉及至少两个国家，以及这些国家的法律适用问题。这就引起了国际商事仲裁中的法律冲突问题——仲裁争议所涉及的若干个国家法律规定不同，出现法律冲突，如何确定仲裁中所应该适用的法律解决争议。确定适用何国法律的目的是解决法律冲突的问题，也即实际上是解决应该适用哪国法律，以及如何适用该国法律的问题。

国际商事仲裁中的法律适用问题是一个较为复杂的问题。这种复杂性主要表现在：首先，仲裁争议的当事人可以自行确定其争议所应适用的法律。仲裁庭在解决法律冲突问题时必须先审查当事人是否自行选择了适用的法律。在当事人没有作出选择的情况下，仲裁庭必须确定法律的适用。其次，国际商事仲裁不但涉及仲裁争议的法律适用问题，还会涉及作为国际商事仲裁的基础的当事人间的仲裁协议的法律适用问题，仲裁中也需要解决仲裁协议的这种法律适用问题。最后，国际商事仲裁中的法律适用问题不仅包括确定适用于仲裁争议当事人权利义务裁定的实体问题的法律，还包括仲裁程序法律适用问题，以及作为仲裁基础的当事人间决定将其争议提交仲裁的仲裁协议的法律适用。

本文将围绕法律适用问题展开讨论，以期读者能够获得该问题完整和清晰的画面。

（二）国际商事仲裁中的法律适用的体例

虽然国际商事仲裁的法律适用问题是一个较为复杂的问题，对于不少读者而言，要清晰全面地掌握该问题是有一定难度的，但是，如果我们学习和研究该问题之先能够了解该问题的学术体系,便可以避免“只见树木不见森林”的问题,从而较为容易地学习和掌握本文的内容。学术界主要有两个阐述国际商事仲裁法律适用问题的体系。

其一,从国际商事仲裁所应解决法律冲突方面着手,分别探讨涉及这些方面的法律适用问题。这些方面主要包括:(1)当事人间的仲裁协议的法律适用;(2)当事人间涉争的商事合同法律关系的法律适用;(3)仲裁程序的法律适用问题。在该体系内,就这三个方面分别讨论法律冲突如何解决的问题。而就仲裁协议的法律适用而言,主要是适用哪一国法律确定仲裁协议的有效性问题;当事人间涉争的商事合同法律关系的法律适用问题是比较容易理解的一个问题;就仲裁的程序而言,机构仲裁除受当事人约定的仲裁机构的仲裁规则的管辖外,同时会接受相关国家国内法关于仲裁程序问题规定的管辖,仲裁程序究竟应该接受若干相关国家中哪一个国家的仲裁程序法的管辖,这是国际商事仲裁中必须首先解决的问题。

其二,从涉外商事仲裁的法律适用的宏观方面着手,在每一个法律冲突的解决方法之下分别探讨该方法对仲裁协议、涉争的商事合同法律关系以及仲裁程序的法律适用问题。本文便采用这样的体例探讨国际商事仲裁的法律适用问题。

(三)仲裁庭确定法律适用的权力和法律依据

在国际商事仲裁中,很多情况下,仲裁庭都需要确定案件的法律适用。仲裁庭拥有确定法律适用的权力和法律依据主要来自以下几个方面:

1. 当事人赋予的权力。国际商事仲裁是基于当事人的意思自治进行的,其法律适用也是以当事人意思自治为基础的,通常情况下,当事人会在商事合同中协商一致选择适用于争议解决的法律。但是,如果当事人事先没有协议约定案件适用的法律,还可以在争议产生后,甚至在仲裁进行中协商赋予仲裁庭自行裁定案件法律适用的权力。

2. 仲裁协议赋予仲裁庭仲裁管辖权。仲裁协议是仲裁庭取得和行使仲裁权,对案件进行审理的基础。仲裁庭的管辖权来自仲裁协议。仲裁协议限定了仲裁庭行使仲裁权的范围,仲裁庭只能对双方当事人在仲裁协议中约定提交仲裁的争议事项进行审理并作出裁决,超出此范围的裁决属越权行为的结果,不对双方当事人产生法律拘束力。国际公约和各国仲裁法律都将越权裁决行为规定为撤销或不予执行裁决的法定理由之一。如根据 1958 年《纽约公约》第 5 条第 1 款丙项的规定,如果裁决涉及仲裁协议所没有提到的,或者不包括在仲裁协议规定之内的争执,或者裁决内含有对仲裁协议范围以外事项的决定,则请求地管辖机关可以根据被诉人的请求,拒绝承认和执行裁决。我国《仲裁法》第58条规定,裁决的事项不属于仲裁协议的范围或者仲裁委员会无权仲裁的,当事人可以向仲裁委员会所在地的中级人民法院申请撤销裁决。与此同时,双方当事人在仲裁协议中所约定适用的仲裁规则,是仲裁庭具体行使仲裁权的依据,它引导着仲裁庭按照特定的程序进行裁决。

3. 相关国内立法、国际条约规定了仲裁程序的法律适用问题。如1961年《关于国际商事仲裁的欧洲公约》(简称《欧洲公约》)第4条第1款规定:"在临时仲裁的情况下,仲裁程序应适用当事人自己确定的程序规则或者在特殊情况下,由仲裁庭确定的程序规则,即使在当事人和仲裁庭都未确定程序规则时,由被诉人所在地的商会会长或特别委员会基于当事人的申请,而自行确定仲裁员应当遵循的规则。"法国《民事诉讼法典》第1494条规定:"当事人有权选择适用于仲裁的仲裁规则或现行的仲裁法,在当事人未作选择时,则仲裁庭可以直接确定仲裁适用的程序法或仲裁规则。"1987年《瑞士联邦国际私法典》第182条规定:"当事人可直接规定或通过援引仲裁规则的方式决定仲裁程序,他们也可约定使仲裁程序服从于某一程序法,当事人未规定程序的,仲裁员在必要范围内,可直接或通过援引其法律或仲裁规则的方式确定程序。"以上有代表性的有关国际商事仲裁的公约、国内法和仲裁规则,并未规定应当或必须适用特定国家仲裁程序法,反映了欲使国际商事仲裁摆脱特定国家仲裁程序法支配的非国内化倾向,那么,仲裁庭就有可能依据当事人选定的或仲裁庭确定的非仲裁地法或不属于任何特定国家法律体系的仲裁规则进行仲裁。

4. 在立法上,大多数国际公约、国内立法等都对仲裁过程中实体法的适用作了规定。例如,1976年《联合国国际贸易法委员会仲裁规则》第33条第1款规定:"仲裁庭应适用当事人双方预先指定的适用于争端的实体法。"1985年《联合国国际贸易法委员会国际商事仲裁示范法》(以下简称《示范法》)第28条第1款规定,仲裁庭应依照当事各方选定的适用于争议实体的法律规则对争议作出决定。1987年《瑞士联邦国际私法法规》第187条规定:"仲裁庭裁决时依据当事人所选择的法律规则。"英国《1996年仲裁法》第46条第1款第1项也规定,仲裁庭应依照当事人所选择的解决实体问题所应适用的法律对争议作出裁决。其他如美国、日本、法国、奥地利、比利时、德国、瑞典、西班牙、意大利、希腊、荷兰等国也都肯定仲裁当事人在实体法选择上的意思自治。

三、当事人协议选择适用法律

国际仲裁协议通常都会包含或者附随法律选择条款。法律选择问题是国际商事仲裁中至关重要的问题之一。通常,在某一国际商事仲裁案件中,涉及如下四个方面的法律选择:(1)管辖当事人基础合同和相关实体主张的实体法;(2)管辖当事人仲裁协议的实体法;(3)适用于仲裁程序的程序法;(4)冲突法规则。[①] 在同一国际商事仲裁案件中,上述所列管辖法律可能相同,也可能不同,这取决于当事人选择或相应法域内的强制规定等。

(一)当事人的意思自治原则

当事人意思自治原则作为区别国际民商事诉讼与国际商事仲裁的主要标志之一,这一原则同样体现于当事人协议选择所适用的法律之中。除部分法域对于仲裁程序法的强制规定外,无论是国际公约还是大多数国家的仲裁立法均给予当事人协议选择适用法律,尤其是选择适用实体法的自由。

1. 法律选择协议的有效性规定

(1)国际公约对法律选择协议规定有效

在现代国际法中,主要的国际公约均尊重当事人的意思自治,肯定其有自主选择适用于彼此商事关系的实体法的权利。《欧洲公约》第 7 条第 1 款规定:“当事人可以通过协议自由决定仲裁员应适用于争议实体的法律。”《关于解决国家与他国国民之间的投资争端的华盛顿公约》第 42 条同样明确认可当事人有权利选择争端适用的实体法律。[②]《纽约公约》虽未正面涉及实体法的选择问题,但《纽约公约》第 5 条第 1 款甲项及丁项从仲裁裁决承认与执行的角度变相肯定了当事人自主选择仲裁实体法的权利。[③]

---

① 参见[美]加里·B. 博恩:《国际仲裁:法律与实践》,白麟等译,商务印书馆 2015 年版,第 54 页。

② 《关于解决国家与他国国民之间的投资争端的华盛顿公约》第 42 条第 1 款规定:仲裁庭应依照双方可能同意的法律规则对争端作出裁决。

③ 《纽约公约》第 5 条第 1 款规定:裁决唯有于受裁决援用之一造向声请承认及执行地之主管机关提具证据证明有下列情形之一时,始得依该造之请求,拒予承认及执行:(甲)第二条所称协定之当事人依对其适用之法律有某种无行为能力情形者,或该项协定依当事人作为协定准据之法律系属无效,或未指明以何法律为准时,依裁决地所在国法律系属无效者;或……(丁)公断机关之组成或公断程序与各造间之协议不符,或无协议而与公断地所在国法律不符者……

(2)仲裁立法对法律选择协议规定有效

现代多数国家国内立法均对当事人之间就其争议问题的实体法律管辖所作出的协议约定予以承认并执行。此种推定有效的做法仅受制于国内立法中有限的例外情况。

作为被多数国家选择适用的《示范法》,其就当事人法律选择协议有效性的问题作出明确规定。《示范法》第28条第1款规定:"仲裁庭应当依照当事人选择的适用于争议实体的法律规则对争议做出决定。"类似地,法国2011年新《民事诉讼法典》第1496条规定:"仲裁员应当根据当事人选定的法律规则决定争议;无此选择的,他应根据他认为适当的规定决定争议。"诸如此类的规定在其他国家的仲裁立法中均有体现。

另外,有部分国家,其国内立法虽未明确当事人法律选择协议是否有效,但在实践中仲裁庭仍会选择采用当事人法律选择协议约定之实体法律规则。美国《联邦仲裁法》虽未对法律选择协议的有效性问题作出明确规定,但根据美国多数州律及联邦普通法规则来看,当事人之间的法律选择协议是推定有效的。①

当然,值得注意的是,仍有个别国家(多集中于缺乏市场经济历史的国家)国内立法强制适用某一特定的冲突规则,从而排除适用当事人协议选择的法律。②

(3)仲裁规则对法律选择协议规定有效

承认当事人对选择管辖法律的自治权是各大机构仲裁规则统一采用的立场。2012年《国际商会仲裁规则》第21条第1款规定,"当事人有权自由约定仲裁庭处理案件实体问题所应使用的法律规则";《联合国国际贸易法委员会仲裁规则》第35条第1款规定,"仲裁庭应适用各方当事人制定适用于实体争议的法律规则";《中国国际经济贸易仲裁委员会仲裁规则》(2015年版)第49条第2款规定,"当事人对于案件实体适用法有约定的,从其约定。当事人没有约定或其约定与法律强制性规定相抵触的,由仲裁庭决定案件实体的法律适用"。大多数其他仲裁机构的仲裁规则均有类似规定。值得注意的是,正如前述《中国国际经济贸易仲裁委员会仲裁规则》(2015年版)第49条第2款规定,法律选择协议在该等仲裁规则下仍然不能突破强行法针对其可执行性的限制。

---

① [美]加里·博恩、彼得·拉特利奇:《美国法院中的国际民事诉讼》,第468~478页、第758~760页。

② [美]加里·B.博恩:《国际仲裁:法律与实践》,白麟等译,商务印书馆2015年版,第54页。

2. 法律选择协议有效性的限制

正如上文所述,当事人的自治权通常受到法院地的公共秩序或强行法的限制,即如果该法律选择协议违背法院地的公共秩序和强行法的限制,该法律选择协议将被认定为无效或不可执行。虽然大多数法域对此都有类似规定,但其具体适用却各不相同。

在实践中,一方当事人对于法律选择协议的抗辩除去上述针对违背公共秩序或强行法规定提出的异议,有时会援引各式各样的理由作为抗辩依据,诸如法律选择协议选择了与当事人争议焦点缺少联系的法律;法律选择协议所选的法律是不完整、不明确的;甚至提出所协议选择的法律是不公平的等理由。在多数情况下,对于援引这些理由进行抗辩的,仲裁庭都会予以驳回。

(二)当事人的法律选择协议

1. 法律选择协议的形式

法律选择协议常见以条款的形式包含或附随于仲裁协议中。这种明示选择的方式已得到各国的普遍接受。

诚然,法律选择协议并非仅有书面明示一种表现形式,有时可以通过默示达成。例如,《罗马Ⅰ规则》及《罗马公约》均承认默示的法律选择协议,《罗马公约》第3条第1款规定,"合同应适用当事人选择的法律。此项选择必须是明示的,或者由合同条款或具体情况合理确定地表明"。同样地,美国《冲突法重述》(第2版)对此也有类似规定。①

值得注意的一个问题是,在当事人未明示法律适用的情况下,选择仲裁地是否当然构成默示选择仲裁地法律作为争议管辖的实体法。依据当今主流理论及实践判例,当事人对仲裁地的选择并非当然等同于选择仲裁地法作为实体争议所适用的法律。在三菱集团诉卡斯尔顿公司案(Mitsubishi Corp. v. Castletown Nav. Ltd.)中,虽然当事人选择英格兰作为仲裁地,但在所有其他连结点均指向日本实体法的情况下,仲裁庭最终认为选择伦敦作为仲裁地并不当然表示选择英格兰的实体法作为争议实体的管辖法律。② 因此,在某一特定案件中,对仲裁地的选择同时结合争议的其他因素,如争议的性质、合同的语言等

---

① 美国《第二次冲突法重述》第187条注释a规定:"即使当合同并未指向任何州,仲裁地法院也会根据合同条款认定当事人希望适用某一州的法律。所以如果合同包含的法律表达或引用的法律原则属于某个特定州的法律规定,则可以证明当事人希望适用该州的法律。"

② Mitsubishi Corp. v. Castletown Nav. Ltd. [1989] 2 Lloyd's Rep. 383(Q. B.).

方可综合判断当事人默示选择的法律选择。

2. 法律选择协议订立的瑕疵

法律选择协议,包括整体仲裁协议其本质是当事人之间订立的一种契约,即合同。因此,通常而言,适用于一般合同订立瑕疵的抗辩理由同样适用于法律选择协议,诸如一方采取胁迫手段,迫使对方订立该法律选择协议或仲裁协议的。

(三)当事人协议选择的法律

如前所述,当事人协议选择的法律通常包含如下几个方面:(1)管辖当事人基础合同和相关实体主张的实体法;(2)管辖当事人仲裁协议的实体法;(3)适用于仲裁程序的程序法;(4)冲突法规则。

1. 管辖当事人基础合同和相关实体主张的实体法

(1)当事人选择法律的范围

近年来,当事人选择实体法时表现出一种趋势即支持当事人选择非国内法。然而对于当事人能否选择与合同无实际联系的法律,在实践中因法域的不同而有所区别。少数国家赋予当事人完全的自治权选择所适用的法律,并不要求彼此间存在实际联系,如英国、法国和前南斯拉夫等。但也有部分国家只允许合同当事人选择与合同有一定联系的法律,如欧洲大陆法系国家中,大多主张当事人应选择与基础合同有一定联系的法律。例如,1971 年美国《第二次冲突法重述》要求当事人在选择某一法律时,必须有一种合理的根据,即所选择的法律必须与合同以及当事人之间存在重要联系。就此问题,在国际商事仲裁中,现在普遍接受的观点是允许当事人自由选择实体法而不受合理联系的限制,国际商会在诸多判例中已承认当事人可选择与合同无联系的法律作为管辖法律。

(2)当事人选择法律的类型

在选择适用于实体争议的法律时,当事人除去可以选择特定国家的法律作为管辖法律外,在某些法域内,当事人同样可以选择"非国家的法律规则"进行管辖,《示范法》第 28 条第 1 款对此予以了肯定。

①一般法律原则

一些非国家的法律选择条款有时会约定适用"一般法律原则",常见于以国家作为主体的合同中。通常,当事人选择"一般法律原则"指在适用世界主要法律体系所共同适用的法律原则,然而此种表述的含义是有争议的,因为确定一般法律原则的内容会有困难,因此当事人通常避免选择此种法律适用。

②现代商人法

实践中,鲜有当事人选择现代商事法作为争议的实体法而适用,同时,也鲜有裁决是基于现代商人法作出的。关于此部分内容,将在下文详述。

③国际统一私法协会国际商事合同通则

《国际统一私法协会国际商事合同通则》系国际统一私法协会(UNIDROIT)于1994年颁布,并于2004年修改的一套适用于合同法的国际通则,包含对合同的解释、效力、履行及谈判的规定。当事人在订立法律选择协议时可选择适用。仲裁庭已在一些案例中将其作为指导性原则适用,正如国际商会某一裁决所述:“比起以通则或基本知道原则为依据,《国际商事合同通则》是由按照系统组织排列的清楚明确且具体的规则所组成的。”[①]不过就实践而言,《国际商事合同通则》作为管辖法律的情况并不在多数,当事人少有在法律选择协议中直接选择适用,部分原因可能是相较之主流的法律体系,《国际商事合同通则》缺少对细节的规定,也缺少司法先例。

④友好调停和依公允及善良原则

当事人可协议约定仲裁员有权不依据法律规则裁定纠纷,而是根据公平、公正的一般原则进行裁判。《示范法》第28条第3款对该等协议的效力予以肯定,但同时该条明确规定,仲裁庭只有在各方当事人明示授权的情况下才应当依照公平善意原则或作为友好仲裁员作出决定。

值得注意的是,该种适用法律的选择存在的风险是目前学界及实践中对仲裁员在该等条款下的职责界限并不清晰。有些学者认为,仲裁员可以根据自己的公平正义感对争议直接作出裁决,而排除适用任何法律规则;另一部分学者认为,仲裁员应当先适用国内法,并在此基础上在他们认为适当的情况下调整仲裁结果。[②] 考虑到适用的不确定性,该种法律选择在实践中也并不多见。

(3)影响实体法选择的因素

通常,当事人在选择适用实体法时普遍基于“熟悉”的原因首选本国的法律,然而实践表明,有时一方当事人的“本国法”并不能对其争议问题提供很好的保障。那么,当事人在选择实体法适用时应当考虑的因素有哪些?

首先,应当考虑所选法律是否完整、有效,是否能较好地适用于商事交易。一般而言,当事人应选择存在较完善的商事和公司法律体系国家的法律,避免

---

① Partial Awards in ICC Case No. 7110,10(2) Icc Ct. Bull. 39(1999).

② [美]加里·B. 博恩:《国际商事仲裁》,威科集团2009年版,第2237~2242页。

选择新成立的或者市场封闭国家的法律。同时应当避免选择法律体系稳定性欠缺的国家的法律。

其次，当事人应当在上述基础上选择其熟悉的或者可查明的法律作为适用法律。该类法律通常为当事人所从事交易所在地的法域或者通过律师咨询等途径可以查明的法律。

最后，对于某些特定的交易，当事人可选择对其有利的法律，如借款人或者保险公司偏爱选择纽约州法或英国法作为其交易的管辖法律。但这类法律适用的选择多数为当事人双方博弈的结果。

2. 管辖当事人仲裁协议的实体法

鉴于国际商事仲裁协议独立于当事人之间的基础合同这一观点已得到普遍认可，那么遵循意思自治原则，由当事人协议选择法律不仅体现在选择引起争议的合同的准据法上，同样体现在选择仲裁协议的准据法上。在一些国家的仲裁理论和实践中，当事人选择仲裁协议所适用的法律被视为首要原则。如上文所述，通常，如果当事人就仲裁协议已选定特定的法律予以适用，则该约定应当被优先适用，除非该约定被视为违反公共秩序或者强行法规定。

虽然仲裁协议的性质存在争论，但除了违约救济，仲裁协议和普通商事合同大致无异。1994 年《意大利民事诉讼法》第 807 条明文规定："仲裁合同应适用支配一般业务活动的合同有效性的规定。"事实上，仅为数不多的仲裁法和仲裁规则对仲裁协议的法律适用单独作出规定。《纽约公约》第 5 条第 1 款第 1 项在规定拒绝承认和执行外国仲裁裁决的理由时，间接限定了仲裁协议的准据法。这一普遍做法，和普通商事合同准据法的确定并无本质区别，仲裁地法就是与仲裁协议有最密切联系的法律，也是仲裁协议特征性履行地的法律。

关于仲裁协议，仲裁立法和仲裁规则的重点在于：对仲裁协议的书面形式进行宽松的规定和扩大解释，以在新的时代适应《纽约公约》的要求；在仲裁协议的效力认定上，力图进一步体现支持仲裁的政策，统一强制执行仲裁协议的方式。也正因如此，仲裁协议的法律适用表现出特别之处：仲裁庭或法官还会依跨国法律观念，如一般法律原则、保护当事人的正当期望、国际商事惯例等，或者依尽量使其有效的原则（in favorem of validitatis），来确定仲裁协议的效力。较为典型的是瑞士《关于国际私法的联邦法》第 178 条第 2 款的规定："如果仲裁协议符合当事人所选择的法律或适用于争议事项的法律特别是主合同的准据法或瑞士法律的规定，即在实质上为有效。"法律规定数种标准，仲裁协议只要符合其中一种即有效,这种做法更有利于国际商事仲裁。① 此外,1961 年《关于国际商事仲裁的欧洲公约》、1975 年《美洲国家间关于国际商事仲裁的公约》及 1985 年《示范法》明确规定,应根据当事人指定适用于仲裁协议的法律裁定是否存在仲裁协议及其有效性。② 此外,尽管少有国家仲裁法立法就仲裁协议的法律适用予以专门规定,但在这些立法中仍能看出其对当事人意思自治原则的肯定。如葡萄牙仲裁法及英国仲裁法均有相关规定。③ 由此产生的法律后果即当事人仲裁协议所适用的法律可能不同于其基础合同所适用的法律。

我国的国内立法也没有专门规定当事人对国际商事仲裁协议法律适用的选择权,但基于我国是《纽约公约》的成员国,理应承认并尊重《纽约公约》所赋予当事人自主选择法律适用的权利。另外,我国《合同法》第 126 条第 1 款(已废止)规定,"涉外合同的当事人可以选择处理合同争议所适用的法律,但法律另有规定的除外……"。鉴于当事人法律选择协议的本质为契约,因此无论当事人对争议实体的管辖法律作出约定或是对管辖当事人仲裁协议的实体法作出约定,在不违反公序良俗或强制规定的前提下,应当优先适用。

值得注意的是,即使是当仲裁条款构成基础合同一部分时,上述原则同样适用,即当事人可选择不同的法律分别适用于主合同及仲裁条款。法国法院在 Raymond Gosset v. Carapelli 一案中确立了仲裁条款可受与基础合同不同法律管辖的原则。这一原则后来被法国诸多判例遵循。类似地,英国法院也承认在某些例外的情况下,仲裁条款与基础合同可以适用不同的法律体系。

关于如何选择管辖当事人仲裁协议的实体法,可参考上文论述,此处不再赘述。

3. 适用于仲裁程序的法律

在通常情况下,当事人选择仲裁地时,该仲裁地的法律即被视为仲裁程序法。然而,在许多法域内,当事人同样可以基于意思自治原则选择仲裁程序法,即当事人可以选择与仲裁地法不同的程序法。但是,此种做法会引起很多不确定性,从而有可能导致最终裁决不被承认或执行。依据《纽约公约》第 5 条第 1

---

① 宋连斌:《比照适用抑或特别规定:从国际商事仲裁的法律适用谈起》,载《武汉大学学报(哲学社会科学版)》2004 年第 6 期。

② 《纽约公约》第 5 条第 1 款甲项;《欧洲公约》第 6 条第 2 款;《美洲国家间关于国际商事仲裁的公约》第 5 条第 1 款第 1 项;《示范法》第 34 条第 2 款(a)项和第 36 条第 1 款(a)项。

③ 刘晓红:《论国际商事仲裁协议的法律适用》,载《法学》2004 年第 4 期。

款戊项规定，仲裁裁决只能由仲裁地法院或“裁决所依据之国家”的主管机关撤销，①通常认为此处“裁决所依据之国家”即仲裁程序法作出之国家。换言之，如果某一仲裁案件的仲裁地在甲国，仲裁程序由乙国程序法管辖，那么该仲裁裁决依据《纽约公约》将有可能被甲国或乙国法院撤销，进一步如果乙国撤销该仲裁裁决，那么同样依据《纽约公约》，其他国家有权拒绝承认和执行该仲裁裁决。因此，就适用于仲裁程序的法律而言，并不提倡选择仲裁地法律以外的他国程序法。

4. 冲突法规则

如上文所述，当事人有权自主选择适用于他们之间争议的法律，同样地，他们也有权自主选择适用某一冲突法规则以此替代直接选择适用某一特定的法律。

实践中的一个问题是，当当事人选择适用某国法律时，是否意味着在选择该国实体法的同时，也选择适用了该国的冲突法规则。若选择适用某国法律可被视为同时选择了该国的冲突规则，那么即便当事人作出了明确的法律选择（该国法律），也需要适用所选国家的冲突规则进行法律冲突分析，由此就有可能发生反致或者转致。通常，此种不确定性并不符合当事人选择适用某一特定法律的预期。实践中，如当事人选择适用某一国家的法律，大多数国家和地区都会将其解释为适用该国实体法（而非冲突法规则），即使该法律适用条款文本并未包含反对反致或转致的约定。《示范法》第 28 条第 1 款规定：“除非另有表明，指定适用某一国家的法律或法律制度应认为是直接指该国的实体法而不是其法律冲突规范。”大体上，主流学术观点和实务中都采纳此观点。

（四）当事人协议选择的实体法的适用

正如前文所说，虽然当事人意思自治原则是国际商事仲裁的重要原则之一，当事人自主选择管辖当事人基础合同和相关实体主张的实体法并非没有限制，当事人行使自治权时应当受到强行法和公共秩序的限制。

以我国法律规定为例，《民法通则》（已废止）第 150 条规定：“依照本文规定适用外国法律或者国际惯例的，不得违背中华人民共和国的社会公共利益。”如果当事人为了规避某一强行法规定而约定适用他国法律，那么此约定将被视

---

① 《纽约公约》第 5 条第 1 款规定：裁决唯有于受裁决援用之一造向声请承认及执行地之主管机关提具证据证明有下列情形之一时，始得依该造之请求，拒予承认及执行：……（戊）裁决对各造尚无拘束力，或业经裁决地所在国或裁决所依据法律之国家之主管机关撤销或停止执行者。

为无效约定。《中国国际经济贸易仲裁委员会仲裁规则》(2015 年版)第 49 条第 2 款同样规定,“当事人对于案件实体适用法有约定的,从其约定。当事人没有约定或其约定与法律强制性规定相抵触的,由仲裁庭决定案件实体的法律适用”。假设当事人为了规避我国关于禁止赌博的规定而在其购买赌博器具的交易合同中约定适用承认赌博合法的国家或地区的法律(如美国的内华达州法或摩纳哥法律),若争议仲裁地为中国,仲裁庭有权因当事人约定违反我国公共秩序而拒绝适用当事人所选择的有关法律;若争议仲裁地在中国境外并依照当事人自行选择的法律对争议作出有效裁决,依据《纽约公约》第 5 条第 2 款乙项规定,该裁决将因违反中国的公共秩序而被中国法院拒绝承认及执行。①

四、无法律选择时的法律适用

在没有协议选择适用法的情况下,仲裁当事人基础法律关系和实体主张所依据的实体法,管辖仲裁协议的实体法,适用于仲裁程序的仲裁程序法,以及适用于上述法律选择的冲突规则均可能受不同国家法律管辖。

(一)确定准据法的冲突法依据

作为国际商事争议解决重要手段之一的国际仲裁,其仲裁过程中的法律适用一般也遵循通常做法,即通过适用冲突规则来确定适用于基础法律关系、仲裁协议和仲裁程序的相关法律。②

冲突规则(Conflict of Laws)是处理国际民商事法律关系时,在有两个或两个以上国家的民法根据有关的连结因素都可能适用于该法律关系时,指定应当适用哪一国法律作为准据法的规则。③ 冲突规则由“范围”和“准据法”两部分构成。“范围”又称“连结对象”,包括冲突规则“所要适用的对象,或者所要认定的事实,或所要解决的法律问题”。④ 准据法则是针对该法律关系或法律问题所应当适用的实体法。例如,我国《涉外民事关系法律适用法》(以下简称《法律适用法》)第 36 条规定,“不动产物权,适用不动产所在地法律”,该条就是典型的冲突规则,不动产物权就是“连结对象”,这条冲突规则的适用范围为

---

① 《纽约公约》第 5 条第 2 款规定:倘声请承认及执行地所在国之主管机关认定有下列情形之一,亦得拒不承认及执行公断裁决:……(乙)承认或执行裁决有违该国公共政策者。

② [美]加里·B. 博恩:《国际仲裁:法律与实践》,白麟等译,商务印书馆 2015 年版,第 56 页。

③ 李双元主编:《国际私法》(第 2 版),北京大学出版社 2006 年版,第 69 页。

④ 李双元主编:《国际私法》(第 2 版),北京大学出版社 2006 年版,第 70 页。

"不动产物权","适用不动产所在地法律"即准据法,根据该冲突规则,不动产所在地的实体法将适用于关于"不动产物权"的法律关系或法律问题。在"准据法"部分,连结点起着十分重要的作用,直接确定可以适用的准据法。[①] 在上文所述的准据法中,连结点为"不动产所在地",通过"不动产所在地"的表述,我们可以很清楚地知道不动产所在地国家的法律应当被适用于关于"不动产物权"的争议。连结点可以是静态的,如不动产所在地;也可以是动态的,处于不断变化过程中的,如主要营业地、住所地等。

在冲突规范中,对于指定的准据法,往往通过一些含有特定内容的公式加以表述,可以称之为准据法表述公式。[②] 常见的准据法表述公式包括属人法(*lex personalis*)、物之所在地法(*lex rei sitae*, *lex situs*)、行为地法(*lex loci actus*)、法院地法(*lex fori*)、旗国法(the law of the flag)、当事人合意选择的法律(*lex voluntatis*)和与案件或当事人有最密切联系的国家的法律(the law with which the action or the party has its closest connection)。[③] 在国际仲裁实务中,与国际商事活动联系较为密切的物之所在地法、行为地法、当事人合意选择的法律、与案件或当事人有最密切联系的国家的法律等准据法表述公式适用较为广泛。

在我国,《法律适用法》是关于涉外民商事关系冲突规则的专门法律。下列条款在确定国际仲裁中的实体问题准据法时,适用较多:

第二条 涉外民事关系适用的法律,依照本法确定。其他法律对涉外民事关系法律适用另有特别规定的,依照其规定。本法和其他法律对涉外民事关系法律适用没有规定的,适用与该涉外民事关系有最密切联系的法律。

第四条 中华人民共和国法律对涉外民事关系有强制性规定的,直接适用该强制性规定。

第三十六条 不动产物权,适用不动产所在地法律。

第三十七条 当事人可以协议选择动产物权适用的法律。当事人没有选择的,适用法律事实发生时动产所在地法律。

第三十八条 当事人可以协议选择运输中动产物权发生变更适用的法律。

---

① 参见李双元主编:《国际私法》(第2版),北京大学出版社2006年版,第71页。

② 参见李双元主编:《国际私法》(第2版),北京大学出版社2006年版,第86页。

③ 参见李双元主编:《国际私法》(第2版),北京大学出版社2006年版,第86~87页。

当事人没有选择的，适用运输目的地法律。

第四十一条　当事人可以协议选择合同适用的法律。当事人没有选择的，适用履行义务最能体现该合同特征的一方当事人经常居所地法律或者其他与该合同有最密切联系的法律。

第四十九条　当事人可以协议选择知识产权转让和许可使用适用的法律。当事人没有选择的，适用本法对合同的有关规定。

关于管辖仲裁协议的实体法，在当事人没有选择适用的法律时，一般实践中多采用仲裁地法。①《法律适用法》第 18 条规定："当事人可以协议选择仲裁协议适用的法律。当事人没有选择的，适用仲裁机构所在地法律或者仲裁地法律。"我国在适用仲裁地法之外，也非常重视仲裁机构所在地的法律。司法实践中，法院地法也有可能被作为管辖仲裁协议的准据法。2006 年颁布的《最高人民法院关于适用〈中华人民共和国仲裁法〉若干问题的解释》第 16 条规定："对涉外仲裁协议的效力审查，适用当事人约定的法律；当事人没有约定适用的法律但约定了仲裁地的，适用仲裁地法律；没有约定适用的法律也没有约定仲裁地或者仲裁地约定不明的，适用法院地法律。"而且在我国的司法实践中，法院地法有被滥用的倾向，导致某些根据境外法律应当认定有效的仲裁协议被国内法认定为无效，当事人选择仲裁的自由未能得到充分尊重。② 尽管《法律适用法》于 2011 年颁布，其中第 18 条放弃了"法院地法"这个连结点，但是，2012 年《最高人民法院关于适用〈中华人民共和国涉外民事关系法律适用法〉若干问题的解释(一)》第 14 条规定："当事人没有选择涉外仲裁协议适用的法律，也没有约定仲裁机构或者仲裁地，或者约定不明的，人民法院可以适用中华人民共和国法律认定该仲裁协议的效力。"从而将法院地法这个连结点，通过司法解释重新确认。而且，在《法律适用法》颁布后，最高人民法院的很多复函中，依然援引仲裁法司法解释第 16 条，而不是更新、位阶更高的《法律适用法》。③

---

① 参见[美]加里·B. 博恩：《国际仲裁：法律与实践》，白麟等译，商务印书馆 2015 年版，第 76 页。

② 朱方华：《到底按谁的规矩办？——简析国际商事仲裁法律适用》，载《中国对外贸易》2016 年第 3 期。

③ 朱方华：《到底按谁的规矩办？——简析国际商事仲裁法律适用》，载《中国对外贸易》2016 年第 3 期。

此外,还有裁决执行地法作为仲裁程序准据法和“有效性”原则①等其他确定仲裁协议准据法的冲突规范。② 但是,目前最主要的关于仲裁协议的冲突规则为仲裁地法。

仲裁程序本身的准据法基本上适用仲裁地法,这里的仲裁地并非一个地理概念,而是一个法律概念,选定了仲裁地即代表当事人选择仲裁地法作为仲裁程序的准据法。③ 仲裁程序的准据法对仲裁程序会产生重要的影响,包括对于仲裁的必要程序、证据规则、仲裁员资格、仲裁进程,以及其他程序正义要求的规定。④ 而且仲裁地法还会规范仲裁机构和外部司法体系关系,包括管辖权的划分、临时救济的司法协助、取证的司法协助、司法不干预、仲裁程序的撤销、仲裁裁决的执行等。⑤ 因此,当事人在选择仲裁地时,应当格外谨慎,仲裁地法可能会对仲裁结果产生深远的影响。

(二)仲裁规则和国内冲突法的关系

仲裁规则更多着眼于仲裁程序方面的规定,其作用更多地类似于民事诉讼法在民事诉讼中的作用,对于冲突法这种涉及实体法律适用的规则,仲裁规则一般没有《法律适用法》此类专门法律规定得详细,而是仅仅提供一个确定准据法的原则。例如,《中国国际经济贸易仲裁委员会仲裁规则》(2015 年版)(以下简称《CIETAC 仲裁规则》)第 49 条第 2 款规定:“当事人对于案件实体适用法有约定的,从其约定。当事人没有约定或其约定与法律强制性规定相抵触的,由仲裁庭决定案件实体的法律适用。”

其中,《国际商会国际仲裁院仲裁规则》(2012 年版)(以下简称《ICC 仲裁规则》)对于法律适用的规定具有典型性,《ICC 仲裁规则》第 21 条第 1 款(适用的法律规则)规定:“当事人有权自由约定仲裁庭处理案件实体问题所应适用的法律规则。当事人对此没有约定的,仲裁庭将决定适用其认为适当的法律规

---

① “有效性”原则指如果仲裁协议在任何可能适用于该仲裁协议的法律下有效,则仲裁协议应当得到承认。

② 参见[美]加里·B. 博恩:《国际仲裁:法律与实践》,白麟等译,商务印书馆 2015 年版,第 75~76 页。

③ 参见[美]加里·B. 博恩:《国际仲裁:法律与实践》,白麟等译,商务印书馆 2015 年版,第 142~143 页。

④ 参见[美]加里·B. 博恩:《国际仲裁:法律与实践》,白麟等译,商务印书馆 2015 年版,第 145 页。

⑤ 参见[美]加里·B. 博恩:《国际仲裁:法律与实践》,白麟等译,商务印书馆 2015 年版,第 146 页。

则。”中国香港国际仲裁院、新加坡国际仲裁院和伦敦国际仲裁院等国际仲裁机构也采用了这种允许仲裁庭适用其认为适当的实体法律规则，对案件进行审理的仲裁规则。上文所提及的《CIETAC 仲裁规则》也属于这类规则。[①]《ICC 仲裁规则》虽然赋予了仲裁庭直接选择仲裁所适用实体法的权力，但是也对这个权力做了一定的规制。《ICC 仲裁规则》第 21 条第 2 款规定：“仲裁庭应考虑当事人之间的合同（如有）的规定以及任何有关的贸易惯例。”因此，仲裁庭对于准据法的选择并不是任意的，而是需要根据双方合同的性质，合同与所适用法律的联系，以及相关贸易惯例等因素，综合考虑后作出。而《CIETAC 仲裁规则》也为仲裁庭选择准据法设立了一个前提，即仲裁庭所选择的准据法不能同法律强制性规定相抵触。[②]

另一些仲裁机构对于仲裁庭选择准据法的权力，从形式上做了更为严格的限制。例如，《联合国国际贸易法委员会仲裁规则》（以下简称《UNCITRAL 仲裁规则》）第 33 条第 1 款规定，仲裁庭应当适用当事人指定的适用于实体争议的法律，如果当事人没有指定，则应适用仲裁庭认为适当的冲突规则所确定的法律。这种允许仲裁庭自行选择冲突规则的仲裁规则也被一些国际仲裁机构采用。[③] 这种仅允许仲裁庭选择冲突规则，而不直接选择适当的实体法的限制，在实践中往往不能发挥明显的限制作用，因为任何冲突规范都必然最终落到某一个具体的实体法，仲裁庭完全可以通过意欲适用的实体法反推相应的冲突规则。

还有一些仲裁机构则要求仲裁庭适用与纠纷有最密切联系的国家的法律。例如，《瑞士国际仲裁规则》第 33 条第 1 款规定，仲裁庭应根据当事人选择的法律裁决案件，如果当事人没有选择法律，仲裁庭应适用与争议有最密切联系的法律。这种仲裁规则对仲裁庭的法律适用作出了实质性的规定，并以“最密切联系”原则作为仲裁庭法律适用的基本原则。

由于不同仲裁机构对于法律适用存在不同规定，而部分国家对于国际仲裁法律适用亦存在特殊的法律规定，仲裁规则同特定国家法律之间的冲突将很可

---

① 参见《新加坡国际仲裁中心仲裁规则》（第 6 版）第 31 条第 1 款；《香港国际仲裁中心仲裁规则》（2013 年版）第 35.1 条；《伦敦国际仲裁院仲裁规则》（2014 年版）第 22.3 条。

② 根据《CIETAC 仲裁规则》的规定：即使根据双方意思自治而选定的法律，如果违反法律强制性规定，也不能适用，而需要仲裁庭决定适用法，那么仲裁庭就更没有理由适用违反法律强制性规定的适用法了。

③ 参见《芝加哥国际争端解决协会仲裁规则》第 32 条第 1 款。

能发生。例如,《瑞士联邦国际私法》在第 12 章“国际仲裁”对于法律适用进行了明确规定,其第 187 条明确规定,如果仲裁地为瑞士,则仲裁庭应根据当事人选择的法律裁决案件,如果当事人没有选择法律,仲裁庭应适用与争议具有最密切联系的法律。如上文所述,很多仲裁规则,包括广泛适用的《ICC 仲裁规则》和《UNCITRAL 仲裁规则》均不存在适用最密切联系法律的要求。那么假设一个在瑞士进行的,适用《ICC 仲裁规则》的仲裁程序,仲裁庭选择适用其他冲突规则,而不是“最密切联系”原则来确定适用实体法,则该法律适用必然违反瑞士法律。

在这种情况下,如何协调仲裁规则和国内冲突法就是一个值得关注的问题。从逻辑上分析,如果充分尊重当事人意思自治原则,且当事人直接选择的实体法可以直接适用于案件,那么当事人通过选择仲裁规则,并适用仲裁规则中的法律适用规则间接确定的实体法也应适用于案件,而不应被认定为违法。但是,一些设有法律冲突规则的法域的司法机构持有不同意见,认为其内国法律规定的冲突规则应直接适用于该国境内的仲裁。[①] 一旦仲裁程序被认定违反仲裁地法,该仲裁裁决便可能被撤销。因此,在仲裁过程中,当事人和仲裁庭都应该充分考虑这种风险,并尽量以符合内国法律要求的方式确定准据法。

虽然中国仅对仲裁协议的准据法进行了规定,[②]而对于仲裁程序的实体法并没有具体规定,但是中国《法律适用法》第 4 条规定:“中华人民共和国法律对涉外民事关系有强制性规定的,直接适用该强制性规定。”因此,对于中国法律规定必须适用中国法的争议,如果仲裁庭选择其他国家的法律,则可能导致一定的问题。

假设两家美国公司就其中一家公司投资的中国公司的股权转让达成协议,并约定仲裁适用《ICC 仲裁规则》,由 ICC 国际仲裁院在中国北京仲裁。随后协议双方发生争议,由 ICC 国际仲裁院进行仲裁,而仲裁庭选择了美国法律对该争议进行裁决,那么这个裁决就可能产生问题。根据中国《法律适用法》第 4 条、《公司法》第 2 条及第 217 条之规定,在中国境内设立的公司之股权转让纠

① 参见[美]加里・B. 博恩:《国际仲裁:法律与实践》,白麟等译,商务印书馆 2015 年版,第 315 页。

② 中国《法律适用法》第 18 条规定:“当事人可以协议选择仲裁协议适用的法律。当事人没有选择的,适用仲裁机构所在地法律或者仲裁地法律。”

纷应当适用中华人民共和国法律。① 那么,这个 ICC 仲裁裁决所适用的法律,就同仲裁地国的强制性规定发生了抵触,从而可能导致中国法院以违背公共利益为由,撤销该裁决。

目前,内国涉外仲裁尚未频繁遇到此类问题。② 但是,随着中国对国际仲裁机构打开大门,今后内国仲裁也可能面临这个问题。根据现有判例,外国仲裁裁决违反国内强制性法律规定,亦有可能不被承认和执行。③ 因此,从实践角度出发,即使仲裁规则允许仲裁庭选择合适的准据法,仲裁庭也应充分尊重相关的冲突规则,避免裁决执行过程中的法律风险。

(三)仲裁庭确定准据法的规则

如上文所述,以《ICC 仲裁规则》为代表的大多数仲裁规则均允许仲裁庭自行选择适当的准据法,而不必遵循仲裁地国或其他国家的冲突规则。④ 但是,这并不代表仲裁庭会在实际仲裁过程中,随机选择一个国家的实体法作为争议的适用法;作为由法律和行业专家组成的仲裁庭,从其专业水平出发,也不会随意选择一个和争议没有实际联系的实体法作为争议的准据法。

为了对争议进行公平合理的裁决,仲裁庭必须选择某一个具体的实体法适用于该争议,而这种选择也必定基于一定的原则,并适用相关国际条约、仲裁立法、仲裁规则及某些冲突规则。⑤

如上文所述,某些仲裁规则或者仲裁地法为国际仲裁的实体法适用提供了明确的强制性冲突规则,例如,上文所述的瑞士法律和《瑞士国际仲裁规则》。在这种情况下,法律和仲裁规则要求仲裁庭根据“最密切联系”原则选择实体法。

在法律和仲裁规则没有提供明确的冲突规则时,仲裁庭一般也会根据某些在国际仲裁领域广泛适用的原则来确定实体法。历史上,根据仲裁地的冲突规则来确定实体法是一种适用较为广泛的法律适用原则。仲裁庭在历史上被认为应受仲裁地“程序”法的约束,而程序法往往被认为包括仲裁地的法律选择原

① 参见北京市高级人民法院(2014)高民(商)终字第 4839 号。

② 主要原因是境外仲裁机构尚未正式进入中国,也就基本不存在 ICC 在国内仲裁的问题。

③ 参见最高人民法院(2008)民四他字第 11 号。

④ 朱方华:《到底按谁的规矩办?——简析国际商事仲裁法律适用》,载《中国对外贸易》2016 年第 3 期。

⑤ 参见[美]加里·B. 博恩:《国际仲裁:法律与实践》,白麟等译,商务印书馆 2015 年版,第 315 页。

则。无论大陆法系国家还是普通法系国家,大量早期的仲裁裁决和司法判例,以及仲裁立法均采用直接适用仲裁地冲突规则的原则。[①] 但是,这一原则在晚近国际仲裁实践中已经逐渐被其他更为灵活的原则取代,其中一个理由是仲裁地同争议本身不一定有实际联系,很多时候这种联系是偶然的。[②]

另一种广泛适用的实体法选择原则是"最密切联系"原则,即仲裁庭适用的实体法是与争议或当事人具有最密切联系的国家的实体法。这一原则即冲突规则领域的最重要冲突规则之一,其也同某些国家的立法不谋而合。从冲突规则立法的角度来看,很多冲突规则的制定,其追求的目标是能够让与案件或当事人具有最密切联系的国家的法律适用于该案件。[③] 很多参与国际仲裁的仲裁员,其本身对国际私法和冲突法都有比较精深的研究,在确定法律适用时,他们也会把根据"最密切联系"原则确定实体法视为顺理成章的事情。

与"最密切联系"原则类似,另一种在国际仲裁中采用的法律选择方法是"最密切联系的国家的冲突规则原则",即根据同争议有最密切联系的国家的冲突规则确定实体法。这种方法相较于"最密切联系"原则更为复杂,仲裁庭需要适用至少两次冲突规则,才能确定实体法,而其选定的实体法可能同适用"最密切联系"原则所选定的实体法一致。

部分仲裁庭可能采用"累积"的方法确定实体法,即适用与争议有联系的各个国家的冲突规则来确定实体法,并最终得出的结论为,所有潜在的、相关的冲突规则会选择同一个法律。[④] 一些仲裁庭还采用了这种分析方法的变体,即"考虑适用所有潜在的、可适用的国家(或其他)的实体法律"。[⑤] 如果适用不同冲突规则或法律能够得出同一个结果,则表明存在"虚假冲突"。

部分国际仲裁则采用非国内的冲突规则,即某些"国际"冲突规则或者普适的冲突规则。尽管目前尚没有统一的国际冲突法或冲突规则,但是某些国际条

---

① 参见[美]加里·B.博恩:《国际仲裁:法律与实践》,白麟等译,商务印书馆2015年版,第316页。

② 参见[美]加里·B.博恩:《国际仲裁:法律与实践》,白麟等译,商务印书馆2015年版,第317页。

③ 李双元主编:《国际私法》(第2版),北京大学出版社2007年版,第87页。

④ [美]加里·B.博恩:《国际仲裁:法律与实践》,白麟等译,商务印书馆2015年版,第318页。

⑤ [美]加里·B.博恩:《国际仲裁:法律与实践》,白麟等译,商务印书馆2015年版,第318页。

约中的冲突规则,如《联合国国际货物买卖合同公约》中的冲突规则,可能被仲裁庭作为确定实体法的参考,尽管公约本身可能并不适用于该争议。[①]

总体而言,在仲裁地国或仲裁规则对冲突规则有具体规定时,仲裁庭往往根据相关仲裁规则确定实体法。如果没有法律的强制性规定,那么冲突法中的基本原则,尤其是"最密切联系"原则将很可能被仲裁庭作为选择实体法的依据。某些仲裁庭可能会参考国际公约或者其他国际惯例等。

(四)实体法的直接适用

如上文所述,大多数仲裁规则均允许仲裁庭选择"合适"的实体法审理案件,那么从仲裁规则角度来讲,不通过冲突规则的适用而直接适用实体法,是规则允许的。这种允许仲裁庭直接适用实体法的规则,并非国际仲裁的长期惯例,而是随着国际仲裁的发展,国际商事争议的日趋复杂和国际商事活动的广泛开展而逐渐发展起来的。最先从法律层面确认此规定的是法国1981年新增补的《民事诉讼法典》第五编第1496条:当事人未作约定时,适用仲裁员认为适当的法律规则。[②] 随后,从20世纪80年代开始,世界各大仲裁机构,包括伦敦国际仲裁院、斯德哥尔摩商会仲裁院、美国仲裁协会、ICC国际仲裁院等,纷纷开始采用"实体法直接适用"的规则。[③]

"实体法直接适用"规则赋予了仲裁庭充分的自由裁量权。仲裁庭可以根据案件的具体情况,以其本身的专业知识和实践经验,为合理解决争议寻找到最为适当的适用法,而可供选择的法律,并不仅仅限于某一国,或者当事人所在国家的法律,而是所有可以采用的国内法、国际法、习惯法、商人法等。随着国际商事活动的日益活跃,更多、更新、更复杂的案件很可能涉及一国国内法的薄弱领域或者空白领域,如果对仲裁庭就法律适用的裁量权进行严格的限制,那么仲裁庭很可能对某些复杂案件束手无策。因此,允许仲裁庭自主选择适当的国内法、国际法,甚至商业惯例来裁决案件,对于案件的高效解决是有利的。

但是"实体法直接适用"规则也可能对仲裁产生一定的不利影响。首先,由于仲裁庭可以自由选择适用的法律,那么其选择的法律,相比于根据特定冲突

---

① [美]加里·B.博恩:《国际仲裁:法律与实践》,白麟等译,商务印书馆2015年版,第320页。

② 杜志华、汪凌萍:《仲裁实体法的"直接适用方法"探析》,载《法学评论(双月刊)》2005年第4期。

③ 杜志华、汪凌萍:《仲裁实体法的"直接适用方法"探析》,载《法学评论(双月刊)》2005年第4期。

规则确定的适用法,具有更大的不可预见性。如果仲裁庭根据某些为当事人所知的冲突规则来确定适用法,如仲裁地的冲突规则,那么当事人可以较为明确地预见仲裁所适用的实体法,进而预判仲裁的结果。一旦仲裁庭具体适用的法律难以预见,那么仲裁结果很可能出乎当事人双方的预料,甚至不能正确反映当事人双方的真实意思。

其次,"实体法直接适用"规则可能导致仲裁裁决同公共秩序的冲突。如上文所述,某些国家对于国际仲裁或者某些法律关系制定了特别的强制性法律,这些强制性法律规定往往同该国的政治利益、公共秩序、经济秩序存在直接或者间接的联系,包括违法合同、消费者保护、外国投资、涉外交易限制及竞争法等的规范管理。[①]《纽约公约》第5条第2款明确允许执行所在地国拒绝承认和执行违反该国公共秩序的非本国仲裁裁决。因此,仲裁庭一旦适用违反执行地国强制性法律规定的其他实体法,那么仲裁裁决就存在不被承认和执行的风险。作为重要的争议解决机制,国际仲裁最主要的目的和意义在于有效地解决当事人之间的争议,之所以国际仲裁日益成为解决国际商事争议的重要工具,这同以《纽约公约》为核心的国际仲裁裁决承认和执行系统是密不可分的。如果仲裁裁决无法得到执行,那么整个仲裁程序将失去其最核心的价值,因此仲裁庭需要在自主选择实体法的基础上,对相关国家的强制性规定进行充分审查,并加以合理适用。

由于参与国际仲裁的仲裁员们大多是具备深厚国际私法功底,具有较高的国际私法理论水平的专业人士,在直接适用实体法时,他们往往会自觉根据那些在国际私法领域已经被广泛承认和接受的原则,如"最密切联系"原则,来确定实体法,因此,直接适用实体法和通过冲突规则确定实体法,可能并不会对仲裁裁决产生实质性的影响。

五、仲裁法律适用中的特殊问题

(一)先决问题

1. 先决问题的概念和构成要件

"先决问题"(preliminary question)又称附带问题(incidental question),这个问题最早由德国法学家梅希奥(Melchior)和汪格尔(Wengler)于1932年至1934

---

① 杜志华、汪凌萍:《仲裁实体法的"直接适用方法"探析》,载《法学评论(双月刊)》2005年第4期。

年提出，其是指在国际私法中有的争讼问题的解决需要以首先解决另外一个问题为条件，这时，便可以把争讼问题称为“本问题”或“主要问题”，而把首先要解决的另一个问题称为“先决问题”。[①] 先决问题同样可以发生在国际商事仲裁领域。例如，在一个国际代理仲裁案件中，当某一外国法人提起某一仲裁行为时，需要对其代理权的有效性(主要问题)进行裁决，这时，反过来就要对外国法人是否具有提起仲裁和被提起仲裁的能力问题(先决问题)作出裁决，即外国法人提起仲裁和被提起仲裁的能力是应依据仲裁地法的冲突规范来解决，还是应按照行为地的法律来裁决。

2. 先决问题准据法的确定

对于“先决问题”究竟应适用主要问题准据法所属国的冲突规则，还是仍依仲裁地国的冲突规则来选择其应适用的法律，目前在各国的实践中，并无一致的做法，当前世界各国的学说和实践，主要有以下两种：(1)依照主要问题准据法所属国的冲突法规范确定；(2)依照仲裁地国冲突规范确定。[②]

(二)识别问题

1. 识别的概念和依据

在国际司法实践中，需要依据一定的法律观点或概念对有关事实的法律性质作出识别。德国法学家卡恩(Kahn)与法国法学家巴丁(Bartin)相继于1891年、1897年提出了识别的概念。他们认为，有时即使两个国家规定了相同的冲突规范，但是如果两国法律赋予相同概念以不同的内涵，也会对同一事实的法律性质作出不同的分类，从而导致适用不同的冲突规范。对同一事实构成的性质之所以会作出不同的识别，主要是因为进行识别所依据的法律概念或法律观点不同而造成的，识别的理论和学说主要有：(1)法院地法律。德国法学家卡恩与法国法学家主张以法院地法作为识别的依据来解决识别冲突问题。中国《法律适用法》第8条规定，涉外民事关系的定性，适用法院地法律。(2)案件准据法。该观点为法国法学家德波涅(Despagent)和英国学者沃尔夫(Wolff)等所主张。[③]

---

① 杜涛主编：《国际私法原理》，复旦大学出版社2014年版，第74页。

② 杜涛主编：《国际私法原理》，复旦大学出版社2014年版，第76页。

③ 李双元、欧福永主编：《国际私法学》(第3版)，北京大学出版社2015年版，第120～121页。

2. 国际商事仲裁识别的依据

识别问题是国际商事仲裁中一个被忽略问题。识别制度的运用与国际商事仲裁性质的界定密切相关。由于国际商事仲裁具有任意性、民间性,因此,与国际民商事诉讼的国家强制性和司法性相比,国际商事仲裁是一种当事人自治的体系,其制度的起源和设计归根结底是由当事人所追求的效益原则决定的,从而体现了国际商事仲裁制度的演进的内生的自主性、趋同性乃至一致性。国际商事仲裁庭的仲裁员具有民间性、国际性、服务性,没有所谓的“法院地”,国际商事仲裁识别的依据除仲裁机构所在地法、案件的准据法之外,在法律规则适用上拥有的自主性和灵活性体现在识别的问题上,就是可以援引一般法律原则、现代商人法、国际惯例等来克服识别冲突问题,如2004年《国际商事合同通则》、1980年《联合国国际货物销售合同公约》、1985年《国际货物买卖合同法律适用公约》、1993年《跟单信用证统一惯例》、2000年《国际贸易术语解释通则》等。因此,与法官相比,国际商事仲裁庭的仲裁员可以更从容地利用国际社会已有的比较法研究的成果。①

3. 我国国际商事仲裁“涉外因素”识别的突破

根据我国目前的司法实践,如果当事人将完全没有涉外因素的国内争议约定提交境外仲裁,人民法院很可能依据《纽约公约》的相关规定,以仲裁条款约定无效或承认与执行仲裁裁决将构成对我国公共政策的违反为由,拒绝承认或执行境外仲裁机构所作出的裁决。但是,关于如何认定涉外因素,在司法实践中却始终没有形成统一的观点。上海市第一中人民法院在西门子公司申请承认与执行新加坡国际仲裁中心仲裁裁决一案②中作出裁定,突破了长期以来司法实践对涉外因素识别的限制,③在尊重当事人意思自治等原则的基础上,认定将注册于中国(上海)自由贸易试验区内的两家外商独资企业间纠纷确立为具

① 邹晓乔:《析国际商事仲裁中的识别规则的构建》,载《山东社会科学》2014年第S2期。

② 参见(2013)沪一中民认(外仲)字第2号民事裁定书。

③ 根据《最高人民法院关于适用〈中华人民共和国涉外民事关系法律适用法〉若干问题的解释(一)》第1条:“民事关系具有下列情形之一的,人民法院可以认定为涉外民事关系:(一)当事人一方或双方是外国公民、外国法人或者其他组织、无国籍人;(二)当事人一方或双方的经常居所地在中华人民共和国领域外;(三)标的物在中华人民共和国领域外;(四)产生、变更或者消灭民事关系的法律事实发生在中华人民共和国领域外;(五)可以认定为涉外民事关系的其他情形。”换言之,在判断某一案件是否具有涉外因素时,除应当对法律关系的主体、法律事实以及标的物进行考察外,上述规定第5项还授予了人民法院一定的自由裁量权,法院可以根据具体案件的情形,判断和识别涉外因素。

有涉外因素,进而支持了申请人要求承认与执行由新加坡国际仲裁中心作出的仲裁裁决的申请。

(三)反致和转致

根据各国对于本国冲突法规范所指定的外国法的范围的理解不同,一些国家不接受反致,认为本国冲突法规范指引的外国法仅限于外国的实体法,不包括冲突法规范;而另外一些国家则认为还包括冲突法规范。如果采用后一种主张就会产生国际私法法律适用上的反致问题。广义的反致包括反致、转致、间接反致和双重反致。①

但是,值得注意的是,反致在很多国家的冲突法学说、判例和立法,特别是新近立法中得到了采纳。采用反致的国家主要有法国、英国、德国、日本、奥地利、波兰、匈牙利等。②

在我国,在一般涉外民事法律关系的法律适用上,以前我国相关司法解释对是否采用反致未作明确规定。但是,在涉外商事仲裁领域,我国曾明确规定不接受反致。③ 2011 年新颁布的《法律适用法》则明确规定排除反致,④表明了应当适用外国法律时尽量适用外国法律的立法本意。

(四)时效

1. 国际商事仲裁时效适用诉讼时效制度

所谓时效,是指一定事实状态在法定期间持续存在,从而产生与该事实状态相适应的法律效力的法律制度。⑤ 与诉讼时效相似,国际商事仲裁时效可以定义为:国际商事仲裁时效是指达成国际商事仲裁协议的争议双方当事人于一定期间不行使请求约定的仲裁机构对其争议进行仲裁的权利,则不能通过仲裁来对其合法权利予以保护的法律制度。从一些国际公约和国内立法和实践来看,仲裁大都倾向于和诉讼适用同样的时效制度,体现了仲裁制度对于诉讼制度和一国法律体系在一定程度上的依赖。

---

① 李双元、欧福永主编:《国际私法学》(第 3 版),北京大学出版社 2015 年版,第 165 页。

② 李双元、欧福永主编:《国际私法学》(第 3 版),北京大学出版社 2015 年版,第 148 页。

③ 最高人民法院 2007 年《关于设立涉外民事或商事合同该纠纷案件法律适用若干问题的规定》第 1 条规定:涉外民事或商事合同应适用的法律,是指有关国家或地区的实体法,不包括冲突法和程序法。

④ 《中华人民共和国涉外民事关系法律适用法》第 9 条规定:涉外民事关系适用的外国法律,不包括该国的法律适用法。

⑤ 梁慧星:《民法总论》,法律出版社 1996 年版,第 236 页。

2. 国际商事仲裁时效为实体问题还是程序问题

1984 年英国议会通过了《外国时效法》,把所有的外国时效一律识别为实体法问题,而不管外国法把它识别为实体法问题还是程序法问题。在美国,许多州为了适用外州或外国的时效法,都通过了"借用"法规(borrowing statute),把外州或外国的时效法规都识别为时效法问题,在涉外民事案件中加以适用。美国统一州法委员会于 1982 年提出了《统一冲突法——时效法》供各州采用,该法把时效视为实体法问题。[①] 由于仲裁与诉讼之间的牵连性,以上关于时效的程序性和实体性问题也适用于仲裁之中。在中国,对于国际商事仲裁时效和诉讼时效的规定主要见诸实体法,认为仲裁时效问题是实体问题。

3. 国际商事仲裁时效不得由双方当事人协议约定、变更或延长

在国际商事仲裁中,当仲裁协议中未言明仲裁时效期限,或者仲裁实体法不允许双方当事人协议仲裁时效时,则涉及仲裁实体法中对于仲裁时效的规定。但此时,如果仲裁协议未对仲裁实体法作出约定,则会对双方当事人权益的保护造成很大的困难。因为各国的法律对仲裁时效期间都有不同规定。比如,在滞期费的追偿,英国法规定有诉因一开始的 6 年内为时效期,但法国、希腊、日本、荷兰、瑞士、巴西等多国规定的时效期只有 1 年;德国、波兰等国法律规定为 2 年;印度、挪威等国法律规定为 3 年;也有规定长至 10 年的芬兰国法律与 20 年的葡萄牙国法律。[②] 另外,我国并未明确规定是否允许协议变更仲裁时效,因此应根据我国《仲裁法》第 74 条"法律对仲裁时效没有规定的,适用诉讼时效的规定"的规定。根据我国《民法通则》(已废止)第 137 条规定,有特殊情况的,人民法院可以延长诉讼时效期间。根据我国最新司法实践,当事人诉讼时效不得由当事人双方事先协议延长,双方当事人约定诉讼时效的协议无效。[③]

因此,国际商事仲裁案件中,如案件适用的实体法律为中国法律的,双方当事人协议约定、延长、变更仲裁时效的协议无效。

4. 国际商事仲裁时效的抗辩

在国际商事仲裁中,仲裁时效已过的抗辩是仲裁庭主动适用,还是非经仲

---

① 韩德培主编:《国际私法》,北京大学出版社 2000 年版,第 111 ~ 112 页。

② 杨良宜:《国际商务仲裁》,中国政法大学出版社 1997 年版,第 283 页。

③ 参见《最高人民法院关于审理民事案件适用诉讼时效制度若干问题的规定》(2008 年 8 月 21 日,法释〔2008〕11 号)第 2 条规定:"当事人违反法律规定,约定延长或者缩短诉讼时效期间、预先放弃诉讼时效利益的,人民法院不予认可。"

裁当事人提出不得适用,在我国法律中并没有明确规定。因此,应根据我国《仲裁法》第74条的规定,“法律对仲裁时效没有规定的,适用诉讼时效的规定”。在诉讼中,法律并未明确规定法院是否有权非经诉讼当事人提起对效抗辩而主动适用,但在实践中,法院通常主动依职权适用。有些学者也认为:“在我国,关于诉讼时效的规定,无论当事人是否适用,人民法院或仲裁机关均可主动适用。”①根据最新的司法实践来,如当事人未提出诉讼时效抗辩的,人民法院不应对诉讼时效问题进行释明及主动适用诉讼时效的规定进行裁判。② 在实践中,对我国国际商事仲裁案例的分析来看,仲裁时效的抗辩均为仲裁当事人双方提出,而非仲裁庭主动适用。《国际货物销售时效期限公约》第24条规定:“在任何法律程序中,时效期间的届满,只能根据该法律程序一方的请求,才予以考虑。”同时,不能忽视的是,国际商事仲裁庭只能就双方协议提起的仲裁事项进行仲裁,如果仲裁庭主动适用时效期间,也有违于仲裁庭“不告不理”的管辖基础。

(五)多法域国家法律的确定

1.多法域国家法律的概念

世界上,有不少国家是多法域国家,即其不同地区实施不同的法律。一般来说,一个具有独特法律制度的地区被称为法域。如果一个主权国家内部存在数个具有独特法律制度的地区,它就是一个“多法域国家”或“复合法域国家”,或者“复数法制国家”。③ 在确定了一个国际商事仲裁案件适用某一国法律之后,由于该国拥有多个法域,就产生了该案件具体适用哪一个法域的法律的问题,即所谓的“区际法律冲突”。

2.多法域国家当事人本国法律的确定

当国际商事仲裁案件所涉的当事人处于多法域国家时,确定当事人本国法律一般有以下几种方式:(1)以当事人的住所地或居所地法为其本国法。如经1964年修改的《日本法例》第27条规定,在适用当事人的本国法时,如当事人各地法律不同时,依其所属地方的法律。(2)依当事人本国的“区际私法”的规

---

① 魏振瀛主编:《民法》,北京大学出版社2000年版,第190页。

② 参见《最高人民法院关于审理民事案件适用诉讼时效制度若干问题的规定》(2008年8月21日,法释〔2008〕11号)第3条规定:“当事人未提出诉讼时效抗辩,人民法院不应对诉讼时效问题进行释明及主动适用诉讼时效的规定进行裁判。”

③ 韩德培主编:《国际私法新论》,武汉大学出版社1997年版,第412页。

定来解决。如1995年《意大利国际私法制度改革法》第18条规定,如所指定的法律所属国就地域或人而言,存在非统一的法律制度时,则应当根据该国的规定来确定准据法。(3)依最密切联系原则确定适用的法律。如2014年4月1日施行的我国《涉外民事关系法律适用法》第6条规定,涉外民事关系适用外国法律,该国不同区域实施不同法律的,适用与该涉外民事关系有最密切联系区域的法律。[①] (4)通过统一实体法来解决区际法律冲突是最彻底的一种方式。制定全国统一的实体法解决区际法律冲突的实例也不鲜见。1900年《德国民法典》和1912年《瑞士民法典》就是这一模式的代表。还有一些国家制定仅适用于部分法域的统一实体法来解决有关法域之间的区际法律冲突。英国1882年《汇票法》和1963年《遗嘱法》只适用于英格兰、苏格兰和北爱尔兰,不适用于海峡群岛和马恩岛;英国1948年《公司法》只适用于英格兰和苏格兰,而不适用北爱尔兰、海峡群岛和马恩岛。[②]

(六)外国法的查明

1. 外国法的查明主体

外国法的查明,在英美法系国家称为外国的证明(proof of foreign law),是一国法院根据本国的冲突法规范指定应适用外国法时,如何查明该外国法的存在和确定其内容。外国法律到底是"事实问题"还是"法律问题",在国际商事仲裁案件中,这一问题的确定影响当事人的举证义务。在英美法系国家,外国法律问题并不承认为"法律",而只是被当作"事实"看待。[③] 因此,在英美法系国家,外国法被视为当事人用来主张自己权利的事实,须由当事人举证证明。而在大陆法系国家,如意大利、荷兰等国,一般承认外国法律的"法律地位",并认为仲裁员应当知道法律,所以由仲裁员负责查明外国法的内容。例如,2002年《蒙古民法典》第541条第1款规定:"在适用外国法时,法院及仲裁庭必须依照其官方注释或习惯实践查明该法律规范的内容。"[④]其他有些国家,如德国、瑞士、秘鲁、土耳其等国采用了折中说,认为外国法不是单纯的事实,也不是和内地完全相同的法律,而是依照法院地国的冲突规范的指引应适用的外国法,

---

① 李双元、欧福永主编:《国际私法学》(第3版),北京大学出版社2015年版,第130页。

② 参见[英]戴西、莫里斯:《冲突法》,1973年英文第9版,第13~14页;[英]莫里斯:《冲突法》,1984年英文第3版,第4~5页。

③ Richard Fentiman, *Foreign Law in English Courts: Pleading, Proof and Choice of Law*, Oxford, 1998, p. 3.

④ 李双元、欧福永主编:《国际私法学》(第3版),北京大学出版社2015年版,第164页。

不同于本国法,因此,外国法由仲裁员依职权查明,但当事人负有协助义务。我国 2011 年施行的《法律适用法》对外国法查明的义务主体进行了折中规定。[①]也就是说,在国际仲裁案件中,只有当事人协议选择适用法律时,当事人才负有查明外国法律的义务。

根据各国对外国法性质的不同认定,在国际商事仲裁实践中,对于外国法的查明主体分为三种:由当事人负责举证证明;无须当事人举证,仲裁员依照职权查明;仲裁员依照职权查明,当事人同时负有协助的义务。

2. 外国法查明的方法

如上所述,英国、美国等普通法系国家及部分拉丁美洲国家并不将外国法看成法律,而是视为当事人用来主张自己权利的事实,因此应适用的外国法的内容,就须由当事人举证证明,仲裁庭没有依职权查明外国法的义务。证明的方法主要是专家证据。[②]

一般来说,在我国,可通过下列途径查明:(1)由当事人提供;(2)由与我国订立司法协助协定的缔约对方的中央机关提供;(3)由我国驻该国使领馆提供;(4)由该国驻我国使馆提供;(5)由中外法律专家提供。[③] 另外,在国际仲裁案件中,当事人还可以通过法律专家、法律服务机构、行业自律组织、国际组织、互联网等途径提供相关国家法律的成文法或者判例,亦可同时提供相关法律著述、法律介绍资料、专家意见书等。[④]

3. 外国法不能查明时的法律适用

在国际商事仲裁案件中,当经使用一切可能的方法或途径,仍不能查明外国法的内容或查明的外国法中并没有可适用的法律法规时,应如何解决法律适用的问题呢?各国的做法主要有以下几种:(1)直接适用内国法。大多数国家采用此种做法。(2)推定外国法与内国法相同,适用内国法规定。英国和美国采用此种做法。(3)驳回当事人的仲裁请求或抗辩。在美国,不能查明的外国法为非普通法系国家的法律时,采用这种做法。(4)适用与本应适用的外国法相似的法律。德国和日本曾有采用此种做法的判例。(5)适用一般法理。日本

---

① 中国《法律适用法》第 10 条第 1 款规定:涉外民事关系适用的外国法律,由人民法院、仲裁机构或者行政机关查明。当事人选择适用外国法律的,应当提供该国法律。

② 李双元、欧福永主编:《国际私法学》(第 3 版),北京大学出版社 2015 年版,第 164 页。

③ 参见《最高人民法院关于贯彻执行〈中华人民共和国民法通则〉若干问题的意见》第 193 条第 1 款规定。

④ 李双元、欧福永主编:《国际私法学》(第 3 版),北京大学出版社 2015 年版,第 165 页。

的学说和判例有采用此方法。(6)适用与当事人最密切联系的国家的法律。朝鲜采用此种做法。

在我国,当不能查明外国法律或者该国法律没有规定的,适用中华人民共和国法律。①

六、国际商事仲裁中国际统一实体法的适用

(一)国际商事仲裁中的"现代商人法"概念

随着全球化时代的到来,国际商事活动正融入全球化趋势,商法的趋同化趋势亦日益加强,并构成"法律全球化"实践中最突出的一部分。商人无国界,商法亦无国界,全球统一大市场的初步形成,促进了现代商人法的产生。现代商人法的概念首先是由英国著名国际贸易法专家施米托夫(Clive M. Schmitthoff)首先提出的,其认为商人习惯法是在与国家无原则性利害关系的任意性法律范围内,在不同国家法律制度中发展起来的调整作为平等主体商人之间关系的统一法,具体表现为国际公约、示范法,以及国际商会等组织公布的文件,主要渊源是商事惯例和国际立法。② 在施米托夫看来,商人习惯法只有被纳入一国的内国法体系或者被当事各方共同采纳时,才具有法律约束力,其主要作用是作为内国法和冲突法规则的补充。丹麦学者兰杜(Ole Lando)等学者③都支持施米托夫关于商人习惯法是内国法和冲突法规则补充的理论,但是兰杜也十分强调商人习惯法的自治性,认为商人习惯法之所以成为一种被普遍接受的规则,并不是因为其是由国家制定和颁布的,而是因为由商人们自己制定的规则被商业界广泛地遵守和承认,并同时得到了国家的认可,可以由国家强制力保证实施。另外一些学者④则完全推崇商人习惯法的自治性,认为商人习惯法是商人们在国际贸易中自我创设的,并且被各国和国际社会商业界普遍接受

---

① 中国《法律适用法》第10条第2款规定:不能查明外国法律或者该国法律没有规定的,适用中华人民共和国法律。

② [英]施米托夫:《国际贸易法文选》,赵秀文译,中国大百科全书出版社1993年版,第247页、第264页。

③ Lando, O., *The Lex Mercatoria in International Commercial Arbitration*, 34 I. C. L. Q., 1985, p. 747 – 753; Lowenfeld, A. F., *Lex Mercatoria: An Arbitrator's View*, 6(2) Arb. Int'l 133, 1990, p. 145.

④ Berman, H. J., *Law and Revolution: The Formation of the Western Legal Tradition*, Harvard University Press, 1983, p. 302; Goldman, B., *The Applicable Law: General Principles of Law—the Lex Mercatoria*, in Lew, J. D. M. (ed.), Contemporary Problems in International Arbitration, Kluwer Law International, 1986, p. 116.

和承认的交易实践、习惯及规则的总和，其能够脱离内国法的联系而单独实现内国法体系的功能，自我适用。因此，进行国际商事活动的当事人可以不选择适用任何内国法体系，而直接选择受商人习惯法支配。由于被选择的习惯或规则是被国际社会和各国普遍承认和接受的，并且绝大多数情况下存在于一国的内国法中，因而当事人这种对商人习惯法的选择是有效的，内国法院也应当承认其效力。事实上，正是由于商人习惯法的这个自治性的特点，才使其在国际商事仲裁中的地位十分重要。

笔者认为，现代商人法是第二次世界大战后国际法学界某些学者因不满于国际贸易合同受制于内容彼此相异的各主权国家国内法的状况而积极寻求的一种独立运用于国际贸易关系，并且能够反映国际贸易活动特征的法律制度；现代商人法是针对冲突法的缺陷并为取代它而产生的，因此冲突规范与现代商人法无法结合在一起。① 我国学者黄进、胡永庆认为，现代商人法是调整国际商事交易的不依赖于国内法律制度的具有跨国性质的规范体系，它是一个自治性的法律体系，但这一体系仍不完善；现代商人法作为一种实体法的方法，在调整涉外民事关系上与冲突法相互依存、相互补充。② 可以说，我国学者对现代商人法的现实存在给予了积极肯定，对其未来的持续发展也持乐观的态度。③

综上，我们发现现代商人法的概念在学界存在一些纷争，但不能否认的是现代商人法从 19 世纪末，横跨整个 20 世纪，再到 21 世纪初，获得了巨大的发展。现代商人法的表现形式十分多样，包括国际公约、示范法、一般法律原则、贸易惯例、国际标准格式合同、国内立法，以及公平、有效、合理交易的概念等，其中国际贸易惯例在调整国际商事关系乃至解决国际商事争议方面，具有相当重要的地位。④

（二）“现代商人法”的渊源

现代商人法产生之初，主要是以商事惯例为渊源，后来在此基础上，国际商事立法作为现代商人法的另一个渊源开始大量出现，商人法所体现的各项基本原则，均可表现在国内法、国际公约、国际惯例、示范法及国际组织制定的有关

---

① 徐国建：《现代商人法论》，载《中国社会科学》1993 年第 2 期。

② 黄进、胡永庆：《现代商人法论——历史和趋势》，载《比较法研究》1997 年第 2 期。

③ 左海聪：《从国际商法的特质看〈民法典（草案）〉中的国际商法渊源条款》，载《中国国际法年刊》2013 年第 1 期。

④ 韩德培主编：《国际私法新论》，武汉大学出版社 2003 年版，第 556 页。

规则中。所以,人们泛指现代商人法时,它是笼统的,当它表现为具体规定时,它又是明确的。若从广义上来理解,现代商人法的渊源主要有国际商事条约、示范法与国际标准合同、国际商事惯例等。

1. 国际商事条约

国际商事条约是指两个或两个以上的国家之间缔结的有关商事活动的书面协定,包括双边协定和多边协定。双边商事条约主要有:两个国家间签订的通商航海条约、贸易协定、贸易议定书、相互保护和促进投资协定、避免双重征税和防止偷税漏税的协定等;多边商事条约是两个以上国家间签订的书面协议。其中,双边商事条约内容丰富,不胜枚举。当前在实践中,国际社会普遍接受的多边商事条约主要有以下几类:

其一,调整最广泛的国际商事关系的最主要的国际商事条约,即 1994 年 4 月 15 日签署的《关于建立世界贸易组织协定》,宣告以世界贸易组织替代关税与贸易总协定,扩大了世界各国或各地区的商事领域,世界经济贸易进一步走向国际化。

其二,调整国际货物贸易关系的国际商事条约。主要有:1964 年《关于国际货物买卖合同成立统一法公约》、1964 年《国际货物买卖统一法公约》、1974 年《国际货物买卖时效期限公约》、1980 年《联合国国际货物买卖合同公约》、1980 年《建立商品共同基金协定》、1983 年《商品名称及编码协调制度的国际公约》、1984 年《设立国际纺织品和服装局的安排》等。

其三,调整国际票据关系的国际商事条约。主要有:1930 年《关于本票、汇票的日内瓦公约》、1931 年《关于支票的日内瓦公约》、1988 年《联合国国际汇票和国际本票公约》等。

其四,调整国际投资关系的国际商事条约。主要有:1965 年《关于解决国家与他国国民之间投资争议公约》、1985 年《多边投资担保机构公约》等。

其五,调整国际海商关系的国际商事条约。主要有:1924 年《统一提单的若干法律规定的国际公约》(《海牙规则》)、1968 年《关于修改海牙规则的议定书》(《维斯比规则》)、1978 年《联合国海上货物运输公约》(《汉堡规则》)等。

其六,调整国际运输关系的国际商事条约。主要有:1929 年《统一国际航空运输某些规则的公约》(《华沙公约》)、1890 年《关于国际铁路货物运送规则的伯尔尼公约》(《国际货约》)、1951 年《国际铁路货物联运协定》(《国际货协》)、1980 年《联合国国际货物多式联运公约》等。

其七,调整国际知识产权关系的国际商事条约。主要有:1883 年《保护工业产权的巴黎公约》、1886年《保护文学艺术作品伯尔尼公约》、1891年《商标国际注册马德里协定》、1952年《世界版权公约》、1967年《成立世界知识产权组织的公约》、1970年《国际专利合作条约》、1973年《商标注册条约》、1989年《集成电路知识产权条约》等。①

其八，关于国际商事争端解决方法的国际条约。主要有：1905年《国际民事诉讼程序公约》、1958年《关于承认与执行外国仲裁裁决公约》(《纽约公约》)、1965年《民事及商事司法文件和非司法文件在国外送达与通知的公约》、《联合国国际贸易法委员会仲裁规则》等。其中《纽约公约》与其前身1927年《关于执行外国仲裁裁决的公约》(《日内瓦公约》)相比，扩大了适用范围，放宽了执行限制条件，简化了请求执行的程序，取消了“互惠”条件，使国际社会得以普遍接受。因此，有学者指出，就承认及执行外国仲裁裁决这方面的法律而言，世界各国的统一基本实现了。②

2. 示范法与国际标准合同

示范法与国际标准合同虽然不是现代商人法的直接渊源，但是，这一活动往往是国际商事立法与惯例形成的前奏，因此，我们在此也将其列为现代商人法的渊源，暂且称其为间接渊源。这一类间接渊源主要有：《电子商务示范法》(联合国国际贸易法委员会1996年制定)、《国际商事合同通则》(国际统一私法协会1994年制定)、《国际代理示范合同》(国际商会制定)、《标准经销合同》(国际商会制定)、《代理标准合同(评论)》(国际商会制定)、《国际销售示范合同》(国际商会1997年制定)，等等。示范法可有效补充国际商事合同规则在某些领域的空白，并对国际商事统一立法起到引导和示范作用，同时，国际商业界制定标准合同的活动则最终会导致国际商事惯例的形成。另外，这方面还有一个示范法，是由联合国贸易法委员会于1985年制定的《示范法》。《示范法》虽然不是正式的立法文件，但对各国仲裁立法起着很大的指引和示范作用，有些国家或地区(如澳大利亚、加拿大、印度、新加坡)直接采纳了这一示范法，有些国家或地区(如英国、德国、瑞典)则参考示范法的规定制定或修改了本国的仲裁法。由此可见，这一示范法在统一各国或各地区仲裁法中的巨大作用。

① 参见刘艳华、郎晓瑛主编：《国际商法》(第2版)，中国财政经济出版社2011年版，第1977～1978页。

② 陈建：《“法律全球化”小议》，载陈安主编：《国际经济法论丛》第4卷，法律出版社2001年版，第45页。

3. 国际商事惯例

国际商事惯例是在长期的商业或贸易实践基础上发展起来的用于解决国际商事问题的实体法性质的国际惯例，虽然对当事人不具有当然约束力，但在一定领域内为大家所普遍遵循的商事性规范。国际商事惯例具有以下特点：

其一，经过长期反复的实践而形成。

早在 11 世纪，地中海沿岸各国的商人团体为了维护自身利益，即开始自行制定一些规约，即所谓商人法，这种商人法就是商人们长期从事商业活动的习惯做法。这种习惯做法一开始只流行于一定的地区和行业。随着国际商业的不断发展，其影响不断扩大，有的发展到今天已在全世界范围内通行。

其二，被许多国家和地区认可，具有普遍的适用性。

严格地讲，任何一种国际商事惯例，都不是以正式国际条约这种国家之间的协议法形式出现的，而是由地区、行业、国际组织（通常是民间组织）或商业团体把国际商业长期实践中所形成的习惯做法归纳成文，给予明确的定义和解释，公布于天下。国家对国际商事惯例的认可，即意味着国家赋予它任意性法律的性质。

其三，具有确定的内容，针对性很强。

目前，世界上普遍适用的国际商事惯例基本上都是成文的，大多是由某些国际组织或某些国家的商业团体根据长期形成的商业习惯制定的，有明确的权利和义务规定，内容十分确定，是判定有关当事人的权利义务关系，解决有关当事人的争议，处理索赔、理赔案件的重要依据。

其四，是任意性而非强制性的规则，运用起来十分灵活。

尽管国际商事惯例被许多国家和地区认可，具有普遍适用性，但不同于国际条约之于缔约国及其国民，也不同于国内法中的某些强制性规定，它对有关国家和国民不具有当然的法律约束力，也就是说它不具有直接的普遍法律约束力。通常，只有当事人在合同中明确约定适用某些惯例时，当事人才受该惯例的约束，该惯例才对该当事人具有法律拘束力。

其五，它仍处在不断的发展演变之中，而且随着现代科学技术不断进步和国际民商事交往的飞跃发展，其变化速度在加快。

在国际商业或贸易的各个领域，存在许多惯例。不过，已为各国对外经济贸易、运输、商品检验、保险、银行结算，共同海损理算及仲裁机构和法院等各界人士所熟知的国际商事惯例，主要涉及如下几方面：(1) 在贸易术语方面，主要有国际商会制定的《国际贸易术语解释通则》(2000 年修订本)、国际法协会制定的《1932年华沙—牛津规则》和美国商会、美国进口协会及美国全国对外贸易协会所组成的联合委员会通过的《1941年美国对外贸易定义修正本》。前者对13种贸易术语分别作了解释并对货物买卖双方的权利义务作了具体规定;《1932年华沙—牛津规则》仅对CIF买卖合同的统一规则作了规定;而后者对六种价格术语作了解释,它不仅同前两者在解释上有一些差别,而且只在美洲国家通行。(2)在支付方面,主要有国际商会制定的《跟单信用证统一惯例》(1992年建议本)和《托收统一规则》(1978年修订本)。前者对办理信用证业务的有关当事人的权利义务关系作了明确规定,已有170多个国家和地区的银行采用;后者则对银行承办托收业务时银行与委托人及其他关系人之间的关系作了具体规定。(3)在运输和保险方面,有国际商会制定的《联合运输单证统一规则》(1975年修订本),1974年国际海事委员会制定的《约克—安特卫普规则》以及英国伦敦保险协会制定的《伦敦保险协会货物保险条款》。前者对联合运输的含义、联运单据的签发人及其责任等作了具体的规定;《约克—安特卫普规则》对共同海损理算作了规定;而后者拟定了货物平安险、水渍险、一切险的保险条款,以及战争险、罢工、暴动和民变险的保险条款。(4)在担保方面,有国际商会制定的《合同担保统一规则》(1978年)和《支付请求担保统一规则》(1992年)。两者对担保的定义、责任、请求、终止、准据法和管辖等问题作了具体规定。其中,国际商会的《国际贸易术语解释通则》被认为是目前国际上应用最广、影响最大的国际贸易惯例,《商业跟单信用证统一惯例》也已为至少175个国家的银行采用。①

联合国国际贸易法委员会制定的《示范法》第28条第4款及《仲裁规则》第33条规定,仲裁庭在处理国际商事争议案件的过程中,无论当事人各方是否选择了适用于争议实体的法律,或经当事人各方同意按照公平合理的原则解决争议,仲裁庭在作裁决时,“均应按照合同的条款作出决定,并应考虑到适用于该项交易的贸易惯例”。

(三)“现代商人法”在实践中的运用

最近几十年,在仲裁实践中亦出现了“直接适用实体法规则”的方法,即仲裁员不必确定和依靠任何冲突规则,而是根据案情需要,直接确定应适用的实体法规则。这既可以使仲裁员摆脱确定和适用冲突规则的烦累,又能满足国际

---

① 单文华:《国际贸易惯例基本理论问题研究》,载梁慧星主编:《民商法论丛》第7卷,法律出版社1997年版,第607~609页。

商事仲裁自身对仲裁实体法的需要,扩展适用实体规则的范围。而且,约定仲裁的当事人希望程序简化,并且可适用的法律能够具有确定性,从而能够尽快得到有确定法律效力的裁决,而不是期待复杂的重重法律适用的过程,“直接适用实体法规则”恰恰能实现当事人的这一愿望。

直接适用实体法的方法能够适应国际商事仲裁实践发展的需要,其已被许多国家的仲裁立法、仲裁实践、机构仲裁规则以及国际条约采用,并成为当代国际商事仲裁法律适用理论的发展趋势之一。从仲裁立法和实践发展趋势来看,是进一步扩大仲裁庭的权力,简化选择适用实体法的过程,允许仲裁庭直接选择适用它认为合适的或与仲裁争议事项有密切联系的实体法律规则,从而变传统仲裁实体法选择的“两步走”为“一步到位”。

在国内立法方面,目前,法国、加拿大、瑞士、德国、意大利、荷兰等国法律已放弃了先援引冲突规范再选择实体法的做法,改由仲裁庭(员)直接选定实体法。2011 年法国新《民事诉讼法典》第五篇第 1511 条保留了 1981 年法国《民事诉讼法典》第 1496 条的规定,即仲裁庭应依据当事人选择的法律规则来裁决争议,如当事人未作出选择,则依其认为适当的法律规则进行裁决。无论依据何种法律,仲裁庭都应考虑商业惯例。虽然这一条款并未明确规定对现代商人法的适用,但大多数学者在解释这一条款时是把它看作法国法律对现代商人法的认可。尤其值得注意的是,该条规定使用“法律规则”(rules of law),而不是“法律”(law),其意义在于:“法律规则”不仅包括国内法,还包括商法或其他非国内法渊源。根据这一规定,基于现代商人法或其他非内国法律渊源所作出的国际商事仲裁裁决,在法国可获得承认和执行。法国在国际商事仲裁中的实践也证明了这一点。1979 年国际商会仲裁庭依现代商人法规则对 pabalk v. norsolor 一案所作的裁决,法国法院予以承认,奥地利最高法院也确认了该案裁决。荷兰 1986 年 7 月通过的《仲裁法》作为一个新的部分增补入荷兰《民事诉讼法典》中。荷兰《仲裁法》关于国际商事争议法律适用方面的规定,采取了与法国基本相同的规定,同样赋予当事人与仲裁庭选择适用现代商人法的较大自由。在荷兰《仲裁法》所附的解释报告中,明确肯定了仲裁员在国际商事仲裁案件中经当事人授权或在当事人未进行法律选择时,可适用现代商人法。不仅如此,该报告还援引高曼(Goldman)的观点,把现代商人法定义为普遍接受的国际贸易惯例。后来更进一步扩大了现代商人法的内涵,认为现代商人法不仅包括国际贸易惯例,而且包括跨国商事规则和一般法律原则。① 1986 年加拿大《国际商事仲裁法》第 28 条第 3 款则规定:"当事人没有第 1 款项下的任何指定法律的,仲裁庭应在考虑案件所有情况后适用他认为适当的法律规则。"引人注意的是,1989 年 1 月 1 日生效的《瑞士联邦国际私法法规》第 187 条第 1 款规定,仲裁庭应根据当事人选择的法律规则裁决案件。没有选择时,则依照与案件有最密切联系的法律规则裁决案件。大多数学者认为,该条规定在实质上是默许当事人和仲裁庭可以适用现代商人法。可将该条理解为,既允许国内法的适用,同时允许跨国法律规则、国际商事习惯和惯例及跨国公共政策的补充或修正规则的适用。

在最近颁布的一些著名的国际商事仲裁机构的仲裁规则上,直接适用仲裁实体法(其中涵盖了现代商人法)的方法也被普遍引入。如 2000 年 9 月 1 日修改并生效的《美国仲裁协会国际仲裁规则》第 28 条第 1 款规定,在当事人未指定争议的实体法时,"仲裁庭应适用其认为适当的法律或法律规范"。2014 年 1 月 1 日生效的《伦敦国际仲裁院仲裁规则》第 22 条第 3 款规定,仲裁庭应根据当事人选择的适用于争议实体的法律或法律规范,裁决当事人之间的争议。如果仲裁庭认定当事人未作此种选择,则应适用其认为适当的法律或法律规范。2015 年 1 月 1 日起施行的《中国国际经济贸易仲裁委员会仲裁规则》第 49 条也作了类似的规定,即该条第 1 款规定,仲裁庭应当根据事实和合同约定,依照法律规定,参考国际惯例,公平合理、独立公正地作出裁决。第 2 款规定,当事人对于案件实体适用法有约定的,从其约定。当事人没有约定或其约定与法律强制性规定相抵触的,由仲裁庭决定案件实体的法律适用。

一些国际公约也对"直接适用实体法(涵盖现代商人法)"的方法予以充分肯定。例如,1965 年《华盛顿公约》第 42 条第 1 款规定,在当事人未作法律选择时,法庭应适用争议一方缔约国的法律(包括其关于冲突法的规则)及可适用的国际法的规则。

从以上国内立法、有关国际条约的规定、一些著名的国际仲裁机构的仲裁规则规定可以看出,直接适用实体法(涵盖现代商人法)的方法,抛弃了传统的烦琐的冲突法方法的适用,适应了国际商事仲裁实践发展的需要。从某种意义

① Explanatory Report, Document No. 18464, Tijdschrift Voor Arbitrage, 1984, No. 4, p. 40; Second Report, Tijdschrift Voor Arbitrage, 1984, No. 2, p. 83 – 84. 转引自郑远民、陈令枫:《试论现代商人法的适用》,载《河北法学》2004 年第 8 期。

上来说,它是对国际商事仲裁实体法适用方法的一种革新,因此获得了许多国家立法和有关国际公约及国际商事仲裁规则的确认和肯定。

总体来说,当今世界各国都普遍承认了商人习惯法在国际商事活动中所起到的重要作用,并且允许当事人和仲裁庭选择依据商人习惯法来对纠纷进行裁判。特别是在国际商事仲裁中,基于当事人的意思自治原则,各国广泛地承认了当事人选择意图支配合同的商人习惯法的有效性,在承认和执行依据商人习惯法所作出的裁决上持肯定的态度。

七、结论

国际商事仲裁中的法律适用问题是国际商事仲裁程序进行中的一个重要环节,不能一概而论,而应根据不同的情况进行认定。具体而言,主要包括三个方面:其一,国际商事仲裁协议的法律适用,该法律适用的关键问题是仲裁协议的有效性问题。一项国际商事仲裁协议因当事人具有不同的国籍,或其营业地位于不同的国家,或仲裁地在外国等因素而必然要与多个国家发生法律上的联系,不同国家关于仲裁协议有效性尤其是实质有效性的要求不同,同一仲裁协议根据一国的法律是有效的,但根据与仲裁协议有关的另外一国的法律可能又是无效的,而作为程序基石的仲裁协议的有效或无效则直接导致仲裁程序能否进行及仲裁裁决能否被承认与执行。因此,仲裁庭或法院根据哪个国家的法律来确定该仲裁协议的形式和实质有效性、无效及解释仲裁协议,对以后的仲裁程序意义重大,这是判断国际商事仲裁协议的效力时不可避免要遇到的仲裁协议的法律适用问题,具体有以下几种做法:(1)依“当事人意思自治原则”来确定仲裁协议的准据法。(2)当事人无明示选择时,仲裁庭对仲裁协议准据法的确定:①以仲裁地法为仲裁协议的准据法;②适用一般法律原则和国际贸易惯例;③适用尽量使仲裁协议有效的法律。(3)当事人无明示选择时,法院对仲裁协议准据法的确定:仲裁协议虽然排除了法院的管辖权,但这并不是绝对的。各国法律及国际公约都允许法院拥有一定的管辖权。除仲裁庭之外,法院也享有认定仲裁协议有效性及其仲裁庭管辖权的权力,而且法院的决定是最终判断标准。其二,国际商事仲裁程序的法律适用,该法律适用问题通常有以下几种做法:(1)当事人协议选择的特定国家的仲裁程序法。仲裁就是以当事人的仲裁协议为基础的,本身具有契约性,因此当事人双方可以就仲裁涉及的事项当然也包括对仲裁程序可适用的法律作出约定和选择。(2)当事人对仲裁程序法未作选择时,仲裁程序法的确定。具体做法有:①由仲裁庭直接确定或援引有关法律或仲裁规则来间接确定;②直接适用仲裁地国家的仲裁程序法;③推定当事人未明示地默示选择。(3)"非国内化"法律体系——非仲裁地国家的仲裁程序法或国内法以外的仲裁规则。其三,国际商事仲裁实体法的适用,是要确定争议双方当事人权利义务所适用的准据法,对争议的最终裁决结果具有决定性的意义。如何确定和适用仲裁的实体法,是国际商事仲裁的核心问题。它直接制约着仲裁的结果,影响着国际商事仲裁当事人的切身利益。具体做法有:(1)当事人通过协议选择仲裁实体法。(2)当事人未选择时国际商事仲裁实体问题的法律适用。①根据冲突法规则确定仲裁实体法从国际商事仲裁实践的角度来看,细分为两种做法:第一,适用仲裁地国的冲突规则;第二,依仲裁庭认为合适的冲突规则确定准据法。②直接确定仲裁实体法。国际商事仲裁法律适用上的种种特性,体现了支持仲裁或有利仲裁的价值取向,最突出特点就是仲裁当事人具有更大的自主性来行使意思自治,可以选择仲裁协议所适用的法律、仲裁程序法、仲裁实体法,而不必拘泥于仲裁地法律的限制。

国际商事仲裁裁决的承认与执行问题*

一、本文提要

国际商事仲裁裁决的承认与执行是实现仲裁价值的重要环节。如果由于各国法律制度规定的不同，导致存在多种拒绝承认与执行仲裁裁决的理由，使当事人的权利义务无法得到实现，则仲裁也就丧失赖以维系的基石。《承认与执行外国仲裁裁决公约》（以下简称《纽约公约》）作为被全球各国广泛接受的国际商事仲裁领域的重要公约，为缔约国承认与执行国际商事仲裁裁决提供了相对统一的标准。本文从探讨内国裁决和外国裁决的区分标准入手，详细阐述了国际商事仲裁裁决承认与执行的条件、程序及其在我国的实践，包括内地及港澳台地区对外国仲裁裁决、涉外仲裁裁决的承认与执行，内地与港澳台地区之间仲裁裁决的承认与执行，并结合大量立法规定和司法案例，凸显了当前我国司法实务中国际商事仲裁裁决承认与执行的主流观点，反映了我国国际商事仲裁裁决领域的新发展和新趋势。

---

* 本文系应邀为上海市律师协会的律师实务进阶培训教程《国际商事仲裁律师实务》撰写的第八章“国际商事仲裁裁决的承认与执行”，法律出版社 2018 年版，第 257～283 页。本文撰写得到司文博士的协助，特此致谢。本文在收入本书出版时在格式和体例方面做了适当修改。

二、国际商事仲裁裁决承认与执行概述

仲裁裁决承认执行的前提是区分裁决的性质,内国仲裁裁决与外国仲裁裁决的承认与执行的依据、程序、标准皆有所不同,判断仲裁裁决的国籍显得十分重要。一旦仲裁裁决属于《纽约公约》的适用范围,则缔约国应当适用《纽约公约》中规定的条件和程序判断该裁决是否能够得到承认与执行。

(一)内国仲裁裁决与外国仲裁裁决的区分标准

内国仲裁裁决和外国仲裁裁决是根据裁决的国籍对国际商事仲裁裁决进行的区分,而裁决的国籍是国际商事仲裁裁决承认和执行中须首先明确的问题之一,堪称仲裁裁决承认与执行的"先决问题"。① 如何确定仲裁裁决的国籍,理论上存在依据仲裁裁决作出地法、仲裁裁决所依据的准据法、当事人国籍国法、当事人住所地法或仲裁员国籍国法等不同观点。② 实践中,仲裁裁决的国籍由有权撤销裁决的法院或者被申请承认和执行的法院,依据各自国家的国内法加以确定。目前,国际上以仲裁裁决作出地作为仲裁裁决国籍的主要判断标准。

1. 内国仲裁裁决

一般情形下,如果裁决作出地国与被申请承认与执行裁决地国是同一国家,则被申请承认与执行地国法院将该裁决视为内国裁决。特定情形下,某些国家并不完全考虑裁决作出地这一因素,还会将其他具有涉外因素的仲裁裁决视为内国裁决。

例如,《美国仲裁法》第202条规定如仲裁完全系美国公民之间者,则不视为可以适用《纽约公约》,而应适用《美国仲裁法》,但是该法律关系涉及国外财产,履行或执行将来在国外进行,或与一个或多个外国有某种其他的合理联系者不在此限。③ 根据这个条款的规定,即使一个仲裁在其他国家进行,如果仲裁当事人都是美国公民(包括在美国注册的企业),而且争议涉及的财产,未来的履行或执行将在美国领土内进行,则该仲裁在美国法下将被视为内国仲裁裁决。《英国仲裁法》也允许英国法院在一定情况下,可能将仲裁地在境外的仲裁

---

① 宋连斌、董海洲:《国际商会仲裁裁决国籍研究——从最高人民法院的一份复函谈起》,载《北京科技大学学报(社会科学版)》2009年第3期。

② 刘晓红:《非内国仲裁裁决的理论与实证分析》,载《法学杂志》2013年第5期。

③ 9 U. S. Code § 202.

裁决视为内国仲裁裁决,如该仲裁没有仲裁地,或者法院认为该仲裁同英国存在联系以至于英国法院认为适用英国法进行管辖是合理的。①

2. 外国仲裁裁决

目前判断仲裁裁决是否为外国仲裁裁决存在以下两种标准。

(1)领域标准

如果裁决是在被申请承认与执行国领域外作出的,则该裁决通常被视为外国裁决。1958 年《纽约公约》第 1 条第 1 款规定:"仲裁裁决,因自然人或法人之间争议而产生且在申请承认与执行地所在国以外之国家领土内作成者,其承认与执行适用本公约。"

(2)"非内国裁决"标准

虽然领域标准是区分内国仲裁裁决和外国仲裁裁决的主要标准,但在特殊情形下,出于某种特殊原因,会将在内国作出的裁决视为一项外国仲裁裁决,适用外国仲裁裁决承认与执行的有关规定。这种标准即"非国内裁决标准"。对于"非内国裁决标准"的认定,完全取决于一国国内法规定,主要是考虑到双方当事人的国籍或住所涉外、仲裁适用外国法律、争议不属于内国法院管辖范围、争议与内国无实质性联系等因素。1958 年《纽约公约》第 1 条第 1 款同时还规定,"本公约对仲裁裁决经申请承认与执行所在国认为非内国裁决者,亦适用之"。可见,《纽约公约》兼采用了领域标准和"非内国裁决"标准,目的是扩大公约的适用范围。

3. 我国内地仲裁裁决与外国仲裁裁决的区分标准

我国判断仲裁裁决国籍的标准是"机构标准"。根据 2012 年《中华人民共和国民事诉讼法》第 283 条,"国外仲裁机构的裁决,需要中华人民共和国人民法院承认和执行的,应当由当事人直接向被执行人住所地或者其财产所在地的中级人民法院申请,人民法院应当依照中华人民共和国缔结或者参加的国际条约,或者按照互惠原则办理"。而我国在 1986 年加入《纽约公约》,根据该公约,判断仲裁裁决国籍主要依照"领域标准",如果某外国仲裁机构在我国作出仲裁裁决,依照我国民事诉讼法的标准可能属于外国裁决,而按照《纽约公约》该裁决属于内国裁决。如果本国仲裁机构在外国作出仲裁裁决,则依照我国民事诉讼法,该裁决属于内国裁决,而依照《纽约公约》该裁决可能属于外国裁决。根

---

① Arbitration Act 1996(1)(4)(b).

据这个逻辑,中国国际经济贸易仲裁委员会(CIETAC)在境外作出的仲裁裁决,依然会被中国法院视为内国仲裁裁决,而国际商会(ICC)在中国境内作出的仲裁裁决则可能被视为外国裁决。对于外国仲裁机构在我国境内仲裁作出的仲裁裁决的国籍问题,目前理论界和实务界存在很大争议。

不过至少从司法实践上看,我国并未将ICC在中国境内作出的裁决视为内国仲裁裁决。早在2004年《最高人民法院关于不予执行国际商会仲裁院10334/AMW/BWD/TE最终裁决一案的请示的复函》①中,当事人约定提交ICC并依照ICC仲裁规则在中国香港仲裁,最高人民法院认定ICC是法国的仲裁机构,此案裁决应当视为一项外国仲裁裁决,按照《纽约公约》办理。不过在2009年《最高人民法院关于香港仲裁裁决在内地执行的有关问题的通知》中,最高人民法院又指明ICC在香港作出的仲裁裁决应当依据《关于内地与香港特别行政区相互执行仲裁裁决的安排》在内地申请执行。

在2008年德高钢铁公司(DUFERCOS. A.)申请承认与执行ICC第14006/MS/JB/JEM号仲裁裁决案("德高钢铁案")②中,宁波市中级人民法院也将适用ICC仲裁规则在北京仲裁的案件视为《纽约公约》项下的"非内国仲裁",其承认与执行应根据《纽约公约》相关条款进行审查。不过,该案中宁波市中级人民法院认为裁决性质是"非内国裁决"的观点引起了理论界和学术界的广泛争议。③ 在2013年《最高人民法院关于申请人安徽省龙利得包装印刷有限公司与被申请人BP Agnati S. R. L. 申请确认仲裁协议效力案的请示的复函》④中,最高人民法院肯定了ICC仲裁院在我国境内从事仲裁活动的合法性,ICC也由此在上海设立了代表处。

(二)国际商事仲裁裁决承认与执行的主要依据——《纽约公约》

《纽约公约》于1958年6月10日订于纽约,1959年6月7日生效,目前有超过172个缔约国,是国际商事仲裁争议解决领域适用最广泛、最核心、最重要

---

① (2004)民四他字第6号。

② (2008)甬仲监字第4号。

③ 对于ICC在中国作出的裁决是否为我国法院认定的《纽约公约》意义上的"非内国裁决"问题,国内学者与实务界观点存在较大分析,具体内容参见陈立:《ICC国际仲裁院在我国作成仲裁裁决的承认与执行——兼论〈纽约公约〉视角下的"非内国裁决"》,载《法商研究》2010年第6期。

④ (2013)民四他字第13号。

的法律文件。[①] 该公约的主要宗旨是平等对待外国或非国内仲裁裁决,缔约国确保这类裁决在其法域内能够同内国裁决一样得到承认与执行。若当事人违反将有关事项提交仲裁的约定,将争议诉诸法院,公约要求各缔约国法院应当拒绝当事人请求,以确保仲裁协议得到充分执行。缔约国的法院应当认可仲裁协议的效力并承认和执行在其他缔约国作出的仲裁裁决。

1.《纽约公约》的适用范围

《纽约公约》共有 16 条。其中,前 7 条是实质性条款,后 9 条是程序性条款。《纽约公约》第 1 条规定了公约的适用范围。《纽约公约》适用于在申请承认和执行地国以外的国家领土内作成的仲裁裁决以及承认和执行地国认为属于非内国裁决的仲裁裁决的承认和执行。公约考虑到当前一些国家对于仲裁裁决国籍认定标准的分歧,最后兼采两种不同的认定标准,使公约在最大范围内得到有关国家的认同与适用。

《纽约公约》第 1 条第 3 款还规定了保留条款:互惠保留和商事保留。互惠保留会允许缔约国加入公约时发表声明,以互惠作为承认和执行外国仲裁裁决的条件,对非缔约国领土内作出的裁决,不依照公约规定办理。商事保留允许一国声明只适用于商事法律关系,至于商事法律关系的界定依照缔约国国内法。

2. 申请承认与执行的程序及条件

《纽约公约》第 3 条规定缔约国应当按照裁决地(通常为申请执行地)的程序规则和公约所规定的条件,执行外国仲裁裁决。缔约国有依照国内程序执行外国仲裁裁决的义务,执行的程序主要涉及执行申请书的格式、法院管辖权等问题,而不涉及承认与执行的条件,承认与执行的条件由公约专门作出规定。缔约国在承认与执行外国仲裁裁决时不能比承认和执行内国仲裁裁决附加更加苛刻的条件义务或收取更高的费用。

《纽约公约》第 4 条规定,在申请承认和执行外国仲裁裁决时,须提交:(1)经正式认证的裁决正本或证实证明的副本;(2)仲裁协议的正本或正式证明副本;(3)如果仲裁裁决或仲裁协议不是采用申请承认执行地国的官方语言文字,应当提供翻译译本,译本应当由官方或宣誓过的翻译人员或外交人员证明。

---

① 《纽约公约》英文全文载 http://www.uncitral.org/uncitral/en/uncitral_texts/arbitration/NYConvention_status.html,最后访问日期:2016 年 9 月 22 日。

3. 拒绝承认与执行的理由

第5条是《纽约公约》的核心条款,规定了可以拒绝承认和执行仲裁裁决的理由。第5条第1款规定了5项由被执行人主张并举证的情形;第5条第2款规定了法院可依职权或自由裁量适用的情形。

《纽约公约》第5条第1款规定,如果执行程序的被申请人能够证明外国仲裁裁决存在以下情形之一,被请求执行的法院可以根据被请求人的请求,拒绝承认与执行:(1)仲裁协议的当事人无行为能力,或者依照准据法、裁决作出地国的法律规定,仲裁协议无效的;(2)被执行人没有收到指定仲裁员或开始仲裁程序的适当通知,或者因其他原因没有申辩机会的;(3)裁决的事项超出仲裁协议的范围的;(4)仲裁机构的组成或者仲裁程序与仲裁协议不符,或因没有订立仲裁协议而违反仲裁地国法律的;(5)裁决对当事人双方尚无拘束力,或者仲裁裁决被有关国家主管机关撤销或者停止执行的。

《纽约公约》第5条第2款规定,如果被申请承认和执行地国的主管机关认为裁决的事项依照本国法律属于不能用仲裁方式解决的,或者承认和执行该项裁决有违本国公共政策的,也可以拒绝承认和执行仲裁裁决。

缔约国法院应当承认与执行在其他缔约国境内作出的仲裁裁决,除非被申请人能够证明存在《纽约公约》第5条第1款的情形,否则被申请执行的国家法院可能不会主动审查。但当裁决事项不具有可仲裁性,或裁决内容违反公共秩序,法院可以主动审查。上述规定反映了《纽约公约》极力主张推进仲裁裁决的承认与执行的倾向,旨在加强和促进缔约国在国际商事仲裁领域的合作与协助。

4. 其他条款

《纽约公约》第6条规定了延缓作出执行裁决决定的条件。当事人一方向裁决作出地国或者裁决所依据法律之国申请撤销或者停止执行裁决时,被申请承认与执行地国可以延缓作出执行裁决的决定,同时可以要求申请拒绝承认和执行裁决的当事人提供担保。第7条规定公约的适用不影响缔约国之间的多边或者双边条约的效力,也不剥夺任何利害关系人按照被申请和执行地国的法律和条约申请承认与执行裁决的权利。第8条开始的后续条款规定了包括公约的签署、加入、批准等程序性问题。

《纽约公约》是联合国制定的公约中较成功的公约之一,得到了缔约国的广泛尊重和遵守。《纽约公约》既是全球经济一体化催生的产物,又是国际贸易领域法治统一和法治促进的一项重要成就,对国际商事仲裁法律的发展有着深远影响。它使国际上关于仲裁协议和仲裁裁决承认与执行方面的立法趋向统一，增强了争议解决领域的可预见性、安全性，强化了仲裁这一争议解决机制在解决国际商事纠纷方面的作用。

三、国际商事仲裁裁决承认与执行的条件

如果国际商事仲裁裁决的当事人在仲裁裁决作出之后不主动履行，则另外一方当事人可能向财产所在地或对方当事人住所地等另一国的主管机构，通常是被申请承认和执行裁决地国的法院，提出承认和执行仲裁裁决的请求，以实现仲裁裁决已经确立的权利义务关系。如果被申请承认和执行地的法院审查后不存在拒绝承认执行的理由，则应当承认和执行仲裁裁决，否则将不予承认与执行。不过承认与执行并不是两个完全相等的概念，有的仲裁裁决可能只需要承认即可，不涉及财产给付或义务履行等情形，而仅仅是确认权利；有的仲裁裁决则需要强制执行财产，执行仲裁裁决的前提必然是承认仲裁裁决，然而承认仲裁裁决却并不一定导致仲裁裁决的执行。

具体的承认和执行国际商事仲裁裁决的条件和程序，应当依照有关国家国内法规定。当事人申请承认和执行国际商事仲裁裁决时尤其要注意被申请承认执行地国家法律中关于管辖法院和申请期限的规定，并依照有关要求提供证明文件。而拒绝承认和执行国际商事仲裁裁决的理由与情形则具有统一性。如果不能达到统一，各国可以用各种理由拒绝承认与执行仲裁裁决，仲裁就失去了作为争议解决途径最核心的价值。因此，1958 年《纽约公约》在国际层面将拒绝承认与执行的情形予以列明，以承认和执行国际商事仲裁裁决为原则，以不承认执行为例外。依照举证责任的不同，公约将拒绝承认与执行的情形分为两大类：由当事人提出或主张的情形和法院可以依职权查明的情形。

(一) 由当事人提出或主张的情形

这类情形需要有被执行一方的当事人提出和证明，如果被执行一方当事人没有以下列情形而主张仲裁裁决不予承认执行，则法院无须对以下情形进行审查。

1. 仲裁协议不成立或无效

仲裁协议是当事人通过仲裁方式解决争议的基础性文件。《纽约公约》规定了仲裁协议不成立和无效的情形：仲裁协议的双方当事人，根据对他们适用的法律，当时是处于某种无行为能力的情况之下；或者根据双方当事人选定适

用的法律,或在没有这种选定的时候,根据作出裁决的国家的法律,仲裁协议是无效的。

(1)当事人无缔约能力

《纽约公约》规定,根据属人法来认定当事人行为能力。在我国申请和承认国际商事仲裁裁决,有管辖权的法院将根据《中华人民共和国涉外民事关系法律适用法》(以下简称《法律适用法》)来审查当事人的缔约能力。对于自然人,应当根据《法律适用法》第 12 条适用当事人经常居所地法律审查其本人是否具备相应民事行为能力。企业法人则根据《法律适用法》第 14 条规定,法人及其分支机构的民事权利能力、民事行为能力等事项,适用登记地法律。国际商事仲裁案件中,仲裁协议签字人是否具备代理权限是常见的争议,在签字人具备相应民事行为能力的情况下,可以适用《法律适用法》第 16 条代理的有关规定来判断当事人是否具有相应的代理权限。

英国嘉能可有限公司申请承认及执行英国伦敦金属交易所仲裁裁决一案①中,涉及重庆机械设备进出口公司"代表"的缔约能力。因重庆机械设备进出口公司和其"签约代表"为中国法人和中国公民,最高人民法院适用中国法律确定其缔约能力。由于"签约代表"未经授权,重庆机械设备进出口公司也未在合同上加盖公章,"缺乏代理关系成立的形式要件"。而且,事后重庆机械设备进出口公司也明确否认了"签约代表"的签约行为,且"签约代表"的签约行为与合同双方之前的习惯做法不符,因此亦不构成表见代理。据此,最高人民法院认定,"签约代表"与嘉能可有限公司签订的合同为无效合同,包括仲裁条款在内的合同条款,其法律后果不应及于重庆机械设备进出口公司。该案所涉仲裁裁决,根据《纽约公约》第 5 条第 1 款甲项规定拒绝承认及执行。

(2)依照当事人选择的法律或裁决作出地法律,仲裁协议无效

中国《法律适用法》第 18 条规定,当事人可以协议选择仲裁协议适用的法律。当事人没有选择的,适用仲裁机构所在地法律或者仲裁地法律。还有部分世界主要国家,如英国、美国的仲裁法律规定,如果仲裁事项与该国存在适当的联系,该国法院也可以适用该国仲裁法审查仲裁案件。② 仲裁协议/条款的有效性在双方有约定适用法律的情况下,应根据该法律来认定。如果根据双方约定的适用法律,仲裁协议/条款无效,即使该协议/条款符合仲裁机构所在地法律

① (2001)民四他字第 2 号。

② See Arbitration Act 1996, Section 2. Federal Arbitration Act, 9 USC Sections 1.

或者仲裁地法律的规定，也不能改变无效的事实。

《中华人民共和国仲裁法》（以下简称《仲裁法》）对仲裁协议的要素作了较为详细的规定，如果有缺少某个要素，则仲裁协议将被认定无效。根据《仲裁法》第16条的规定，仲裁协议应当是书面的，约定了双方将争议提交仲裁的合意，可以仲裁的事项，以及选定的仲裁机构。在实践中，没有约定仲裁机构曾经是导致仲裁协议无效的重要原因。

2004年德国旭普林国际有限责任公司申请承认和执行国外仲裁裁决案（"旭普林案"）中，当事人在合同中约定了仲裁条款"Arbitration：ICC Rules，Shanghai shall apply"。《最高人民法院关于德国旭普林国际有限责任公司与无锡沃可通用工程橡胶有限公司申请确认仲裁协议效力一案的请示的复函》[①]中指出，在当事人没有约定确认仲裁条款效力准据法的情况下，根据确认仲裁条款效力准据法的一般原则，应当按照仲裁地的法律予以认定，即本案应当根据我国法律确认所涉仲裁条款的效力。从字面上看，虽然有明确的仲裁的意思表示、仲裁规则和仲裁地点，但并没有明确指出仲裁机构。因此，应当认定该仲裁条款无效。

在达利特商务技术有限责任公司与沧州东鸿包装材料有限公司管辖权异议纠纷案[②]中，当事人约定"因履行本合同所发生的一切争议，双方应友好协商解决。如协商仍不能达成协议，则应提交仲裁解决。仲裁地点在中国北京，依据国际商会的有关规则进行仲裁，并且中文和英文均是工作语言。仲裁裁决是终局的，对双方均有约束力。仲裁费应由败诉一方承担，但仲裁委员会另有裁定的除外"。最高人民法院认为，本案所涉仲裁条款中并未明确约定仲裁机构，而且当事人之间亦未能就此达成补充协议，因此，应当认定本案所涉仲裁条款无效。

针对当事人选择ICC仲裁规则却没有明确约定仲裁机构的情形，ICC为此修改仲裁规则，在其2012年仲裁规则第6条第2款明确规定"当事人同意按照仲裁规则进行仲裁，即接受由仲裁院对仲裁实施管理"，从而避免当事人选定ICC仲裁规则并通过ICC仲裁后，却因为仲裁机构约定不明确而被认定为仲裁协议无效。在《最高人民法院关于宁波市北仑利成润滑油有限公司与法莫万驰

---

① (2003)民四他字第23号。

② (2007)民四终字第15号。

公司买卖合同纠纷一案仲裁条款效力问题请示的复函》①中,最高人民法院指出,根据2012年修改后的ICC仲裁规则,当事人约定适用ICC仲裁规则但未同时约定其他仲裁机构进行仲裁,应当认为当事人的约定属于"按照约定的仲裁规则能够确定仲裁机构"的情形,不能依据我国《仲裁法》第16条、第18条以"当事人没有约定仲裁机构"认定本案仲裁条款无效。

2. 未给予当事人适当通知或未能申辩

《纽约公约》规定,作为裁决执行对象的当事人,如果仲裁庭没有给予指定仲裁员、进行仲裁程序的适当通知,或者由于其他原因没有在仲裁程序中进行申辩,则该仲裁裁决无法得到被申请国法院的承认与执行。

"适当通知"中的"适当"应当从通知的内容和方式两方面解释。通知的内容应当全面、准确,通知的方式合理恰当。通知方式是否合理恰当应当适用双方当事人选定的仲裁规则或者法律强制性规定。如果当事人已经被给予适当通知,但当事人拒绝参加仲裁或消极回避,应当视为当事人放弃行使平等陈述机会的权利;如果当事人由于自身原因,更改邮寄地址、不作变更登记导致没有收到或及时收到通知,其应当为自身行为承担后果,不影响仲裁裁决的承认与执行。

《最高人民法院关于美国对外贸易有限公司申请承认和执行(美国)国家仲裁解决中心商业贸易仲裁法庭裁决一案的请示的复函》②中指出,仲裁庭根据仲裁申请人的申请将原由各方当事人确定的开庭时间进行延期,并通过传真方式通知了各方当事人。仲裁被申请人反对延期并要求按原定时间开庭。仲裁被申请人没有证据证明其对延期开庭并不知悉,仲裁程序符合各方当事人同意适用的仲裁规则。仲裁庭作出涉案裁决后,即通过国际挂号信将裁决书寄至仲裁被申请人提供的地址,但被退回。后仲裁庭又于2006年5月16日根据仲裁申请人提供的地址(亦为仲裁被申请人之一深圳莱英达科技有限公司的注册地址)进行重新邮寄。该送达方式亦符合应被适用的仲裁规则的规定。因此,该案不存在《纽约公约》拒绝承认执行的情形。

不过涉及电子邮件发送通知的情况下,如果仲裁规则和仲裁地法律未明确规定,我国采取实际知悉的标准,即申请人负有举证证明被申请人收到邮件的义务,而不是仅仅证明申请人发送了邮件。在世界海运管理公司申请承认与执

① (2013)民四他字第74号。

② (2009)民四他字第30号。

行英国伦敦“ABRA 轮 2004 年 12 月 28 日租约”仲裁裁决案①中，申请人世界海运管理公司（以下简称海运公司）采用电子邮件方式向被申请人凯强公司送达指定仲裁员和仲裁程序的通知，但未能提供证据证明被申请人收到了电子邮件，对上述通知，凯强公司均未回应。英国伦敦仲裁员作出裁决，裁决凯强公司向海运公司支付运费和其他费用。凯强商贸公司对申请人承认和执行仲裁裁决的申请提出异议，称其从未收到关于指派仲裁员和关于仲裁程序的任何通知。最高人民法院同意天津市高级人民法院请示的根据《纽约公约》第 5 条第 1 款乙项的规定，对该仲裁裁决不予承认和执行。

3. 仲裁员超越权限

仲裁员如果对仲裁协议没有提及的争议、仲裁协议规定范围外的争议作出裁决，即属于超越权限。不过需要注意，如果裁决没有解决当事人提交仲裁的所有问题，属于不完全裁决，仲裁员并未超越权限，不属于拒绝承认与执行的范围。另外，因仲裁协议无效导致的仲裁员没有管辖权的问题不属于仲裁员超越权限的情形。

司法实践中，超裁表现为仲裁庭超越仲裁协议范围进行裁决：一是仲裁庭对不属于仲裁协议约定的事项进行裁决；二是仲裁程序为多方当事人，某方当事人不是仲裁协议的当事人，仲裁庭仍对其予以裁决。

Hemofarm DD、MAG 国际贸易公司、苏拉么媒体有限公司与被申请人济南永宁制药股份有限公司申请承认及执行国际商会仲裁院第 13464/MS/JB/JEM 号仲裁裁决案②中，Hemofarm DD、MAG 国际贸易公司与永宁公司签订的《济南—海慕法姆制药有限公司合资合同》第 58 条约定：“凡因执行本合同所发生的或与本合同有关的一切争议，双方应通过友好协商解决；如果协商不能解决，应提交巴黎国际商会仲裁委员会，根据该会的仲裁程序暂行规则进行仲裁。”合资公司成立后，永宁公司与合资公司之间发生多起租赁纠纷诉讼案件，随后 Hemofarm DD、MAG 国际贸易公司、苏拉么媒体有限公司作为共同申请人以永宁公司为被申请人提起仲裁，在本次仲裁中，申请人以永宁公司在中国法院对合资公司诉讼违反合同和法律为由申请仲裁，仲裁庭在永宁公司明确反对的情况下，将永宁公司与合资公司之间的已经中国法院审理的争议纳入审理范围，作出独立认定，并进行了裁决。因此，仲裁庭的裁决超出了合资合同约定的仲

① (2006)民四他字第 34 号。

② (2008)民四他字第 11 号。

裁协议范围。最高人民法院在该案的复函中指出,依据《纽约公约》第5条第1款丙项和第2款乙项之规定,应拒绝承认和执行国际商会仲裁院就本案作出的仲裁裁决。

在杰斯史密斯公司申请承认执行国际棉花协会仲裁裁决案[①]中,杰斯史密斯&桑斯棉花有限责任公司(以下简称杰斯史密斯公司)与无锡市天然纺织实业有限公司(以下简称纺织公司)签订合同,而纺织公司的关联公司无锡市天然绿色纤维科技有限公司(以下简称纤维公司)未在合同上签字盖章。因合同履约发生争议,杰斯史密斯公司将纺织公司和纤维公司列为被申请人向国际棉花协会申请仲裁,国际棉花协会裁定纺织公司和纤维公司作为买方共同向卖方杰斯史密斯公司支付相应费用。江苏省无锡市中级人民法院认为,纺织公司与杰斯史密斯公司之间买卖合同中的仲裁条款对纤维公司并无拘束力。纤维公司亦未接受仲裁庭的管辖。因此,仲裁庭将纤维公司列为仲裁被申请人,并将其与纺织公司作为共同的买方,裁决其向杰斯史密斯公司承担相应的违约责任,构成了《纽约公约》第5条第1款丙项规定的情形,且裁决事项不可分。因此,本案所涉仲裁裁决应全部不予承认和执行。

另外,对于海事仲裁中的租船合同仲裁条款是否有效并入提单问题关乎仲裁裁决是否构成超裁,我国司法实践中,一般认为,类似"租约中所有条款和条件并入本提单"一般性的语言表述不足以将租船合同仲裁条款并入提单。目前比较趋于一致的观点是必须在提单正面明示哪一份租船合同并入提单,并明示租船合同的仲裁条款并入提单,使提单持有人明确知晓仲裁条款的内容。提单背面记载的有关并入的格式条款不能构成租船合同仲裁条款的有效并入。[②]

4. 仲裁庭组成或仲裁程序不当

《纽约公约》规定,当仲裁庭组成或仲裁程序同当事人约定不符,或者当事人没有约定时,仲裁庭组成或仲裁程序不符合仲裁地国的法律的仲裁裁决不能得到承认执行。虽然《纽约公约》规定当事人约定优先,但是依旧要受到仲裁地国法的强制性规定规制,如果违反了仲裁地法的强制性规定,作出的仲裁裁决可能被仲裁地国法院撤销,在不违反仲裁地国法强制规定的前提下,当事人之

---

① (2013)锡商外仲审字第0007号。

② 刘寿杰:《租约仲裁条款并入提单——海事仲裁裁决司法审查的理论与实践》,载最高人民法院民事审判第四庭编:《涉外商事海事审判指导》第2辑,人民法院出版社2010年版,第261~262页。

间关于仲裁庭组成和仲裁程序的协议应当得到尊重。

仲裁庭的组成涉及申请人与被申请人在仲裁协议中选定仲裁员的程序,双方对于选任仲裁员未达成一致意见时,仲裁机构对仲裁员的任命等事项。在一般情况下,双方约定仲裁庭的组成程序时会考虑仲裁员的人数、资质及遴选标准等。仲裁庭的组成如果出现与当事人约定不符或约定不明的情形,法院则根据仲裁规则、仲裁协议的准据法或仲裁地法律来审查已组建的仲裁庭的合法性。

韦斯顿瓦克公司申请仲裁裁决执行案①中,韦斯顿瓦克公司与北京中钢天铁钢铁贸易有限公司(以下简称中钢天铁公司)签订了《航次租船包运合同》,合同约定:双方合意指定的独任仲裁员将解决争议;或如一方不能回复对方的仲裁通知指定选择的仲裁员,该仲裁员将作为争议的独任仲裁员。如双方不能在送达仲裁通知后的14天内同意独任仲裁员的指定,争议将由两名仲裁员解决,各方指定一名仲裁员,若两名仲裁员在任何问题上不能达成一致,其将指定第三名仲裁员;仲裁根据伦敦海事仲裁员协会规则在伦敦进行,合同的所有方面都受英国法管辖并根据英国法解释。因中钢天铁公司未履行合同,韦斯顿瓦克公司提交仲裁。起初双方各指定了一名仲裁员,后因中钢天铁公司的仲裁员辞职,韦斯顿瓦克公司指定的仲裁员作为独任仲裁员进行裁决。天津海事法院认为,涉案仲裁条款中约定的独任仲裁的情形并未出现,涉案纠纷的仲裁庭已经由两名仲裁员组成。随后原中钢天铁公司指定的仲裁员辞职,造成仲裁庭出现空缺,而关于仲裁员辞职后的空缺如何填补,涉案仲裁条款中没有作出约定。根据英国《1996年仲裁法》,应由当事人申请法院行使权力。韦斯顿瓦克公司未经申请法院行使权力而由其指定的仲裁员进行独任仲裁,该仲裁庭的组成不符合涉案仲裁条款的约定和英国《1996年仲裁法》的规定。天津海事法院根据《纽约公约》第5条第1款丁项的规定,裁定不予承认与执行裁决。

在司法实践中,指定替代仲裁员的程序不当、确定独任仲裁员的程序不当、缺员仲裁庭和违反协商前置程序等已被法院认为构成《纽约公约》第5条第1款丁项的事由而拒绝承认与执行仲裁裁决。《最高人民法院关于马绍尔群岛第一投资公司申请承认和执行英国伦敦临时仲裁庭仲裁裁决案的复函》②中,我国法院首次处理了缺员仲裁问题,认为该案仲裁庭虽然由3名仲裁员组成,但

① (2010)津海法确字第6号。

② (2007)民四他字第35号。

是其中一名仲裁员并未参与仲裁的全过程,没有参与最终仲裁裁决的全部审议。因此,仲裁庭的组成或仲裁程序与当事人之间仲裁协议的约定不符,也与仲裁地英国的法律相违背,应裁定不予承认和执行涉案仲裁裁决。《最高人民法院关于是否不予承认和执行国际商会洛桑12330/TE/MW/AVH仲裁裁决的请示的复函》①中指出,仲裁庭虽由3名仲裁员组成,但仲裁员王先生未参与仲裁的全过程,其于2006年4月7日仲裁院批准裁决书草案前已无法履行仲裁员职责。国际商会仲裁规则第27条和第28条均规定经批准的裁决书应由仲裁庭签署。本案仲裁庭未将裁决书交由王先生签署,且在未经仲裁院授权决定的情况下,由其余2名仲裁员继续组成仲裁庭,签署并作出仲裁裁决,其仲裁庭的组成和仲裁程序违反了《国际商会仲裁规则》的规定,也与当事人仲裁协议的约定不符。根据《纽约公约》第5条第1款丁项的规定,该仲裁裁决不应予以承认和执行。

5. 裁决对当事人尚未发生约束力或已经被撤销或停止执行

《纽约公约》规定,如果请求承认和执行的裁决对当事人尚无拘束力,或者被裁决作出地国或裁决所依据的法律的国家主管机关撤销或停止执行,被申请承认和执行裁决地国家法院可以拒绝承认和执行该裁决。《纽约公约》取消了1927年《日内瓦公约》的要求"双重执行令"制度,不需要裁决作出地国发给执行认可书,但要求裁决对象对裁决拘束力或有撤销等情形负举证责任。一般情形下只要不存在对该裁决实质性问题提出上述的追索方式,则可视为对当事人发生约束力,而仲裁实践中当事人就裁决实质性问题提出上诉的情形极其少见,一般裁决一经作出便有拘束力,可以根据公约予以执行。

《纽约公约》规定裁决作出地国或者仲裁适用法律所属国的主管机关,对当事人提出的撤销仲裁裁决诉讼请求有专属管辖权。若裁决作出地国或者仲裁适用法律所属国的法院撤销了裁决,则该裁决无法得到承认与执行。作为被执行对象的当事人应当证明裁决作出地国或者仲裁适用法律所属国已经有效的命令停止执行该裁决,如果法院尚未决定是否停止执行裁决,不能构成拒绝承认与执行仲裁裁决的理由。

最高人民法院《第二次全国涉外商事海事审判工作会议纪要》第83条规定,经当事人提供证据证明外国仲裁裁决尚未生效、被撤销或者停止执行的,人

① (2009)民四他字第38号。

民法院应当拒绝承认与执行。外国仲裁裁决在国外被提起撤销或者停止执行程序尚未结案的,人民法院可以中止承认与执行程序;外国法院在相同情况下不中止承认与执行程序的,人民法院采取对等原则。被申请人可以通过在仲裁裁决地提起撤销之诉后进入我国法院的拒绝承认与执行仲裁裁决的程序。

(二)法院自行查明的情形

由法院自行查明的情形是无须当事人主张,而法院应当依职权查明的情形,具体有以下两种情况。

1. 争议的不可仲裁性

依照被申请承认和执行国法律,裁决中的争议事项不能采用仲裁方式解决,即"争议的不可仲裁性",则该仲裁裁决无法得到承认与执行。各国出于公共利益的考虑,并非允许所有事项都能够提交仲裁。如德国规定劳资纠纷和家庭纠纷不能提交仲裁,奥地利规定专利、破产、扣押、汇票等事项不能提交仲裁,美国长期将知识产权和反托拉斯等争议排除在仲裁之外。《纽约公约》也允许缔约国提出商事保留,允许缔约国只针对本国法意义上的商事关系适用该公约。

我国《仲裁法》采取列举和排除两种方法对仲裁的适用范围作了规定。《仲裁法》第2条规定,平等主体的公民、法人和其他组织之间发生的合同纠纷和其他财产权益纠纷,可以仲裁。第3条规定,下列纠纷不能仲裁:(1)婚姻、收养、监护、扶养、继承纠纷;(2)依法应当由行政机关处理的行政争议。另外,根据《全国人民代表大会常务委员会关于我国加入〈承认及执行外国仲裁裁决公约〉的决定》,我国在加入《纽约公约》时作出了商事保留声明,仅对按照我国法律属于契约性和非契约性商事法律关系所引起的争议适用该公约。因此,如果国际商事仲裁裁决的事项具有不可仲裁性,将不能根据《纽约公约》得到我国法院的承认与执行。

涉及反垄断法的争议是否具备可仲裁性,我国的立法没有明确的规定。反垄断法调整的对象往往涉及公共利益。江苏省高级人民法院曾就某一垄断纠纷案件的管辖权异议作出二审裁定,认为垄断纠纷不具有可仲裁性。[①] 由于本

---

① 参见高梁:《环球法律专递:试论我国反垄断法的可仲裁性——从与欧盟竞争法相比较之角度》,载微信公众号"环球律师事务所"2016年10月19日,http://mp.weixin.qq.com/s?__biz=MzA4MDEzMTcwNg%3D%3D&chksm=8455304fb322b959a09bdf0f910c3e5a3cc663fbacaeea3bfbe30a776f2fdd8e63a578f44334&idx=1&mid=2651419482&sn=fe7e554717a132c1dd62181151b8d2f8。

案并未涉及仲裁裁决的承认与执行，无最高人民法院的复函，但对于针对垄断纠纷作出的裁决在我国的拒绝承认与执行有参考意义。

2. 违反公共政策或公共秩序

《纽约公约》规定，若承认或执行该项裁决将与被请求承认和执行国的公共秩序相抵触，则该国可以拒绝承认和执行此项裁决。“公共秩序”本身的内涵与外延具有不确定性，本身取决于有关国家对本国经济政策、宗教信仰、法律基本原则等问题的解释。大陆法系国家多采用“公共秩序”用语，英美法系国家多采用“公共政策”用语，我国主要采用“社会公共利益”的用语。例如，我国《法律适用法》第5条规定，外国法律的适用将损害中华人民共和国社会公共利益的，适用中华人民共和国法律；《海商法》第276条规定，依照本文规定适用外国法律或者国际惯例，不得违背中华人民共和国的社会公共利益。

最高人民法院试图采用肯定性方法对公共政策这一模糊的术语进行界定。[①] 根据最高人民法院的(2012)民四他字第12号复函，只有在承认和执行外国商事仲裁裁决将导致违反我国法律基本原则、侵犯我国国家主权、危害国家及社会公共安全、违反善良风俗等危及我国根本社会公共利益情形的，才能援引公共政策事由予以拒绝。最高人民法院在(2013)民四他字第46号复函又一次提出：“关于《纽约公约》第5条第2款第(乙)项规定的违反公共政策情形，应当理解为承认和执行外国仲裁裁决将导致违反我国法律基本原则、侵犯我国国家主权、危害社会公共安全、违反善良风俗等足以危及我国根本社会公共利益的情形。”

在路易达孚商品亚洲有限公司申请承认和执行国际油、种子和脂肪协会作出的第3980号仲裁裁决请示一案[②]中，湛江市中级人民法院认为，我国国家质量监督检验检疫总局根据我国相关法规，暂停4家供货商大豆进口，路易达孚公司是被暂停的四家供货商之一。上述检验检疫措施是依据法律法规授权作出的，合法有效。而国际油、种子和脂肪协会第3980号仲裁裁决却认为，中国法规的规定及其在实践中的适用之间有着一个很明显的差距，并认为路易达孚公司对于发霉和高温造成的损害以及掺杂了红色大豆不承担责任，不管这种损害或掺杂是何时发生的。该裁决理由严重挑战我国法律法规的权威性，违背了我国的公共政策。广东省高级人民法院多数意见认为：涉案仲裁裁决对我国的

---

① 何其生：《国际商事仲裁司法审查中的公共政策》，载《中国社会科学》2014年第7期。

② (2010)民四他字第48号。

法律作出否定性评价和曲解，损害了我国法律法规的权威性，违背了我国的公共政策，属于《纽约公约》第5条第2款第乙项规定的情形，因此拟拒绝承认和执行该仲裁裁决。最高人民法院认为，本案所涉国际油、种子和脂肪协会作出的第3980号仲裁裁决系在英国伦敦作出，该裁决为外国仲裁裁决，应当依照《纽约公约》的规定进行审查。本案仲裁员认为中国法律法规的规定与实践中的适用存在明显差距，但该错误认识并不会导致承认与执行该仲裁裁决违反我国公共政策。因此，本案适用公共政策为由拒绝承认与执行该仲裁裁决缺乏足够依据。

前述的Hemofarm DD、MAG国际贸易公司、苏拉么媒体有限公司与被申请人济南永宁制药股份有限公司申请承认执行国际商会仲裁裁决案①中，最高人民法院认定ICC仲裁院第13464/MS/JB/JEM号仲裁裁决违反我国公共政策。本案中，ICC仲裁院对人民法院已经生效的，针对其他法律关系的判决进行了审查，并否定了人民法院的生效判决，严重侵犯了我国的司法主权。因此，最高人民法院基于仲裁超越仲裁协议范围和违反公共秩序两项理由，同意济南市中级人民法院和山东省高级人民法院关于对该仲裁裁决不予承认和执行的意见。

需要注意的是，对行政法规和部门规章中强制规定的违反，并不当然构成对我国公共政策的违反。早在《最高人民法院关于对海口中院不承认和执行瑞典斯德哥尔摩商会仲裁院仲裁裁决请示的复函》②中就已经明确。在中国糖业酒类集团公司与ED&F曼氏（香港）有限公司申请承认与执行伦敦糖业协会仲裁裁决案中，③最高人民法院认为，虽然中国糖业酒类集团公司未经批准擅自从事境外期货交易的行为，规避中国期货交易管理法规，依照中国法律无疑应认定为无效。但违反我国法律的强制性规定不能完全等同于违反我国的公共政策，因此不存在《纽约公约》第5条第2款规定的不可仲裁及承认与执行该判决将违反我国公共政策的情形，应当承认和执行本案仲裁裁决。2014年福州市中级人民法院在福建纵横高速信息技术有限公司与史带开曼投资公司承认执行香港国际仲裁中心HKIAC/A11030号仲裁裁决案④中准确地把握了公共利益的范围，认为案件中涉及的VIE结构安排和对赌协议违反我国国务院、商务部

---

① （2008）民四他字第11号。
② （2001）民四他字第12号。
③ （2003）民四他字第3号。
④ （2014）榕执监字第51号。

等部门规章的规定并不当然构成对我国公共利益的违反,承认与执行了该仲裁裁决。

“公共政策”扮演着一国抵御外国法律侵犯的“安全阀”角色。[①] 慎用以违反公共政策为由拒绝承认与执行国际商事仲裁裁决是我国法院目前采取的司法政策。[②] 行政法规、部门规章的强制性规定不能等同于我国的公共政策。如果案件存在其他拒绝承认情形的,最高人民法院认为不宜再适用公共政策原则拒绝承认涉案仲裁裁决。[③] 但是,如果仲裁裁决确实严重侵犯了我国的司法主权等核心公共利益,即使存在其他不予承认和执行的情形,最高人民法院仍然可以适用公共政策原则拒绝承认和执行仲裁裁决。[④]

结合我国的国情总结我国的相关司法实践,笔者认为下列事项可被认定为《纽约公约》项下的公共政策:实体法上的公共政策——我国的宪法原则、法律规定的基本原则、社会基本道德、涉及全国的社会公共安全等;程序法上的公共政策——违反我国程序法的基本原则,仲裁事项的不可仲裁性,违背我国竞争法、涉及国家根本经济利益的货币管制规则、价格管制规则、环境保护法,违反我国禁运、封锁、联合抵制等措施。

四、国际商事仲裁裁决在我国的承认与执行

(一)外国仲裁裁决在中国内地(大陆)的承认与执行

根据我国《民事诉讼法》和《仲裁法》规定,外国仲裁裁决承认与执行可以根据我国国内法的有关规定或我国参加的国际条约进行。目前,我国已经加入了1958年《纽约公约》和1965年《华盛顿公约》,[⑤]另外我国已经与40多个国家签订了双边司法协助协定,其中大多数都规定了相互承认与执行仲裁裁决的条款。而这些国家大多都是《纽约公约》的缔约国,因此《纽约公约》成为外国仲

---

① 徐国建:《德国司法实践中的“公共政策”问题:现状与趋势》,载最高人民法院民事审判第四庭编:《涉外商事海事审判指导》第3辑,人民法院出版社2004年版,第149页。

② 万鄂湘:《全面提高涉外商事海事审判水平 为我国对外开放提供有力的司法保障——在第二次全国涉外商事海事审判工作会议上的讲话》,载北大法宝,http://www. pkulaw. cn/fulltext_form. aspx? Db = chl&EncodingName = gb2312&Gid = 125411,最后访问日期:2016年10月30日。

③ (2010)民四他字第32号。

④ (2008)民四他字第11号。

⑤ 《华盛顿公约》是在世界银行的倡导下,为解决国家与另一国家国民之间投资争端而专门制定的一项公约,并为此设立了专门的争议解决机构,即解决投资争端国际中心。承认和执行外国仲裁裁决领域中所说的外国仲裁裁决不包括《华整顿公约》项下的投资仲裁。

裁裁决在我国申请承认和执行的主要国际法依据,2017年《民事诉讼法》第283条①成为主要的国内法依据。没有与我国缔结有关承认和执行仲裁裁决的协定,或者没有加入《纽约公约》的仲裁裁决,我国法院应当根据互惠原则,决定是否承认与执行。

1.承认与执行外国仲裁裁决的范围

我国在加入《纽约公约》时作出了互惠保留和商事保留。根据互惠保留,我国只承认和执行在另一缔约国领土内作出的仲裁裁决。根据商事保留,我国只承认属于契约性或非契约性的商事法律关系争议仲裁裁决。主要是基于合同、侵权或者根据法律规定产生的经济上的权利义务关系。

不过《纽约公约》将机构仲裁和临时仲裁都视为可以承认与执行的对象,而我国《仲裁法》却对临时仲裁态度不明。然而,我国司法实践中已经有了依照《纽约公约》承认与执行临时仲裁裁决的案例。②

2.承认与执行外国仲裁裁决的管辖法院

根据我国《民事诉讼法》第283条规定,管辖法院为被执行人住所地或财产所在地的中级人民法院。根据1987年最高人民法院《关于执行我国加入的〈承认和执行外国仲裁裁决公约〉的通知》,如果被执行人为自然人,为其户籍所在地或居住地中级人民法院;被执行人为法人,为主要办事机构住所地中级人民法院;被执行人在我国无住所、居所或主要办事机构,但财产在中国境内的,为财产所在地中级人民法院。

3.申请承认与执行外国仲裁裁决的时效

根据我国《民事诉讼法》第239条的规定,不区分当事人是自然人、法人或其他组织,申请外国仲裁裁决的期间为两年。申请执行时效的中止、中断,适用法律有关中止、中断的规定。两年期间从裁决书规定的履行期间的最后一日起算;分期履行的,从规定的每次履行期间的最后一日起算;未规定履行期间的,从生效日起算。

不过,有时当事人由于某种客观原因,无法在民事诉讼法规定的上述期限

---

① 2017年《民事诉讼法》第283条规定,国外仲裁机构的裁决,需要中华人民共和国法院承认与执行的,应当由当事人直接向被执行人住所地或财产所在地的中级人民法院申请,人民法院应当依照中国缔结或者参加的国际条约,或者按照互惠原则办理。

② 参见广州海事法院承认与执行英国伦敦作出的临时仲裁裁决。详情见最高人民法院中国应用法学研究所编:《人民法院案例选》(民事、经济、知识产权、海事、民事诉讼法卷),人民法院出版社1997年版,第2174~2178页。

内提出申请,因此应当具体情况具体分析,灵活掌握。在上海金纬机械制造有限公司(以下简称金纬公司)与瑞士瑞泰克公司(RETECH Aktiengesellschaft,以下简称瑞泰克公司)买卖合同纠纷一案[1]中,中国国际经济贸易仲裁委员会于2006年9月18日作出仲裁裁决。2007年8月27日,金纬公司向瑞士联邦兰茨堡(Lenzburg)法院(以下简称兰茨堡法院)申请承认和执行该仲裁裁决。同年10月25日,兰茨堡法院以金纬公司所提交的仲裁裁决书翻译件不能满足《纽约公约》为由,驳回金纬公司申请。其后,金纬公司又先后两次向兰茨堡法院递交了仲裁裁决书翻译件以申请执行,仍被该法院驳回申请。2008年7月30日,金纬公司发现瑞泰克公司有一批机器设备正在上海展览,遂于当日向上海市第一中级人民法院申请执行。瑞泰克公司遂以金纬公司申请执行已超过《民事诉讼法》规定的期限为由提出异议。上海市第一中级人民法院生效裁判认为虽然我国法律有关申请执行期间起算,是针对生效法律文书作出时,被执行人或者其财产在我国领域内的一般情况作出的规定,但该案仲裁裁决生效当时,我国法院对该案并没有执行管辖权,当事人依法向外国法院申请承认和执行该裁决而未能得到执行,不存在怠于行使申请执行权的问题;被执行人一直拒绝履行裁决所确定的法律义务;申请执行人在发现被执行人有财产在我国领域内之后,即向人民法院申请执行。最初申请执行人金纬公司并非其主观上不愿或怠于行使权利,而是由于客观上纠纷本身没有产生人民法院执行管辖连结点,导致其无法向人民法院申请执行。人民法院在受理强制执行申请后,应当审查申请是否在法律规定的时效期间内提出。具有执行管辖权是人民法院审查申请执行人相关申请的必要前提,因此应当自执行管辖确定之日,即发现被执行人可供执行财产之日,开始计算申请执行人的申请执行期限。

4. 承认与执行外国仲裁裁决的程序与条件

当事人向我国人民法院申请承认与执行仲裁裁决,需要提交申请书,并附有原裁决的正本或正式副本、仲裁协议的正本或正式副本;如果裁决或仲裁协议采用外文书写,还需要提供中文译本,译本应当经过官方或宣誓的翻译员、外交或领事人员证明。

在 Progress Bulk Carriers Ltd. 诉日照昊宇新型建材有限公司申请承认及执行外国仲裁裁决案中,[2]因申请人未提供经认证的仲裁裁决,而仅仅提供了仲裁

① 《最高人民法院关于发布第八批指导性案例的通知》(法〔2014〕327号)。

② (2010)日民三初字第5号。

裁决原件,且不能提供证据证实裁决书已送达被申请人,日照市中级人民法院以此为由,裁定无法认定该最终裁决书在境外确已发生法律效力,申请人所提供材料不完备,对该仲裁裁决不予承认和执行。

成可化学工程和咨询公司诉多氟多化工股份有限公司申请承认及执行外国仲裁裁决案中,①申请人提供的仲裁裁决翻译件经过法国的公证认证,但是仲裁裁决却是在瑞士作出,因此新乡市中级人民法院根据《纽约公约》第 4 条第 2 项和最高人民法院《关于民事诉讼证据的若干规定》第 11 条"当事人向人民法院提供的证据系在中华人民共和国领域外形成的,该证据应当经所在国公证机关予以证明,并经中华人民共和国驻该国使领馆予以认证"之规定,裁定对外国仲裁裁决不予承认和执行。

我国承认与执行外国仲裁裁决的条件依照《纽约公约》第 5 条审查。在有管辖权的人民法院接到当事人申请后,应当对仲裁裁决进行审查。根据被执行人的主张和证据,审查裁决是否存在《纽约公约》第 5 条第 1 款所列情形,如果被执行人未举证证明存在上述情形的,不得主动对所涉裁决进行审查;法院应当主动审查是否具有《纽约公约》第 5 条第 2 款所述情形。经审查不存在《纽约公约》第 5 条所述情形的,人民法院应当作出裁定,承认其效力,并按照我国《民事诉讼法》规定的程序进行执行。

5. 拒绝承认和执行外国仲裁裁决的内部报告制度

根据最高人民法院 1995 年《关于人民法院处理涉外仲裁及外国仲裁事项的有关问题的通知》,当外国仲裁裁决作出后,当事人一方向人民法院申请承认和执行外国仲裁裁决,人民法院认为承认和执行该仲裁裁决不符合中国参加的国际条约或不符合互惠原则的,在裁定拒绝承认和执行之前,必须报请本辖区的高级人民法院审查。如果高级人民法院同意拒绝承认与执行,应当将审查意见报给最高人民法院,最高人民法院以复函形式答复后,方可裁定拒绝承认与执行,最终裁定书由受理案件的中级人民法院出具。对于拒绝承认和执行外国仲裁裁决,在受理之日起 2 个月上报最高人民法院,司法实践中,以广州海事法院受理的案件为例,裁定承认及执行的案件平均裁定周期远超 2 个月,裁定拒绝承认与执行裁决的案件平均裁定周期是裁定承认及执行裁决的案件平均裁

---

① (2014)新中民三初字第 121 号。

定周期的3倍多,很重要的原因之一是走了"内部报告"的呈报程序,[1]在三级法院之间流转所花的时间比较长。

(二)涉外仲裁裁决在我国内地的承认与执行

根据现有的立法与实践,我国内地作出的仲裁裁决根据法律关系是否有涉外因素区分为涉外裁决和非涉外裁决。具有涉外因素的中国内地仲裁裁决为涉外裁决。

根据我国《民事诉讼法》第273条的规定,当事人申请执行涉外裁决的,由被执行人的住所地或被执行人的财产所在地的中级人民法院管辖,申请执行的期限为2年,起算时间与前述外国仲裁裁决申请承认与执行的起算时间一致。

申请人应当提交由申请执行人本人签章的申请书、已生效的裁决书正本、仲裁协议书或签订有仲裁条款的合同、仲裁裁决书的送达证明。若涉外仲裁裁决存在以下两种情形则不予执行。第一类情形为当事人自己证明的情形,包括当事人没有缔结仲裁条款或没有达成书面仲裁协议;被申请人没有得到指定仲裁员或进行仲裁程序的通知;仲裁庭的组成或者仲裁的程序与仲裁规则不符;裁决的事项不属于仲裁协议的范围或仲裁机构无权仲裁。第二类情形须由法院主动审查,即执行裁决违背社会公共利益。对于涉外仲裁裁决的拒绝承认与执行同样适用内部报告制度。

五、我国内地与港澳台地区仲裁裁决的相互认可与执行

在香港及澳门回归以前,对于两地仲裁裁决在内地的承认与执行按照承认与执行外国仲裁裁决的法律程序进行。

而在我国对香港和澳门分别于1997年及1999年恢复行使主权后,香港及澳门回归祖国,因此对于两地仲裁裁决的承认和执行不宜再认定为外国裁决而根据《纽约公约》进行,但香港地区和澳门地区施行不同于内地的法律制度,在香港地区及澳门地区作出的仲裁裁决属于一国内部不同地区的裁决,因此不能完全按照执行内地仲裁裁决处理。

为了便于两地同内地之间互相承认与执行仲裁裁决,最高人民法院分别于1999年同香港特别行政区政府签署《最高人民法院关于内地与香港特别行政区相互执行仲裁裁决的安排》(以下简称《内地与香港相互执行仲裁裁决安

---

① 邓非非:《外国海事仲裁裁决在中国的承认与执行——海事法院〈纽约公约〉案例实证分析》,载钟建平主编:《中国海事审判(2014)》,广东出版社2015年版,第72页。

排》),2007 年同澳门特别行政区政府签署《最高人民法院关于内地与澳门特别行政区相互认可和执行仲裁裁决的安排》(以下简称《内地与澳门承认与执行仲裁裁决安排》)。上述两份执行安排,是一个主权国家内部不同法律区域之间关于仲裁裁决的执行安排,充分考虑了内地与港澳地区之间不同法律制度的实际情况,对于切实维护内地与特别行政区当事人合法权益具有重要的历史性意义。

(一)内地与香港特别行政区相互执行仲裁裁决的安排

《内地与香港相互执行仲裁裁决安排》根据《中华人民共和国香港特别行政区基本法》第 95 条的规定,经最高人民法院与香港特别行政区政府协商,由最高人民法院以司法解释的形式在内地予以公布,而在香港特别行政区由香港特别行政区政府通过对原有仲裁条例进行修改并公布。根据该安排,香港特别行政区法院同意执行内地仲裁机构(名单由国务院原法制办公室经国务院港澳事务办公室提供)依据《仲裁法》所作出的裁决,内地人民法院同意执行在香港特别行政区按香港特别行政区《仲裁条例》所作出的裁决。《内地与香港相互执行仲裁裁决安排》主要条款如下:

1. 当一方当事人未执行仲裁裁决时,无论该仲裁裁决是在香港特别行政区还是在内地作出,则一方当事人可在被申请执行人住所地或其财产所在地有关法院申请执行该仲裁裁决。上述提及的“有关法院”对内地而言是指被申请执行人住所地或其财产所在地的中级人民法院,而对香港特别行政区而言,是指香港特别行政区高等法院。如果被申请执行人住所地或其财产所在地位于内地和香港特别行政区两地的,申请人不能同时在两地的有关法院提出申请,只有当其中一地法院执行仲裁裁决的结果不足以满足被申请人所欠债务的,申请人才能向另一地申请执行未偿付之债务,而两地先后执行的仲裁裁决的总额,不得超过裁决数额。

2. 在向有关法院申请执行仲裁裁决时,根据《内地与香港相互执行仲裁裁决安排》,申请人应提交:执行申请书、仲裁裁决书、仲裁协议。执行申请书根据安排规定应当以中文文本提出(裁决书或协议没有中文文本的,应当提交正式的中文译本),并载明以下内容:

(1)申请人为自然人的情况下,该人的姓名、地址;申请人为法人或者其他组织的情况下,该法人或其他组织的名称、地址及法定代表人姓名。

(2)被申请人为自然人的情况下,该人的姓名、地址;被申请人为法人或者其他组织的情况下,该法人或其他组织的名称、地址及法定代表人姓名。

(3)申请人为法人或者其他组织的,应当提交企业注册登记的副本。申请人是外国籍法人或者其他组织的,应当提交相应的公证和认证材料。

(4)申请执行的理由与请求的内容,被申请人的财产所在地及财产状况。

3. 当收到申请人的执行申请后,有关法院应根据该执行地的法律程序处理执行申请和执行仲裁裁决。在内地或在香港特别行政区向有关法院提出执行仲裁裁决申请的时效应依据该地有关时效法律制度的规定。

4.《内地与香港相互执行仲裁裁决安排》对裁定不予执行仲裁裁决的几种情形作出了规定,该等规定基本参照了《纽约公约》第 5 条规定之内容,通过否定清单方式列举了拒绝执行有关仲裁裁决的条件:

(1)仲裁协议当事人依对其适用的法律属于某种无行为能力的情形;或者该项仲裁协议依约定的准据法无效;或者未指明以何种法律为准时,依仲裁裁决地的法律是无效的。

(2)被申请人未接到指派仲裁员的适当通知,或者因他故未能陈述意见的。

(3)裁决所处理的争议不是交付仲裁的标的或者不在仲裁协议条款之内,或者裁决载有关于交付仲裁范围以外事项的决定的;但交付仲裁事项的决定可与未交付仲裁的事项划分时,裁决中关于交付仲裁事项的决定部分应当予以执行。

(4)仲裁庭的组成或者仲裁庭程序与当事人之间的协议不符,或者在有关当事人没有这种协议时与仲裁地的法律不符的。

(5)裁决对当事人尚无约束力,或者经仲裁地的法院或者按仲裁地的法律撤销或者停止执行的。

(6)有关法院认定依执行地法律,争议事项不能以仲裁解决的,则可不予执行该裁决。

(7)内地法院认定在内地执行该仲裁裁决违反内地社会公共利益,或者香港特别行政区法院决定在香港特别行政区执行该仲裁裁决违反香港特别行政区的公共政策,则可不予执行该裁决。

此外,最高人民法院在 2009 年 12 月发出《关于香港仲裁裁决在内地执行的有关问题的通知》,确定申请人向有关法院申请执行在香港特别行政区作出的临时仲裁裁决、国际商会仲裁院等国外仲裁机构在香港特别行政区作出的仲裁裁决的,人民法院应当按照“安排”的规定进行审查,不存在“安排”第 7 条规定的不予执行的情形的,该仲裁裁决可以在内地得到执行。

（二）内地与澳门特别行政区相互认可和执行仲裁裁决的安排

2007 年 10 月 30 日，最高人民法院与澳门特别行政区政府签署了《内地与澳门承认与执行仲裁裁决安排》，该安排于 2008 年 1 月 1 日起实施，它是《内地与香港相互执行仲裁裁决安排》颁布后，在积累大量内地与特别行政区之间关于仲裁的承认与执行的实践经验及成熟的立法理念基础上，在区际展开区际司法协助的一次新实践。主要有如下内容：

1. 在适用范围及管辖法院方面，内地认可和执行澳门特别行政区仲裁机构及仲裁员按照澳门特别行政区仲裁法规在澳门特别行政区作出的民商事仲裁裁决，澳门特别行政区法院认可和执行内地仲裁机构依据《仲裁法》在内地作出的民商事仲裁裁决。内地有权受理认可和执行仲裁裁决申请的法院为被申请人住所地、经常居住地或者财产所在地中级人民法院。澳门特别行政区有权受理认可仲裁裁决申请的法院为中级法院，有权执行的法院为初级法院；相比于《内地与香港相互执行仲裁裁决安排》，管辖法院有所扩大，当事人可以在被申请人的经常居所地申请执行，满足人口流动日益频繁的实践需要，顺应了国际私法的发展趋势。

2. 与《内地与香港相互执行仲裁裁决安排》不同的是，允许两地法院同时受理，对管辖竞合有规定。《内地与澳门承认与执行仲裁裁决安排》规定对于被申请人的住所地、经常居住地或者财产所在地分别在内地和澳门特别行政区的，申请人可以向一地法院提出认可和执行申请，也可以分别向两地法院提出申请。而对于当事人分别向两地法院提出申请的，两地法院都应当依法进行审查。予以认可的，采取查封、扣押或者冻结被执行人财产等执行措施。仲裁地法院应当先进行执行清偿；另一地法院在收到仲裁地法院关于经执行债权未获清偿情况的证明后，可以对申请人未获清偿的部分进行执行清偿。两地法院执行财产的总额，不得超过依据裁决和法律规定所确定的数额。

3. 申请人向有关法院申请认可和执行仲裁裁决的，应当提交以下文件或者经公证的副本：申请书、申请人身份证明、仲裁协议、仲裁裁决书或者仲裁调解书。申请书应当包括下列内容：

（1）申请人或者被申请人为自然人的，应当载明其姓名及住所；为法人或者其他组织的，应当载明其名称及住所，以及其法定代表人或者主要负责人的姓名、职务和住所；申请人是外国籍法人或者其他组织的，应当提交相应的公证和认证材料。

（2）请求认可和执行的仲裁裁决书或者仲裁调解书的案号或识别资料和生效日期。

(3)申请认可和执行仲裁裁决的理由及具体请求,以及被申请人财产所在地、财产状况及该仲裁裁决的执行情况。

4.对于裁定不予认可和执行的理由,也是安排最为重要的内容之一,相比于《内地与香港相互执行仲裁裁决安排》,拒绝承认与执行的理由还包括法律原则,主要有以下规定:

(1)仲裁协议一方当事人依对其适用的法律在订立仲裁协议时属于无行为能力的;或者依当事人约定的准据法,或当事人没有约定适用的准据法而依仲裁地法律,该仲裁协议无效的。

(2)被申请人未接到选任仲裁员或者进行仲裁程序的适当通知,或者因他故未能陈述意见的。

(3)裁决所处理的争议不是提交仲裁的争议,或者不在仲裁协议范围之内;或者裁决载有超出当事人提交仲裁范围的事项的决定,但裁决中超出提交仲裁范围的事项的决定与提交仲裁事项的决定可以分开的,裁决中关于提交仲裁事项的决定部分可以予以认可。

(4)仲裁庭的组成或者仲裁程序违反了当事人约定,或者在当事人没有约定时与仲裁地的法律不符的。

(5)裁决对当事人尚无约束力,或者经仲裁地的法院撤销或者拒绝执行的。

(6)有关法院认定,依执行地法律,争议事项不能以仲裁解决的,不予认可和执行该裁决。

(7)内地法院认定在内地认可和执行该仲裁裁决违反内地法律的基本原则或者社会公共利益,澳门特别行政区法院认定在澳门特别行政区认可和执行该仲裁裁决违反澳门特别行政区法律的基本原则或者公共秩序,不予认可和执行该裁决。

5.《内地与澳门承认与执行仲裁裁决安排》第14条还规定,最高人民法院和澳门特别行政区终审法院应当相互提供有关法律资料,相互通报执行情况,有利于加深司法协助,实现信息沟通。

6.《内地与澳门承认与执行仲裁裁决安排》还明确了申请撤销裁决的后果。一方当事人向一地法院申请执行仲裁裁决,另一方当事人向另一地法院申请撤销仲裁裁决的,被执行人可以向执行法院提供其他法院已经受理申请的法律文书,从而申请中止执行。提供充分担保的前提下,应当中止执行。根据经过认可的撤销仲裁的判决、裁定,执行法院应当终结执行程序,申请书被驳回的,执行法院应当恢复执行。

(三)大陆认可与执行我国台湾地区仲裁裁决的规定

我国最高人民法院于1998年发布了《关于人民法院认可台湾地区有关法院民事判决的规定》,根据该规定第18条、第19条的规定,台湾地区仲裁机构的裁决向大陆法院申请认可,可以依照《中华人民共和国民事诉讼法》规定的程序办理,大陆法院将比照台湾地区法院的民事判决来处理台湾地区的仲裁裁决。该规定标志着两岸司法协助的正式启动,为大陆认可和执行台湾地区仲裁裁决提供了相对明确的法律依据。申请执行台湾中华仲裁协会作出的2002年仲声仁字第135号仲裁裁决案①是大陆人民法院依照该规定裁定的第一起认可和执行台湾地区仲裁裁决案件。

2009年我国最高人民法院又颁布《关于人民法院认可台湾地区有关法院民事判决的补充规定》。2015年《最高人民法院关于认可和执行台湾地区仲裁裁决的规定》出台(以下简称《认可和执行台湾地区仲裁裁决的规定》),并于2015年7月1日施行,自此两岸地区关于民事判决和仲裁裁决皆有法律依据。《认可和执行台湾地区仲裁裁决的规定》主要内容如下。

1. 对于我国台湾地区仲裁裁决范围进行了规范。根据该规定,台湾地区仲裁裁决是指,有关常设仲裁机构及临时仲裁庭在台湾地区按照台湾地区仲裁规定就有关民商事争议作出的仲裁裁决,包括仲裁判断、仲裁和解和仲裁调解。

2. 规定了申请认可和执行台湾地区仲裁裁决的受理法院。根据该规定,申请认可和执行台湾地区仲裁裁决的案件,申请人住所地、经常居住地、被执行财

---

① (2004)厦民认字第20号。案情如下:和华(海外)置地有限公司(以下简称和华公司)与凯歌(厦门)高尔夫球俱乐部有限公司(以下简称凯歌公司)于1998年6月8日签订《委托经营高尔夫球场契约书》以及《委托销售高尔夫球证契约书》,其中《委托经营高尔夫球场契约书》第8条第4项约定,和华公司向凯歌公司提供借款1000万美元,凯歌公司以其所有的500张高尔夫球场球证作为担保。两份合同均约定因履行合同产生的纠纷提交仲裁裁决,并约定了合同适用的准据法。后双方因前述借贷关系发生纠纷,和华公司依合同约定向台湾地区仲裁协会申请仲裁。台湾地区仲裁协会于2003年11月4日作出2002年仲声仁字第135号仲裁裁决:(1)凯歌公司应给付和华公司390万美元及自1999年11月29日起至清偿日止按年利率5%计算的利息;(2)驳回和华公司的其余请求;(3)仲裁费用由凯歌公司负担65%,由和华公司负担35%。受理法院认为:申请人提交了经公证证明的仲裁裁决书,凯歌公司在厦门有可供执行的财产,厦门市中级人民法院有权受理本案。和华公司与凯歌公司之间的争议虽是因委托经营高尔夫球场而引发,但本案中双方的争议属于金钱借贷纠纷而非不动产纠纷,且双方事先以书面方式约定将纠纷提交台湾地区仲裁协会仲裁。综上,依照《最高人民法院关于人民法院认可台湾地区有关法院民事判决的规定》(法释〔1998〕11号)的有关规定,该院于2004年6月13日作出(2004)厦民认字第20号民事裁定,对台湾地区仲裁协会作出的2002年仲声仁字第135号仲裁裁决的法律效力予以认可。

产所在地在大陆的，由申请人住所地、经常居住地或被执行财产所在地的中级人民法院管辖，如果向两个有管辖权法院申请认可的，由最先立案的中级人民法院管辖。

3. 申请人申请认可台湾地区仲裁裁决，应当提交申请书、仲裁协议、仲裁判断书、仲裁和解书或者仲裁调解书。申请书应当记明以下事项：

（1）申请人和被申请人姓名、性别、年龄、职业、身份证件号码、住址（申请人或者被申请人为法人或者其他组织的，应当记明法人或者其他组织的名称、地址、法定代表人或者主要负责人姓名、职务）和通信方式。

（2）申请认可的仲裁判断书、仲裁和解书或者仲裁调解书的案号或者识别资料和生效日期。

（3）请求和理由。

（4）被申请人财产所在地、财产状况及申请认可的仲裁裁决的执行情况。

（5）其他需要说明的情况。

4. 对申请认可和执行的仲裁裁决，被申请人提出证据证明有下列情形之一的，经审查核实，人民法院裁定不予认可：

（1）仲裁协议一方当事人依对其适用的法律在订立仲裁协议时属于无行为能力的；或者依当事人约定的准据法，或当事人没有约定适用的准据法而依台湾地区仲裁规定，该仲裁协议无效的；或者当事人之间没有达成书面仲裁协议的，但申请认可台湾地区仲裁调解的除外。

（2）被申请人未接到选任仲裁员或进行仲裁程序的适当通知，或者由于其他不可归责于被申请人的原因而未能陈述意见的。

（3）裁决所处理的争议不是提交仲裁的争议，或者不在仲裁协议范围之内；或者裁决载有超出当事人提交仲裁范围的事项的决定，但裁决中超出提交仲裁范围的事项的决定与提交仲裁事项的决定可以分开的，裁决中关于提交仲裁事项的决定部分可以予以认可。

（4）仲裁庭的组成或者仲裁程序违反当事人的约定，或者在当事人没有约定时与台湾地区仲裁规定不符的。

（5）裁决对当事人尚无约束力，或者经台湾地区法院撤销或者驳回执行申请的。

（6）依据国家法律，该争议事项不能以仲裁解决的，或者认可该仲裁裁决将违反一个中国原则等国家法律的基本原则或损害社会公共利益的，人民法院应当裁定不予认可。

5. 申请认可台湾地区仲裁裁决的，应当在裁决效力确定后两年内提出，当事人若因不可抗力的是由或者其他正当理由耽误期限而不能提出认可申请的，在障碍消除后10日内，可以申请顺延期限。

6.《认可和执行台湾地区仲裁裁决的规定》明确规定了大陆人民法院认可台湾地区仲裁裁决的审查期限。大陆人民法院应当尽快审查认可台湾地区仲裁裁决的申请，决定予以认可的，应当在立案之日起两个月内作出裁定；决定不予认可或者驳回申请的，应当在作出决定前按有关规定自立案之日起两个月内上报最高人民法院。

在台湾地区认可和执行大陆仲裁裁决方面，主要依照"台湾地区和大陆地区人民关系条例"。该条例1992年颁布之后经过8次修正。根据该条例，台湾地区认可执行大陆作出的仲裁裁决，与申请认可和执行大陆法院作出的判决同等对待。认可的条件是：大陆仲裁裁决应当是民事性质的裁决，不违背台湾地区公共秩序或善良风俗；互惠原则。当前两岸存在相互认可与执行对方仲裁裁决的案例，互惠要求得到满足，因此主要拒绝认可和执行的理由即违背台湾地区公共秩序或善良风俗。

六、结论

从我国践行《纽约公约》的相关实践，以及我国针对内地、港澳台地区之间仲裁裁决承认与执行的新立法动态，可以看出我国对仲裁裁决承认与执行的支持性倾向。第一，我国法院谨慎地适用公共秩序，只有仲裁裁决的结果严重损害我国法律基本原则、国家主权、公序良俗等，才能够拒绝承认与执行，对支持规避行政法规、部门规章的仲裁裁决，对我国法律法规作出否定性价值判断的裁决并不绝对视为对我国公共秩序的违反；第二，我国法院充分尊重当事人意思自治，谨慎适用法律认定仲裁协议无效，尊重当事人选择仲裁规则、仲裁机构、仲裁程序的权利，尊重当事人获得适当通知和平等申辩机会的权利，对临时仲裁也采取相对开放的态度；第三，对涉及内地与港澳台地区仲裁裁决的承认与执行也体现出先行互惠、友好合作的精神，为我国多法域交流与司法协助提供便利。对实务界来说，应当提醒当事人注意在缔结仲裁协议时，尽可能明确约定仲裁的范围、仲裁机构、仲裁地、仲裁程序和仲裁协议适用的法律等事项，避免因为仲裁协议约定不明而导致被认定无效；在仲裁中及时行使申辩权利和申请执行的权利，避免因为自身疏忽致使仲裁裁决得不到承认与执行。

1958 年《承认与执行外国仲裁裁决公约》第 3 条释义*

一、条文

英文：Each Contracting State shall recognize arbitral awards as binding and enforce them in accordance with the rules of procedure of the territory where the award is relied upon, under the conditions laid down in the following articles. There shall not be imposed substantially more onerous conditions or higher fees or charges on the recognition or enforcement of arbitral awards to which this Convention applies than are imposed on the recognition or enforcement of domestic arbitral awards。

中文：各缔约国应承认公断裁决具有拘束力，并依援引裁决地之程序规则及下列各条所载条件执行之。承认或执行适用本公约之公断裁决时，不得较承认或执行内国公断裁决附加过苛之条件或征收过多之费用。

二、基本原则

《承认与执行外国仲裁裁决公约》（以下简称《纽约公约》）第 3 条只有两句话，大意为：（1）各缔约国应承

---

* 本文系作者为中国国际仲裁 30 人编著的《1958 年〈承认与执行外国仲裁裁决公约〉（〈纽约公约〉）理论与适用》一书撰写的章节。该书 2020 年 10 月由法律出版社出版。

认仲裁裁决具有拘束力，并在公约下述条文规定的条件下，依据所赖以执行地之程序规则对其予以执行；(2)适用公约承认或执行仲裁裁决时，不得较承认或执行内国仲裁裁决实质上附加更为严苛的条件或者收取更高的费用。

本条规定是该公约最基本的一条规定，也是最为核心的一条规定。它确定了公约中最为基本的原则，即公约的缔约国必须承认仲裁裁决具有约束力，且依据相关程序规则予以执行。这里所谓的仲裁裁决，必须是公约第 1 条所界定的外国仲裁裁决，在国际仲裁界常被人们称为“纽约公约裁决”或“公约裁决”(Convention-award)。[①] 下文将归纳公约所规定的这种裁决的种类及其特征。《纽约公约》基于第 3 条规定赋予缔约国依据被寻求承认和执行国程序规则承认和执行外国仲裁裁决的条约义务。但是，公约在第 5 条规定了“公约裁决”可以不予承认和执行的例外情形，缔约国只可以在这些例外的情况下对它们不予承认和执行。

仔细解读公约该条规定的两句话，人们可以理会到以下含义。

1. 第一句包含以下几层主要意义：首先，它以宣誓性的规定方式，确定缔约国依据公约承担有承认和执行外国仲裁裁决的公约义务，这是公约成员方所承担的国际公法上的一项义务。[②] 值得注意的是，公约该条规定对于仲裁裁决的承认和执行的规定是有些许区别的。对于仲裁裁决的承认的规定简明扼要，没有条件的规定也没有承认程序规则适用的规定。缔约国应该承认仲裁裁决具有约束力。而对于仲裁裁决执行的规定则较为复杂，不仅规定了公约中执行条件的优先适用、执行依据的程序规则以及对程序规则适用的限制。其次，它规定被寻求执行国法院应依据和适用法院国的程序规则(forum's national rules of procedure)对公约裁决予以执行。[③] 最后，被寻求执行国法院国内的程序规则(rules of procedure)应该服从公约中所规定的“条件”(conditions)。这些所谓的条件主要是公约第 4 条、第 5 条中规定的情形。公约这里所说的条件又有两层含义，即公约中规定的涉及裁决承认的条件应该优先适用，以及被请求执行国的涉及裁决执行的程序规定，如果会削弱公约所规定的仲裁裁决执行的实体

---

① See MRP Paulsson, *The* 1958 *New York Convention in Action*, Kluwer Law International, 2016, p. 97.

② Vgl. MüKoZPO/Adolphsen, 5 Auf. 2017, UNÜ Art. Ⅲ, Rdn. 1.

③ See A. Börner, *Article Ⅲ*, in H. Kronke et al. eds., Recognition and Enforcement of Foreign Arbitral Awards: A Global Commentary on the New York Convention, Austin, 2010, p. 117.

条件,则不应予以适用。[①] 被请求国法院不得混淆程序规则和上述公约规定的条件。法院只可以要求当事人提交公约第 4 条规定的文件,也只能对申请人提交的证据进行形式(prima facie)审查。而且只有在出现公约第 5 条规定的情形时,才可以对公约裁决予以拒绝执行。[②]

2. 第二句则是一个禁止性的规定,明确缔约国在对外国的仲裁裁决承认和执行方面不得有歧视。该第二句是公约第 3 条对上述执行公约裁决予以适用的程序规则的唯一一项限制,即对公约裁决的执行不得设置比对内国仲裁裁决执行更严(more onerous)的条件。在世界各国司法实践中,对公约所规定的这一主观"更严"标准的理解和把握是存在差异的。[③]

3. 一事不再理原则。公约第 3 条规定的核心目的是确保业已作出的仲裁裁决可以最终解决当事人间的争议,因此,可以认为仲裁裁决具有既判力(*res judicata*),起码在仲裁裁决一方当事人成功地通过司法途径撤销该裁决前,任何一方均不得就裁决所涉争议再行提起仲裁或诉讼。这一观点也为一些国家的法院判决所支持。美国纽约南区法院于 2009 年 2 月 11 日在美国运通银行诉西班牙信贷银行案(American Express Bank Ltd. v. Banco Español de Credito, S. A.)的判决中便援引了《纽约公约》第 3 条的规定,主张公约"体现了这样的原则,即在其被成功挑战之前,仲裁裁决应被推测为其确定了仲裁当事人间的权利和义务"。[④]

我国是《纽约公约》的缔约国,承认公约仲裁裁决在我国具有约束力,在司法实践中,会依据公约的规定对外国仲裁裁决予以承认和执行。而且,为了严格履行公约义务,在我国的司法实践中,还对我国法院不承认和执行外国仲裁裁决案件实行严格的仲裁司法审查案件报核制度。根据最高人民法院《关于仲裁司法审查案件报核问题的有关规定》(法释〔2017〕21 号)第 2 条的规定,各中

---

① See A. Börner, *Article Ⅲ*, in H. Kronke et al. eds., Recognition and Enforcement of Foreign Arbitral Awards: A Global Commentary on the New York Convention, Austin, 2010, p. 117.

② See MRP Paulsson, *The* 1958 *New York Convention in Action*, Kluwer Law International, 2016, p. 125.

③ 参见国际商会对纽约公约成员方执行公约情况的调查报告, ICC Guide to National Procedures for Recognition and Enforcement of Awards under the New York Convention: A Special Supplement to the ICC International Court of Arbitration Bulletin(2012)。也有类似调查报告发表。

④ See A. Börner, *Article Ⅲ*, in H. Kronke et al. eds., Recognition and Enforcement of Foregin Arbitral Awards: A Global Commentary on the New York Convention, Austin, 2010, p. 116; G. Born, *International Commercial Arbitration*, Wolters Kluwer Law & Business; Kluwer, 2009, p. 2890 - 2891.

级人民法院或者专门人民法院办理涉外涉港澳台地区仲裁司法审查案件，经审查拟认定仲裁协议无效，不予认可和执行港澳台地区仲裁裁决以及不予承认和执行外国仲裁裁决，应当向本辖区所属高级人民法院报核；高级人民法院经审查拟同意的，应当向最高人民法院报核。待最高人民法院审核后，依最高人民法院的审核意见作出裁定。

三、被请求国国内程序法的适用

（一）程序规则的适用

《纽约公约》第3条规定了执行仲裁裁决所应适用的程序规则问题。依据该规定，被请求执行法院（enforcement courts）将适用其本国的程序规则的规定对公约裁决进行执行。公约的起草者在此明确规定法院地的程序规则应该获得尊重，应当被执行法院适用。之所以如此规定，目的在于使该公约可以最大限度地获得不同国家的接受。公约的起草者非常清楚，只有公约的文本和不同国家的法律制度兼容，才可以实现该目的。而且，不同国家的法律在仲裁裁决执行的程序规则方面是非常不一致的，如果强行在公约中规定统一的裁决执行程序规则，则很可能会将一些国家拒绝在公约大门之外。当初在公约谈判中，一些国家的代表也建议在公约中对仲裁裁决承认和执行的一些特别程序事项，如时效问题和管辖权问题，进行统一规定，但是，公约的起草者最终还是采取现实主义态度，将仲裁裁决的承认和执行程序问题交由公约缔约国现有的程序规则解决。①

（二）仲裁裁决承认和执行的若干诉讼程序问题

公约裁决的承认和执行涉及诸多诉讼程序问题，如举证责任、一事不再理（*res judicate*）、禁止反言（*estoppel*）等，它们均应通过适用仲裁裁决所赖以执行地的诉讼程序规则予以解决。下面主要针对仲裁裁决承认和执行实践中常见的，且比较重要的若干诉讼程序问题进行讨论。

1. 诉讼程序

通过什么种类的诉讼程序对外国仲裁裁决进行承认和执行，各国立法和司法实践均不相同。一些国家规定在这方面使用一般的诉讼程序，包括上诉程

---

① See MRP Paulsson, *The* 1958 *New York Convention in Action*, Kluwer Law International, 2016, p. 126; UNCITRAL, Convention on the Recognition and Enforcement of Foreign Awards, Travaux Preparatoires-Report by the Secretary General, at 12, U. N. Doc. E/2822 Annex Ⅱ (Jan. 31, 1956).

序，一些国家则规定适用简易程序，另一些国家采用简单的口头审理程序，还有国家对临时禁令采用所谓的一造程序（ex parte proceedings），如意大利《民事诉讼法典》第 839 条便是这样的规定。[①]《纽约公约》在该问题上并未试图去统一各国立法和司法实践，它没有规定应该适用怎样的诉讼程序对公约裁决进行承认和执行。依据公约第 3 条的规定，所有这些程序问题均应该适用法院地国的诉讼程序规则予以解决。

《纽约公约》在仲裁裁决承认和执行应该适用怎样的诉讼程序问题上采用了上述解决方案，且其所基于的原则是“一个以适当形式体现出的仲裁裁决便构成寻求其执行的一方当事人所拥有的权利证书；对其应是只看形式（prima facie）”。[②] 但是，当初在起草公约时，在该问题上还是出现了不同的意见和观点。在公约谈判中，国际法律协会（International Law Association，ILA）建议公约应该设计自己的一套承认和执行仲裁裁决的较为详细的程序规则，包括关于传唤、独任法官审理、证据类型、登记和其他印花税、费问题，以及上诉的诉讼程序规则问题。[③] 究竟在公约第 3 条中如何规定诉讼程序的适用问题，公约的谈判代表探讨了若干个立法方案：（1）在公约第 3 条中规定标准的程序规则；（2）规定公约裁决只通过简易程序（summary procedure）予以执行；（3）规定对于公约裁决的执行适用国内仲裁裁决执行的程序规则。[④] 这些方案背后的理念都是防止实践中拖延对公约裁决的执行，或者避免由于适用国内法上的相关复杂程序规则而造成的对公约裁决的无法执行的情形。[⑤] 但是，如何在公约中确定既可以为各个国家接受，又可以促进和加强公约裁决在公约成员国执行的程序规则

---

① See A. Börner, *Article Ⅲ*, in H. Kronke et al. eds., Recognition and Enforcement of Foregin Arbitral Awards: A Global Commentary on the New York Convention, Austin, 2010, p. 121.

② See MRP Paulsson, *The* 1958 *New York Convention in Action*, Kluwer Law International, 2016, p. 127; UNCITRAL, Convention on the Recognition and Enforcement of Foreign Awards, Travaux Preparatoires-Report by the Secretary General, at 12, U. N. Doc. E/2822 Annex Ⅱ (Jan. 31, 1956).

③ UNCITRAL, Convention on the Recognition and Enforcement of Foreign Awards, Travaux Preparatoires-Report by the Secretary General, at 12, U. N. Doc. E/2822 Annex Ⅱ (Jan. 31, 1956).

④ See MRP Paulsson, *The* 1958 *New York Convention in Action*, Kluwer Law International, 2016, p. 127; UNCITRAL, Convention on the Recognition and Enforcement of Foreign Awards, Travaux Preparatoires-Report by the Secretary General (ICC), at 4, U. N. Doc. E/Conf. 26/2 (Mar. 6, 1958).

⑤ See MRP Paulsson, *The* 1958 *New York Convention in Action*, Kluwer Law International, 2016, p. 127; UNCITRAL, Convention on the Recognition and Enforcement of Foreign Awards, Travaux Preparatoires-Report by the Secretary General (ICC), at 4, U. N. Doc. E/Conf. 26/2 (Mar. 6, 1958).

问题,成为公约谈判难以克服的困难。一方面,对于一些国家来说,使其接受公约所规定的承认和执行公约裁决的专门的独立程序规则,是不现实的;另一方面,执行公约裁决的简易诉讼程序规则也难以被一些国家接受,因为很多国家没有这样的诉讼程序制度,即使在有这种制度的国家,其具体程序内容也差别较大,因此,公约采纳这样的方案显然也不太合适。而完全把国内法中规范国内仲裁裁决执行的诉讼程序规则适用于公约裁决的执行,也由于程序的复杂性和时间耗费多而被代表们认为不太合适,而未获得支持。鉴于这样的情况,公约最终采用了适用被请求国诉讼程序规则,但是附设了一个限制的立法方法来解决该问题,即该程序较之执行国内仲裁裁决的程序不能更严(more onerous)。公约的立法者之所以附设此限制,目的在于避免实践中执行公约裁决的程序演变成实际上的上诉程序(a de facto appeal)。①

2. 法院管辖权

《纽约公约》也没有就仲裁裁决承认和执行的法院管辖权问题进行统一规定,此问题是由被请求国的程序规则予以确定。公约裁决承认和执行诉讼的管辖法院确定问题,是公约各缔约国均会遇到的一个诉讼程序问题。尤其是在联邦制国家,当事人在哪个州的哪个法院可以提起承认和执行公约裁决之诉,在实践中则更为复杂。依据《纽约公约》第 3 条的规定,公约裁决的承认和执行的法院管辖问题均应该依据法院地国家的诉讼程序法确定。②

在《纽约公约》适用的实践中,仲裁裁决的被请求执行人常常会对受理案件法院的管辖权提出异议。但是,如果公约裁决的一方当事人依据法院地国家的诉讼程序规则所确定的管辖法院提起公约裁决的承认和执行之诉,则该法院一般不会支持被请求方当事人依据其他理由所提出的法院管辖异议。这方面的一个典型案例是西班牙最高法院在最高法院(捷克共和国)森特洛泰克斯公司诉阿根西奥·盖托拉·德内戈西奥斯案(阿根萨)案[Tribunal Supremo Centrotex, S. A. (Czech Republic) v. Agencio Gestora de Negocios, S. A. (Agensa)]中的关

---

① See MRP Paulsson, *The* 1958 *New York Convention in Action*, Kluwer Law International, 2016, p. 127; UNCITRAL, Convention on the Recognition and Enforcement of Foreign Awards, Travaux Preparatoires-Report by the Secretary General (ICC), at 4, U. N. Doc. E/Conf. 26/2(Mar. 6, 1958).

② See A. Börner, *Article Ⅲ*, in H. Kronke et al. eds., Recognition and Enforcement of Foregin Arbitral Awards: A Global Commentary on the New York Convention, Austin, 2010, p. 121.

于法院管辖权的裁决。[①] 在该案中，被告对西班牙最高法院的管辖权提出异议，称公约裁决的执行申请人（本执行案件的原告）提起执行诉讼的法院违反了《西班牙和捷克斯洛伐克社会主义共和国关于司法协助和民事判决承认与执行公约》关于法院管辖的规定。被告主张依据该公约，西班牙最高法院并不具有对本案进行裁判的管辖权。西班牙最高法院裁定驳回了被告关于法院管辖权的异议。法院认为在《纽约公约》和上述西捷司法协助公约关系问题上，后者作为一个双边条约并不更为特别，也不更为有利，所以不应适用该双边条约的规定，挑战西班牙最高法院对本案的管辖权。法院裁定认为，原告正确地适用了《纽约公约》第 3 条的规定，依据西班牙的诉讼程序规则提起了公约裁决执行诉讼。

一般来说，公约缔约国国内法院直接依据公约的规定对公约裁决承认和执行案件行使国际管辖权（international competence）。[②] 而在确定国内法院的此类案件管辖方面，尽管公约裁决承认和执行诉讼的法院管辖权依据法院所在国诉讼法予以确定，但是，一些国家的不同法院在适用公约时会有不一致的解释，从而对于相同或类似的公约裁决承认与执行案件的法院管辖权问题作出不同的判决。例如，印度古吉拉特邦高等法院在一个于伦敦作出的仲裁裁决的承认和执行案中便认为，尽管仲裁案所涉一印度和沙特公司作为一方当事人与另一方利比里亚当事人间的争议是关于一艘停泊于印度港口的名为沙特云（Saudi Cloud）的船舶，但是争议的标的实际上是涉及该船舶的债务，而不是该船舶本身，据此法院认为其没有管辖权，而驳回了当事人对公约裁决承认和执行的请求。[③] 但是，印度德里高等法院在行使公约裁决承认和执行案件管辖权方面态度便开明很多。它认为国际仲裁裁决应该获得国际承认和执行，而不仅仅在其

---

① See A. Börner, *Article Ⅲ*, in H. Kronke et al. eds., Recognition and Enforcement of Foregin Arbitral Awards: A Global Commentary on the New York Convention, Austin, 2010, p. 121; *Centrotex, S. A. (Czech Republic) v. Agencia Gestora de Negocios, S. A. (Agensa) (Spain), Tribunal Supremo [Supreme Court], Civil Chamber, First Section*, 13 *November* 2001, in AJ van den Berg ed., Yearbook Commercial Arbitration 2006, The Hague, 2007, p. 838 – 839.

② See A. Börner, *Article Ⅲ*, in H. Kronke et al. eds., Recognition and Enforcement of Foregin Arbitral Awards: A Global Commentary on the New York Convention, Austin, 2010, p. 123.

③ See MRP Paulsson, *The* 1958 *New York Convention in Action*, Kluwer Law International, 2016, p. 128; *Orient Middle East Lines Ltd., Bombay and others v. M/s Brace Transport Corporation of Monrovia and another, High Court of Gujarat*, 19 *April* 1985, in AJ van den Berg ed., Yearbook Commercial Arbitration 1989 – Volume XIV (1989), Wolters Kluwer, p. 648 – 663.

作出国如此。①

美国的法院在行使对公约裁决承认和执行案件管辖权方面，通常会基于美国宪法所规定的正当程序（constitutional due process），要求先进行一个所谓的案件与美国是否有最低联系（minimum contacts）的测试。如果不存在这种联系，美国法院则不会对这种案件行使管辖权。② 在美国联邦层面有一个诉讼程序问题需要特别提及。依据美国联邦诉讼程序法，原告在向联邦法院提起诉讼之前需要向法院提交一份声明，说明他业已通知被告其准备向联邦法院提起诉讼。如果原告在起诉之前这样做，势必会给被告机会转移财产，以阻碍将来的执行。就美国国内的仲裁裁决执行诉讼而言，当事人可以向州法院提起诉讼，而州法院并无此种要求。但是，如果涉及公约裁决的承认和执行，而管辖法院又必须是联邦法院时，此种对原告的要求便正是《纽约公约》第 3 条规定应该禁止的对公约裁决承认和执行附设更严的要求的情形。③ 美国法院在实践中还可能会基于案件和美国缺乏属人联系，因而以不具有属人管辖权（personal jurisdiction）为由，拒绝对公约裁决承认和执行案件行使管辖权。美国第五巡回上诉法院于 2012 年裁决的马绍尔群岛第一投资公司诉福建马尾造船有限公司和中国福建造船工业集团公司案中便作出了这样的判决。④ 该案中，当事人在伦敦依据伦敦海事仲裁协会仲裁规则进行了仲裁。胜诉方马绍尔群岛第一投资公司曾尝试向中国法院申请认可仲裁裁决，但是，由于中国驻伦敦和希腊雅典的大使馆拒绝提供文件真实性认证，此一尝试未能成功。胜诉方其后尝试在美国寻求对该仲裁裁决的认可。美国第五巡回上诉法院认为，原告依据《纽约公约》提出的认可公约裁决的请求应该予以驳回，因为它缺乏依据美国宪法所规定的正当程序中的属人管辖权，而创设权力的公约并不延伸授权宪法所禁止

---

① See MRP Paulsson, *The* 1958 *New York Convention in Action*, Kluwer Law International, 2016, p. 128; *Renusagar Power Co. Ltd. v. General Electric Co.*, *Supreme Court of India*, 7 *October* 1993, in AJ van den Berg ed., Yearbook Commercial Arbitration 1995 – Volume Ⅹ(1995), Wolters Kluwer, p. 681 – 738.

② See MRP Paulsson, *The* 1958 *New York Convention in Action*, Kluwer Law International, 2016, p. 128; US report in the ICC Bulletin see note 6 above, p. 397.

③ See MRP Paulsson, *The* 1958 *New York Convention in Action*, Kluwer Law International, 2016, p. 128.

④ See MRP Paulsson, *The* 1958 *New York Convention in Action*, Kluwer Law International, 2016, p. 129; First Investment Corporation of the Marshall Islands v. Fujian Mawei Shipbuilding Lmt v. Fujian Shipbuilding Industry Group Corporation of the People's Republic of China (5th Cir. 2012), No. 12 – 30377.

的事项。法院在裁决中详细解读了在确定法院管辖权时,被告与管辖法院属人联系对于维护个人自由的重要性:属人管辖权是法院行使管辖权的核心因素,若无属人管辖权,法院无丝毫权力进行判决。属人管辖权是对司法权力的限制,任何人如果和法院没有建立起有意义的联系、关联或关系(purposeful contacts,ties or relations),或该联系不足以使其可以预见他会受该法院的管辖,则其个人的自由利益(individual's liberty interest)不应受限于法院判决。①

考察《纽约公约》的适用实践,一些国家的法院还可以以非方便地法院学说(doctrine of forum non conveniens)对公约裁决承认和执行案件拒绝行使管辖权。例如,在中化国际有限公司诉马来海运公司案(Sinochem Int'l Co. v. Malay Int'l Shipping Corp.)以及 Monegasque De Reassurance S. A. M. v. Nak Naftogaz of Ukraine 案中,美国的法院均认为非方便地法院学说可以适用于公约裁定的承认和执行案件,并可以以被请求法院为非方便法院为由,拒绝对承认和执行公约裁决的案件行使管辖。② 美国第二巡回上诉法院在菲戈伊理多案(Figueiredo)中也以非方便法院为由驳回了原告依据公约对一个在秘鲁作出的仲裁裁决执行申请。③ 但是,适用《纽约公约》中的这种司法实践也遭到国际仲裁实务界和学者们的批评。④ 例如,美国第九巡回上诉法院的一名法官在兰德尔·梅尔顿诉奥伊·瑙托公司案(Randall R. Melton v. Oy Nautor A. b)中所发表的不同意见便指出,在依据公约执行仲裁裁决的案件中适用非方便法院学说

---

① See MRP Paulsson, *The* 1958 *New York Convention in Action*, Kluwer Law International, 2016, p. 129; First Investment Corporation of the Marshall Islands v. Fujian Mawei Shipbuilding Lmt v. Fujian Shipbuilding Industry Group Corporation of the People's Republic of China (5th Cir. 2012), No. 12 – 30377; ITL Int'l, Inc. v. Constenla, S. A., 669 F. 3d 493, 498 (5th Circuit 2012).

② See A. Börner, *Article Ⅲ*, in H. Kronke et al. eds., Recognition and Enforcement of Foregin Arbitral Awards: A Global Commentary on the New York Convention, Austin, 2010, p. 124; Sinochem Int'l Co. v. Malay Int'l Shipping Corp., 549 U. S. 422 (at 429) (decided 2007) (Supreme Court of United States, US); Monegasque De Reassurance S. A. M. v. Nak Naftogaz of Ukraine, 311 F. 3d 488 (at 496) (decided 2002) (US Court of Appeals for the 2nd Circuit, US).

③ See MRP Paulsson, *The* 1958 *New York Convention in Action*, Kluwer Law International, 2016, p. 130. Figueiredo Ferraz Engenharia De Projecto Ltda. v. the Republic of Peru, Ministerio de Vivienda, Construccion y Saneamiento, Programa Agua Para Todos (PART) (2nd Cir. 2011), 2011 US App. Lexis 24748.

④ See A. Börner, *Article Ⅲ*, in H. Kronke et al. eds., Recognition and Enforcement of Foregin Arbitral Awards: A Global Commentary on the New York Convention, Austin, 2010, p. 125.

是不明智的。① 还有观点指出,如果法院可以以非方便法院为由拒绝对承认和执行公约裁决的案件行使管辖权,则势必会导致公约裁决的裁决权利人(award creditors)会同时在不同国家的法院对裁决义务人(award debtors)提起执行裁决的诉讼,从而对其施加不必要的压力。而这可能导致的最糟糕的结果是,使国际仲裁的裁决的权利人去尝试挑选法院(forum shopping)。② 总之,非方便地法院学说与《纽约公约》第5条的规定是不符的,以此为由驳回公约裁决执行请求并不符合公约加强仲裁裁决国际可执行性的基本目的。③

根据我国《民事诉讼法》第283条的规定,外国仲裁裁决在我国法院申请承认和执行的,应向被执行人住所地或者财产所在地的中级人民法院申请。如果外国仲裁裁决的被执行人住所地和财产所在地均不在我国境内,但是出于审理我国境内关联的诉讼或仲裁案件的需要,申请人有必要向我国法院申请承认该外国仲裁裁决的,我国受理申请人承认外国仲裁裁决的法院是受理关联案件的人民法院或仲裁机构所在地的中级人民法院。如果受理关联案件的人民法院为基层人民法院,则此中承认外国仲裁裁决的案件由其上一级人民法院管辖。④ 在我国司法实践中,根据最高人民法院于2017年5月22日发布的《关于仲裁司法审查案件归口办理有关问题的通知》的规定,各级人民法院审理涉外商事案件的审判庭作为专门业务庭,归口办理认可、承认及执行港澳台及外国仲裁裁决等仲裁司法审查案件。专门业务庭经审查裁定认可和执行港澳台仲裁裁决或承认和执行外国仲裁裁决的,其裁定交由执行部门执行。

---

① See A. Börner, *Article Ⅲ*, in H. Kronke et al. eds., Recognition and Enforcement of Foregin Arbitral Awards: A Global Commentary on the New York Convention, Austin, 2010, p. 125; *Randall R. Melton v. Oy Nautor A. b.*, *United States Court of Appeals*, *Ninth Circuit*, 97 – 15395, 4 *September* 1998, in AJ van den Berg ed., Yearbook Commercial Arbitration 1999 – Volume ⅩⅩⅣa(1999), Wolters Kluwer, p. 873.

② See A. Börner, *Article Ⅲ*, in H. Kronke et al. eds., Recognition and Enforcement of Foregin Arbitral Awards: A Global Commentary on the New York Convention, Austin, 2010, p. 125.

③ See International Commercial Disputes Committee of the Association of the Bar of the City of New York, *Lack of Jurisdiction and Forum non Conveniens as Defenses to the Enforcement of Foreign Arbitral Awards*, https://www.nycbar.org/pdf/report/ForeignArbitral.pdf; A. Börner, *Article Ⅲ*, in H. Kronke et al. eds., Recognition and Enforcement of Foregin Arbitral Awards: A Global Commentary on the New York Convention, Austin, 2010, p. 125; W W. Park and A A. Yanos, *Treaty Obligations and National Law: Emerging Conflicts in International Arbitration*, (2007) 58(2) Hastings L. J. 251, p. 262 – 264.

④ 最高人民法院《关于审理仲裁司法审查案件若干问题的规定》(法释〔2017〕22号)第3条。

3. 禁止歧视

如前所述,《纽约公约》第 3 条第二句确定了公约裁定承认和执行适用法院地国家诉讼程序法规则的唯一限制,即相对国内仲裁裁决的承认和执行来说,对公约裁定的承认和执行不得附加更为严苛的条件或者收取更高的费用。简言之,公约明确规定,在公约裁决承认和执行程序中禁止歧视。[①] 公约诞生 60 年来,该条不得更为严苛(not more onerous)的规定由于具有不确定性,也遭到了不少诟病。依据对国际私法公约的历史解释方法,需要根据立法时的历史资料来弄清立法本来的意旨,并依此立法意旨对公约的规定进行解释。这里有必要回顾和探究公约起草时,立法者是如何确定该规定的立法本来的意旨的,这样可以使不同国家的法院在实践中适用该规定时作出较为一致的解释。[②]

回溯公约起草的历史,便可以看出,即使是这样一个不完美的规定,也还是公约起草者们花费了不少努力才达成一致的结果。国际公约起草的技术难度往往是公约的后来适用者所无法想象的。当初起草公约时,对于选用一个什么词语来表达这样的意思,也曾颇费周折。公约起草者们讨论了诸如"不得更为复杂"(not more complicated)和"实质相近"(substantively similar to)等措辞,但是,最终还是由于这些建议均不符合公约的目的而放弃,并最终采用了现在的措辞。[③] 公约的起草者们在起草该条规定时便非常明确,该规定以及其所使用的不得更为严苛(not more onerous)这一措辞的基本原理是,使执行外国仲裁裁决的程序起码不会较之执行国内仲裁裁决的程序更为繁杂(more cumbersome)。[④] 在公约谈判过程中,英国代表团就该条讨论磋商所做的小结最能说明这一条规

---

① See A. Börner, *Article Ⅲ*, in H. Kronke et al. eds., Recognition and Enforcement of Foregin Arbitral Awards: A Global Commentary on the New York Convention, Austin, 2010, p. 125.

② 关于国际私法公约的解释问题,参见徐国建:《国际统一私法总论》,法律出版社 2011 年版,第 306 页以下。

③ See MRP Paulsson, *The* 1958 *New York Convention in Action*, Kluwer Law International, 2016, p. 132; UNCITRAL, Convention on the Recognition and Enforcement of Foreign Awards, Travaux Preparatoires-United Kingdom: amendment to Article Ⅱ of the draft Convention, U. N. Doc. E / Conf. 26/L11 (May 23, 1958); UNCITRAL, Convention on the Recognition and Enforcement of Foreign Awards, Travaux Preparatoires-Summary Report of the Tenth Meeting, at 4, U. N. Doc. E / Conf. 26/SR. 10 (Sep. 12, 1958).

④ See UNCITRAL, Convention on the Recognition and Enforcement of Foreign Awards, Travaux Preparatoires-Summary Report of the Tenth Meeting, at 4, U. N. Doc. E / Conf. 26/SR. 10 (Sep. 12, 1958) (Comment of Mr. Wortley (UK)).

定的立法意旨：符合公约条件的外国仲裁裁决，均不应在没有必要的不方便的情况下，或者在支付过多的费用（excessive fees）的情况下可以获得执行（enforceable without unnecessary inconvenience）。否则，公约的目的便会落空。① 但是，即使在公约谈判时，也不是所有谈判代表对于该条规定的立法意旨及其规定的含义都能够正确理解的。美国代表团便错误地认为，该条规定是确定了所谓的国民待遇原则（principle of national treatment）。而事实上，公约的起草者希望各成员方在对待外国仲裁裁决的执行程序方面可以给予较之执行国内仲裁裁决更为优惠的待遇。②

但是，鉴于不得更为严苛（not more onerous）是一个主观标准，而且公约对其也没有更进一步的界定，实践中各国对其解释适用便存在较大的差异。

法国上诉法院在俄罗斯联邦政府诉 NOGA 进出口公司案中便认为对外国当事人不适用一造程序并不违反《纽约公约》第 3 条的规定，不构成承认和执行外国仲裁裁决程序中的歧视。③ 在该案中，俄罗斯联邦请求法国法院撤销法国法院裁决执行的裁定，其理由是法国法院在本案中没有适用一造程序，而对法国国内当事人可以以此程序进行审理。巴黎上诉法院则驳回了俄罗斯联邦的这一抗辩，认为一造程序对于国内案件来说也不是强制性的，就国内当事人而言，它也只是依据“连贯性做法和程序”判断才会适用。依据法国法，国内当事人也可能会被要求才用两造对抗性程序进行审理。因此，巴黎上诉法院最终认为，适用对抗性程序审理本案并不违反《纽约公约》第 3 条禁止歧视的规定。意大利最高法院在奥托娜·纳维公司诉莱昂纳多·雅各布斯和阿琳·雅各布斯案（Ortona Navi SpA v. Leonardo J. Jacobs & Arleen L. Jacobs）中在类似程序问题上，则持和法国法院不同的观点。在此案中，外国仲裁裁决承认和执行的一方

---

① See UNCITRAL, Convention on the Recognition and Enforcement of Foreign Awards, Travaux Preparatoires-Summary Report of the Tenth Meeting, at 4, U. N. Doc. E / Conf. 26/SR. 10 (Sep. 12, 1958) (Comment of Mr. Wortley (UK)).

② See UNCITRAL, Convention on the Recognition and Enforcement of Foreign Awards, Travaux Preparatoires-Summary Report of the Tenth Meeting, at 4, U. N. Doc. E / Conf. 26/SR. 10 (Sep. 12, 1958) (Comment of Mr. Becker (US)).

③ See A. Börner, *Article Ⅲ*, in H. Kronke et al. eds., Recognition and Enforcement of Foregin Arbitral Awards: A Global Commentary on the New York Convention, Austin, 2010, p. 122; *The Government of the Russian Federation v. Compagnie NOGA d'Importation et d'Exportation*, *Cour d'Appel* [*Court of Appeal*], *Paris*, 22 *March* 2001, in AJ van den Berg ed., Yearbook Commercial Arbitration 2002 – Volume XXVII (2002), p. 436.

当事人抗辩,称下一级的法院本应该在执行程序中适用国内案件审理的较为复杂的"第一审程序"。而意大利最高法院认为,要求法院采用这样的审理程序不符合《纽约公约》的简化执行仲裁裁决程序的目的。①

四、适用中的几个特殊问题

(一)诉讼费用担保

在国际诉讼实践中,一些国家会要求外国当事人缴纳诉讼费用保证金。《纽约公约》缔约国在适用公约承认和执行外国仲裁裁决的诉讼程序中,也会遇到外国的诉讼申请人是否要缴纳诉讼费用保证金的问题,而公约对于该问题没有规定。这一问题还是应该适用公约裁决被请求承认和执行法院所在国国内法律的规定予以解决。这一原则也为一些国家法院判决实践所确认,如德国汉堡州高等法院 1998 年的一个判决以及英国上诉法院于 2007 年在盖特资产有限公司诉 NAK 纳夫托加兹乌克拉尼案(Gater Assets Ltd. v. NAK Naftogaz Ukrainiy)判决中均持这样的观点。② 但是,依据公约第 3 条前述禁止歧视的原则,在公约裁决承认和执行诉讼程序中,公约成员国法院要求外国原告支付诉讼费用保证金的前提条件是,如果在该法院所在国没有居所的国内仲裁裁决承认和执行的原告也需要缴纳这种保证金。

在我国立法和司法实践中,没有诉讼费用担保制度。在外国原告依据《纽约公约》申请承认和执行外国仲裁裁决的案件中,也不要求外国原告提供诉讼费用的担保。至于旨在增强未来胜诉判决可执行性的诉讼保全制度,则并不是强制性的法律规定,依法由当事人自愿向法院提出申请,并由法院依法裁定;法院

---

① See A. Börner, *Article Ⅲ*, in H. Kronke et al. eds., Recognition and Enforcement of Foregin Arbitral Awards: A Global Commentary on the New York Convention, Austin, 2010, p. 122; *Ortona Navi SpA v. Leonard J. Jacobs and Arleen L. Jacobs*, *Corte di Cassazione* [*Supreme Court*], 9641, 10 *September* 1999, in AJ van den Berg ed., Yearbook Commercial Arbitration 2001 – Volume XXVI (2001), Wolters Kluwer, p. 814.

② See A. Börner, *Article Ⅲ*, in H. Kronke et al. eds., Recognition and Enforcement of Foregin Arbitral Awards: A Global Commentary on the New York Convention, Austin, 2010, p. 127 and also footnote 48 in this page; *Hanseatisches Oberlandesgericht* [*Court of Appeal*], *Hamburg*, 6 *U* 110/97, 12 *March* 1998, in AJ van den Berg ed., Yearbook Commercial Arbitration 2004 – Volume XXIX (2004), Wolters Kluwer, p. 665 – 666; *Gater Assets Limited v. NAK Naftogaz Ukrainiy*, *High Court of Justice*, *Queen's Bench Division*, *Commercial Court*, 22 *March* 2007, in AJ van den Berg ed., Yearbook Commercial Arbitration 2008 – Volume XXXIII (2008), Wolters Kluwer, p. 729.

不会主动强制要求申请承认和执行外国仲裁裁决的中外当事人提供诉讼担保。

(二)时效问题

考察不同国家的法律规定,各国对于承认和执行外国仲裁裁决均有时效规定,但是,时效规定长短悬殊,如我国规定为2年,而瑞士和德国则分别规定为10年和30年。[①] 但是,《纽约公约》本身并没有统一各国承认和执行外国仲裁裁决时效的规定。依据公约第3条规定的诉讼程序法适用原则,承认和执行外国仲裁裁决时效问题也应该适用被请求法院所在国的诉讼法律规定。但是,不同国家的法律对于时效问题的法律属性的界定不同,一些国家,尤其是普通法系国家,将其界定为诉讼程序法问题,而在大陆法系国家则将其定义为实体法问题。对时效问题这样不同的定性,也会在实践中使不同国家的法院在外国仲裁裁决承认和执行诉讼程序中对时效问题适用不同的法律。例如,德国法律将时效界定为实体法性质,所以在德国适用于时效的法律便是法院地国家冲突法所指引的准据法(*lex causa*),而这不是仲裁裁决作出地国家的法律,而是适用于实体争议的法律。[②] 因此,德国法院仅在仲裁裁决适用德国法律作出时才会适用德国法律对于仲裁裁决承认和执行的时效规定。在一些大陆法系国家的司法实践中,如果仲裁实体争议适用其他国家的法律,则法院在这种外国仲裁裁决承认和执行诉讼案件中,也适用该其他国家法律判断诉讼时效。和大陆法系不同,以英联邦国家为主的普通法系国家通常将时效问题界定为诉讼程序问题,因此,在外国仲裁裁决承认和执行的诉讼案件中法院通常适用其本国法关于时效的规定。适用于时效的法律也适用于时效中断和中止问题的解决。

一个外国仲裁裁决如果依据《纽约公约》某一个成员国法律业已超过诉讼时效,而不能在该国获得承认和执行,并不影响当事人向其他公约成员国申请承认和执行。[③]

---

① 参见最高人民法院《关于执行我国加入的〈承认及执行外国仲裁裁决公约〉的通知》[法(经)发〔1987〕5号]第5条以及我国《民事诉讼法》(2017年修正)第239条。

② See A. Börner, *Article Ⅲ*, in H. Kronke et al. eds., Recognition and Enforcement of Foregin Arbitral Awards: A Global Commentary on the New York Convention, Austin, 2010, p. 127 – 128 and footnote 59; BGH NJW 1960, 1720.

③ See A. Börner, *Article Ⅲ*, in H. Kronke et al. eds., Recognition and Enforcement of Foregin Arbitral Awards: A Global Commentary on the New York Convention, Austin, 2010, p. 128 and footnote 65; BGH NJW 1960, 1720; *Laconian Maritime Enterprises Ltd. v. Agromar Lineas Ltd.*, *Supreme Court, Durban and Coast Local Division*, 27 *August* 1985, in AJ van den Berg ed., Yearbook Commercial Arbitration 1989 – Volume XIV(1989), Wolters Kluwer, p. 697.

（三）承认和执行公约裁决的补救措施

在依据《纽约公约》承认和执行外国仲裁裁决的诉讼程序中，还会出现对于被请求承认和执行法院的裁决是否可以上诉或者采取其他司法救济的问题。公约对此并没有规定，而是将该问题留给承认和执行公约裁决的成员国国内法解决。在公约裁决承认和执行的司法实践中，缔约国法院会适用法院地法（*lex fori*）决定涉及司法救济的诸问题。例如，当事人是否可以挑战法院判决，是仲裁裁决中的所有败诉方（或称为裁决债务人，award debtors）还是一个败诉方可以对法院判决提起挑战，当事人可以使用何种司法救济措施等。

（四）仲裁裁决执行的条件满足问题

一些国家对外国仲裁裁决的承认程序和执行程序是分开的。前者相对来说程序比较简单，仲裁裁决的执行程序则存在一些实际操作中的问题。因此，在公约第 3 条的适用中便会出现这样的问题，即如果外国仲裁裁决中的一些问题无法在执行法院依据法院地法予以执行，执行法院是否有权为了满足法院地法执行要求进行调整？当然，这里所说的裁决修改并不是对其实质内容进行调整，而是针对诸如货币换算、税和利息、非金钱请求权的转换、继承和让与问题等。

外国仲裁裁决中的金钱给付的货币常常会和被请求执行法院国的法定货币不一致。在这样的情况下，执行法院便有必要将裁定货币与执行法院的法定货币进行兑换，以使裁决的被请求执行人可以执行金钱给付判决。在像中国等一些实行外汇管制的国家，如果执行款项需要汇出国，还面临外汇兑换申请和批准问题。而这些应该适用法院地国法律（包括外汇管制的法规）进行解决。在我国的司法实践中，外国仲裁裁决的裁决权利人（award creditor）如果是居所或营业地在外国的自然人或法人，其在我国执行外国仲裁裁决的执行款可以向银行申请换汇汇到国外。如果外国仲裁裁决中就争议事项所涉税收问题仅作了笼统规定，如规定税收的处理适用现行法律规定，而没有具体裁定税率，则执行法院可以确定税率。[①] 实践中，一些国家的法院在补充和修改外国仲裁裁决

---

① See A. Börner, *Article Ⅲ*, in H. Kronke et al. eds., Recognition and Enforcement of Foregin Arbitral Awards: A Global Commentary on the New York Convention, Austin, 2010, p. 129 and footnote 69; *Construction company (UK) v. Painting contractors (Germany)*, *Oberlandesgericht* [*Court of Appeal*], *Munich*, 28 *November* 2005, in AJ van den Berg ed., Yearbook Commercial Arbitration 2006 – Volume XXXI (2006), Wolters Kluwer, p. 727.

方面走得比较激进。例如,美国第二巡回上诉法庭于2005年12月28日在水边海洋导航公司诉国际航行有限公司案(Waterside Ocean Navigation Co.,Inc. v. International Navigation Ltd.)判决中便认为,其有权确定仲裁裁决中并没有裁定的从仲裁裁决作出之日起至执行法院判决止的利息,以使仲裁裁决债权人可以获得全部补偿。①

外国仲裁裁决如果是金钱给付裁决执行不应该有问题。但是,如果仲裁裁决是要求裁决债务人作为或者不作为,便会产生此种非金钱裁决能否依据《纽约公约》予以执行的问题。根据公约第3条规定的外国仲裁裁决诉讼程序适用的规则,也应该适用被请求国法院的法院地法(*lex fori*)确定外国仲裁非金钱裁决是否可以以及如何予以承认和执行。

在外国仲裁裁决承认和执行中,有时会出现涉及仲裁裁决债权人和裁决债务人以外的第三人的情形,而法院必须就这种利益相关第三人作出裁定。例如:(1)仲裁裁决中并没有明确裁决债务人;(2)被寻求裁决执行的人是所谓的控制方(controlling party)(如母公司或者主权国家)或者担保人;(3)被寻求裁决执行的人是破产管理人,如果针对仲裁被申请人的破产程序在仲裁裁决作出之前业已开始;(4)担保人在支付了保证款项后基于仲裁裁决寻求主债权人对其进行补偿。由于这里涉及业已仲裁裁决的案件和第三人的问题,所以便会产生涉及第三人的裁决案件的一事不再理问题。在实践中,外国仲裁裁决被请求承认和执行的法院依据法院地法决定一事不再理原则是否,以及在多大程度上,可以适用于上述诸情形下仲裁裁决的第三人。② 而且,上述这些情形还涉及法律上的权利的继承或代理问题,而这些问题也应适用外国仲裁裁决被请求承认和执行法院国的冲突法规则所指引的法律予以解决。受理案件的公约缔约国的法院在审理这些案件时,通常还需要仔细审查公约裁决执行案件中的被告

---

① See A. Börner, *Article Ⅲ*, in H. Kronke et al. eds., Recognition and Enforcement of Foregin Arbitral Awards: A Global Commentary on the New York Convention, Austin, 2010, p. 129 and footnote 70; *International Navigation Ltd. v. Waterside Ocean Navigation Co., Inc.*, *United States Court of Appeals*, *Second Circuit*, *18 June* 1984, in AJ van den Berg ed., Yearbook Commercial Arbitration 1986 – Volume Ⅺ (1986), Wolters Kluwer, p. 571; AJ van den Berg, *Consolidated Commentary Cases Reported in Volumes* XXII (1997) – XXVII (2002), in AJ van den Berg ed., Yearbook Commercial Arbitration 2003 – Volume XXVIII (2003), Wolters Kluwer, p. 645.

② 关于这方面的判例,参见 AJ van den Berg, *Consolidated Commentary Cases Reported in Volumes* XXII (1997) – XXVII (2002), in AJ van den Berg ed., Yearbook Commercial Arbitration 2003 – Volume XXVIII (2003), Wolters Kluwer, p. 574。

在当初的仲裁程序中是否得到了正常代理和辩护的机会。另外,德国的一些法院的判决认为,关于法律上的权利的继承问题应该由仲裁庭予以裁定,而且在没有特别的原因限制仲裁庭的自裁管辖权(Kompetenz-Kompetenz,compétence-compétence)的情况下,仲裁庭不管是明示还是暗示作出的其有权对此行使管辖权的决定在仲裁裁决的承认程序中均必须予以考虑。①

(五)承认和执行法院是否可以修改仲裁裁决问题

在一般情况下,公约裁决的被申请人是不可以请求承认和执行法院修改外国业已作出的仲裁裁决的,或者以原来的仲裁程序中的实体问题为由请求法院拒绝承认和执行仲裁裁决。这也是公约第 3 条规定公约成员国有义务承认外国仲裁裁决效力的要求。但是,在仲裁承认和执行实践中,尤其在国内仲裁裁决承认和执行的司法实践中,在一方当事人已经无法在仲裁庭就仲裁争议实体问题提出抗辩的情况下,确实有国家的法院允许在裁决作出后,该当事人对仲裁争议实体问题再行提出抗辩,并在裁决承认和执行阶段对裁决进行修改。当然,这样做的前提条件是,法院地法允许法院对仲裁裁决进行这样的修改。例如,德国科隆高等法院便曾在一个案件中判决,仲裁裁决被申请执行人就仲裁裁决争议实体问题提出的抗辩通常不应该被采纳,但是,如果其抗辩所基于的事实是在其可以于仲裁程序中提出抗辩的最后时间点之后才出现的,则还是应该考虑当事人的这种抗辩。② 这种情形主要出现在仲裁裁决债权人和债务人的债务对冲和债务抵销(set-off)情形下。但是,这仅限于抵销的事实于一方当事人在仲裁程序中可以提出的最后时刻之后才出现,或者其在仲裁程序中无法提出抵销这样的反请求。③ 在德国法院仲裁裁决的承认和执行实践中,如果依据

① See *Oberlandesgericht* [*Court of Appeal*], *Cologne*, 9 *Sch* 12 - 04, 26 *October* 2004, in AJ van den Berg ed., Yearbook Commercial Arbitration 2005 - Volume XXX (2005), Wolters Kluwer, p. 576; *Manufacturer* (*Slovenia*) *v. Exclusive distributor* (*Germany*), *Oberlandesgericht* [*Court of Appeal*], *Schleswig*, 16 *SchH* 01/99, 24 *June* 1999, in AJ van den Berg ed., Yearbook Commercial Arbitration 2004 - Volume XXIX (2004), Wolters Kluwer, p. 690 - 691.

② See A. Börner, *Article Ⅲ*, in H. Kronke et al. eds., Recognition and Enforcement of Foregin Arbitral Awards: A Global Commentary on the New York Convention, Austin, 2010, p. 132 and footnote 80, 81; AJ van den Berg, *Consolidated Commentary Cases Reported in Volumes* XXII (1997) - XXVII (2002), in AJ van den Berg ed., Yearbook Commercial Arbitration 2003 - Volume XXVIII (2003), Wolters Kluwer, p. 719 - 720 and BGH SchiedsVZ 2008, 40.

③ *Court of Appeal* [*Oberlandesgericht*], *Koblenz*, 88, 28 *July* 2005, in AJ van den Berg ed., Yearbook Commercial Arbitration 2006 - Volume XXXI (2006), Wolters Kluwer, p. 677 - 678.

冲突法规则所指引适用的实体法允许进行这样的债务抵销,而且进行抵销的其他条件也均已满足,则法院在仲裁裁决承认和执行程序中会允许进行这样的债务抵销。但是,在仲裁裁决承认和执行程序中,对任何以仲裁争议实体问题(如债务的抵销)所进行的抗辩,仅应该在抗辩双方并不存在争议,或者他业已被法院或仲裁庭裁决,并且满足获得承认的相关条件时,才予以许可。否则,在实践中便会扩大仲裁裁决承认和执行的诉讼程序的适用范围,使其成为阻碍和延迟对公约裁决予以承认和执行的工具,从而损害仲裁裁决债权人的合法权益。

在依据《纽约公约》承认和执行外国仲裁裁决的诉讼程序中,被请求承认和执行仲裁裁决的法院在处理一方当事人提出的债务抵销请求时,会遇到更大的困难和挑战。① 首先,从理论上来讲,债务的抵销属于仲裁的反请求事项,应该由仲裁庭行使管辖权。如果在仲裁程序中仲裁被请求人没有提出债务抵销的反请求,而是在仲裁裁决承认和仲裁阶段再提出债务抵销请求,客观上便剥夺了仲裁庭的管辖权。其次,即使不存在这样的危险,也不清楚在仲裁裁决承认的程序中允许债务抵销的反请求是否足以限制仲裁裁决在公约其他缔约国的执行。换言之,某一缔约国法院允许并执行公约裁决被执行人所提出的债务抵销请求,可能并不能阻止仲裁裁决债权人向其他公约缔约国法院申请执行仲裁裁决未能全部执行的部分,或者仲裁裁决执行中被抵销的部分。

(六)关于所谓的负面声明问题

根据《纽约公约》的规定,外国仲裁裁决只有存在公约第5条规定情形时法院才可以拒绝承认和执行。但是,在国际仲裁和司法实践中,也存在一些特别的制度和实践。对于仲裁裁决予以负面声明(negative declarations)便是仲裁裁决承认中的一种特殊实践。一些国家的立法中便有这种诉讼程序的特别规定。例如,意大利法律除了规定外国仲裁裁决承认和执行的一般标准诉讼程序,还有一种非典型的对仲裁裁决的非执行性进行的负面声明程序,而这种特别程序区别于在仲裁裁决正常承认和执行程序中抗辩外国仲裁裁决执行的程序。但是,意大利最高法院在2003年判决一方当事人寻求法院裁决对一个外国仲裁裁决的可执行性作出负面声明的拉尼菲西奥·马里奥·泽尼亚公司诉赫梅内吉尔多·泽尼亚公司案(Lanificio Mario Zegna SpA v. Hermenegildo Zegna Corp.)中,驳回了申请人的请求,理由是申请人可以利用意大利法律所规定的

---

① See AJ van den Berg, *The New York Arbitration Convention of* 1958: *Towards A Uniform Judicial Interpretation*, Kluwer Law and Taxation, 1981, p. 240 – 241.

对外国仲裁裁决的执行进行异议和反对的机制。法院认为,申请法院裁定负面声明的当事人的实际目的在于拒绝执行仲裁裁决,其使用负面声明机制,是在试图规避通常附加在仲裁裁决提出异议和反对机制上的限制。① 荷兰安的列斯群岛法院在一案中也采用相同的态度,驳回了申请人的请求,但是,这个案件中当事人请求法院对于一个仲裁庭尚未作出的仲裁裁决作出负面声明,以阻止未来仲裁裁决的执行。法院认为这样做会违反《纽约公约》。②

尽管在实践中,法院在处理当事人提出的对外国仲裁裁决作出负面声明请求的案件时非常谨慎,以确保其国家不会违反基于《纽约公约》所承担的国际公约义务。但是,也确实有公约成员国国内立法规定了对仲裁裁决的声明制度,而且也有国家的法院有裁定给予申请人仲裁裁决声明的实践。奥地利 2006 年新的仲裁法沿用其传统做法,规定了对仲裁裁决的声明制度:申请人具有合法利益时,可以请求法院确定仲裁裁决是否存在。基于该规定,申请人可以请求法院对仲裁裁决作出其是否是仲裁裁决的声明,因为实践中有的仲裁裁决并不很明确,尤其是临时仲裁裁决,它可能会被认为只是专家的意见而已。但是,这条规定法院给予这样的声明的前提条件是,申请人具有合法的利益(legitimate interest)。有观点认为,在大多数情况下申请人都不具有这样的合法利益。尽管有观点认为,该规定也适用于外国仲裁裁决的声明,但是,最新的主要观点似乎更倾向于认为,当事人可以对外国仲裁裁决提出承认和执行程序,因而其缺

---

① See A. Börner, *Article Ⅲ*, in H. Kronke et al. eds., Recognition and Enforcement of Foregin Arbitral Awards: A Global Commentary on the New York Convention, Austin, 2010, p. 133 and footnote 88; *Lanificio Mario Zegna SpA v. Ermenegildo Zegna Corporation*, *Lanificio Mario Zegna SpA*, *Corte di Cassazione* [*Supreme Court*], *First Chamber*, 17 *April* 2003, in AJ van den Berg ed., Yearbook Commercial Arbitration 2006 - Volume XXXI (2006), p. 800 - 801.

② See A. Börner, *Article Ⅲ*, in H. Kronke et al. eds., Recognition and Enforcement of Foregin Arbitral Awards: A Global Commentary on the New York Convention, Austin, 2010, p. 133 and footnote 89; 荷兰法院判决参见 *Antilliaanse Handelsmaatschappij NV* (*Aruba*) *and Industrie-en Handelmaatschappij Kooyman NV* (*Curaçao*) *v. Euro Shipping and Trading Co. Ltd.* (*Greece*), *Court of First Instance of the Netherlands Antilles*, *Curaçao*, 20 *January* 1987 (*preliminary*) *and* 16 *May* 1987 (*final*), in AJ van den Berg ed., Yearbook Commercial Arbitration 1990 - Volume XV (1990), Wolters Kluwer, p. 501。

乏合法利益提出对外国仲裁裁决进行声明的申请。①

实践中，在一些诸如涉及运动员禁赛的体育仲裁裁决的承认等特殊情况下，一方当事人也可能会有充分的合法理由获得外国法院所作的声明性判决，声明仲裁裁决不应获得承认，如果仲裁裁决的胜诉一方很明显将不会提起仲裁裁决的承认诉讼程序。例如，某体育协会决定禁止某运动员参加国际比赛，一个外国的体育仲裁庭裁定确认该禁赛决定。由于该裁决除可能涉及的费用外并不具有执行因素，因而可能永远不会成为正式的承认和执行诉讼程序的标的。然而，受到该仲裁裁决影响的涉事运动员除申请法院对仲裁裁决作出不予承认的负面声明裁定外，并无其他可以对该仲裁裁决提出异议和抗辩的法律手段。美国第七巡回上诉法院曾经审理的玛丽·斯莱尼诉国际业余田径联合会案（Mary D. Slaney v. International Amateur Athletic Federation）便属于这样的情形。在此案中，国际业余田径联合会的仲裁庭裁决运动员斯莱尼（Slaney）服用兴奋剂，而该运动员不服仲裁裁决，向法院起诉，并依据美国州法对国际业余田径联合会提出违约、欺诈、违反诚信义务以及公平处理的诉请。法院认为，该运动员基于美国州法的诉请，等于是对国际业余田径联合会的仲裁裁决提出异议，法院因而依据《纽约公约》所规定的对仲裁裁决承认和执行的标准处理运动员的这些诉请。法院最终将运动员的诉请视为对外国体育仲裁机构作出的仲裁裁决是否应该在美国获得承认的声明请求进行司法审理，并认为应该适用《纽约公约》第5条规定对不予承认仲裁裁决的请求进行审理。但是，法院最终以申请人没有提出拒绝承认仲裁裁决的充分理由为由驳回了其诉请。②

---

① 赞同该规定可以适用于外国仲裁裁决的观点参见 A. Börner, *Article Ⅲ*, in H. Kronke et al. eds., Recognition and Enforcement of Foregin Arbitral Awards: A Global Commentary on the New York Convention, Austin, 2010, p. 133 – 134；认为它不适用于外国仲裁裁决的观点参见 Gerold Zeiler ed., *Austrian Arbitration Law: Kommentar*, 216 – 217, Vienna and Graz 2016; Andrea Reiner, Art. 612, in Das Neue Österreichische Schiedsrecht, SchiedsRÄG 2006; Stefan Riegler, *Art.* 612, in Arbitration Law of Austria: Practice and Procedure, 12 (2007); Christian Hausmaninger, *Art.* 612, in Kommentar zu Den Zivilprozessgesetzen, 14 (Fasching & Konnecny eds., 2nd, 2007)。

② See Herbert Kronke, Patricia Nacimiento, Dirk Otto and Nicola Christine Port, *Recognition and Enforcement of Foreign Arbitral Awards: A Global Commentary on the New York Convention*, Kluwer Law International (2010), p. 134; Mary D. Slaney v. International Amateur Athletic Federation, 244 F. d. 580 (at 588) (decided 2001) = YCA XXVI (2001), 1091 (at 1094) (US Court of Appeals for the 7th Circuit, US).

(七)《纽约公约》和其他国际公约适用的关系

《纽约公约》只适用于外国仲裁裁决的承认和执行,人们对此应该不会有歧义。但是,在国际司法实践中也会出现一些特殊的问题。例如,对于外国法院作出的目的仅仅在于承认一个仲裁裁决的法院判决,但却规避了《纽约公约》的适用,被请求国法院是否可以依据其他国际公约对该判决予以承认和执行,从而实现不适用《纽约公约》的规定,而达到对外国仲裁裁决承认和执行的目的。这些问题根本的产生原因是,《纽约公约》和其他相关国际公约(other international instruments)的关系问题或竞合适用问题。[①] 这方面的一个较为典型的案例是西班牙最高法院于 2003 年作出判决的联合海军德莱万特公司诉比沙商业公司案(Union Naval de Levante S. A. v. Bisha Commercial Inc.)。该案中,申请人向一家西班牙法院申请承认和执行瑞士一家法院作出的对一个仲裁裁决承认的判决。西班牙该下级法院适用 1988 年 9 月 16 日欧共体成员国和欧洲自由贸易联盟 6 国缔结的《民商事裁判管辖权和判决执行的卢加诺公约》(以下简称《卢加诺公约》),裁定对瑞士法院判决予以执行,即实际上对外国仲裁裁决予以执行。西班牙最高法院在本案的上诉审中认为,《卢加诺公约》并不适用于仲裁裁决的执行问题,外国仲裁裁决的执行应该适用《纽约公约》。鉴于仲裁的胜诉方的真实目的是执行胜诉的仲裁裁决,西班牙最高法院认为应该依据《纽约公约》第 3 条的规定,适用西班牙民事诉讼法的相关规定对该外国仲裁裁决进行执行。因此,西班牙最高法院以仲裁裁决的债权人没有依据《纽约公约》规定适用西班牙诉讼程序规范为由,驳回其提出的依据《纽约公约》第 3 条对外国仲裁裁决执行的请求。[②]

通过将外国仲裁裁决作为证据以实现在外国仲裁裁决诉讼中,达到对该仲裁裁决承认和执行目的,是普通法系国家承认和执行外国仲裁裁决的传统实践。这尤其是在《纽约公约》诞生之前普通法国家司法实践中的通常做法。根据《纽约公约》,外国仲裁裁决无须采用上述程序予以承认和执行,但是,公约也

---

① 被业界称为更有利条款的《纽约公约》第 7 条规定该公约和其他国际公约的关系。海牙国际私法会议正在谈判起草的《海牙外国法院判决承认与执行公约(草案)》尚没有达成共识的最后几个问题便包括该未来公约和其他国际公约的关系问题。这也被认为是一个非常复杂的公约起草问题。关于该公约(草案)的立法情况,参见徐国建:《建立法院判决全球流通的国际法律制度——〈海牙外国判决承认与执行公约草案〉立法资料、观点和述评》,载《武大国际法评论》2017 年第 5 期。

② 参见西班牙最高法院判决:Tribunal Supremo(Union Naval de Levante S. A. v. Bisba Commercial Inc. ,decided 2003),YCA XXX(2005),623(at 624 - 626)。

没有禁止当事人和缔约国在不违反公约所规定的原则的前提下,以上述方式获得仲裁裁决的承认和执行。而且,被业界称为最有利条款(more favorable law-clause)的《纽约公约》第7条第1款还特别规定,本公约的规定不影响缔约国间所订立的关于承认和执行仲裁裁决的多边或双边协定的效力,也不剥夺任何利害关系人可以依据裁决寻求承认和执行地国法律或条约所允许的方式,在其许可的范围内,实现仲裁裁决赋予他的权利。公约这一条款的规定便赋予了缔约国依据相关条约和法律的规定,通过其他方式承认和执行外国仲裁裁决的可能性。

(八)关于禁诉令问题

英美普通法系国家法院常常会签发禁诉令(anti-suit injunction),禁止签有仲裁协议的一方当事人就协议仲裁解决的争议向外国法院提起诉讼。在依据《纽约公约》对外国仲裁裁决承认和执行阶段,也会出现仲裁裁决的一方当事人向法院申请禁诉令以实现特定的诉讼程序目的的情形。在这方面,最为常见的情形是仲裁案件的胜诉方向法院申请禁诉令,禁止仲裁案件的败诉方在其他国家对仲裁裁决的执行提出异议。2007年英格兰上诉法院在C.诉D案(C. v. D)以及同年英格兰高等法院在诺贝尔诉格林案(Noble v. Gerling)的判决中均认为,它们对在英国的仲裁案件具有所谓的监督管辖权(supervisory jurisdiction),并均裁定禁止仲裁败诉方在其他国家对仲裁裁决的执行提出异议。在上述英格兰上诉法院判决的C.诉D案件中,原告请求法院裁定做出禁诉令,禁止被告就一个在伦敦作出的仲裁裁决在任何国家提起对其进行审查、撤销或异议的诉讼。原被告间的仲裁协议规定仲裁地为英国伦敦,而案件适用法律为美国纽约州法律。被告在仲裁失利后,认为仲裁裁决严重不符合纽约法律,威胁将在美国法院起诉撤销该仲裁裁决。原告认为,被告应该不允许向美国法院提起撤销仲裁裁决的诉讼,因为仲裁地在英国,英国法院享有对仲裁的监督权。原告进而认为,即使被告要撤销仲裁裁决,也只能根据仲裁所在地的"英国仲裁法"提出。如果被告要在《纽约公约》的缔约国对该仲裁裁决的执行提出异议,也只能依据该公约第5条的规定提出。最终,英国上诉法院裁定作出禁诉令,认为依据英国冲突法的规定,仲裁地的法院享有对仲裁的监督管辖权,任何由外国法院行使此种管辖权的企图都违反了将争议在英国进行仲裁的协议约定,因而也是不允许的。①

这里需要特别指出的是，尽管仲裁地的法院或者在当事人选择适用外国仲裁法的情况下，仲裁法所属国的法院（the courts of the lex arbitri）对仲裁享有监督管辖权，但是，《纽约公约》也同时赋予仲裁败诉方当事人依据公约向公约成员国法院申请，拒绝承认和执行仲裁裁决的权利。即使在英格兰上诉法院判决的C.诉D案中，法院在裁定禁止被告向其他国家法院起诉撤销、审查或对仲裁裁决提出异议的同时，也明确认为，被告享有依据《纽约公约》向其缔约国法院提出不执行仲裁裁决请求的权利。行使仲裁监督管辖权的法院，如果限制仲裁当事人向其他国家法院提出不予执行仲裁裁决申请的权利都是违反《纽约公约》的规定的。

① See C v. C, (2007) 1 C. L. C, 1038 (Court of Appeal, England); Noble v. Gerling, (2007) 1 C. L. C. 85 (High Court, England).

第四编　国际法律实务评述

马航 MH370 飞机失联后的法律思考*

一、事件概要

2014 年 3 月 8 日凌晨 2:40，马来西亚航空公司称其与一架载有 239 人的波音 777－200 飞机与管制中心失去联系，该飞机航班号为 MH370，原定由吉隆坡飞往北京。该飞机本应于北京时间 2014 年 3 月 8 日 6:30 抵达北京，但于马来西亚当地时间 2014 年 3 月 8 日凌晨 2:40 与管制中心失去联系。

失去联络的客机上载有 227 名乘客（包括 2 名婴儿）和 12 名机组人员。其中有 154 名中国人。马航失踪飞机为波音 777－200，是波音 777 家族中第一个机型，属于面向 A 型市场（航程大约能横越美国内陆 3900 海里至 5200 海里）开发的型号。首架波音 777－200 于 1994 年 6 月 12 日首飞，1995 年 5 月 17 日首次交付给用户美国联合航空。

波音 777 是由美国波音公司制造的长程双发动机宽体客机，是全球最大的双发动机宽体客机，三级舱布置的载客量为 283 人至 368 人。2013 年 7 月 6 日，韩亚航空 214 号班机在旧金山国际机场着陆时坠毁，型号为 B777－200ER，造成 2 名中国籍乘客死亡，这是波音 777 投入商运以来首次有乘客在营运中死亡。

---

* 本文系 2015 年在第 39 期“西政律师论坛”上的讲演稿，讲演的内容发表于韦锋主编：《西政律师论坛：大律师如是说》第 4 辑，法律出版社 2016 年版，第 81～104 页。

马航表示,MH370 航班配有 7 小时航油,他们相信到 2014 年 3 月 8 日 8:00 为止,飞机航油已经耗尽。马航目前对飞机位置完全没有头绪。该机 1:20 在胡志明管制区同管制部门失去通信联络,同时失去雷达信号。经向相关管制部门联络证实,该机一直未与中国管制部门建立联络或进入中国空管情报区。失联客机失踪地点为北纬 06°55′15″,东经 103°34′43″。

时任马来西亚总理纳吉布北京时间 24 日晚 10:00 召开紧急新闻发布会,他表示,根据新的数据分析,MH370 航班在南印度洋坠毁。

2014 年 3 月 25 日 MH370 航班上一名乘客的家属向美国一家法院提出诉请,要求马航和飞机制造商波音公司公布 26 项相关信息。马航和波音公司将面临累计 15 亿美元的诉讼,这是第一起针对 MH370 失联事件的诉讼。

2014 年 5 月 3 日上午 11:00,马航发布声明称,马航家属支持中心代表已经与失联航班 MH370 乘客的直系近亲家属联系,着手开展预付赔偿金事宜。马航方面表示,会在其返乡之后,向每位乘客的直系亲近家属预先付款 5 万美元,这笔款额并不影响家属后面依法索赔的权利,但将计入最终赔偿金。

此次马航做的先期偿付是《蒙特利尔公约》此前提出的,家属可以用这部分款项提起诉讼或者缓解经济需求,马航的索赔应该是双梯度责任。2009 年国际民航组织再次将严格责任的赔偿限额提升至 11.31 万特别提款权,折合人民币大约 108 万元,这部分是无论如何承运人都必须理赔的,理论上 108 万元人民币是最低的赔偿。

尽管遭到不少中国乘客家属的质疑,但在马来西亚总理 3 月 24 日宣布飞机航程终结的次日,中国大陆的保险公司便纷纷启动了理赔程序。相比可能持续数月和数年的谈判和诉讼,提前购买的商业保险是发生交通意外后乘客和家属更快获得经济赔偿的一种方式。最早在 2014 年 3 月 26 日,便有保险公司向马航乘客家属发出了首批理赔金。

中国原保监会在 2014 年 3 月 8 日晚间发布紧急通知,要求全国各家保险公司排查机上乘客的投保情况。此后,截至 3 月中旬,全国共有 23 家保险公司发现有机上乘客购买了商业保险。原保监会于 2014 年 3 月 18 日发布了关于 MH370 的应急处置预案,这一预案要求各保险公司专门成立应急领导小组,不仅要继续排查机上乘客保单,还需要尽快梳理理赔标准,准备好理赔工作。

2014 年 3 月 24 日,马来西亚总理宣布飞机在南印度洋"终结"(end)后,各家保险公司便开始了赔付工作。截至 2014 年 3 月底,23 家保险公司已查明保险的马航乘客相关保单超过 190 人次,各家保险公司的预赔付总额已经超过

2000 万元人民币。而综合各家保险公司不断更新的数据,这一总额到 4 月中旬已经接近 2500 万元。

此外,由于机上乘客失踪至今,家属可能难以获得其身份证明和保单,各家保险公司被要求根据乘客名单进行操作,身份证明和保单等文件可以随后再补。包括中国人寿在内的部分保险公司则表示不需保单、身份证和户口簿等便可向家属办理赔付。

二、各方观点

(一)关于搜救

根据国际法的国籍管辖原则,航空器的登记国对本国航空器具有绝对管辖权。MH370 航班的登记国是马来西亚,因此在搜救阶段,马来西亚对 MH370 享有绝对管辖权。《芝加哥公约》第 17 条指出:“航空器具有其登记国家的国籍。”第 19 条规定:“航空器在任何缔约国登记或转移登记,应按该国的法律和规章办理。”第 21 条提出:“各缔约国应按照国际民用航空组织制定的规章,向该组织报告有关在该国登记的经常从事国际空中航行的航空器所有权和控制权的可提供的有关资料。”据此,航空器类比作国民的国籍,登记国有权提供保护与监督,并承担相应的责任。这与一国对在本国登记的航空器上载运人员的民事或刑事行为的管辖权是两种不同的法律概念或范畴。因此,搜救阶段的管辖权依据的是航空器的国籍而非航空器上人的国籍。《国际民用航空公约》附件十三的第四章作出了规定:“如果事故发生在非缔约国或任何国家领土之外,飞机的登记国有‘优先’调查权。”因此,MH370 作为马来西亚的登记动产,在搜救阶段马来西亚有优先调查权,也仅有马来西亚享有管辖权。①

(二)关于赔偿

国际的空难赔偿流程通常是由两方来承担的,一方面是由保险公司启动保险赔偿,另一方面是由航空公司启动责任赔偿,航空公司的责任赔偿要依据《蒙特利尔公约》,亲属与航空公司赔偿金额协商不成功,可在事故发生的两年时间内提起诉讼,被告方还可能包括飞机的生产商或者是机场。

根据《蒙特利尔公约》,马航事件涉及不同主权国家,责任赔偿应适用国际民航组织发布的《蒙特利尔公约》,飞机的出发地马来西亚、目的地中国以及飞

---

① 载 http://www.legaldaily.com.cn/bm/content/2014-04/22/content_5469032.htm?node=20738。

机制造商国家美国都是公约的签署国。

国际空难的赔付方法，赔付的金额等于保险的赔偿，加上责任的赔偿。

保险的赔偿包括了保险公司支付的部分，其中包括交通意外伤害保险、死亡保险、飞机责任险等，根据事故前是否购买了相关的保险来决定，没有购买保险，将不会获得保险的赔偿。具体赔偿金额，根据乘客收入潜力、家庭情况、经济责任等会有不同。

在责任赔偿方面，航空公司飞机生产商以及机场支付的部分，最低的赔偿金额是11.31万特别提款权，约等于108万元人民币。无论是否有过错，航空公司必须对旅客的人身伤亡给予赔偿。另外一部分是责任赔偿部分，金额根据责任原因不等，可能达到500万元人民币以上。如果证明了旅客的人身伤亡是航空公司的过错造成的，则又分为两种方式：一种是协议方式。被害人与航空公司达成赔偿协议，解决赔偿问题。此方式速度比较快。另一种就是诉讼方式，被害人可将相关国家作为诉讼地点，在其有管辖的法院提起诉讼。当然，在不同国家起诉，诉讼成本、时间、获赔金额等，都可能很不相同。如果在中国法院诉讼，速度可能会比较快，但赔偿可能不及在美国法院起诉可能获得的赔偿金额那么大。在中国，诉讼时间大概是1年，获赔的金额是120万～150万元人民币。如果在美国法院起诉，则诉讼时间可能要3～5年，获赔的金额可能是100万～500万美元，但是诉讼的成本相应也会比较高。①

三、笔者的几个评述

马航事件是国际性事件，涉及多重国际性因素，其中包括飞机由马来西亚航空公司所有，航班由马来西亚飞往北京，飞机上有154位中国乘客及其他国家的乘客，飞机由美国公司制造，飞机可能坠毁的地点未知等。国际性事件一般涉及多个国家，并引发国际法律方面的诸多问题。

一般而言，一起国际性的航空事故发生后，通常会经历以下几个阶段：(1)搜寻和救助。飞机失联后要在飞机可能出现的地点搜寻飞机、救助乘客。这是基本的人道主义要求和义务。各个国家及相关的参与主体都应履行该义务。(2)事故的调查。调查事故发生的原因除确定责任之外，更重要的是完善飞机的设计技术，保障航空交通的安全。(3)事故责任处理。当事故出现后，面

① 载http://finance.eastmoney.com/news/74515,20140402373629111.html。

对事实理性地处理善后问题,这其中涉及很多法律问题,包括国际民商事法律、国际私法、国际航空法,等等。

首先,就国际公法而言,所涉及的问题主要是空难发生以后,海上飞机的搜救工作。关于国际海域的搜救,目前有若干个涉及国际海上救援和搜救的国际公法方面的公约,如 1974 年《国际海上人命安全公约》、1979 年《国际海上搜寻救助公约》。1944 年《国际民用航空公约》虽然主要是规范航空方面的问题,但其中有一个附件 12——《搜寻与救助》,涉及空难发生以后搜寻和搜救该怎么进行规范和处理的问题。

其次,在事故处理方面,其中尤为重要的是保险理赔。关于保险方面,空难发生后,中国原保监会第一时间介入事件处理,要求所有的保险公司在第一时间排查所有保险方面的情况,然后在第一时间进行先期赔付,这一做法值得肯定。因为安抚家属情绪,除积极有效地进行搜寻搜救以外,通过保险理赔,给予家属一些经济帮助,也是比较实际和有效的。除第一要务搜救之外,家属自然也会非常关心马航事件所涉及的索赔问题。马航事件发生以后,家属们如何索赔,舆论有不同观点。笔者和诸多法律专家都认为通过协商、谈判来解决效果较为理想,并不建议家属通过诉讼的方式来解决这一问题。这是因为,从过往国际上处理空难索赔的经验来看,空难事件的索赔很多都是通过谈判来解决的;同时,诉讼索赔成本高,时间长,并不利于家属维权。根据《蒙特利尔公约》的规定,强制性赔偿的额度通过特别提款权(SDR)来计算,其区分为两个梯度,第一个梯度是赔偿 11.31 万特别提款权,相当于 108 万元人民币,适用无过错责任。另外一个梯度则是超过 11.31 万特别提款权的部分。根据规定,航空运输的承运人也可以免除一些赔偿责任,这种免除有几种情形:(1)损失不是由于承运人或者其受雇人、代理人的过失,或者其他不当的行为造成的;(2)损失完全是由第三人的过失或者其他行为造成的。

最后,笔者建议家属通过谈判解决问题,但是如果谈判不成,还是可以通过诉讼进行维权的。同时,在马航事件中,多个国家的法院具有管辖权。但是,由于不同国家的法律规定和司法实践各不相同,案件的审理结果可能存在较大的差异。因此,笔者建议家属综合考虑各方面因素,审慎选择管辖法院。

那么,马航事件如果通过诉讼解决,哪些国家的法院享有管辖权呢?因为该事件牵涉不同的国家,所以诉讼请求决定了法院的管辖权。若追究马航责任,应由航空公司所在地、航班的目的地的法院有管辖权,乘客有惯常居所地的,惯常居住地法院也有管辖权。如果追究责任事故,如最后事故的调查报告出来后,认定责任事故是由于飞机本身的原因(如设计缺陷等导致的产品责任)造成的,则要去起诉波音公司,那么,家属应到波音公司经营地美国去起诉。如果飞机的缺陷并非设计原因,而是波音公司以外的其他公司(如发动机制造公司)的责任,那么还可以再到其他国家去起诉。所以,关于索赔方面的问题,要取决于调查报告最后的结论,在没有结论的情况下,恐怕只能够去起诉马航。

美国法院基于非方便法院理论拒绝审理中国公司被索赔案*

2015年3月包括美国公民和公司在内的若干名原告在美国俄亥俄州东部北区法院提起集体诉讼，要求被告国内某知名的房屋中介和信息咨询互联网公司，由于其国际网站上显示的错误陈述，对原告造成的损失予以赔偿。被告在收到美国法院的诉状后，立即应对，并聘请了美国律师作为其诉讼代理人，在案件中积极应诉。笔者作为被告方聘请的专家，就该案涉及的非方便法院问题出具了专家声明。美国法院最后基于国际私法中非方便法院理论，认为其对本案系非方便法院，不应对本案行使管辖权，驳回了原告的诉请。

一、基本案情

2015年3月原告代表所有相同的买家在美国俄亥俄州东部北区法院提起集体诉讼，称他们在被告所有或运营的房屋中介和信息服务网站平台购买了位于美国俄亥俄州的不动产，并由此造成经济损失，要求被告赔偿他们由于其网站上显示的错误陈述，所遭受的经济损失。本案原告中3名是中华人民共和国公民，一人为居住在密苏里州的美国居民，原告中的阳光国际有限责任

---

* 本文最初发表于微信公众号"邦信阳中建中汇"2017年7月26日。

公司是一家由原告之一的宋先生单独拥有的俄亥俄州的有限责任公司。被告之一是一家在开曼群岛注册成立的股份有限公司,在中国北京设有办事处。另一个被告是一家中国香港公司,且为第一被告全资控股的子公司。2016 年 1 月 21 日,原告向法院提交了第二次修改的集体诉讼起诉状,主张原告在了解了被告网站上的不动产投资机会后,通过一家名为财产投资收益有限责任公司的上海办公室购买了位于美国俄亥俄州的近 70 处房产。原告在向美国法院起诉时,并没有将该财产投资收益有限责任公司或其雇员作为本诉讼的被告。原告主张被告的网站做了关于这些不动产投资潜在价值的错误的陈述,而这些房产实际上并没有产生承诺的收益。原告于是提起本诉讼,主张被告欺诈、实施了欺骗性的贸易行为(deceptive trade practices),违反了《俄亥俄消费者销售实践法》(Ohio Consumer Sales Practice Act),属于不当得利(unjust enrichment),且也违反了诚信义务(breach of fiduciary duty)并且构成疏忽的虚假陈述(negligent misrepresentation)。2015 年 12 月 23 日,被告以本案中美国法院系非方便法院为由,请求法院对本案不行使管辖权,驳回原告诉请。对于本案进入实体审理前,被告方依据非方便法院理论,请求法院驳回原告诉请的程序问题,案件的原、被告双方均聘请了专家,就该理论在中国的理论和实践的诸多问题出具专家意见。美国俄亥俄州东部北区法院于 2016 年 4 月 25 日作出裁定,支持被告关于该法院系非方便法院的主张,驳回原告请求该法院对本案行使管辖权的诉请。

在本案程序审理过程中,原告方通过专家意见从中国法院的管辖权、诉讼时效、证据和证人、在中国诉讼会产生的不足补救措施、(商业)欺诈行为、违反消费者保护法、在中国没有集体诉讼机制、美国法院比中国法院更适合、俄亥俄州在本案中有更重要的利益、美国法院判决的执行问题等方面,论述美国法院对本案具有管辖权,且是审理本案合适的法院。

二、专家意见

笔者作为被告方聘请的专家,就非方便法院问题,向美国法院提交了专家声明。

首先,讨论了对案件基本事实的理解,认为原告方专家将被告定义为提供经纪和咨询服务的房地产经纪人并将原被告间纠纷定性为不动产买卖协议纠纷是不正确的。被告不是不动产争议中的卖方,因而,原、被告间订立的协议应为经纪服务协议。之后,讨论了本案应该受中国法院管辖问题。在专家意见中,特别论述了以下几个问题:(1)合同订立地和合同履行地问题。原告方认为合同的订立地和合同履行地均在美国俄亥俄州。笔者认为,和本案相关的不动产买卖协议确实是在俄亥俄州订立并履行;但是,该协议并不是本案争议中的原、被告间的协议。本案原告中的中国公民,在中国接受了被告运营网站及其提供的服务,因此,原、被告间的服务协议实际上是在中国签订和履行的。(2)关于侵权行为地问题。原告方认为,只要侵权行为的部分结果发生在俄亥俄州,便可以认为,侵权行为发生在俄亥俄州,而不是被告运营地的中国。笔者认为,本案原告指称的被告的虚假和错误陈述行为均发生在中国,侵权行为实施地应被认为是中国。而根据中国《最高人民法院关于适用〈中华人民共和国民事诉讼法〉的解释》,侵权行为既包括侵权行为实施地,也包括侵权结果发生地。侵权行为实施地和侵权结果发生地不同的,侵权行为实施地法院和侵权结果发生地法院都有管辖权。(3)关于"不动产纠纷"的认定和定性问题。原告认为,如果导致诉讼的交易涉及不动产,则诉讼便应该定性为"不动产纠纷",适用《中华人民共和国民事诉讼法》第33条的规定。笔者认为,在中国只有与所有权交易或不动产所有权有关的纠纷如按揭纠纷,才能被视为不动产纠纷,本案中原告的主张是基于与不动产买卖相关的被告的经纪服务,不涉及任何的不动产本身。根据中国法律,此种纠纷不应该被定性为不动产纠纷。基于以上分析,笔者认为本案并不适用不动产所在地法院享有管辖权的原则,中国法院对本案享有管辖权。笔者还论证了在证据搜集及合法证据提交、证人证词法定要求方面的问题,并认为就本案而言,在中国法院进行诉讼会比在美国更容易实施。其后,笔者从原、被告间协议性质及可以适用的中国法等角度论证了在中国法院原告完全可以寻求法律救济。最后,从当事人的国籍和商业存在(business presence)、证据的搜集、适当的救济和判决的执行等诸方面归纳得出结论,认为中国法院是本案的更合适的法院(a more suitable court),而且,中国在本案中有更重要的利益。

三、美国地区法院意见

1. 有合适的法院(Available and Adequate Forum)

寻求非方便法院原则驳回起诉,必须首先确立诉讼的充分可替代法院的存在。合适的可替代法院通常在被告对其他司法辖区的诉讼负有义务时存在。

在本案中,被告同意接受中国法院管辖,中国的法院因此是本案纠纷行使管辖权的合适的法院。当决定另一个法院是不是合适时,没有必要考虑是否可以获得原告所起诉的原法院可以给予的相同,甚至是相似的请求权(causes of action)。同样也没有必要进行"复杂的比较法研究"。相反,法院在决定法院的适当性时可以依赖来自提出可替代法院方法律专家提交的宣誓的专家意见(affidavit)。而且,在确定合适法院时,不应该考虑准据法对原告诉求是否支持,以及支持的程度。

原告在本案中主张中国法律下的时效问题可能使其不能充分获得权利主张,而本案中被告明确同意放弃诉讼时效抗辩。原告在诉讼过程中还主张,中国的法院不能提供充分的司法救济,收集证据也比较困难,且中国也没有集体诉讼机制,依据中国法律"涉及不动产的案子必须在不动产所在地审理"。对于原告的这些抗辩意见,美国俄亥俄州东部北区法院唐纳德·纽金特(Donald C. Nugent)法官认为这些论证并没有使中国的法院不合适,换句话说中国法院才是本案受理和审理合适的法院。纽金特法官作出这一判断的其中一个重要依据是,在过往涉及中国当事人的诉讼中,美国联邦最高法院及若干联邦法院在相似的案例中业已确立了中国法院是合适的可替代法院的判决先例。

2. 私人利益与公共利益

美国法院在审理本案所涉非方便法院时认为,在确定了中国法院对案件审理是恰当的法院之后,还需要对案件中所涉个人利益和公共利益进行分析,从而看以非方便原则驳回原告诉请是否合适。在进行此项分析判断前,法院认为在一般情况下,被告基于非方便法院理论抗辩原告起诉的法院对案件的管辖,肩负着巨大的负担。被告在反对原告选择的法院时承受了较大的压力。美国联邦最高法院在先前的判决中曾认为,如果原告所选择的并不是其本国法院(home forum),则原告的假定便无太大的说服力,因为其所选法院对于这样的案件而言是合适法院的推定的合理性并不那么充分。换言之,非方便法院理论的中心目的是确保审理方便,所以一个在美国法院起诉的外国原告的法院选择便无须完全遵循(a foreign plaintiff's choice deserves less difference)。法院认为,案件中应该考虑的私人利益包括是否容易获得证据、是否容易出庭、证人获得的难易、去现场察看的难易及成本的多寡,等等。而案件中应该予以考虑的公共利益则包括法院对案件管理的困难、陪审团工作的难易、庭审是否在案件所受影响的人的附近及法院对案件适用法律的熟悉程度,等等。

基于上述考量因素,法院认为,原告所依据的主要证据、文件中记录的证据及证人证词,均在中国,且由中文书写。此外,无论从原告远涉重洋来美国进行诉讼活动,还是他们并不会英文等方面而言,都说明美国法院于本案被告而言并不方便。恰恰相反,基于这些原因考量,美国法院认为,本案中的私人利益支持中国的法院作为最适合的法院的认定。

而就案件所涉公共利益考量,法院认为,在衡量“地方利益”因素时,中国似乎比俄亥俄州在处理本案上有更多的利益。被告的网站用中文写成,以便中国公民在中国和全球购买物业。任何被告网站上的“疏忽的虚假陈述”(negligent misrepresentation)或“欺骗性的贸易行为”(deceptive trade practices)均会影响作为该网站受众的中国公民。因此,当地利益因素衡量支持驳回原告的诉请。至于司法方面的考虑,因为本案主要基于宣称的被告的欺诈的陈述和被告的行为,此事应在潜在的陪审员熟悉语言和该语言细微差别的法院进行诉讼才合乎逻辑。本案诉讼应该在与本案争议焦点有最密切联系的地方才为合理。总之,美国法院最终认定,懂得中国情况以及本案适用法律的中国法院才是受理和审理本案最为适合的法院,而原告所选择的美国俄亥俄州东部北区法院就本案而言属于非方便法院。据此,法院驳回原告的诉请。

世界首例适用海牙《选择法院协议公约》判决评述 *

一、导言

2017 年 9 月 12 日中国签署了 2005 年 6 月 30 日通过的海牙《选择法院协议公约》(以下简称 2005 年海牙协议公约),目前相关部门正在准备公约的批准工作。2019 年 7 月 2 日,全球首个全面确立民商事法院判决国际流通统一规则的国际公约——《承认与执行外国民商事判决公约》(以下简称 2019 年海牙判决公约)诞生,它在序言中开宗明义地表明它将和 2005 年海牙协议公约相互补充。因此,就国际统一私法的立法而言,这两个国际公约一起已经形成了民商事法院判决全球流通的国际统一法律制度。正如海牙国际私法会议秘书长贝纳斯科尼(Christophe Bernasconi)于 2019 年 7 月 2 日第 22 届海牙外交大会闭幕式致辞中所说:"国际私法领域至今一个重要的空缺获得弥补。新的篇章已经开启,工作的重点将是推广该公约。"公约的推广最为

---

* 本文最初发表于微信公众号"邦信阳中建中汇"2019 年 8 月 12 日,后刊载于上海市法学会编:《上海法学研究》2019 年总第 17 卷,第 185 ~ 192 页。本文写作过程中在一些专业问题上得到海牙国际私法会议常设局赵宁、北京大学法学院教授傅郁林、新加坡国际仲裁员和调解员葛黄斌先生的帮助。在德国和瑞士从事教学和律师工作的约翰内斯·朗布雷希特博士(Dr. Johannes Landbrecht)还将其在德国知名的 IPRax 杂志上发表的评述新加坡该判决的文章电邮给我参考。在此感谢他们的帮助和支持。

有效的途径莫过于对其生效的成员国法院可以正确有效地适用公约,判决案件。

世界上第一例法院适用2005年海牙协议公约的判决——新加坡高等法庭于2018年6月19日对艾姆嘎森合伙公司诉陆帽金融私人公司案(Ermgassen & Co. Ltd. v. Sixcap Financial Pte Ltd.)的判决,全面适用2005年海牙协议公约,最终裁定依据该公约的规定承认和执行英国高等法院(Queen's Bench Division)的法院判决。新加坡的这一法院判决对于2005年海牙协议公约在国际司法实践中现实意义的提升和发挥无疑具有重要意义。在第22届海牙外交大会上就2019年海牙判决公约最终谈判时也有代表提到该判决。了解和研究该首例法院判决具有一定的现实意义和参考意义。为了让读者可以更多、更全面地了解法新加坡高等法庭适用2005年海牙协议公约的方法,以及据此裁判案件的思路,本文尽可能全面地还原判决在适用公约时对案件相关问题的分析考量。

二、新加坡批准公约的特别立法

2015年3月25日新加坡签署了2005年海牙协议公约,其后于2016年6月2日批准了该公约,公约于2016年10月1日起对新加坡生效。为了批准和适用该公约,新加坡还在其国内立法上完成了相应的立法程序:2016年4月14日新加坡议会通过了《选择法院协议法案》(Choice of Court Agreements Bill),并据此颁布了《选择法院协议法》(Choice of Court Agreements Act)及法院规则(Rules of Court)下的新的第111号令(new Order 111)。上述《选择法院协议法》以及法院规则下的新的第111号令于2016年10月1日生效,并一起赋予2005年海牙协议公约在新加坡国内法上的效力。据此,新加坡相关司法实践中2005年海牙协议公约便应该予以适用。在这之后,原来在新加坡适用的《英联邦判决互惠执行法》(Reciprocal Enforcement of Commonwealth Judgments Act)及《外国法院判决互惠执行法》(Reciprocal Enforcement of Foreign Judgments Act)均不再适用于该新的立法所承认和执行的法院判决。

三、案情简介

(一)程序

2018年5月31日,依据上述新加坡《选择法院协议法》及法院规则下的新的第111号令,英国公司艾姆嘎森合伙公司(Ermgassen & Co. Ltd.,以下简称原告或申请人)作为判决承认和执行的申请人向新加坡高等法庭提出申请,请求法院承认和执行英国高等法院作出的一个简易判决(summary judgment),被请求人是一家新加坡公司陆帽金融私人公司(Sixcap Financial Pte Ltd.,以下简称被告、被申请人或被执行人)。这是新加坡《选择法院协议法》颁布后首例基于该法,即2005年海牙协议公约,所提起的承认和执行外国法院判决的诉讼。在民事诉讼程序上,原告向新加坡高等法庭提起的是所谓的单方面原诉传票(ex-parte originating summons)。本案所涉英国高等法院判决的金额为1,013,536.48英镑及38,635.00英镑的费用。鉴于本案是单方面诉讼,或称一造诉讼(ex parte),也就是说无须对被申请人进行听证,法院在受理案件后于2018年6月12日就原告向法院所提出的执行申请的案件事实(on the merits of the Enforcement Application)对原告进行了听证。

(二)判决是否属于公约适用范围

本案所涉被请求承认和执行的英国高等法院判决并不是一般性的法院判决,而是一种特殊的判决,即所谓的简易判决(summary judgment)。新加坡法院判决花了较长篇幅讨论新加坡《选择法院协议法》,即2005年海牙协议公约,对于本案所涉被请求承认和执行的简易判决是否可以予以适用的问题。判决列举以下理由,据此认为本案所涉被请求承认和执行的英国法院的简易判决属于该公约的适用范围:

第一,简易判决系英国高等法院判决,且英国是公约缔约国。判决就此进一步展开分析。首先,欧盟理事会批准海牙协议公约的2014/887/EU号决定前言第6节规定:“欧盟在签署公约时依据公约第30条规定声明,其对公约所规定的所有事项行使管辖权。因此,成员国基于欧盟的批准应该受公约的约束。”其次,欧盟理事会2014/887/EU号决定前言第8节规定:“英国和爱尔兰受欧盟第44/2001号规定的约束,因此本决定对其适用。”

第二,鉴于原告的诉请系承认和执行外国判决,因此本案属于新加坡《选择法院协议法》第4(2)(a)节中所规定的“国际案件”。

第三,就本案所涉简易判决的争议当事人间签订有“排他选择法院协议”(exclusive choice of court agreement)。对此,判决列举了若干事实和证据予以说明和论证:首先,原告提交了一份其2016年6月28日给被告的执行主席的业务函;其次,2016年7月22日由被告的一位董事签署的对该业务函的确认函;最后,该业务函的条款部分第8.6条规定:“本业务函及业务函条款适用英国法律,并依据其进行解释。艾姆嘎森合伙公司及其客户不可撤销地将涉及产生于业务函以及/或者业务函条款的任何争议提交给英国法院进行排他性管辖。”而且，新加坡的判决还指出，原告在提交给新加坡法院的宣誓书的证明材料中还包含了其在英国法院诉讼中的诉状，在该诉状中原告指出上述这些文件和证据材料是其在原审诉讼中向被告提出诉请的基础。

第四，排他选择法院协议是关于“民事或者商事事项的”。新加坡高等法庭查明，原告在英国原审诉状中所主张的诉讼请求是根据业务函以及业务函条款给予被告提供金融咨询和相关专业服务的未支付的报酬的支付。该新加坡法庭认为英国诉讼的客体应该是纯粹的商事性质的事项。而且，该事项也不是新加坡《选择法院协议法》第 9 节，即 2005 年海牙协议公约第 2 条，所排除适用的事项。

第五，原告向新加坡法院提出的诉请并不是新加坡《选择法院协议法》第 10 节，即 2005 年海牙协议公约第 4(1)条，所排除适用的临时保护措施，而是通过英国原审诉讼所获得的英国法院的简易判决。

第六，新加坡法院为了论证的完整和缜密性，还特意在判决中指出，本案所涉上述当事人间的排他选择法院协议是在 2005 年海牙协议公约对欧盟生效后才签订的，因此，并不属于新加坡《选择法院协议法》第 24(2)节所规定的本法，即 2005 年海牙协议公约，不适用于海牙协议公约对原审国生效前当事人缔结的排他选择法院协议的纠纷的法院判决的情形。因而，本案所涉判决适用新加坡《选择法院协议法》，即 2005 年海牙协议公约。

(三)原告诉请的事实审查

新加坡法院在审查了本案所涉英国法院的简易判决属于 2005 年海牙协议公约适用范围后，继而对原告向法院所提出的判决执行请求(Enforcement Application)的事实问题(Merits)进行了审查，以便决定本案在不对被告进行听证情况下，原告的主张及其所提交的证据材料是否足以让法院作出支持其诉请的判决。[①] 围绕该问题，新加坡法院判决首先列举了在 2018 年 6 月 12 日对原告听证时原告的代理律师向法庭提交的相关证据的原件，并进而展开详细论述。

---

① 英国法上的概念“on the merits of the case”在大陆法系国家并无完全相对应的概念，在德国，有人翻译为案件的实体问题裁定(Entscheidung in der Sache)，以对应案件程序问题裁定(Entscheidung über prozessuale Fragen)；也有人翻译为实质问题的裁定(Entscheidung in der Hauptsache)，以对应临时保护措施的裁定(Entscheidung des vorläufigen Rechtsschutzes)。

1. 原告证据

判决列明了 4 份证据：(1)原告在英国法院原审中提交的标明日期 2017 年 12 月 21 日的请求法院作出简易裁决的申请书；(2)英国高等法院冯泰因(Fontaine)法官 2018 年 3 月 20 日作出的全部支持原告诉请的简易判决令；(3)英国高等法院库克(Cook)法官 2018 年 5 月 23 日作出的目的在于使简易判决在新加坡获得执行的简易判决确认令(Certificate Order)；(4)2018 年 5 月 25 日英国高等法院库克法官签署法院盖印的简易判决可在外国执行的确认函(Certificate for Enforcement)。

2. 重要考量

判决对原告执行请求所涉及的下面一些问题进行了分析论述：

(1)关于被告是否被适当传唤问题。2005 年海牙协议公约第 13(1)(c)项规定，在原审判决系缺席判决的情况下，申请人应该提交关于诉讼中诉讼文件业已送达缺席方当事人的证明文件。但是，本案中原告并未提交这样的证明文件。新加坡法院的判决认为原告向新加坡法院提交的一份支持其诉请的宣誓书中表明在英国法院诉讼中尽管被告及其代理律师均未出庭，但是，原告的简易判决申请经过资深法官审理，而且，前面提到的原告向新加坡法院所提交的简易判决令的序言中也清楚明确地表明该简易判决系在对原告律师听证后作出。新加坡法院认为诉请执行的英国法院判决是对案件实体问题进行审理后作出的法院判决，因而，它并不是一个缺席判决。新加坡法院认为根据上述事实，可以推定在英国法院作出该简易程序的诉讼中被告业已获得适当的通知。新加坡法院进一步论述，此情形满足 2005 年海牙协议公约所规定的条件。判决还援引 2005 年海牙协议公约两位报告人哈特利(Hartley)教授和多贡杜奇(Dogauchi)教授对该公约解释报告中关于第 13(1)(c)项规定的解释，论证这一情形符合公约的规定："……第 13(1)(c)项规定要求提供被告获得传讯的文件证据，但是这只适用于缺席判决的案件。在其他案件中，推定被告获得了传讯，除非他或她做出相反的举证……"总之，新加坡法院认为本案所涉英国法院判决不是缺席判决，原告无须提供原审诉讼中被告获得适当传讯的证据。

(2)关于提交完整的和经证明的外国判决问题。2005 年海牙协议公约第 13(1)(a)项规定原告应该提交"一份完整，并经证明的判决书副本"。新加坡法院判决还援引了上述两位教授对该公约解释报告中关于第 13(1)(a)项规定的解释："第 13(1)(a)项规定要求提交一份完整并经证明的判决书副本。这是指完整的判决(包括，在适用的情况下，法院的论证)，而不仅仅是最后的裁决。”鉴于本案所涉及的是英国法院的简易判决，新加坡法院在作出判决前必须回答的问题是原告向法院所提交的简易判决令（the summary judgment order）是否是公约该规定所说的“完整并经证明的判决书副本”？法院在判决中非常人性化地指出，尽管原告在提交简易判决副本问题上可以做得更好，譬如将资深法官听证时的观点记录稿进行确认后和简易判决令一起提交给法院，但是，原告的此缺失对于本案而言并不是致命性的缺陷。法院在判决中不惜笔墨对此进行详细论述：

①上述两位教授对2005年海牙协议公约解释报告中指出，尽管公约第13（1）款规定原告在提出外国法院判决承认和执行申请时应该提交有关文件，但是，“依据被请求国法律确定没有进行这样提交的后果”。新加坡法院认为，该解释意味着在任何情况下，提交有文件的缺陷均不能构成致命的缺陷。

②在原告提交证明文件方面，应该避免过度的形式主义，在不损害判决债务人的情况下，应该允许判决债权人对其提交文件的疏漏予以弥补。

③法院进一步分析，也许简易判决并不能被视为“完整并经证明的判决书副本”，但是，原告通过提交相关文件业已充分地履行了其举证义务，证明英国法院判决中所确认的其诉请。新加坡法院认为，英国高等法院另一位资深法官所签署的确认令在序言中明确表明是基于考虑了法院本案卷后才签署的。而简易判决可在外国执行的确认函（certificate for enforcement）则更是确认了下列毋庸置疑的要点：第一，英国原审诉讼中原告的诉请表送达过被告；第二，原告的诉请表送达被告后，被告未就英国法院的管辖权提出异议；第三，原告在简易判决中所获得的本金金额和费用补偿系其所诉请的金额；第四，判决业已向被告送达；第五，被告未提出撤销判决的申请；第六，在规定的时间内未对判决提出上诉；第七，判决的执行没有推延或暂停；第八，可以执行判决的时间尚未过期；第九，判决在英国是可以予以执行的。

最后，新加坡高等法庭认为法院未发现任何应该拒绝承认和执行该简易判决的情形。当然，法院在判决中也指出被告依法可以在法律规定的时间内提出撤销判决的申请，从而维护其权利。

四、法院适用2005年海牙协议公约若干问题考量

区别于一般性的法院判决，新加坡高等法院的该判决一开始花了较大篇幅介绍新加坡2016年《选择法院协议法》，以及2005年海牙协议公约，关于外国

法院判决的承认和执行法律框架的以下几个基本性问题。

(一)2005 年海牙协议公约缔约国

新加坡高等法院首先指出,《选择法院协议法》在适用范围问题上最为重要的规定是,它仅仅适用于 2005 年海牙协议公约缔约国法院作出的判决。法院还引用了该法律中关于公约缔约国的定义,即该公约的缔约国、批准该公约的区域经济一体化组织及其成员国。

(二)“排他选择法院协议”以及“国际案件”

新加坡高等法院接着分析了确定公约适用范围的外国法院判决的两个重要的判断标准,即“排他选择法院协议”及“国际案件”。新加坡高等法院援引 2005 年海牙协议公约第 3(a)条中对于“排他选择法院协议”的定义,指出这种协议系“指两个或多个当事人所缔结的符合 c)款条件,以及为解决与某一特定法律关系有关的业已产生或可能产生的争议的目的,而指定一个缔约国法院,或一个缔约国的一个或多个特定法院,以排除其他任何法院管辖权的协议”。新加坡高等法院分析认为“国际案件”是指承认和执行的是外国法院的判决的案件,或者,被承认的对象是新加坡之外的公约缔约国法院所记录的司法和解协议(judicial settlement)。

(三)“民事或商事事项”

新加坡法院在判决中直接援引哈特利教授和多贡杜奇教授对该公约解释报告(第 49 节)关于公约中的“民事或商事事项”规定的解释,说明其含义:和公约中使用的其他概念一样,“民事或商事事项”具有自治的含义,它无须参考国内法或其他国际文书。此种国际公约通常会限于民事或商事事项。它主要是想排除公法和刑法。之所以使用“商事”以及“民事”是因为在一些法律制度下面,“民事”和“商事”是彼此分开,相互排他的法律关系的类型。同时使用这两个术语对于这些法律制度的国家是有帮助的。而对于那些把“商事诉讼”作为“民事诉讼”大类下的一个子类的国家,这实际上也无妨。但是,公约第 2 条规定把一些毫无疑问是属于民事或商事的事项排除出公约的适用范围。

(四)“外国判决”

新加坡高等法院的判决还论述了公约所规定的外国判决的定义和类型。新加坡《选择法院协议法》第 2(1)节专门定义了外国判决:公约缔约国(新加坡除外)法院作出的判决,该法院系被选择的法院……或者……根据缔约国关于管辖权分配或法院案件移送的法律或实践,该判决的案件中,被选择法院所移送的法院。至于判决,该法将其定义为:法院对于案件实质问题所做的最后的判决(不管名称如何)、双方同意的法院令(consent order)、双方同意的法院判决(consent judgment)或者缺席判决;或者……法院关于诉讼费用的决定。该新加坡法院判决还进一步引述了哈特利教授和多贡杜奇教授对公约的解释报告(第116节)对判决的解释:它不包括程序性的裁定,却包括关于费用或开销的命令,甚至这样的命令并不是法官,而是法院的行政官员作出的,但是它必须涉及按照本公约可以获得承认和执行的判决的费用和开销。外国法院判决也不包括赋予临时措施的决定,无论它们是临时性的还是保护性,因为这样的决定并不是对于案件实质问题的判决。

(五)"承认和执行"

新加坡高等法院的该判决中还花了相当长篇幅来陈述"承认和执行"的含义。判决先直接引述了哈特利教授和多贡杜奇教授对公约的解释报告(第170~172节)中对判决"承认和执行"的解释:公约第8(3)条规定外国法院判决只有在原判国生效才可以获得承认,也只有在原判国可以获得执行,方可执行。承认和执行是分开的两个概念,前者是指被请求国法院赋予原判国法院对于权利和义务的决定以效力,而后者则是指适用被请求国程序,保障被告履行原判国法院的判决。执行便需要先对外国判决予以承认,而承认判决并不需要对其非得进行执行。公约第8(3)条规定外国法院判决只有在原判国生效才可以获得承认,意味着生效后具有效力的判决才是依法有效的和可以使用的。如果它没有效力,也便不是对于当事人的权利和义务有效的断定。因而,它如果在原判国不具有效力,也便不应依据公约在其他缔约国获得承认。而且,如果它在原判国失去效力,则在这之后于其他公约缔约国也不得再依据公约对其予以承认。同样,如果判决在原判国不具有可执行性(enforceable),则它也不能依据公约在其他缔约国获得执行。实践中,有可能一个法院判决在原判国具有效力,却不具有可执行性。判决如果处于上诉阶段,无论是自动的还是法院判令的,则判决的可执行性便中止。在此种情况下,只有在原判国结束相关程序后判决才可以在其他缔约国执行。而且,和上述承认情形相同,如果判决的可执行性在原判国停止,则此后该判决不得依据公约在其他缔约国执行。

新加坡《选择法院协议法》第13(2)节对承认和执行也做了和上面的分析一样的区分。而且,该规定中还具体列举了新加坡法院在决定承认和执行外国判决时所必须遵守的规则:首先,新加坡高等法庭不得对于外国判决的实体问题进行审查,除非为了适用《选择法院协议法》第3节之目的,并应严格限于必需的范围内[第13(3)(a)项]。其次,在决定是否承认和执行外国判决时,新加坡高等法庭受原判国法院所确定的案件事实的约束,除非外国判决是缺席判决[第13(3)(b)项]。最后,如果外国法院判决符合承认和执行的条件,新加坡高等法庭应该承认和执行该判决,除非存在该法第3章,即2005年海牙协议公约第9条所规定的应该拒绝承认和执行外国判决的情形。新加坡该法第14节和第15节详细规定了拒绝承认和执行外国法院判决的情形。

(六)"承认和执行外国判决的程序"

新加坡法院规则(Rules of Court)下的新的第111号令(new Order 111)规定了高等法庭基于2005年海牙协议公约的规定对外国判决的承认和执行的适用程序。依据第111号令法院规则第r2(1)项规定,申请外国法院判决必须以单方面原诉传票(ex – parte originating summons)方式提起,且应该附一份宣誓书(affidavit),第r2(2)~(3)项则进一步规定了该宣誓书中所陈述和以证据展示的内容。第rr6项和第rr8项则具体规定了法院准许申请的程序规则。该法院规则第rr7项规定了对于新加坡法院所作的裁定的撤销程序。

五、评述

(一)示范意义

该判决是世界上首例国内法院适用2005年海牙协议公约的判例,对于国际社会而言,它具有很强的示范意义。它对于该公约的推广和实际适用无疑具有很大的推定作用。该公约的广泛推广和发挥现实作用不仅需要各国签署和接受,更需要签署和批准的公约缔约国的法院可以在司法实践中对其进行适用,使其功效可以在实践中得以彰显,使国际民商事活动的参与者可以切实享受到该公约所提供的便利,从而在其民商活动中更自愿和更多地约定法院选择协议。只有这样,公约才能深入国际民商事活动参与者的生活,公约的生命力才可以不断彰显。

(二)公约国内法的转化

对于2005年海牙协议公约,新加坡依据其宪法规定采用国内法的立法形式,将公约的内容转化为其国内法,而且,为此修改国内的程序法规则。世界上不同的国家均会依据其宪法规定,采取不同的方式接受公约的规定。但是,无论采取什么接受方式,均应保持公约的原有规定内容,按照国际私法公约解释的规则,对公约规定的内容进行解释。在这方面,我们可以看到新加坡高等法庭的做法是,直接引用公约的解释报告中对于公约相关条文的解释。这是公约解释的应有之义,也是2005年海牙协议公约配备这个官方解释报告的目的所在。

(三)外国判决种类的认定

适用2005年海牙协议公约最基本的问题是对于外国法院判决的定性,即被请求承认和执行的外国法院判决是否属于公约意义上的法院判决——国际的、民商事的判决。本案中判决的国际性以及民商事性质均不存在问题,唯一的问题是英国法院的所谓“简易判决”(summary judgment)是否属于公约适用范围的外国判决。新加坡高等法院对此进行全面分析,并最终认定这是可以适用公约的外国判决。而且,该简易判决还不是公约中所说的“缺席判决”,尽管在原判国英国法院开庭审理中被告及其代理律师均为参加庭审。笔者不是非常理解新加坡高等法院在这个问题上的观点和理由。一个法院是否是缺席判决应该是依据原判国法律的标准进行判断,新加坡高等法院在这方面也没有明确指出进行这种判断的适用法律和具体的法律依据。这一缺陷也便决定了法院在决定原判国在案件审理中是否给予被告合理通知问题上出现错误。新加坡高等法院简单地认为,本案不属于缺席判决,所以,应该推定被告获得传讯。在笔者看来,这一推断是存在简单的逻辑错误的。

(四)关于提交完整的和经证明的外国判决问题

这是2005年海牙协议公约所规定的申请人必须履行的义务。按照公约的解释报告,这是指完整的判决(包括在适用的情况下,法院的论证),而不仅仅是最后的裁决。但是,本案所涉及的是英国法院的简易判决,当事人所提交的是简易判决令(the Summary Judgment Order)。在对待该问题上,新加坡高等法院采取了宽松、灵活和非常人性化的态度,认为在形式问题上不应过于拘泥,原告在提交这些文件上的瑕疵对于本案而言并不是致命性的缺陷,因而并不构成拒绝对判决进行承认和执行的理由。新加坡高等法院的这一态度是值得赞许的,因为国际诉讼纷繁复杂,当事人可以获得的文件常常均非常有限,因此,在这方面绝对不应拘泥形式和细节,否则便会破坏公约寻求的给当事人可以有效地获得司法救济的宗旨。当然,我们也要看到,新加坡高等法庭的本案判决背后也反映了新加坡举国实施的将其打造成世界争议解决和法律服务之都的国策。所以,法院在公约的适用上采取了有利于对外国判决承认和执行的态度。

(五)关于公约要点的一般性归纳和介绍

如上所述,新加坡这个判决花了很大篇幅归纳和介绍公约的一些要点问题,包括“缔约国”“选择法院协议”“国际案件”“民商事事项”“外国判决”“判决的承认和执行”“程序”等问题。这些对于国内法院审理和判决外国法院判决的承认和执行均是很重要的问题。鉴于本案是新加坡高等法庭审理的第一桩适用2005年海牙协议公约的案件,判决这样的介绍似乎有必要,无论对于当事人、律师和社会公众而言,对该公约的规定均还相当陌生,况且公约的规定和所确定的制度对于新加坡而言也是全新的规定和制度,所以,这样的归纳和介绍,无论对于判决的阅读者理解判决所依据的法律和国际公约规定,还是对于公约的深入推广均有实际意义。

总之,新加坡高等法庭的这个判例对于我国国际私法学界,我国从事涉外司法实务的法律人士均具有参考价值。我国政府已经于2017年9月12日签署了2005年海牙协议公约。可以期待,该公约在我国国内完成批准的全部手续,不久获得批准后,它将在我国适用。这对于“一带一路”倡议的进一步落实推进,对于我国司法的国际化,对于将香港特别行政区等中国国际城市建设打造成国际争议解决中心,均具有非常重要的意义。未雨绸缪,学习和研究公约,研究和探讨该公约的具体适用,自然是国际私法学者、涉外审判法官以及涉外法律服务的律师们所应该提前准备的。新加坡高等法庭全球首例适用该公约的判决无疑在这方面提供了一个很好的案例。

第五编　“一带一路”法律思考及其他

关于“一带一路”倡议实施的若干法律思考*

一、引言

“一带一路”是“丝绸之路经济带”和“21 世纪海上丝绸之路”的简称，它是基于“互利共赢”思想的国际发展合作新模式。① “一带一路”建设是一项系统工程，要坚持共商、共建、共享原则，积极推进沿线国家发展战略的相互对接。②

国家对于“一带一路”倡议的实施已经非常重视。在组织上国家成立了“一带一路”领导小组，负责领导和协调各方面的事务。经国务院授权，国家发改委、外交部和商务部也于 2015 年 3 月 28 日联合发布了《推动共建丝绸之路经济带和 21 世纪海上丝绸之路的愿景与行动》，包括 8 个方面内容：(1)时代背景；(2)共建原则；(3)框架思路；(4)合作重点；(5)合作机制；(6)中国各地方开放态势；(7)中国积极行动；(8)共创美好未来。其中涉及“一带一路”法律方面的是其第四部分的表述，要加强沿线国家立法机构的友好往来。最高人民

---

* 本文发表于《中国国际私法与比较法年刊》(2015 · 第十八卷)，法律出版社 2016 年版，第 22 ~ 28 页。

① 参见葛剑雄、胡鞍钢等：《改变世界经济地理的一带一路》，上海交通大学出版社 2015 年版，第 24 ~ 25 页。

② 国家发展改革委、外交部、商务部联合发布的《推进共建丝绸之路经济带和 21 世纪海上丝绸之路的愿景与行动》。

法院在2015年6月16日发布了《关于人民法院为“一带一路”建设提供司法服务和保障的若干意见》(以下简称《若干意见》,法字〔2015〕9号)。该文件共四大部分16个要点:(1)深刻认识“一带一路”建设的重要意义和人民法院肩负的重要使命;(2)充分发挥审判职能作用,提升“一带一路”建设司法服务和保障的国际公信力;(3)建立完善工作机制,为“一带一路”建设营造良好的法制环境;(4)加强工作指导、组织保障和信息化建设,不断提高司法服务和保障“一带一路”建设的能力与水平。这是关于“一带一路”法律问题较全面的一份官方文件,它既涉及“一带一路”法制建设宏观方面的规划,更是对法院司法实践中可能和“一带一路”相关的一些具体司法制度进行了澄清和说明。就前者而言,《若干意见》最值得关注的是其第13条的规定:“积极参与相关国际规则制定,不断提升我国司法的国际话语权。要进一步拓展国际司法交流渠道,密切关注亚洲投资银行、丝路基金建设的进展,及时研究相关的国际金融法、国际贸易法、国际投资法、国际海事规则等国际法的发展趋势,积极参与和推动相关领域国际规则制定。”而就后者而言,它既申明在涉及“一带一路”司法实践中要全面贯彻法律平等原则,坚持平等保护中外人的合法权益,有效维护公平竞争、诚实信用、和谐共赢的区域大合作环境的原则,也在司法管辖权、司法协助、国际条约和惯例的适用以及外国法查明等方面进行了规定。应该指出的是,尽管《若干意见》非常全面和广泛地涉及“一带一路”司法保障的各个方面,但是,它毕竟只是中国法院为“一带一路”倡议实施提供司法保障的纲领性文件,并不是“一带一路”宏观的法律制度建设的文件。

“一带一路”倡议的实施需要政治、经济、外交、文化等诸方面的支持和配合,以及法律的护卫和保障。所以,对于我国法学界,尤其是国际法学界而言,如何前瞻性地研究“一带一路”倡议实施中的法律问题,为其提供法律理论和法律制度等方面的方案设计和法律护卫,便是当务之急的任务。但是,正如关于“一带一路”倡议的其他各方面的研究,目前尚处于概念设计和思路探索方面一样,“一带一路”法律的探讨目前也处于非常初步的阶段,不能否认,还有一些迷茫。法学理论界对“一带一路”法律研究的迷茫可以归纳为3个“W”,即“Why”“What”“How”,也就是说为何要研究?研究什么?如何研究?所以,我们认为对于“一带一路”法律问题的研究应从探讨这3个“W”开始。基于上述认识,本文试图围绕这3个问题,在宏观与微观多维度视角下,力图探索“一带一路”倡议实施的若干基本法律问题和法律研究的方法论问题。

这里需要对“一带一路”法律进行一个界定。本文所说的“一带一路法律”

泛指涉及“一带一路”倡议实施的所有宏观和微观方面的问题,既包括法律制度,也包括法学的研究。但是,本文更侧重于“一带一路”法律的宏观方面,尤其是“一带一路”的国际法、比较法以及统一私法研究,以及如何有效地整合国内和国际上的法学研究资源为“一带一路”伟大倡议的实施提供法律制度的保障方面。

二、关于为何要研究“一带一路”法律的问题

“一带一路”倡议实施必须在有效的法律框架下进行,而且,该倡议的实施也涉及不少的法律问题,均需要对此进行深入研究。具体说来,可以从以下几个方面认识对“一带一路”法律研究的必要性和重要性:

1.“一带一路”需要对沿线国家法律进行研究。“一带一路”涵盖了世界上的60多个国家,这些国家多法系并存,既有英美、大陆法系,也有伊斯兰法。如此复杂的法系,以及更为复杂的“一带一路”沿线国家和区域政治、文化、历史等构成的复杂性,客观上增加了“一带一路”倡议实施的难度。在如此复杂的局面下,要想顺利实施“一带一路”倡议,不可能不对沿线国家既有的法律制度进行研究,只有进行这样深入的研究,才可以使我们的企业在这些国家进行投资和进行贸易活动时,有相应的法律可循,有相应的法律保障可依。

2.“一带一路”推进沿线国家共同发展的需要。“一带一路”建设秉持共商、共建、共享原则,不是封闭的,而是开放包容的,不是中国一家的独奏,而是沿线国家的合唱。① 这也就是说,“一带一路”是促进该地区互利共赢,共同发展的国际倡议,从这个意义上说,形成与“一带一路”倡议相匹配,并能够助力该倡议实施的地区统一的区域国际法,尤其是区域国际统一私法制度,从长远时间来看,是非常重要的。如果我们能够借“一带一路”倡议的实施,前瞻性地倡议并推动“一带一路”地区性的私法统一,抑或可以使我国在当今如火如荼的私法国际统一化运动中,后来居上,扭转我国在国际规则制定中一直相对被动和滞后的局面,在国际规则制定,尤其是国际民商新秩序的建立中,起到积极推动作用,作出一个经济大国在该方面的贡献。这里必须指出的是,纵观改革开放后40多年我国国际法律研究,包括国际经济法以及国际私法的研究,取得的成绩无须赘言。但是回头看这40多年的国际法研究,亦步亦趋地学习模仿既有

① 胡鞍钢:《“一带一路”:经济地理革命与共赢主义时代》,载葛剑雄、胡鞍钢等:《改变世界经济地理的一带一路》,上海交通大学出版社2015年版,第28页。

的国际法理论和规则似乎成为一种定式，结合中国的国情，尤其是中国在国际社会经济等方面快速发展的形势，突破传统的并不完全适合中国国家利益和发展形势的规则、制度和体系的“中国国际法新思维”似乎较为欠缺。“一带一路”倡议实施应该成为我国包括国际公法、国际经济法和国际私法学界对国际法进行研究突破的一个契机。而就中国参与私法的国际统一而言，笔者认为“一带一路”倡议的实施，为中国提供了积极参与私法国际统一化运动的绝佳时机，我国的国际私法学界也应该利用这一机遇，创造性地研究“一带一路”私法的国际统一问题，这既是“一带一路”倡议对我国国际私法学界提出的要求，也是提供的一个绝佳的机遇。①

3.“一带一路”法律研究是我国国家、企业和公民海外利益保护的需要。该倡议实施中，中国企业和个人海外利益的保护便是一个非常重要的问题。这些海外利益的有效保护需要多方位、多途径的保护机制才能实现，但是，法律保护无疑是其中不可或缺、很重要的方面。

三、关于“一带一路”法律需要研究什么的问题

如前所述，“一带一路”法律问题是综合性、立体和多方位的，要从不同的视角、不同维度以及不同领域去加以研究。所以，需要研究的面非常广泛，我们这里仅限于私法层面，对“一带一路”法律需要研究什么的问题进行探讨。

（一）“一带一路”国别法和区域法研究

“一带一路”沿线各国均有自己独有的法律制度，我们应该对这些国家的国内法加以研究。从这种国别法律研究的广度来讲，最好是能够对其重要的公法制度进行研究，同时对各个国家重要的私法性质的立法和法律制度进行研究。此种国别法的研究可以先对“一带一路”倡议实施最相关的部门法进行研究，然后再扩展到其他法律领域。

由于“一带一路”沿线国家实际上可以分为不同的法系，如东亚和东南亚国家的大陆法系、南亚国家的普通法系、中东国家的伊斯兰法系以及东欧和中亚国家的以大陆法系为基础的旧的社会主义法系。把“一带一路”沿线相同法系国家的法律进行比较研究，可以较为便利地揭示这些国家法律的原则和原理，以及共性化的内容，从而可以从一个更为宏观的角度考察这一相同法系的“一

① 关于私法国际统一的基本理论问题，参见徐国建：《国际统一私法总论》，法律出版社2011年版。

带一路”国家法律的异同，把握这些国家法律的内容和实质。

对“一带一路”国家进行部门法律或专题法律问题的比较研究也应该是“一带一路”法律研究的一个内容，例如，研究“一带一路”国家的外国投资法、基础设施建设法、投融资法等。进行这样的比较不但对于我国的比较法学术研究具有价值，对于我国相关企业到该地区去进行投资和贸易也大有裨益。

（二）区域私法统一问题

在私法国际统一化运动中，有广泛性的国际组织进行的全球范围内的私法统一，也有地区性的国际组织所进行的区域性的私法国际统一。① “一带一路”沿线区域事实上也形成一个可以尝试去进行私法统一的特殊区域。尽管这个区域不同国家的历史、文化、宗教、政治制度、法系和语言都存在很大差异，但是，从长期的时间跨度来看，还是可以借助“一带一路”倡议的实施，尝试进行该地域内的私法统一。拉丁美洲国家、欧洲国家间长期以来的私法统一化运动均为“一带一路”地区区域性私法国际统一提供了可供参考学习的经验。为了促进“一带一路”倡议的实施，也为了使该倡议可以切切实实地推动和促进“一带一路”沿线国家的经济发展、社会进步，基于这样的想法，我们应该建议和推动“一带一路”地区的私法统一。

（三）探索民商事争议的解决机制

“一带一路”是互联互动的区域经济一体化倡议，其实施过程中势必会产生很多不同主体间的种种民商事争议，探索解决适合于“一带一路”不同文化、宗教和传统等“一带一路”特色的争议解决机制，对于这一伟大倡议的实施非常重要。“一带一路”民商事争议的解决机制问题的探讨包括两大方面的内容：一是研究和探讨各“一带一路”国家的国内司法制度和争议解决的国内法律制度；二是探索民商事争议解决的国际解决机制，譬如，非诉讼纠纷解决程序（Alternative Dispute Resolution，ADR）在“一带一路”民商事争议解决中的作用和可能涉及的各种问题。研究这两个方面的内容其最终目的无外乎探寻最适合“一带一路”情势的民商事争议解决途径和机制，为“一带一路”倡议实施提供法律护卫。

四、关于如何研究“一带一路”法律的问题

本文前两部分的研究内容均是为本部分内容进行铺垫。在当下“一带一

① 参见徐国建：《国际统一私法总论》，法律出版社2011年版，第386页以下。

路”倡议实施的起步阶段，探索“一带一路”法律问题必须先解决研究的方法论问题，也就是如何去研究“一带一路”法律。毋庸讳言，“一带一路”沿线国家无疑是地球上文化最为特别，语言最为多元和复杂，宗教特别多样，社会经济发展也差异很大的一个区域，对该地区法律研究无法像研究英美普通法，或者欧洲大陆民法法系那样便捷。所以，我们探讨“一带一路”法律问题便必须正视该区域的特殊性，找到既便利，但又有效果的法律研究模式。对此，笔者特提出以下一些思路，希望国家相关部委以及社会贤达能够以国家利益为重，以长远的眼光，创造性地建立“一带一路”法律研究机制，从而取得研究的积极成果，服务于国家和为“一带一路”提供最佳的法律护卫。

1. 集中国内法律研究资源，协同创新，攻关“一带一路”法律研究。

“一带一路”法律研究不是一个简单的单项法律研究，而是一个法律研究的系统工程，国内的任何一家研究机构由于人力、财力、图书信息、语言能力等的限制，都仅可能从事该系统工程的一个部分的研究工作。对“一带一路”法律全面系统的研究非集合国内大学研究机构的综合优势，举全国之力，充分发挥大家的协同能力，不可能有效地对该系统工程进行有效的研究，不可能取得为“一带一路”政府决策机构、“一带一路”倡议参与者所有用的优秀的研究成果。基于这一认识，我们发起成立了“一带一路”法律研究协同创新中心，[①]其发起成员包括了国内5所知名的政法院校，即中国政法大学、西南政法大学、西北政法大学、华东政法大学和中南财经政法大学，以及武汉大学法学院、对外经济贸易大学法学院和“一带一路律师联盟”。该“一带一路”法律研究平台是一个开放的研究平台，将会汇聚全国对“一带一路”法律研究感兴趣，且有较强的研究实力的高等院校和研究机构加入其中，使之成为一个汇聚全国最强的“一带一路”法律研究力量的平台，并使其能够起到“一带一路”法律研究智库的作用。

2. 联合国际上的研究力量，取人之长补己之短，积极发挥“一带一路”法律研究中的国际合作的作用。

“一带一路”倡议是开放性的国家倡议，既然如此，“一带一路”法律研究也应本着开放的心态，在国际范围内，联合一些在这方面具有特殊优势的国家的高校和研究机构进行合作，以期取他人之长，补自己在这方面研究之短。一方面，我们可以和世界上的一些主要研究机构，尤其是欧洲的优秀研究机构进行

① “一带一路”法律研究协同创新中心于2015年11月14日在广州签约揭牌。

合作,例如,专门致力于比较法研究的德国马克斯—普朗克外国和国际私法研究所(Max-Planck-Institute)以及瑞士比较法研究所。这些研究所有很丰富的各国法律专业藏书和资料收集,也有精通欧洲语言的研究人员,更为重要的是它们对于外国法、比较法和统一私法的研究有较为丰富的经验。如果我们能够将国内协同化的强大的研究力量和国外的优秀研究机构进行联合,一定会有利于我们的“一带一路”法律的系统和深入研究。另一方面,我们也可以联合“一带一路”沿线国家的高校和法律研究机构,使我们对“一带一路”法律的研究更贴近研究对象,更接地气,从而不但可以“一带一路”沿线国家各国第一手的研究资料和信息,保证资料和信息的准确性和时效性,而且,这样也可以克服研究中的语言限制,保证研究信息的准确全面。

3. 加强国际合作,主导和推动“一带一路”沿线法律统一。

区域性私法统一既是目的,也是“一带一路”法律研究的过程。本文前面已经论述了进行“一带一路”私法统一的必要性和重要性。这里,笔者想特别指出,推动“一带一路”私法统一是进行“一带一路”法律研究行之有效的方法,因为,通过这样的方式既可以联合“一带一路”国家优质的法律研究资源,还可以调动沿线国家政府、学术机构对参与“一带一路”法律研究的兴趣。

我们可以考虑先发起成立民间的私法国际统一的区域性国际组织,譬如,叫“亚洲私法统一学会”(the Asian Institute for Unification of Private Law, AIUPL),目的在于进行“一带一路”私法统一,成员可以包括“一带一路”沿线亚洲和欧洲国家的会员。之所以不把它称为“一带一路”私法统一组织或研究机构,主要是为了避免冠以“一带一路”会引起其他国家不必要的疑虑和戒备,就如同我国发起成立的“亚洲开发银行”一样,没有直接提“一带一路”概念,却是服务于“一带一路”倡议的。该地区性私法国际统一组织可以参考海牙国际私法会议(the Hague Conference on Private International Law)和美洲国家组织(Organization of American States,OAS)的运作模式。[①] 我们尽管讲该组织的性质是私法区域性国际统一的民间组织,但是,还是需要国家把这一项目当作国家项目,纳入“一带一路”建设,给予其包括资金支持在内多方面的支持。

私法国际统一的方法具有多样性,通过不同途径实现国际统一的私法便是

---

① 关于海牙国际私法会议和美洲国家组织的组织情况及其私法国际统一成果的介绍和论述,参见徐国建:《国际统一私法总论》,法律出版社2011年版,第495～755页、第849～898页。

学术意义上的国际统一私法的渊源。[①] 笔者这里想特别指出的是,上述“亚洲私法统一学会”可以在其问世后的最初阶段制定出一些示范法律提供给“一带一路”沿线国家当事人选择适用。这样做有其必要性和可行性。像项目融资、PPP基础设施项目建设、合资合作经营企业法律、破产法等法律规范对于“一带一路”建设都非常重要,而沿线国家在这些方面并不具有充分的立法经验,所以,通过这样的平台制定出可以为这些国家立法、司法以及私法主体借鉴的示范法律,应该会受到沿线国家相关法律主体的欢迎。

4. 加强法学教育交流,为“一带一路”沿线国家培养法律人才。

从长远时间看,为“一带一路”沿线国家培养精通法律专业人才也应该纳入“一带一路”法律研究的范畴。“一带一路”是在共商、共建和共享原则下,惠及沿线各国的国际倡议。“政策沟通、道路联通、贸易畅通、货币流通、民心相同”的“五通原则”是实施“一带一路”倡议的目标和结果。加强“一带一路”沿线国家的法学教育交流,为“一带一路”沿线国家培养法律,包括精通中国法律的专业人才,显然符合“一带一路”建设的上述“五通原则”,从大的时间跨度上看,有利于政策沟通、道路畅通、贸易流通、货币流通以及民心相通的“一带一路”建设理念。我们这里建议国家成立“一带一路法学培训基金”,目的在于培养“一带一路”沿线国家的法律人才,为“一带一路”侵权的深度实施打下扎实的人才基础。

在为“一带一路”沿线国家培养法律人才的同时,我们也应该向“一带一路”派送留学生,让他们能够学习“一带一路”沿线国家法律,了解其政治制度和社会文化,从而使我们国内未来拥有一批熟悉“一带一路”国家政治和法律制度的人才,为“一带一路”倡议实施打下扎实的人才基础。

5. 建立一家全国性的“一带一路”法律图书情报资料库,广泛收集和翻译“一带一路”国家的法律资料和信息。

五、结论

随着“一带一路”倡议的实施,“一带一路”法律研究必须尽快跟上这一倡议实施的步伐。“一带一路”法律研究的复杂性使我们在进行这样的具体研究之先,要厘清一些基本的问题,概言之,就是对“一带一路”法律为什么要研究?

---

① 关于国际统一私法渊源的论述,参见徐国建:《国际统一私法总论》,法律出版社2011年版,第124~208页。

研究什么？如何去研究？只有在厘清这些基本的理论问题后,才能对“一带一路”法律研究有一个高屋建瓴的认识,才能正确地去构建“一带一路”法律研究的架构。“一带一路”法律研究应该最广泛地调动国内和国际上的资源,形成研究的“连横合纵”之势,相互合作,协同研究,从而能够取得研究的最大成果,并使研究惠及广大的“一带一路”沿线国家。就研究方式以及研究的愿景,笔者不揣冒昧,抛砖引玉,提出了供学界同仁讨论,供国家决策者研究参考的上述几点建议。

建立“一带一路”未来型高级法律人才培养—服务机制的若干建议*

一、议题提出之背景

自国家主席习近平于 2013 年提出“一带一路”倡议以来,“一带一路”建设已经在国际上赢得了广大的影响力,取得了丰硕的实质性成果,与众多“一带一路”沿线国家签订了合作协定或意向书,开设了多条“一带一路”航线、专列,港口、铁路建设取得较快进展,投融资规模持续扩大,文化交流持续升温,可以说,“一带一路”建设目前已经进入深层次发展阶段。

与“一带一路”建设取得的成绩相对应,“一带一路”的负面评价与问题也随之增多,如中国的金融机构积极投资“一带一路”沿线国家的基础设施建设、改善当地民生,但此举同时被有心人士称为“故意使本国背上沉重的债务负担,控制本国的经济命脉”;又如中国持续给予非洲国家援助,在当地建立工业园区,创造就业机会,但此举又被西方媒体歪曲为“中国在非洲攫取资源,抢夺当地劳动力市场,破坏当地环境”。这些负面评价里的很大一部分是域外国家的机构或媒体故意为之,但不可否认的是,这 5 年的“一带一路”建设成果基本是由官方力量来推进的,如“一带一路”沿线国家的投融资项目、基础设施建设项目几乎是由中国的几大

---

* 本文共同撰写人是胡峰博士。

国有商业银行来牵头或主导的,这也容易给有心人人士以口实。

(一)"一带一路"深层次发展的法律问题

从法律层面来讲,"一带一路"的建设项目多是政策主导性的,缺乏一个由"一带一路"沿线国家所共同遵守的法律规则体系。虽然我国在积极推动"一带一路"建设时,与许多国家签订了"一带一路"建设与合作的协定或意向书,但这些基本都是双边性质的协定,其效力不能延伸至第三国。这种共同规则体系的缺乏也导致了如下问题。

1. 舆论话语权的问题

在我国提出"一带一路"倡议之前,"一带一路"沿线国家受西方价值观影响颇深,这一点可以从前几年高加索地区、埃及等国家或地区的"颜色革命"闹剧中看出。在这些西方国家看来,"一带一路"建设是在侵入其势力范围,推行另一种思维模式,因此,由其控制或影响的舆论对"一带一路"建设进行猜疑就不令人意外。

这种猜疑的一种常用说辞就是我国利用自身强大的实力,以经济援助与基础建设之名行"压迫"与"控制"相关国家之实。用于支持这种说辞的理由就是我国与"一带一路"沿线国家签订的大多都是双边协定或意向书;在单对单的谈判中,其他国家因畏惧我国的实力,不得不签订此双边协定。虽然我们一直强调,"一带一路"建设是秉持"共商、共建、共享"的原则推进,进而实现"共赢",但是基于我国的庞大经济体量,上述这种诋毁的说辞颇能引起舆论的关注,进而加剧"一带一路"舆论话语权的问题。

2. "一带一路"深层次发展的法律风险

在"一带一路"建设向前推进的过程中必然会产生各种法律争议,如关于一个项目的合同条款的解释应当适用哪个国家的法律;在项目一方违约时,另一方应当如何救济以保障自己的合法权益。"一带一路"沿线国家有英美法系、大陆法系、伊斯兰法系、混合法系国家,国家间的法律差别相当大,缺乏统一适用的法律规则。在此背景下,各种法律争议是否得以有效、合理的解决,将极大影响"一带一路"建设的深层次发展;而一旦相关的法律争议不能得到有效、合理的解决,有的国家便很可能推迟,甚至放弃跟进"一带一路"建设的脚步。

虽然我国在2015年、2017年分别发布了"一带一路"的18个典型案例,并于2018年7月在北京、深圳与西安建立了国际商事法庭,受理符合条件的"一带一路"国际商事争议,但国际商事法庭的有效运行与影响力依然离不开"一带一路"沿线国家的认同与支持。要获得这种认同和支持,我们就需要能够提供众多优良的法律公共产品，如符合各方需求的共同规则、有效的利益平衡机制、完善的法律服务平台等。如果一直缺乏这些法律公共产品，就不能形成常态性的合理的争议解决机制，“一带一路”建设就很难向深层次发展。

（二）“一带一路”法律问题研究的不对称性

要解决“一带一路”深层次发展的法律问题，首先应当深入研究“一带一路”沿线国家的法律法规，并由此找到各国法律的“最大共识”；通过此“最大共识”，我们才能建构符合各个国家根本利益的法律公共产品。研究“一带一路”法律问题，不仅需要我们中国学者研究“一带一路”沿线其他国家的法律与制度，而且需要其他国家的学者研究我国的法律与制度。唯有如此，各方才能形成一个拥有共同智识的交流平台，基于此平台进行有效的交流、讨论并形成各种具体的成果。

但很可惜的是，在研究“一带一路”法律方面，我们发现仍然存在不对称性。这种不对称性首先体现在，中国学者对外国法律与制度的研究、著作译介较为深入，而外国学者鲜有对中国法律与制度的研究。以中国对外国法律的研究为例，从20世纪50年代我国就开始大规模地翻译苏联的法典与法学著作，至改革开放以来，对美国、德国、法国、英国等西方国家的法律制度研究、法典与法学著作翻译及学术文章数量更是惊人，即使是对伊斯兰法，相关著作与学术文章也多达近千篇。与之相反，“一带一路”沿线国家对中国法律的研究还较为浅显，即使在德国、法国、英国等国家，研究中国法律的学者也为数不多，而“一带一路”的其他沿线国家很可能较少关注中国的法律制度。

同时，不可否认的是，即使在我国有学者研究东盟国家、中亚国家的法律，但研究仍然不够深入，很多只是停留在宏观介绍法律制度的层面，没有深入具体法律制度的研究中，这与研究发达国家法律制度的繁荣景象相比，又形成了另一层次的法律问题研究的不对称性。

这些“一带一路”法律问题研究的不对称性，制约了“一带一路”沿线国家法律人的有效沟通，进而制约“一带一路”沿线国家法律人打造共同的法律服务平台、法律规则。

二、法律问题及不对称性之原因

要解决“一带一路”深层次发展的法律问题及扭转“一带一路”法律问题研究的不对称性局面，就需要深入研究造成此问题及不对称性之原因，以便更精确地找到解决之道。

(一)法律人才培养机制上的原因

面对任何不利的局面或困境,最终都需要有相应能力的人去解决问题;这同样适用于“一带一路”存在的法律困境:如果没有高层次的、适应“一带一路”建设需要的法律人才,即使存在解决此困境的路线图,也无法付诸实施。法律人才,尤其是适应“一带一路”深层次发展所需要的高层次法律人才,是需要通过适合的培养机制来培养的。

1.“一带一路”法律人才培养机制之现状

“一带一路”法律问题基本属于涉外法律问题,因此,“一带一路”法律人才首先必须是涉外法律人才。针对涉外法律人才的培养,我们先后出台了以下政策文件:2011 年 12 月,教育部和中央政法委联合制定了《关于实施卓越法律人才教育培养计划的若干意见》,提出“为适应世界多极化、经济全球化深入发展和国家对外开放的需要,培养一批具有国际视野、通晓国际规则,能够参与国际法律事务和维护国家利益的涉外法律人才”;2012 年 11 月,教育部和中央政法委又发布通知,确立我国的 22 所高校设为涉外法律人才教育培养基地。此后,相关高校纷纷设立了诸如“涉外法律人才实验班”等形式的人才培养机构。我国在提出“一带一路”建设口号后,又出台了以下政策性文件:2017 年年初,司法部、外交部、商务部、国务院法制办联合印发了《关于发展涉外法律服务业的意见》,提出建立一支通晓国际规则、具有世界眼光和国际视野的高素质涉外法律服务队伍,为“一带一路”等国家重大发展战略提供法律服务;2017 年 5 月 27 日,司法部联合外交部、国家发改委、教育部、商务部、全国律协等 13 个部门召开了第一次发展涉外法律服务业联席会议,号召加快培养通晓国际规则、善于处理涉外法律事务的涉外法律人才。同时,与培养“一带一路”法律人才紧密相关的,中国—上海合作组织国际司法交流合作培训基地于 2014 年正式落户上海政法学院并于 2017 年成立,其功能除服务于上海合作组织成员国的司法、执法部门官员的培训以及律师、反恐维稳界人士的业务交流外,还作为智库进行“一带一路”建设的理论研究与理论支持;在 2018 年的上海合作组织峰会中,我国也表达愿利用“中国—上海合作组织国际司法交流合作培训基地等平台,为各方培训 2000 名执法人员,强化执法能力建设”。

2.“一带一路”现行法律人才培养机制之不足

通过上述对“一带一路”法律人才培养机制现状的描述,我们可以获得如下信息:现阶段涉外法律人才的培养模式,多是以本科教育为主,兼有少量的硕士研究生教育,缺乏更高层级的涉外法律人才培养模式,而且培养对象是单向的,即培养的多是我们自己的学生,使其了解世界其他国家的法律。对于外国法律人学习中国法律,现在的中国—上海合作组织国际司法交流合作培训基地多是针对实务人士短期的法律培训课程,一些高校为外国人提供的中国的法律硕士(LL. M.)项目的学制仅为一年(基本为英语授课),缺乏对外国人的长期的、高层次的法律人才培养模式。总之,无论是对本国涉外法律人才的培养,还是针对外国法律人的培养,都缺乏系统性的、高层次的人才培养模式。

(二)法律服务平台上的原因

除人员因素以外,还存在法律服务平台上的原因。这里的法律服务平台,不仅是指各种进行"一带一路"法律理论研究的平台,还包括法律人交流、探讨和解决各种"一带一路"建设实务问题的服务平台。法律服务平台的重要性在于为高层级法律人才提供用武之地;如果我们培养了符合"一带一路"建设深层次发展的法律人才,但是缺乏与之相符的法律服务平台,那么这些人才就将流失,最终不会为建设"一带一路"贡献力量。

1. "一带一路"法律服务平台之现状

"一带一路"倡议的提出得到了我国法律界人士的积极响应,并引起了国外友好人士的关注。在我国,各地方组织纷纷建立了服务于"一带一路"建设的法律专业平台,如由西北政法大学及中国政法大学、西南政法大学、华东政法大学、中南财经政法大学、武汉大学法学院、对外经济贸易大学法学院、IR"一带一路"国际律师联盟于 2015 年 11 月 14 日共同发起成立的"一带一路"法律研究协同创新中心,由中国律师协会牵头设立的"一带一路"律师联盟,由国内某律所牵头成立的"一带一路"法律服务平台,以及由一家上海公司联合其他律所成立的"一带一路"法律服务联盟。除这些已经成立的组织之外,各种官方组织和民间机构举办了多场以"一带一路"建设为主题的法律论坛。

2. 现时"一带一路"法律服务平台之不足

通过各种渠道,我们了解现时成立的"一带一路"法律服务平台是一个较松散的组织,多是由一家机构牵头,以举办会议的形式成立,基本没有独立的办公机构,也没有常设的秘书处。即使某些平台拥有秘书,该秘书也是兼职的,很难有效组织、安排平台议程。这些法律服务平台通常既缺乏中长期计划与工作安排,也缺乏明确的短期计划或确定的会议议程。因为一方面这些平台缺乏专职的研究人员,另一方面没有设定明确可行的目标,所以这些平台不能更深入细致地研究"一带一路"法律问题,也不能为"一带一路"建设深层次发展持续贡献力量。

另外,这些"一带一路"法律服务平台基本都是由我国的行业组织发起成立的,虽然参与者有外国的律所等法律服务机构,但这些法律服务平台在国外也没有任何办公机构。这就造成了这些"一带一路"法律服务平台的国际影响力较为有限。而"一带一路"建设的深层次发展不仅需要由我国相关组织来推动,更需要海外组织积极参与并推进;而海外组织的参与需要国际性的"一带一路"法律服务平台,没有这样的平台,海外组织参与"一带一路"建设将遭遇较大的困难。

三、法律问题及不对称性的破解之道

通过上述分析可知,"一带一路"深层次发展的法律问题及"一带一路"法律研究不对称性的原因在于缺乏符合要求的法律人才和法律服务平台。因此,对此困境的破解之道就是培养符合"一带一路"深层次发展要求的法律人才,建立相应的法律服务机制。

(一)培养"未来型""高层次""系统性"法律人才

在我们看来,符合"一带一路"深层次发展要求的法律人才必然是"未来型""高层次""系统性"法律人才。在此,我们将详细阐述这种类型的法律人才的内涵。

1."未来型""高层次""系统性"法律人才的意涵

"未来型"法律人才,是指法律人才的培养不是为实现暂时的或现时的功利目的,而是为了使法律人才有能力迎接未来的挑战,承担在未来才能确定下来的任务与挑战。这并不是说,"未来型"法律人才不能服务于现在的"一带一路"建设,而是说他们还有能力处理现在未知的挑战。

"高层次"法律人才是指法律人才拥有高层级的法律学位。从学历教育来看,"高层次"法律人才就是指经历博士教育或有博士后经历的法律人才。面对"一带一路"深层次发展的需要,法律人才需要经历较长时间的学习,一般的本科、硕士教育及其他职业培训很难满足学习时间与强度的要求。虽然学历与能力没有因果关系,但是两者显示了极强的相关关系。而"一带一路"深层次发展必然会遇到重大的实践与理论问题,这种类型的问题也只有"高层次"的法律人才攻关才可能解决。

"系统性"法律人才是针对法律人才的培养方式而言,系统性的法律人才培养方式要求培养对象不仅要学习其所在国家的法律，而且要学习其他国家的法律；不仅要学习法律知识，而且应当具有经济、政治及特定行业的知识背景；不仅精通英语，还精通其他国家的语言。

总之，“未来型”“高层次”“系统性”法律人才是具有高学历、拥有深厚法律素养、精确国内法与外国法、拥有复合知识背景、能够攻关“一带一路”建设重大实践与理论问题与迎接未来不确定挑战的法律人才。

2. “未来型”“高层次”“系统性”法律人才的作用

正如“未来型”“高层次”“系统性”法律人才的名称所揭示的，其并不在于服务于“一带一路”建设短期的功利性目的，而是为实现“一带一路”建设的深层次发展目的服务，为实现“一带一路”建设的政策沟通、设施联通、贸易畅通、资金融通、民心相通服务。具体而言，这类人才能发挥如下作用。

（1）扭转“一带一路”建设的舆论话语权

虽然我们在“一带一路”建设中反复强调了“共商、共建、共享、共赢”原则，并反复声明“一带一路”建设不是新殖民主义，而是体现“全球命运共同体”之理念，但还是出现了众多质疑与反对的声音。

这种情景的产生有更深层次的原因。“一带一路”沿线许多国家曾长期处于西方殖民主义的统治中，虽然这些国家经过 20 世纪的独立革命已经纷纷独立，但是其国民深受西方价值观影响；同样在中亚国家，西方价值观也透过各种非政府组织发挥较大影响。而“一带一路”建设的理念与模式，与西方价值观有很大不同，这势必会引起西方非友好势力的反对，因此，在“一带一路”建设的各个具体项目遇到暂时性问题或阻碍时，这些西方非友好势力就会极力渲染“一带一路”建设的负面状况。虽然我们做了许多对当地民生、经济有实实在在好处的事，但是整体的舆论导向还是对“一带一路”建设造成较大的负担。

上述问题的产生，一方面，在于我们现在还缺少足够的舆论宣传工具；另一方面，也在于我们缺少为“一带一路”建设发声的人才，缺乏在“一带一路”沿线国家为我们发声的有影响力和高层次的人才。而如果我们一个完善的高层次“一带一路”建设法律人才培养机制，就可以为“一带一路”沿线国家培养这样的人才，他们日后在他们所在国家能渐渐地占据社会、经济、文化等各个方面的重要位置，能正面宣传“一带一路”建设的成果，推广不同于西方价值观的中国理念与模式，有效回击西方非友好势力的指摘。

(2)塑造对“一带一路”建设有利的环境

这样的“未来型”“高层次”“系统性”法律人才同样能为“一带一路”建设的深层次发展塑造有利的环境。因为“一带一路”沿线国家已经或正在与我国建立深厚的经济联系,有着广泛的贸易交往,所以这些人才在其国家,至少在经济事务中,必有用武之地。我们也相信,随着“一带一路”的推进,这些法律人才会在其国家渐渐取得重要的位置,在一些重要的公务部门或著名的社会团体担任重要职务,这就会为“一带一路”建设的深层次发展塑造有利的外部环境:当遇有“一带一路”争议时,我们能与这些法律人才建立起有效的沟通,大大促进争议解决的效率;当需要扩大交往范围或制定相关的共同规则时,我们与这些法律人才直接对接,能极大降低谈判成本,容易达成共识。

(二)建立“未来型”“高层次”“系统性”法律人才的服务机制

“未来型”“高层次”“系统性”法律人才的服务机制,是为了保证这样的法律人才在培养出来之后,能够较快地有用武之地。这里的人才服务机制,不仅包括前面所提过的“一带一路”法律服务平台,而且包括各种人员联络、推荐、咨询等机制。在我们看来,这样的人才服务机制至少能发挥如下功能。

1. 有效提高人才的“成名率”

虽然我们能够预期这样的高级人才有较大机会取得重要的成绩,但如果有完善的人才服务机制,可以有效提高这些人才的“成名率”,降低其职业、事业发展中的阻力;与之相对应,这些法律人才日后取得的成就,也能提高其曾经服务过的法律平台的影响力。

2. 增加人才培养机制的吸引力

如果我们建有健全的“一带一路”建设高层级法律人士的服务机制,使这些人才有较好的去处,能够大大增加这些培养机构的吸引力,吸引众多的优秀人才来这些培养机构学习,这样就能不断扩大“一带一路”建设的人才储备,使这些机构能够挑选更有潜力的人才。

3. 有助于区域私法统一

前述的两项功能都是仅限于法律人才的培养—服务机制本身,对“一带一路”建设的深层次发展来讲,尤其是对在此过程中的法律问题,高级别法律人才的服务机制更重要的功能在于有助于“一带一路”建设沿线国家或地区的区域私法统一,在这些国家或地区的商业交往中形成共同的规则,使“一带一路”建设运行在透明、公正的法治轨道上。

(1)“一带一路”区域私法统一的概念

区域私法统一是指在某一个特定的区域适用共同的民商事规则,解决该区域内居民、组织之间的各种民商事争议。“一带一路”区域私法统一,是指在“一带一路”沿线国家与地区统一民商事法律规定,形成共同的规则。这一共同的规则应当优先于“一带一路”沿线国家与地区各自的国内法适用;当“一带一路”不同国家或地区的居民、公司或其他组织发生民商事争议时,该争议应当由此共同的规则直接解决,而不用选择某个国家的法律。

(2)区域私法统一对“一带一路”建设的促进作用

“一带一路”区域的私法统一对“一带一路”建设有极大的促进作用。首先,通过此私法统一,可以在“一带一路”建设沿线国家或地区形成共同的被认可的规则。“一带一路”建设的一个重大阻力就是在产生争议时,没有一个明确的规则解决此争议;而为解决此争议,就需要争议各方通过谈判取得利益妥协,这就意味着争议各方要付出极高的谈判成本才有可能获得解决争议的方法。

其次,在“一带一路”区域实现私法统一,有利于为“一带一路”建设创造稳定、和谐的政治环境。这是因为一旦这些共同的规则生效,“一带一路”沿线国家就应当遵守这些规则,认可这些规则的效力;任何国家不得轻易否认统一私法的效力。而如果在“一带一路”区域没有统一的私法,只有临时的措施,那么当某些国家出现政权更迭时,它们就很可能否认此临时措施,“一带一路”建设就将面临无规则可依的困境。而这种困境在区域私法统一的情形下是不存在的;即使某些国家出现政权更迭,其也要遵守共同的统一私法。

(3)“一带一路”法律服务平台对区域私法统一的促进作用

“一带一路”区域的私法统一需要有相关组织或人士来推动。从国际或其他地区私法统一的经验上看,私法统一的重要推动力量是专业的法律服务组织,官方力量直接在前期参与进来反而效果不佳,比如位于荷兰海牙的“海牙国际私法会议”(HCCH)在国际私法统一中取得了显著的成绩,国际律师协会(IBA)在相关方面的示范法(虽然不是统一私法)取得广泛的影响力。同样地,“一带一路”法律服务平台可以在“一带一路”区域的私法统一中发挥重要的作用,这里的法律服务平台包括各种法律服务机构、研究协会。比如,针对某一具体类型的跨国贸易问题,可由“一带一路”法律服务平台各自在实践中寻找到合适的解决方法;当这些解决办法经过实践的反复验证后,就可以进行综合,形成在某一领域惯例性的操作办法;然后,就可以由特定法律服务平台发起,针对某一领域的问题,制定“一带一路”区域的示范法(软法),并在条件成熟后,与官方组织进行沟通,制定"一带一路"区域的统一私法。

四、未来型高级法律人才的培养—服务机制的若干建议

我们既然已经知道解决"一带一路"深层次发展法律困境的关键在于建立"未来型""高层次""系统性"法律人才的培养—服务机制,那么问题的关键就在于如何建立这样的培养—服务机制。在此,笔者提出一些具体的建议。

(一)法律人才培养机构的建设

1. 建立专门的"一带一路"高端法律人才培养基地

现在在我国及"一带一路"沿线其他国家还没有针对性的"一带一路"高端法律人才培养基地。有的法律项目虽然有"高端"的名称,但培养类别只到达硕士类别,并且是短期的实践项目,缺乏系统性的、高层次的"一带一路"法律人才培养基地。没有这样的培养基地,自然不可能培养出"未来型""高层次""系统性"法律人才。而要建成这样的人才培养基地,就必须在师资、学位授予权及研究人员配备等诸方面予以保障、支持。

(1)师资方面的建设

"一带一路"高端法律人才培养基地应当具有充足的师资。在该基地任职的研究、教学人员至少应当获得国内外著名院校、研究机构的博士学位。在具体的师资配比上,应当做到国内与国外高校师资的合理配比,而对获得国外高校博士学位的师资也应当依国家、地域进行合理配比。笔者认为,国内与国外高校博士师资的配比为1∶2.5,欧洲、东亚与中亚、东盟访学经历的师资配比均衡,这样的师资配比是较为合理的。

(2)学位授予权

"一带一路"高端法律人才培养基地应当具有博士学位授予权,以及能够作为博士后工作站。既然该培养基地定位是"一带一路"建设高端人才培养基地,就应当具有博士学位授予权,并且该基地只招收脱产或半脱产的博士生或博士后,不招收在职博士生或在职博士后,这是为了保证人才培养的质量。只有当人才全身心地投入学习、研究中,才能真正培养出高端人才。同时,应当授予培养基地研究人员完全自主的招生权利,因为对于人才是否适合博士阶段的深造,要看其研究能力,一般的考试是完全无法测出人才的发展潜力的,而只有研究人员才有此鉴别能力。但为了防止研究人员为个人私利而盲目招生,应当建立博士生导师或博士后导师对其学生的负责制,导师对其学生的学术不端行

为、学术能力是否达标承担终身责任。

(3)资金支持与辅助人员配备

“一带一路”高端人才培养基地关系着“一带一路”深层次发展的进度,因此,应当从国家财政层面对该培养基地以充足的资金支持,同时,从制度层面简化该培养基地申请年度预算的程序。这些都是为了保证基地研究人员能够全身心地投入研究、教学中。此外,还应当为研究人员配备行政辅助人员,保证一个研究团队能够配备一名全职的行政辅助人员,帮助研究人员处理各种行政事宜、协调各种学术会议时间安排、保证研究人员能与学员进行有效的沟通。

2. 利用现有的法律人才培养基地

除建立新的“一带一路”高端法律人才培养基地之外,还可以利用现有的、与“一带一路”建设相关的法律人才培养基地,这样可以省去建立新的培养基地的时间,也可以将“一带一路”建设与其他课题相结合,不同课题研究人员可以互相交流、探讨与借鉴,以取得事半功倍的效果。

(1)对现有法律人才培养基地的挑选

随着“一带一路”建设口号的提出,我国许多高校、研究机构都建立了与“一带一路”建设相关的法律人才培养机构,但正如前文所讲的,这些培养机构基本都面临着培养层级不高、研究程度较浅的问题,而这同时限制了这些培养基地在“一带一路”建设议题上的影响力。既然要利用现有的相关法律人才培养基地,就必须在现有基地的基础上精选出有较大潜力的培养基地,并给予其特殊财政支持,避免“平均主义”式的无效率发展。

以上海市的法律人才培养基地为例,在上海司法局联合上海发改委、经信委、商委等八部门发布的《上海市发展涉外法律服务业实施意见》中,已经明确由上海政法学院来配合建立“上海合作组织国家法治研究中心”,系统研究上海合作组织区域各国法治建设的最新进展与司法实践的前沿问题,并为国家和上海的相关政策提供智力支持。在前几次的上海合作组织峰会上,我国都明确承诺将利用上海政法学院的中国—上海合作组织国际司法交流合作培训基地,协助成员国培训司法人才,同时,在最新的青岛上合组织峰会中,我国又承诺为各方培训2000名执法人员,强化执法能力建设。考虑到上海合作组织成员国与“一带一路”建设天然的紧密联系,以及上海合作组织国际司法交流合作培训基地已经获得的政策支持,笔者建议,在资金、人员等诸方面支持其同时成为“一带一路”建设的高端法律人才培养基地,这样能够实现以较小的资金投入取得最好效果的目的。

(2)对被挑选的法律人才培养基地的支持

对于被挑选上的法律人才培养基地,为保证其持续在“一带一路”建设中有充足的研究人员,应当在国家财政层面给予特殊支持,在教育部层面给这些基地在招生、培养人才方面较大的自主权。具体的措施可以是,由财政部与教育部联合制定政策,专门为这些培养基地的“一带一路”建设高端法律人才培养项目制定年度经费、人员配备、招生名额的专门规定,保障这些经费能独立地运用于“一带一路”建设高端法律人才的培养。

3. 建立海外“一带一路”高端法律人才培养基地

“一带一路”建设是我国推行“走出去”战略的具体体现,因此,仅仅在我国建立“一带一路”高端法律人才培养基地是不够的,应当在“一带一路”沿线有条件的国家或地区建立海外高端法律人才培养基地,与国内的培养基地相呼应,达到协同合作、扩大影响力的作用。

(1)多元化的建立模式

在海外建立“一带一路”高端法律人才培养基地,应当采取更多元化的方式,且要努力避免由我国官方力量直接推动建立,这一方面是为了减少此培养基地的“政治色彩”,体现“一带一路”建设的民间参与;另一方面有利于此基地在当地国开展宣传活动,使其宣传有较自由的操作空间。

具体而言,海外“一带一路”高端法律人才培养基地可由国内外企业、律师职业团体、各种基金会以在当地设立非政府组织的形式成立;或者可采取与当地大学或研究机构合作,联合设置培养“一带一路”高端法律人才的研究机构。无论以什么方式设立,设立人都应当保证该培养机构有较充足的资金。

(2)充分发挥海外华侨的作用

在建立海外“一带一路”高端法律人才培养基地时,海外华侨能够发挥的作用不容忽视。首先,在牵头设立、组织此类海外人才培养基地时,当地的海外华侨组织或协会熟悉当地的政策法规,拥有一定的人脉资源,能够有效降低设立的难度,拓宽建立此类基地的渠道;在基地建立后寻求资金支持时,海外华侨能够积极联络、游说当地的企业、政府组织或基金会组织,为海外“一带一路”高端法律人才培养基地争取多元化的资金来源以及合法的税收优惠政策等;在基地的宣传上,海外华侨能够与当地的其他组织协商、合作,发挥民间力量,扩大海外“一带一路”高端法律人才培养基地在当地的影响力。

(二)人才选拔与培养机制

对“一带一路”高端法律人才培养基地来讲,衡量其成功与否的关键因素在于，该培养机构是否能够培养出真正的“一带一路”高端法律人才；而要培养出这样的人才，首先就要选拔出真正对“一带一路”法律问题有兴趣且有研究与解决问题潜力的人，其次是针对这些人设计科学合理的培养机制。唯有如此，才能有效保证培养基地的成才率。

1. 人才选拔机制

（1）严格的人才选拔机制

“一带一路”高端法律人才培养基地是国际化的人才培养基地，因此，必须招收外籍学生。观察我国现在的外国留学生培养机制，其存在较严重的人才选拔机制问题，很多培养机构，甚至包括一些博士培养机构，所招收的部分外籍学生学历与学术基础较差，并且个人素质较差，甚至引发了一定的社会问题。鉴于此，为使“一带一路”高端法律人才培养基地名实相符，需要为其制定严格的人才选拔机制。首先，在语言要求上，申请人应当具备优秀的英语水平及满足研究需要的汉语水平；其次，申请人应当是其所在国家著名学府的毕业生，并且成绩在其同级中应排名前20%；最后，申请人应当显示出对“一带一路”建设有相当程度的背景知识。前两项标准，可由申请人提供语言成绩和学业成绩证明；后一项标准，可由培养机构的研究人员在面试中进行综合测评。

（2）人才的高额资助机制

对于通过选拔机制的申请人要给予高额资助，使其能够安心地研究“一带一路”建设的法律问题。资助发放的时间应当能够覆盖整个培养周期，并且在培养周期内，不能再人为地设定资助的审核机制，因为以往的实践经验表明，高质量的研究成果往往需要研究人员能长时间地、全身心地投入研究中，在资助期间的审核机制，只会限制研究人员“啃硬骨头”的决心与热情，而去选择一些更简单的问题研究，这不利于“一带一路”建设的深层次发展。而且这种资助期间的审核机制，会给研究人员留下不愉快的经历，使其在毕业后也不会真心推荐“一带一路”高端法律人才培养基地，不利于该培养基地的宣传。我们应当采取更大气的态度，对研究人员采取更信任的态度，使其在培养期间愉快地学习、研究，在培养后怀念其在培养基地的学习、研究经历。

2. 人才培养机制

（1）多层次与高层次相结合

虽然“一带一路”高端法律人才培养基地以培养高层次法律人才为主要目标，即以培养博士、博士后为主要目标，但仍然应当兼顾多层次的人才培养与交流制度，如建立定期的客座研究员、客座学者制度，建立与其他机构的联合培养博士、博士后制度，建立其他著名科研机构的博士、博士后访学制度，并为这些人员在“一带一路”高端法律人才培养基地的研究、学习设立资金。

(2)“汉语 + 外语”的语言培训机制

此举是针对“一带一路”高端法律人才培养基地的博士生而要求的；一个人要想理解他国的文化、精神状态与意识形态，就应当熟练掌握该国的语言。对中国博士生而言，除精通英语外，还应当学习并熟练掌握一到两门的“一带一路”沿线国家的官方语言；对于外国博士生而言，其应当熟练掌握汉语，能达到以汉语进行学术写作、交流的程度，这样才有可能建立起对中国文化和中国模式的深入理解。

(3)“中国 + 外国”的学术交流机制

一个优秀的人才培养基地应当建立起世界范围内的学术交流机制，通过此机制，研究人员能够掌握到在该领域的最新研究动向，并能极大扩展研究人员的思维和视野。这一点同样适用于“一带一路”高端法律人才培养基地。笔者建议，在该培养基地的博士生应当有至少一年的时间在其他国家的研究机构研究、访学。

(三)法律人才的服务机制

正如前文所述，“一带一路”高端法律人才的服务机制目的在于，使培养出来的高端法律人才能够有用武之地，并且通过此服务机制使高端法律人才成为其所在国家的社会骨干力量，这样其对“一带一路”建设的宣传与支持将更有力度与效果。

1. 建立人才的常态沟通、宣传与咨询机制

人才的常态沟通、宣传与咨询机制，是指在“一带一路”高端法律人才的职业发展初期，为这些人才提供各种入职、宣传渠道，使各类公司、社会组织或机构有机会认识到这些人才的价值，为这些人才赢得各种职业机会。人才的常态沟通机制，是指建立“一带一路”高端法律人才的校友定期联络机制，定期举办校友会等各种活动。对于新晋法律人才来讲，通过此常态沟通机制，能够利用校友资源，为刚毕业的法律人才提供职业机会。人才的宣传与咨询机制，是指“一带一路”高端法律人才培养基地主动举办各种宣介会，或者应其他企业、组织或社会机构的要求，向后者推荐法律人才。

对于即将进入社会的“一带一路”高端法律人才来讲，其能够获得一个不错的职业发展起点，对其后期事业发展意义重大，能够让其职业发展少走弯路。而这些人才在职业发展初期所遇到的困难也是最大的，我们应当利用各种资

源，降低其职业发展的困难；相应地，也能增加“一带一路”高端法律人才培养基地对后来申请人的吸引力。

2. 打造“一带一路”法律服务平台

“一带一路”法律服务平台对“一带一路”建设的深层次发展意义重大。成熟、有效运作的“一带一路”法律服务平台十分有助于“一带一路”各种艰巨法律问题的解决，有助于推进“一带一路”沿线国家与区域的私法统一，有助于有效地解决“一带一路”深层次发展的争议，同时为培养出的“一带一路”高层次法律人才提供了施展自己才华的舞台。

首先，打造“一带一路”法律服务平台需要资金的支持。我们可以动员我国和外国的企业、社会团体、法律服务机构提供资金，或者我国政府通过第三方基金会提供初始设立基金，在国内外建立这样的“一带一路”法律服务平台。针对前文所述的现时“一带一路”法律服务机制的缺陷，笔者建议，在“一带一路”法律服务平台内部，建立该平台的权力机构、常设管理机构、秘书处，制定该平台的规章与发展规则，雇佣全职的工作人员来协调、组织诸种事宜。

其次，要保证“一带一路”法律服务平台能持续获得资金，以维持其持续运作。为做到此点，该平台应当确立其业务范围，该业务可以是纯粹法律实践导向的，也可以是理论与实践相结合的。如果法律服务平台属于前者，则其可以为公司、社会组织提供咨询类的法律服务，获得收入；如果属于后者，则其可以既提供咨询类的法律服务，也可以申请各种政府机构、基金会组织的各种课题，以获得课题资助。此外，要保证各项服务、课题的高质量完成，“一带一路”法律服务平台就应当聘请高端法律人才作为专职工作人员，这也与“一带一路”高端人才的培养机制相衔接。

最后，对于在海外的“一带一路”法律服务平台，更应该鼓励该平台与当地政府沟通，建立良好的关系，以增加其获得当地政府机构或基金会资助的可能性。此外，还应当发挥当地海外华侨的作用，利用海外华侨为海外的“一带一路”法律服务平台寻找各种资金支持。

国家间经贸协议争端预防与解决机制探讨

——以2020年中美经贸协议为例*

一、概说

中美双方从2018年2月27日开始至2019年10月11日前后23个多月，共经历了13轮20余次的高级别磋商，并最终于2020年1月15日在美国白宫签署中美第一阶段经贸协议——《中华人民共和国政府和美利坚合众国政府经济贸易协议》。该协议以中英文本做成并签署，它包含共八章内容，即序言，第一章知识产权，第二章技术转让，第三章食品和农产品贸易，第四章金融贸易，第五章宏观经济政策、汇率问题和透明度，第六章扩大贸易，第七章双边评估和争议解决，以及第八章最终条款。从该协议的内容看，它在中美贸易的一些具体领域规定中美双方的具体义务以及需要去具体履行的规则和措施。也就是说该协议不只是中美贸易的框架协议，还是中美贸易的具体方面和领域，如知识产权领域、技术转让方面、食品和农产品贸易领域以及金融贸易领域等的具体实施规则和细则的约定。

鉴于该贸易协议的上述具体实操性质的特征，可以看到该协议有一个区别于人们常见的两国间的双边协

---

* 本文最初发表于微信公众号“邦信阳中建中汇”2020年1月21日。

议的明显特点,就是该协议包含了协议具体执行和实施中可能出现的争端的预防和解决机制。通常的平等民事主体间缔结的商事合同中会包含争议解决条款。但是,这些条款通常规定履行协议中出现争议,合同双方应协商解决。如果协商无法解决争议,则通常是将争议提交给第三方,包括仲裁庭、法院或调解中心,予以解决。这是一般商事合同争议的解决机制。然而,像中美经贸协议这样的主权国家间的双边国际协议的争议预防和解决机制便有别于一般平等主体间的争议解决机制,它通常是两个主权国家间关于它们履行协议间所可能产生争议预防和解决的自治机制。它们并不诉诸第三方的争议解决活动,而是通过自己确定的争议预防和解决机构,按照彼此约定的争议解决程序,预防其间履行协议纠纷的产生,并在产生纠纷后,自行解决纠纷。中美经贸协议确定了中美履行协议纠纷的预防机制以及纠纷产生后的解决机制。这一独特的机制具有很强的专业性和可操作性,尤其对于从事争议解决的法律专家和专业律师而言具有很高的研究和参考价值。

二、宗旨和原则

协议第七章规定了中美双方预防和解决履行协议过程中争议的机制。协议对此进行特别规定的目标和任务是有效履行协议,以公平、快速和秉持尊重的方式,解决双边经贸关系中的问题,避免经贸纠纷及其影响升级扩散至双边关系的其他领域。双方认识到就此加强沟通的重要性(第 7.1 条第 2 款)。协议上述规定包含以下内容:

1. 协议以第七章“双边评估和争端解决”的特别规定设立协议履行中的争议预防和解决机制,目标和任务是使中美双方更为有效地履行本协议。换句话说,协议履行中的争议预防和解决机制的规定是为了确保协议在实践中得以履行。中美两国均是大国,本着条约必须信守的原则,两国在本协议签署生效后应该切实履行协议规定的义务和作出的安排。当然,协议履行过程中难免会出现对于协议规定内容理解不一,或者其他协议履行中的争端。协议中确定这些争端的预防和解决机制无疑有利于协议双方对协议各具体规定的履行,从而保证协议的有效实施。

2. 协议确定解决争议的具体原则是公平、快速和秉持尊重的方式。首先,公平不仅是处理一般民商事纠纷的原则,也是中美经贸争端解决所应该秉持的原则。公平是指处理中美间本协议下的经贸问题应该做到不偏不倚,合情合理,不偏袒任何一方。其次,中美两国间的经贸纠纷事关两国经贸关系,涉及无数的企业,对其进行快速解决具有非常重要的意义。实践中,一般国际商事争议的解决,无论是通过仲裁解决还是法院诉讼解决,通常都会非常耗时,短则数月,长则数年,这样的速度对于解决中美履行本协议的争议的解决显然是不可行的。所以,协议明确规定中美履行协议间的争端应该快速解决。协议确定的纠纷解决程序便是基于快速解决争议这一原则设计和确定的。最后,争端的解决应该秉持尊重原则。中美两国均为主权国家,且均为大国,两国间在经贸纠纷的解决上应该秉持彼此尊重的原则。该原则要求中美双方在解决履行协议出现争端后,彼此要平等相待,以平等相待的心态、语言和行动对待对方。彼此尊重才能心平气和地解决问题,消弭纷争,化解矛盾,使双方重归履行协议的轨道。

3. 管控双方间履行协议产生的争端,避免经贸纠纷及其影响升级扩散至双边关系的其他领域。协议这样规定实际上就是说中美双方在解决和处理履行协议的争议问题上要大事化小,小事化了,不使纠纷本身,以及纠纷所产生的影响升级和扩散到中美双边关系的其他领域。这是中美两国关系非常重要的一个原则,也就是经贸纠纷必须严格限制和管控在中美经贸领域,不能扩散到经贸领域以外的其他领域。和一般民商事关系的主体不同,主权国家间的关系除经贸关系外,还有政治、外交、军事、文化等,经济贸易间的纠纷不应扩散影响它们间的其他关系,应该严格限制在经贸领域。

三、组织框架

争端的预防和解决需要有组织和机构方面的保障。协议为此规定中美双方应建立一个名为“贸易框架小组”(the Trade Framework Group)的机构以负责本协议的履行和落实,自然也包括协议履行中争端的预防和解决。该小组由中国国务院分管副总理和美国贸易代表牵头负责,其具体的工作任务包括三个方面:(1)本协议整体落实情况;(2)协议履行方面的重大问题;(3)双方未来工作安排。该协议还特别约定了该小组的高效和务实的工作原则:中美双方应尽一切努力确保“贸易框架小组”会议高效,并以解决问题为导向。鉴于本协议仅仅规定中美双方间经济贸易所涉若干领域的问题,贸易框架小组的工作主要也是围绕协议规定的这些问题开展工作。为了双方间可以就综合性经济问题进行讨论,中美双方在该协议中还声明双方应恢复宏观经济会议这一交流和沟通机制。该宏观经济会议也是一个高级别的会议,它由中国国务院分管副总理和美国财政部长牵头。与上述贸易框架小组作为协议落实的工作机构不同,中美双方的宏观经济会议从性质和功能上来讲不应该是一个解决具体问题的工作机构,更应该是一个务虚的交流会议。但是,应该特别注意的是,协议将该会议和贸易框架小组的工作原则一并规定为高效,并以解决问题为导向。据此,在未来中美双方的宏观经济会议的议程上可能就会有一些具体的需要解决的问题,需要在会议上讨论和决定。

上面提到的贸易框架小组以及中美双方的宏观经济会议是两个高层组织架构,负责涉及中美贸易间重要问题的讨论和决策。就日常工作而言,协议规定中美双方要分别设立一个名为“双边评估和争端解决办公室”(Bilateral Evaluation and Dispute Resolution Office)的机构,中方的该机构由一位副部长作为牵头人,美国的该机构则由一位副贸易代表作为牵头人。为了保证双边评估和争端解决办公室日常运行,协议还特别规定每一方均应指定一位官员协助工作,实际上也就是负责该办公室日常的工作,以保证彼此可以随时找到联络人。该官员还被协议赋予一个特别的名称——指定官员(Designated Official)。而且,在本协议生效日前,每一方应提供各自指定官员的联系方式。在法律实务中,不少商业协议常常作出这样具体且实际可以操作的规定,以保证协议的履行。中美贸易协议的这样的规定显然是一个务实和可以得到落实的规定和安排。评估和争端解决办公室的主要任务便是预防和解决协议履行中的争议。协议规定其具体的工作任务有三项:(1)评估本协议履行相关的具体问题;(2)接受任何一方提交的与协议履行相关的申诉;(3)尝试通过磋商解决争端。鉴于在中美两国该协议的履行均涉及多个不同的政府部门,评估和争端解决办公室还同时是一个政府各部门间的协调机构,为了开展相关工作,它们可以向具有相关专业能力的政府部门进行咨询。

四、信息请求

无论是商人之间的协议还是国家和国家间的协议的顺利履行均需要履行过程中的相关信息的交流和沟通。充分的信息沟通自然也是预防协议执行中争议产生的有效措施。协议第7.3条规定了中美在协议履行过程中信息交流的机制。很有趣的是,协议在信息请求的时间上规定的是“会议中或会议前”。笔者的理解是会议前一方请求另一方提供信息,另一方提供含有所需信息的书面回复,是可行的。但是,会议中,另一方提供含有所需信息的书面回复从时间可行性方面来讲均应该是较为困难的。当然,提出信息请求的一方在会议中也可以放弃对方的书面回复要求。当然,这里所说的会议前和会议中也可以理解为要求方提出获取信息的请求,然后被请求方在15个工作日内给予要求方回复。如果是这样理解,则便不存在上面的问题了。在被要求方答复所要求提供信息方面,协议还进一步要求,如果一方无法提供所请求信息,应在回复中具体解释无法在时限内提供该信息的原因,并明确将提供该信息的具体时间。协议附件中具体明确了被请求方提供信息的时限,所规定的时间应该说是非常紧的。协议也明确规定,这里所说的被要求提供的信息不包括保密信息。被要求方可以拒绝提供保密信息。当然,哪些信息属于保密信息也应该是双方在讨论信息要求和提供时所确定的内容。由于中美双方对于保密信息范围理解会不一致,协议履行中对其界定会是产生分歧的焦点之一。

五、申诉、磋商、单方行动和退出协议

协议第7.4条标题是"争端解决",它确定了协议履行中的争端具体通过申诉和磋商等程序予以解决的机制。

(一)申诉的提起、形式和保密

如果一方(申诉方)认为另一方(被申诉方)的行为不符合本协议,申诉方可以向被申诉方的"双边评估和争端解决办公室"提出申诉。协议规定这种申诉必须以书面方式提出,并应当包含足够信息以使被申诉方能够对事项进行适当评估。为了保护涉事公司的隐私,协议规定,申诉可以但不是必须包含能够识别涉事公司的信息或者其商业保密信息。协议更是明确规定,申诉及任何相关信息或事项均属保密信息和事项,未经双方一致同意,任何一方均不得与"双边评估和争端解决办公室"之外的其他人分享。

(二)申诉的范围

协议规定申诉的范围既包括本协议生效后出现的所有问题,也包括一方在本协议生效前采取的措施和任何行动,如果它们在本协议生效后得到保留或者持续存在影响。如果申诉涉及此类措施,申诉方应向被申诉方提交相关措施持续存在影响的说明。

(三)对申诉进行评估

被申诉方应该启动并完成对申诉的评估(assessment)。被申诉方应考虑申

诉所涉及的问题的事实、性质和严重程度。评估完成后，指定官员应该启动磋商程序。被申诉方应在收到申诉之日起 10 个工作日内，启动并完成对申诉的评估。

（四）对申诉进行处理

协议规定，双方将按照协议所规定的程序，以最高效的方式尝试对申诉进行解决。值得注意的是，协议在这里明确使用了"尝试"（attempt to）一词。这意味着双方在签署协议时对于通过协议所规定的争端解决机制是否能够解决每一个争议还是有保留态度的。当然，只要双方均有解决争端的诚意，应该说任何履行协议的争议均还是可以得到解决的。依据协议的规定，申诉处理有如下三个步骤：第一步，申诉解决的第一步程序是"指定官员"去解决申诉。指定官员应在收到申诉之日起 21 个日历日内达成解决方案。第二步，在"指定官员"未能解决申诉的情况下，此关注（the concerns）可以提交至中方指定的副部长和美方指定的副贸易代表处理。就时间安排而言，中方指定的副部长和美方指定的副贸易代表应在收到申诉之日起 45 个日历日内达成解决方案。第三步，如果申诉在副部级层面也没有得到解决，申诉方可将该问题提交至中方国务院分管副总理和美国贸易代表予以处理。该第三步的解决争议的时间规定是申诉方提请召开会议之日起 30 个日历日内举行会议。

但是，根据协议第 7.4 条第 5 款规定，申诉的这些步骤并不是解决争议必须经过的步骤。如果中国国务院分管副总理或者美国贸易代表认为某一履行问题是紧急事项，他们其中一位可在双方的会议上直接提出该事项，而无须先在较低级别的会议上进行讨论。也就是说，中国国务院分管副总理或者美国贸易代表可以直接将某一问题定性为"紧急事项"（a matter of urgency），并直接进入下面所说的磋商程序。而且，如果无法为此及时召开上述会议，申诉方可以采取本文下面所说的行动。应该说协议对争议解决这样的规定是非常严苛的。

（五）磋商、紧急会议 、单方行动和退出协议

如果上述对申诉进行处理的三个步骤均未能解决申诉的问题，则争端进入最后的磋商程序。协议规定，如果中国国务院分管副总理和美国贸易代表举行的会议未能解决申诉方关注，双方应就申诉方所受损害或损失的回应快速进行磋商。协议进一步规定磋商的可能结果及对应措施：其一，如果双方磋商就上述回应（response）达成共识，则争议获得解决，但是，协议强调，该回应应得到履行。其二，如果双方未就上述回应达成共识，申诉方出于防止局势升级、维护正常双边贸易关系的目的，基于磋商中提供的事实，可能求助于采取行动（may resort to taking action)，包括停止其在本协议下的某一义务(suspending an obligation under this Agreement)，或者采取其认为适当的，以相称的方式实施的补救措施(by adopting a remedial measure in a proportionate way that it considers appropriate)。这就是说，如果磋商失败，申诉方可以有两个选择：一是单方停止其在本协议下的某一义务的履行；二是采取其认为适当的，以相称的方式实施的补救措施。协议也规定，申诉方采取这样的行动的目的在于防止局势升级和维护正常双边贸易关系。

如果磋商失败，形势显然是进入了一个比较紧急的状态。协议还特别规定在这种紧急情况下的特别的进一步的磋商机制：在申诉方行动生效日之前，被申诉方可以启动中国国务院分管副总理和美国贸易代表之间的紧急会议。该紧急会议是双方最后解决争议的机会。

如果紧急会议也没有使争端得到解决，申诉方依然要采取上述行动，则被申诉方依据协议有以下两个选择：其一，如果被申诉方认为申诉方采取的行动是善意的(in good faith)，则被申诉方不会采取反制措施(may not adopt a counter-response)，或否则挑战相关行动(or otherwise challenge such action)。中英文本在这几个表述上出现一些不一致。基于英文文本，更恰当的理解应该是“被申诉方不可以采取反制措施”以及“或者，对此行动提出异议”。其二，如果被申诉方认为申诉方采取的行动是恶意的(in bad faith)，则被申诉方在此种情况下的救济手段是向申诉方提交退出协议的书面通知(by providing written notice of withdrawal)，退出本协议。

六、不可抗力及本协议和其他国际文书关系

协议还特别规定，双方确认各自在世界贸易组织协定和其他共同参加的协定项下相互间的现有权利和义务。也就是说，中美间本双边协议不影响各缔约方在其他国际文书(international instruments)项下权利的享受和义务的行使。此外，本协议还包含一个不可抗力条款。如因自然灾害或其他双方不可控的不可预料情况，导致一方延误，无法及时履行本协议的义务，双方应进行磋商。

七、小结

认真阅读和理解协议确定的争端预防和解决机制，可以看到该机制具有很强的法律专业性。毫无疑问，它是具有丰富法律文本制作经验和争议解决经验

的专业法律团队的作品。该机制具有这样几个特征：首先，宗旨鲜明，目标明确。该机制是为了确保协议实施。其次，该机制立于道德高地。该机制所基于的原则是以公平、快速和秉持尊重的方式，解决双边经贸关系中的问题，避免经贸纠纷及其影响升级扩散至双边关系的其他领域。再次，争议解决的程序规定非常明确，具有很强的可操作性。从处理申诉的三个步骤到“紧急事项”的例外处理，程序非常周密，给实际操作中没留下任何可钻的空漏。最后，措施和后果均非常明确严苛。如果通过协议规定的机制争议无法解决，则申诉方可以单方采取行动，被申诉方可以退出协议。这类似一般性商业协议的违约终止条款。争议无法解决的法律后果规定得非常明确，协议签署方缔结协议时对该后果便可以洞见。我们真心希望中美双方在协议履行过程中可以积极预防争议产生，并在出现争议时可以秉持公平、快速和尊重的原则解决争议，从而使中美贸易在一个正常和健康的道路上运行！

欧盟举报人立法探究*

一、立法概述

在世界范围内,美国、英国、日本、韩国均有举报人保护制度。如果对这些国家的相关立法进行分类,举报人保护立法首先可被分为条文立法和专门立法两类。条文立法是指在各个部门、领域的立法中规定关于举报人保护的条文,而没有统一的举报人保护立法。其典型代表便是美国,美国在金融、环保、税务、海事等领域的联邦立法中都有关于吹哨制度的规定。据统计,美国在联邦层面一共有 59 部法案涉及对举报人的保护,其中 49 部法案保护企业的雇员,3 部法案保护政府企业的雇员,7 部法案涉及联邦雇员。① 尤其是在金融领域的《萨班斯 - 奥克斯利法》(Sarbanes-Oxley Act)和《多德 - 弗兰克法》(Dodd-Frank Act),其中关于举报人保护的规定在世界范围内有广泛影响。

专门立法是指制定专门的举报人保护立法。根据专门立法的适用范围,可再将专门立法分为公私部门一

---

* 本文最初发表于微信公众号“邦信阳中建中汇”2020 年 2 月 10 日。德国柏林洪堡大学法学博士胡峰系本文作者之一。上海邦信阳中建中汇律师事务所国际业务团队袁颖、胡楠、徐佳杰、陈爽爽和税振宇对本文的最初研究和写作也有贡献,作者在此表示感谢。

① See European Commission, ICF's Study Whistleblower Report-Principal Report, p. 81, https://ec. europa. eu/info/sites/info/files/14_annex_ - _icfs_study_whistleblower_report_ - _vol_i_ - _principal_report. pdf,最后访问日期:2020 年 2 月 18 日。

体立法、分别立法两种形式。公私部门分别立法的代表也是美国，如美国于1989年制定的《举报人保护法》（Whistleblower Protection Act）仅适用于联邦雇员，如果联邦雇员在履职过程中发现了腐败、损害公共利益和国家安全的情形，其可直接向由直属美国总统的独立机关“特别法律顾问办公室”（U. S. Office of Special Counsel，OSC）举报。① 公私部门一体立法，即一体规定公私部门雇员举报机制和举报保护的立法，采此立法例的代表有英国与日本。英国于1998年通过了《1998年公共利益披露法》（Public Interest Disclosure Act 1998），受该法保护的举报人不仅包括公私部门的雇员，还包括派遣员工及委托合同下的委托人；②该法也提供了内部披露、向特定机关披露和其他披露三种披露方式。③ 日本则借鉴英国的立法例，于2004年通过了《公益通报者保护法》，其举报机制基于日本社会特定的劳工与雇主的伦理关系，强调了员工内部举报的优先性。④

在举报人保护立法方面最新的立法成果是欧盟议会和理事会于2019年10月23日通过的《违反欧盟法举报人指令》（Directive EU 2019/1937 of the European Parliament and the Council of 23 October 2019 on the Protection of Persons Report Breaches of Union Law）⑤（以下简称指令或欧盟举报人保护指令）。该指令采公私一体立法的形式。根据指令第26条第1款的规定，欧盟成员国应当在2021年12月17日前将指令的规定转化为成员国国内的法律与行政法规；至于成员国是以专门立法抑或以条文立法的形式转让指令，则由各成员国自行决定。⑥ 关于国家安全、刑事辩护、医患保密义务、律师—客户保密义

① See 5 U. S. C. § 1211.

② See Employment Rights Act 1996，Section 43K（1）.

③ See Employment Rights Act 1996，Section 43C to 43G.

④ 依日本《公益通报者保护法》第3条的规定，内部举报、向行政机关举报、外部组织举报三种举报方式正当性的要件逐步严格。在内部举报时，仅要求不正当目的之排除；在向行政机关举报时，除了不正当目的之排除要件，更有内容真实或有相当理由或证据认定内容真实的要件；在外部组织举报时，除前述要件外，还附有其他要件。参见林良荣：《日本公益通报者保护法之立法政策与行政实务——兼论法院裁判案例与通报制度之改革》，载《月旦法学杂志》2019年第7期。

⑤ 指令条文载 https://eur-lex. europa. eu/legal-content/EN/TXT/? uri = CELEX：32019L1937，最后访问日期：2020年2月22日。本文参考了指令的英文、德文版本，力求准确把握指令条文、术语的内容。在英、德文版本不一致时，通过指令中序言的内容、对比其他语言版本等方式来确认哪一版本的内容较符合立法原意。

⑥ 两种立法方式各有优劣，仅就德国学者的讨论看，为使规定的适用有更好、更体系的理解，其倾向于选择采取专门立法的方式，参见 Klaus Ulrich Schmolke，die neue Whistleblower-Richtlinie ist da！Und nun？In：Neue Zeitschrift für Gesellschaftsrecht（NZG），2020，5，9。

务等事项,指令明确指出,由各欧盟成员国决定是否适用举报制度。① 这符合欧盟举报人保护指令的立法目标,即"确保举报人得到有效保护的最低共同标准"。② 至于各欧盟成员国在转化指令的过程中,是采取同比例的转化方式,还是扩大适用指令所涉及的法律领域,有待进一步观察。从指令的条文看,其关于受保护的举报人范围、举报机制、保护措施等方面的规定,较其他国家的相应立法,均有较大进步和发展。

二、指令的立法宗旨

举报人保护立法的首要目标自然是保护举报人。在此目标之外,举报人保护立法还有其他立法目的:一是鼓励揭弊;二是保护公益。这两种立法目的不是相互矛盾的;从目的—手段的角度看,鼓励揭弊侧重于手段,保护公益更强调结果。但举报人保护法究竟以哪种立法理念为侧重,将直接影响举报机制的具体建构方式,也影响对适格举报人的判断。

从各国的立法例看,侧重鼓励揭弊的立法不那么在意举报人举报的动机,并通常会配置举报奖励制度。比如,美国早在 1863 年通过了《不实请求法》(Federal False Claims Act),该法授权知悉对政府财务进行诈骗之人,可以政府名义进行控告的公益代位诉讼(Qui Tam)制度,并在胜诉时获得一定比例的奖金;③在金融领域,美国于 2010 年通过了《多德 - 弗兰克法》,依该法规定,④如果举报人提供的信息能使对违法主体的罚款金额达到 100 万美元以上,美国证券交易委员会(SEC)应给举报人一定奖励。SEC 据此建立了对举报人奖励的赏金计划(Bounty Program),据统计,在 2018 年,SEC 共向 13 位举报人发放了约 1.38 亿美元的赏金。⑤ 与此不同,侧重保护公益的立法例没有类似的举报奖金制度,如英国《1998 年公共利益披露法》、日本《公益通报者保护法》均强调了公益保护的宗旨,没有规定举报者揭弊的奖金制度,反而对举报人获得利益施

---

① 参见欧盟举报人保护指令第 3 条。

② 参见欧盟举报人保护指令序言第 3 条。

③ 参见李圣杰:《吹哨者保护的法制建构》,载《月旦法学杂志》2018 年第 1 期。

④ Public Law 111 - 203, Sec. 922.

⑤ SEC 2018 Annual Report to Congress, Whistleblower Program, p. 9, https://www.sec.gov/files/sec-2018-annual-report-whistleblower-program.pdf,最后访问日期:2020 年 3 月 19 日。

加一定的限制。①

在鼓励揭弊与保护公益之间,欧盟举报人保护指令并没有作出偏向性的选择,只是强调了举报人之举报对维护社会公益起着重要作用,因此,应当给予举报人平衡的和有效的(balanced and effective)保护,以免举报人遭到报复。② 虽然指令没有直接的鼓励揭弊的规定,但规定了举报人在应诉时的财务辅助制度,③即指令要求各成员国应给予举报人以财务方面的帮助,使举报人以较低的成本参与维权程序。这一规定是指令的立法创新,其与鼓励揭弊的奖励措施立法旨趣显然不同,更强调对举报人财务状况的消极保护,降低举报人有益举报之经济顾虑,免得其因举报而遭受经济损失。此外,指令也不反对各成员国制定鼓励揭弊的措施,如欧盟在金融领域的立法中已有一些奖励举报人的规定,指令要求这些规定应当予以保留。④ 总之,虽然欧盟举报人保护指令没有排斥鼓励揭弊,但从其立法旨趣来看,其更侧重于保护公益,并强调举报人利益损失之填补,而非举报人因举报而有所得利。

三、指令所保护的人员范围

过往的举报人保护立法,如英国、日本,仍立基于员工—雇主的劳动关系,主要保护与被举报人有正式雇佣关系的雇员;如要保护正式雇员以外的其他人员,如派遣员工、受委托处理事务的人,相关立法需要扩充解释“雇员”的概念。但这种人员保护范围毕竟过窄。在现实生活中,一旦举报人的个人信息被公开,很可能遭遇报复的不仅仅是雇员本人,还包括雇员的家属、同事等。尤其在现今网络社会,可以通过“人肉搜索”查找到举报人的家属,被举报人会不断骚扰举报人家属,并对其施加网络暴力。欧盟举报人保护指令意识到这类问题,⑤显著扩大了该指令所保护的人员范围,甚至还将保护对象扩展至被举报为从事

---

① 依英国《1998 年公共利益披露法》关于其他情况下披露的规定,“适格披露”的要件之一是举报人不为“个人获得”(personal gain)而披露,参见 Employment Rights Act 1996, Section 43G (1)(c);依日本《公益通报者保护法》第 2 条的规定,公益通报“要求劳动者的举报”不以获得不正当利益为目的。

② 参见欧盟举报人保护指令第 1 条。

③ 参见欧盟举报人保护指令第 20 条第 1 款 c 项。

④ 欧盟《滥用市场支配地位条例》第 32 条第 4 款明确规定了举报人对提供企业滥用市场支配地位信息的奖励制度,欧盟举报人保护指令在立法序言第 20 条明确要求保留这些规定。

⑤ 参见欧盟举报人保护指令序言第 39～41 条。

违法行为的人。这一立法创新颇值得我国学习与借鉴。

(一)指令所保护的举报人范围

欧盟举报人保护指令并没有使用有道德色彩的"whistleblower"一词,而是很中性化的"reporting person"一词。依该指令第5条g项的规定,举报人是指"在举报或公开披露中所获得的与工作相关联的违法(breach)信息的人",这里的违法并不是指违反欧盟所有立法的行为,而是指违反指令第2条所指称的欧盟法律,指令在附件中具体列出了这些欧盟法律的名称。这些欧盟法律既包括其他国家举报人保护立法基本都会涵盖的领域,如金融、产品质量、环保、公共卫生、公共委托事务等,也包括反映欧盟特定价值观的领域,如消费者保护、宠物健康与安全、隐私与个人信息保护、网络与信息安全等。①

欧盟举报人保护指令第4条具体规定了该指令所保护的举报人范围。从该条规定的文义看,该指令适用的举报人范围不限于在私营或公共领域的法人工作的雇员,而且包括前雇员、未雇佣的雇员、雇员的同事等,具体而言,包括如下几类:(1)在私营或公共领域的法人工作的、在与工作的关联(work-related context)中获得了违法信息的举报人。② 具体而言,此类举报人至少包括具有雇员身份的人,包括公务员、自由职业者(比如医生、律师);股东和属于企业行政、管理或监督机构的人员,包括非执行成员,以及志愿者和有偿或无偿的培训人员。依指令第5条第9项的规定,"与工作的关联"是指在公共或私营领域的现有的或过去的工作活动(work activities),无论这些活动的性质如何,通过这些活动,人们获得关于违法行为的信息,并在报告这些信息时可能会遭到报复。此定义指向的是工作活动,但指令并没有给出工作活动的定义,从指令宽泛的保护范围来看,工作活动应当包括支持私营或公共领域运营的所有活动。(2)在已经结束的工作关系中获得违法信息的举报人。③(3)在招聘过程或其他在合同谈判过程中获得违法信息且尚未开始工作关系的举报人。④

(二)指令所保护的其他人

在现实世界的"吹哨"行为中,遭受报复的可能不仅仅是举报人,还包括与举报人有一定关系或者帮助过"吹哨"行为的人员。如果不能对此等人员给予

---

① 参见欧盟举报人保护指令第2条第1款。

② 参见欧盟举报人保护指令第4条第1款。

③ 参见欧盟举报人保护指令第4条第2款。

④ 参见欧盟举报人保护指令第4条第3款。

适当的保护，势必会降低举报人进行有益举报的动机，欧盟举报人保护指令已考虑到此情形，并给予此等人员以相应的法律保护。[①] 具体而言，指令所保护的其他人员包括：(1)在公开披露的情形下的辅助中间人(facilitator)，[②]依指令第5条第8项规定，辅助中间人指在与工作的关联中协助举报人举报的自然人，其协助行为应当保密；(2)在公开披露的情形下，与报告人有联系并可能在与工作的关联的中遭受报复的第三人，如报告人的同事或亲属；[③](3)在公开披露的情形下，举报人拥有、为之工作或在与工作和关联中与之有联系的法律实体，[④]如举报人自己创办的企业、后入职的企业等。从指令关于上述人员的定义看，这些人员的范围是开放性的，可随着个案的情况向外延伸，这有利于全面展开对举报人的保护，以免因保护范围的遗漏而使举报人或其他人员遭受不利。

(三)相关人员

依指令第5条第10项的规定，相关人员(person concerned)是指在举报或公开披露中，从事违法行为或与该等违法行为有联系的自然人或法人。从保护人权的角度看，此类人员本有权利获得听证、有效的司法救济等权利。[⑤] 指令还更进一步明确了相关人员还享有在举报及调查期间的身份保密权。该身份保密权实际上仅限于外部举报机制。观察指令第9条第1款a项的文义，内部举报机制中身份保密权的适用对象仅为举报人和第三人，不包括相关人员，因此，在内部举报机制中缺乏对相关人员明确的保护。[⑥]这种有限的身份保密权基于两层考虑：一是从事违法行为的人毕竟与举报人有所不同；二是被举报为从事违法行为的人也享有名誉免于受损的保护，尤其是在最终确认被举报的违法行为是不真实的情况下。[⑦] 在网络传媒时代，在被举报事实未查明的情况下，被举报人自身也很可能会遭遇网络暴力；同时，网络舆论对被举报人不正当的指责，也容易影响对被举报行为真实性的调查。因此，欧盟举报人保护指令对相关人

---

① 参见欧盟举报人保护指令序言第41条、第100条。

② 参见欧盟举报人保护指令第4条第4款a项。

③ 参见欧盟举报人保护指令第4条第4款b项。

④ 参见欧盟举报人保护指令第4条第4款c项。

⑤ 参见欧盟举报人保护指令序言第101条；依欧盟举报人保护指令第22条第2款的规定，相关人员享有的司法救济权利包括获得有效救济和公平审判的权利、无罪推定、辩护权、听证权和查阅其档案的权利。

⑥ Vgl. Johannes Dilling, Der Schutz von Hinweisgebern und betroffenen Personen nach der EU-Whistleblower-Richtline, in: Corporate Compliance Zeitschrift (CCZ), 2019, 214, 222 - 223.

⑦ 参见欧盟举报人保护指令序言第100条、第101条。

员的保护无疑是一种立法进步。

四、举报机制

与英国、日本的立法例类似，欧盟举报人保护指令在第 2 ~ 4 章具体规定了内部举报、外部举报和公开披露三种举报途径。同时，依指令第 5 条第 3 项规定，举报包括任何口头、书面的对违法信息的举报。内部举报指在私立或公共领域的法人内部的举报；外部举报指向主管部门的举报；公开披露则指使违法信息成为在公共领域可获得的信息。① 在下文中，我们将分别从哪些机构有义务建立举报机制，举报机制的建构方式和响应方式来具体论述指令中规定的举报机制。关于举报机制运行中的个人信息处理，虽然指令只在第 17 条这一个条文中作出规定，但该规定指引了 3 部欧盟法案，②并且举报机制涉及的个人信息保护问题较为复杂，限于篇幅，本文便不讨论举报机制运行中的个人信息处理问题。

（一）举报机制次序

举报机制的优先次序问题，属于举报人保护立法的重大问题之一。英国、日本等的立法例均规定了内部举报机制的前置程序。欧盟举报人保护指令也遵循了这一点，依指令第 7 条第 2 款的规定，在举报人能通过内部举报并无遭受打击报复的风险时，内部举报机制优先于外部举报机制。但该规定是一种鼓励规范，通过指令第 10 条的规定来看，③内部举报与外部举报没有强制的优先次序。当举报人有合理理由认为，通过外部举报机制能够更好地处理其举报违法行为时，举报人就可以直接选择外部举报机制。④ 但即使举报人没有上述合理理由，指令也没有禁止举报人直接选择外部举报机制。从指令宽泛的保护范围来看，如果举报的主体并非公司的职员，但又与被举报人拥有一定的职业联系，如服务商、分销商、供应商或其他商业伙伴，其也不大可能选择与其合作公

---

① 分别参见欧盟举报人保护指令第 5 条第 4 ~ 6 项。

② 这三部欧盟法案分别是《通用数据保护条例》、专门适用于刑事程序中个人数据保护的指令 Directive（EU）2016/680 和专门适用于欧盟各机构中的个人数据保护的指令 Regulation（EU）2018/1725。

③ 根据欧盟举报人保护指令第 10 条规定，在不存在需直接公开披露的情形时，在首次通过内部举报机制举报后或直接通过外部举报机制举报，举报人应当依据本指令第 11 条和第 12 条所规定的机制和程序报告有关违法信息。

④ 参见欧盟举报人保护指令序言第 62 条。

司的内部举报机制,外部举报是其最适合的选择。[①] 因此,指令并没有严格的内、外举报机制次序要求,而是给予举报人灵活的选择权。

依指令第 15 条第 1 款 a 项的规定,当举报人通过内、外两种举报机制在 3 个月内(外部举报机制存在 6 个月期限的可能)没有得到反馈时,举报人可通过公开披露的方式举报。但这种倾向也不是绝对化的,依指令第 15 条第 1 款 b 项规定,如果举报人有合理的依据使其相信举报的事件可能对公共利益构成紧迫的或明显的威胁,或其相信通过外部举报途径仍存在遭受打击报复的风险,或者因证据可能被隐匿或销毁、相关机关牵涉其中等原因而导致外部举报途径可能收效甚微,举报人可以直接选择公开披露的方式。透过此规定可知,只在公开披露违法行为具有现实的紧迫性时,指令才允许举报人直接以公开披露的方式举报,这与英国、日本的立法实践保持一致。而一旦举报人选择以公开披露的方式举报,其需要证明公开披露具有现实的紧迫性,否则,就得不到指令的保护。

(二)内部举报机制

从公司合规的角度看,很多私营企业为了自身利益,如最小化法律风险、尽早发现风险、管控举报、优化企业结构和增加竞争力,都愿意主动建立内部举报机制。[②] 虽然英国、日本的举报人保护法律也规定了内部举报途径,但没有详细规定内部举报机制的建构方式。与此不同,欧盟举报人保护指令关于内部举报机制的规定十分详细。依指令第 8 条的规定,有义务建立内部举报机制的机构包括:(1)拥有 50 名以上雇员的私营领域的法人,但对涉及环境或公共安全的私营企业,欧盟成员国可排除 50 名以上雇员的要求,对于多于 50 人、少于 249 人的私营企业,可与其他私营企业共享内部举报机制;(2)业务涉及金融服务和产品或涉及反洗钱和金融安全等方面的私营企业;(3)公共领域的法人以及其拥有的或受其控制的实体,但如果该公立法人所管辖区域少于 10,000 名居民或少于 50 名员工,或其拥有或受其控制的实体少于 50 名员工,欧盟成员国可免除此类公立法人及相关实体设立内部举报机制的要求。

根据该指令第 8 条第 5 款的规定,内部举报机制的建立有两种方式,一是任命内部人员或部门;二是聘请第三方,该第三方在专业上被称为调查官

---

① 参见欧盟举报人保护指令序言第 59 条。

② Vgl. Rainer Buchert, Ombudsmann und Hinweisgebersysteme, in: Christoph E. Hauschka/Klaus Moosmayer/Thomas Lösler (Hrsg.), Coporate Compliance, 3 Auflage, Kapitel 42, Rn. 70 – 81.

(ombudsman),与举报人保持联络以便获取进一步的信息和给予反馈。如果企业选择内部部门承担相应职能,则企业要根据其治理结构判断具体承担职能的部分,无论如何,该部门应保证自身的独立性与避免利益冲突。[①] 指令建议在小型企业中,可由企业的合规、人事或法务等部门兼任内部举报机制管理人的角色,[②]但从企业最佳实践的角度看,承担内部举报机制运行的部门不建议是企业的法务或人事部门,因为此类部门成员直接受企业的领导层约束,其职能会与内部举报机制的职能产生利益冲突。[③] 比如,解雇举报人通常由人事部门发出解职通知,要举报人承担违反合同赔偿责任的函件通常由法务部门拟定,而这两种措施其实就是对举报人的报复措施。

关于聘请调查人建立内部举报机制,实践中经常是聘请律师作为调查人。但很可能面临如下问题:一是信任问题,[④]即如何使企业的员工信任调查人,毕竟与调查人签订服务合同的是企业,这意味着,如果企业要通过调查人建立有效的内部举报机制,企业与调查人就应通过各种方式保证调查人的独立性,如在服务合同中明确规定调查人独立性的措施,并在企业内部公开服务合同的相关内容。二是保密问题,虽然调查人对举报信息有保密义务,但因为调查人既不是举报人也不是公司的律师,第三方可通过申请或者公权力直接通过刑事侦查或法院调查的方式,要求调查人以证人身份提供举报信息,此时,调查人很难有充足理由拒绝提供举报信息。[⑤]

关于内部举报机制的响应机制,指令主要规定了如下几个方面:(1)举报反馈。依指令第9条第1款的规定,内部举报机制负责人员应在收到举报后7天内向举报人发出接收通知,且应当在发出确认接收后的3个月内给予举报人反馈。(2)后续措施。指令并没有明确具体规定举报后的后续措施,而是让成员国自行决定适宜的后续措施。(3)联络。依指令第9条第2款的规定,内部举报机制负责人员必须采取书面或口头的方式与举报人进行联系,书面的方式可

---

① 参见欧盟举报人保护指令第9条第1款c项。

② 参见欧盟举报人保护指令序言第56条。

③ Vgl. Rainer Buchert, Ombudsmann und Hinweisgebersysteme, in: Christoph E. Hauschka/Klaus Moosmayer/Thomas Lösler (Hrsg.), Coporate Compliance, 3 Auflage, Kapitel 42, Rn. 10.

④ Vgl. Rainer Buchert, Ombudsmann und Hinweisgebersysteme, in: Christoph E. Hauschka/Klaus Moosmayer/Thomas Lösler (Hrsg.), Coporate Compliance, 3 Auflage, Kapitel 42, Rn. 28.

⑤ Vgl. Johannes Dilling, Der Schutz von Hinweisgebern und betroffenen Personen nach der EU-Whistleblower-Richtline, in: Corporate Compliance Zeitschrift (CCZ), 2019, 214, 217.

以通过书信、在互联网或局域网的网上平台，口头联系的方式必须能够通过电话、其他语音交流方式或(应举报人要求)会面的方式进行，但务必确保举报人身份的保密。① (4)记录。依指令第18条的规定，对于举报或联络的信息，在履行保密义务的基础上，都应当予以记录，并由举报人审核记录；基于必要性与比例原则，此类记录保存的时间不应当超过实现本指令或其他相关法律规范所设置要求所需要的时间。

(三)外部举报机制

依欧盟举报人保护指令第11条第1款的规定，欧盟成员国有义务任命主管机关建立外部举报机制。关于外部举报机制主管机关的建构方式，指令采取了灵活的规定，并没有严格限制其形式，只要各成员国所确定的主管机关满足指令第11条规定的要求即可。这类主管机关可以是司法机构、各领域的政府或监管部门、成员国中央一级的主管当局、执法部门、反腐败机构或调查员(ombudsman)，具体由成员国自主决定。② 此外，依照指令第14条的规定，欧盟成员国主管机关应当至少每3年审查外部举报机制，包括审查接受举报的程序及后续行动；在审查时，主管机关应当考虑基于其积累的经验和其他主管机关的经验，调整其外部举报机制。

欧盟举报人保护指令详细规定了外部举报机制响应机制。总体来看，该响应机制包括如下几个方面：(1)信息告知。为使潜在举报人能够便利地使用外部举报机制，依指令第13条的规定，主管机关应当在其网站上以容易理解和容易访问的方式提供相关信息。这些信息包括举报受保护的条件、主管机关的联系方式、举报的程序、举报的内容要求、举报反馈的期限、保密和个人信息保护措施、后续措施等。(2)举报反馈。与内部举报机制的规定略有不同，依指令第11条第2款b项的规定，如果举报人没有其他明确要求，或者如果主管机关没有充分的理由认为会危及对举报人身份的保护，主管机关应当在收到举报的7天内向举报人确认收到报告。此外，依指令第11条第2款d项的规定，在有充分理由的情况下，主管机关向举报人反馈的最长期限可由3个月延长至6个月。(3)自由裁量。指令给予了主管机关充足的自由裁量权，依指令第11条第3~5款的规定，主管机关在确定违法行为影响轻微时，可不采取后续措施；在重复举报未提供有价值的新信息时，结束此重复举报后续程序；在接到多起举报

---

① 参见欧盟举报人保护指令序言第53条。

② 参见欧盟举报人保护指令序言第64条。

时,可根据举报事件的性质决定举报信息处理的先后次序。这种自由裁量权是为了保障外部举报机制的运行效率。(4)后续措施。(5)联络。(6)记录。[①]

(四)公开披露

一旦举报人走到了公开披露这一步,那就意味着举报人将面临媒体、被举报机构多方面的压力。虽然举报人这一称谓被赋予正面色彩,但在公开披露的情形下,其很可能被一些人认定为"叛徒""卖国者"。从我们看到的资料来看,过往的选择公开披露的举报人境遇都不算好,如布拉德利·曼宁(Chelsea Manning)在2013年被美国法院判处35年的徒刑,爱德华·斯诺登(Edward Snowden)至今流亡海外;德国审计员欧文·比勒利卡(Erwin Bixler)在公开劳工部的统计造假后,尽管当时的德国劳动部部长宣称会保护他,但他仍遭到报复,进而遭遇病痛并丧失工作能力。[②] 因此,在举报人选择公开披露方式时,需要给予举报人及与其相关人员充足的保护措施。关于指令中规定的保护措施,将在本文的下一部分详细论述。

(五)评论

欧盟举报人保护指令里举报机制的建构富有体系性,很值得借鉴,但不可忽略的是该机制的成本问题。就此成本问题,欧盟在2018年出具了调研报告,认为企业一次性建立举报机制的成本约在1374欧元,企业每年的机制运行成本约在1054.6欧元,在行政和国家预算层面的总成本约为3400万欧元。而从收益面看,该报告认为,欧盟公共采购领域方面的收益为每年58亿~96亿欧元,在税收方面的收益为每年500亿~700亿欧元。[③] 似乎建立举报机制的收益远超过其成本,但很多人认为,欧盟关于举报机制的实施成本被大大低估了。[④] 仅从常识角度看,在企业或主管部门建立举报机制时,聘用相应专业人员成本就远高于此评估成本,因此,企业平均每年不足1500欧元的成本显然是被低估了。因为单一机构遭遇举报事件的概率很小,所以其建立专门的举报机制

---

① 此两项内容与内部举报机制的内容一致,可参考前述内容。

② Vgl. Michael Wiedmann, Stefen Seyfert, Richtlinienentwurf der EU-Kommission zum Whistleblowing, in: Corporate Compliance Zeitschrift (CCZ), 2019, 12, 14.

③ See Summary of the Impact Assessment—Proposal for a Directive on the protection of persons reporting on breaches of Union law, https://eur-lex.europa.eu/legal-content/EN/TXT/? uri = CELEX: 52018SC0117,最后访问日期:2020年2月19日。

④ Vgl. Simon Gerdemann, Revolution des Whistleblowing-Rechts oder Pfeifen im Walde? in: Recht der Arbeit (RdA), 2019, 16, 20.

要承担很高的闲置成本。如果能把此闲置成本分摊出去,那么举报机制建立与运行的成本将大大降低。在分摊闲置成本方面,数字经济和网络共享经济具有十分明显的优势,因此,未来的内、外举报机制很可能采取数字或共享经济的方式,降低成本。

针对实践中常发生的匿名举报,从欧盟举报人保护指令的规定看,其态度是颇为消极的:首先,指令并没有直接认可匿名举报的方式,而是依照现存的欧盟其他立法规定和由欧盟成员国自行决定;①其次,在举报人匿名举报时,指令只在该举报人的身份被公开的情况下才提供相应保护;②最后,从指令在内部、外部举报机制中提倡的口头、会面方式看,匿名举报明显是满足不了指令的联络要求。③ 这种消极的态度也是举报机制顺利运行之必然结果,因为为保障指令所建构的内部、外部举报机制的有效运行,需要举报人与负责人员或主管机关工作人员保持较为紧密的沟通与互动,这种沟通与互动在匿名举报下是做不到的。为消除这种消极态度的影响,减少潜在举报人对自身可能遭到报复的顾虑,选择实名举报,指令就需要提供周全的保护措施。

五、保护措施

欧盟举报人保护指令对举报人的保护是多方面的,包括举报人身份保密、免于报复、对损害举报人利益进行处罚的负面保护、费用支持、提供信息和咨询等措施。并且,指令的保护措施不仅限于举报人,还包括辅助中间人、举报人的同事或亲属、与举报人相关的法人等指令所保护的其他人员。后者享有与举报人同样的免于报复和费用支持措施,并且也享有与其相关的负面保护措施。④对于相关人员(person concerned)的保护,前已论述,指令提供的保护措施是有限的,仅限于司法救济权和保密权。下文将以举报人为对象,讨论指令所提供的保护措施。

(一)保护之前提:举报人之善意

依欧盟举报人保护指令第6条第1款的规定,举报人有权要求指令所提供

---

① 参见欧盟举报人保护指令第6条第2款、序言第34条。

② 参见欧盟举报人保护指令第6条第3款、序言第34条。

③ 参见前述内、外部举报机制响应中“联络”的论述;siehe auch Simon Gerdemann, Revolution des Whistleblowing-Rechts oder Pfeifen im Walde? in: Recht der Arbeit (RdA), 2019, 16, 20。

④ 分别参见欧盟举报人保护指令第19条第1分句,第20条第1款,第21条第1款,第22条第1款b项、c项。

保护的前提有二:一是依据指令规定的举报机制举报违法行为;二是该举报人在举报时有充分理由认为其举报的违法行为是真实的,后一个前提被称为"举报人之善意"。如果举报人不是善意的,他首先不可能获得本指令的保护;在进一步确认他是蓄意提供虚假信息的情况下,还应当受到处罚。①

从内容看,举报人之善意与否基本上与其举报动机无关,②如举报人发现和确认了该同事的挪用公司款项行为,但其举报该违法行为只是由于厌恶该同事,此时,举报人的举报仍是善意的,其情感偏好作为动机不产生任何影响。只在极端的情况下,举报人的动机才需纳入善意的考量,如举报人单纯只是意图损害被举报对象,且其举报内容无助于查清事项。③ 此时,举报人之举报完全无益于公共利益之维护,与指令的宗旨与目的完全相违背,不值得给予指令所提供的保护。

判断举报人善意与否的关键在于,无论举报的违法行为是否真实,举报人对其举报的违法行为是有合理确信的,"对于不能提供积极证据,但能提出合理关切或合理怀疑的人,给予保护也是合理的"。④ 但以什么标准来判断举报人的举报是"合理确信"的？是以一般的客观第三人标准,还是结合举报人的工作关联性？比如,在一家私营企业中,中层管理人员所获得的企业信息要比普通员工更多、更准确,而普通员工又比外部人员掌握更多的企业信息,相应地,对于过滤虚假信息的能力,中层管理人员较强,普通员工次之,外部人员较弱。换言之,在是否"合理确信"所接收到的信息的问题上,中层管理人员的注意标准较高,普通员工次之,外部人员较低。同时,考虑到指令将举报人之概念紧密地和"与工作的关联性"(work-related context)相联系,我们提出并预测,欧盟未来很可能将"合理确信"的标准建立在与举报人工作有关联的注意义务上。换言之,当举报人获得某信息后,如果其尽到与其工作相关联的注意义务,并判定此信息为真,那么举报人对此信息是合理确信的,举报人对此信息的举报也是善

---

① 参见欧盟举报人保护指令第23条第2款。

② Etwa Simon Gerdemann, Revolution des Whistleblowing-Rechts oder Pfeifen im Walde? in: Recht der Arbeit (RdA), 2019, 16, 23.

③ Vgl. Gregor Thüsing, Gerrit Forst, Whistleblowing, in: Gregor Thüsing (Hrsg.), Beschäftigtendatenschutz und Compliance, 2 Auflage 2014, Kapitel 6, Rn. 36.

④ 欧盟举报人保护指令序言第43条。

意的。此等“举报人之善意”的判断标准与债法中过失的判断标准类似,[①]具有实践上的可操作性。因此,我国未来的举报人保护立法可以考虑借鉴这种“举报人之善意”标准。

关于举报人是否达到指令给予保护的前提条件,指令创新地开创了一种认证(certification)机制,即依指令第 20 条第 1 款 b 项的规定,欧盟成员国应确保有关主管机关能为举报人提供认证,证明其举报行为符合指令给予保护的前提条件。考虑到举报人很容易以符合指令规定的机制举报,这种认证机制的重点在于判定举报人之善意。这种认证机制其实是一种举报人的“善意认证”机制。要确保这种“善意认证”机制的效果,应当确保这种“善意认证”机制的程序是迅速的、简单的和易操作的。[②] 欧盟各成员国是否能够设计出满足此要求的认证程序,有待观察。

(二)身份保密

在内部与外部举报机制中,对举报人最重要的保护是身份保密。指令要求,内部、外部举报机制的设计、建立和运行要确保举报人身份的保密性,任何无授权的人员无权访问此类信息。[③] 依指令第 16 条第 1 款的规定,在没有举报人明示同意(explicit consent)的情况下,不得将任何能直接或间接确定举报人身份的信息透露给无授权的人员。在内部举报机制中,不仅举报人的身份信息不能透露,其他受指令保护人员(如举报人的亲属)的身份信息也不得透露;[④]在外部举报机制中,举报人提交的所有信息都不得向无授权人员透露。[⑤]

对举报人身份保密的要求也不是绝对的,因为在政府调查、法院诉讼中为确保相关人员的辩护权,有必要公开举报人的身份及其他信息。即使如此,依指令第 16 条第 3 款规定,在举报人的身份公开前,其应当被告知此信息(包括书面形式的公共原因说明),除非此告知会危及相应的调查或法院程序。由于对举报人的身份保密不是绝对性的保护,在实践中被举报的企业或机构可能凭

---

① 此点已有学者注意到,并建议将债法中过失的判断标准用到举报人善意的判断上,vgl. Gregor Thüsing, Gerrit Forst, Whistleblowing, in: Gregor Thüsing (Hrsg.), Beschäftigtendatenschutz und Compliance, 2 Auflage 2014, Kapitel 6, Rn. 33。

② Vgl. Johannes Dilling, Der Schutz von Hinweisgebern und betroffenen Personen nach der EU-Whistleblower-Richtline, in: Corporate Compliance Zeitschrift (CCZ), 2019, 214, 216.

③ 参见欧盟举报人保护指令第 9 条第 1 款 a 项、第 12 条第 1 款 a 项。

④ 参见欧盟举报人保护指令第 9 条第 1 款 a 项。

⑤ 参见欧盟举报人保护指令第 12 条第 1 款 a 项。

借或推动政府调查或法院诉讼的方式,获取举报人身份,施加报复。[①] 关于是否应当给予举报人以身份保密的绝对保护,其实是一种利益衡量问题,笔者建议,在我国未来的举报人保护立法中,在涉及举报人保护时,在政府部门或法院建立预先审查机制,确认政府调查或法院诉讼的启动的真实动机。如果动机在于报复举报人,则应终止此类政府调查或法院诉讼。

(三)免于报复

一旦举报人的身份被确定之后,其最担心的是来自企业或部门的报复(retaliation)。依欧盟举报人保护指令第5条第11项的规定,报复是指在与工作的关联中发生的,由内部或外部举报或公共披露引起的,对举报人造成或可能造成不正当损害的任何直接或间接的作为或不作为。依指令第19条的规定,成员国应采取必要措施,禁止对举报人进行任何形式的报复,包括威胁进行报复和企图进行报复。在不排除其他报复形式的情况下,该条具体列出了15种典型的报复形式,[②]包括了工作机会、人格利益、合同履行、商业经营等多方面的报复形式,这一规定与指令宽泛的保护范围相协调。

在现实生活中,被举报的人或机构很可能不会采取上述直接的报复手段,而是以各种理由认定举报人违反了合同义务、保密义务或构成侵权等,要求举报人承担民事、行政或刑事责任,或通过诉讼等方式让举报人承担巨额的成本,以达到威慑效果。[③] 为反制这类报复手段,指令在第22条规定了相应的保护措施:(1)在举报人有充分理由认定其举报或公开披露的信息是必要的情况下,不承担因举报或公开披露产生的责任;(2)若举报人获取或访问此类信息不构成独立的刑事犯罪,则其举报或公开披露此类信息免于承担刑事责任;(3)举证责任倒置,在法院诉讼或其他机关的程序中,当举报人证明其举报或公开披露依指令进行,且其遭到不利,就可推定此等不利是报复,若施加不利的人未证明其

① Vgl. Johannes Dilling, Der Schutz von Hinweisgebern und betroffenen Personen nach der EU-Whistleblower-Richtline, in: Corporate Compliance Zeitschrift (CCZ), 2019, 214, 218.

② 这15种典型的报复形式为:暂停工作、解雇或同等措施;降职或不晋升;调职、变更工作地点、降低工资、改变工作时间;停止培训;负面绩效评估或出具负面工作鉴定;纪律措施、训诫或其他处罚(包括经济处罚);胁迫、恐吓、骚扰或排斥;歧视、不利或不公平待遇;有正当理由期待不定期劳动合同的员工未从定期转成不定期劳动合同;未续签或提前终止定期劳动合同;包括对个人名誉等的损害(特别是在社交媒体上的损害)或财务损失;列入某个部门或行业的正式或非正式的就业黑名单;提前终止或撤销货物或服务合同;吊销执照或许可;精神病或医疗转诊。

③ 参见欧盟举报人保护指令序言第97条、第99条。

有充分理由施加此等不利,将承担举证责任;(4)包括临时措施等的保护措施;(5)在举报人有充分理由认定其举报或公开披露的信息是必要的情况下,可申请撤销诉讼;(6)要求报复人赔偿因报复措施产生的损失。

(四)其他保护措施

除了身份保密、免于报复的保护措施,欧盟举报人保护指令还规定了如下保护措施:(1)负面保护措施,即提供有效与合适的惩罚措施。如果身份保密、免于报复是从防守层面保护举报人,那么负面保护措施就是从进攻层面保护举报人及其他人员。依照指令第 23 条第 1 款的规定,如果自然人或法人有妨碍或企图妨碍举报的行为,或者针对举报人或指令保护的其他人员施加报复行为或有意提起诉讼,或违反对举报人身份信息的保密义务,则对其施加相应的惩罚措施。(2)信息和咨询。依指令第 20 条第 1 款 a 项的规定,欧盟成员国应以公众易知的、免费的方式提供广泛的和独立的信息和咨询服务,该服务涉及可获得的、防止报复的程序与救济以及相关人员的权利。(3)主管机关的帮助。依指令第 20 条第 1 款 b 项的规定,面对参与防止报复的相关机关,主管机关可提供有效的帮助,如前文所说的善意认证机制。(4)费用支持。依指令第 20 条第 1 款 c 项的规定,在刑事程序、跨境民事诉讼中,以及在依据成员国法律的其他程序、法律咨询或其他法律帮助措施中,欧盟成员国应确保提供法律援助服务,使举报人及指令所保护的其他人员以较低的成本参与上述程序、获得法律咨询或帮助措施。此外,依指令第 20 条第 2 款的规定,成员国可以在法院诉讼的框架内为举报人提供财物上的帮助。(5)心理咨询。依指令第 20 条第 2 款的规定,心理咨询的服务仅限于举报人。(6)禁止放弃权利和救济。依指令第 24 条的规定,指令所提供的任何权利和救济不得通过任何就业的合约、政策、形式或条件(包括事前的仲裁约定)放弃或被限制。

(五)评论

与美国、英国、日本的举报人保护措施相比,欧盟举报人保护指令所规定的保护措施更为全面,既包括一般举报人保护立法中会囊括的身份保密、免于报复、举证责任倒置等核心保护措施,也包括诸如费用支持、心理咨询、信息咨询、善意认证等辅助保护措施。虽然指令的这些保护措施的规定是较为原则性的,并未包括任何具体的落实措施,但既然指令作出明确规定,欧盟各成员国就必须拿出具体的转化方案。

拉伦茨《德国民法通论》译事回忆点滴

——兼忆和谢怀栻先生的交往*

一、写作缘起

以传播德国法学经典文献与理论，交流法律德语翻译问题和方法为宗旨的"当代德国法学名著与名家名篇"微信公众号推出了介绍德国著名法学家拉伦茨《德国民法通论》的一组介绍文章，米健教授嘱我写篇回忆当初参与该著作翻译，且尤其是本书翻译和出版过程中与谢怀栻先生交往的文字。对此邀请我无法推却，首先，这本著作中译本的出版已经是中国改革开放后引进西方法学理论过程中的一个重要的历史事件，为对此感兴趣的读者提供些信息资料也是参与者的责任；其次，正如米教授在给我的微信上问我的："你是《德国民法通论》译者之一，能再为年轻人贡献点什么吗？"是的，我应该写点回忆文字，贡献一些对后进有所裨益的

---

* 这篇文字系微信公众号"当代德国法学名著与名家名篇"应邀而写，并于2015年5月5日在该公众号发表。公众号发表时所加编者按："拉伦茨《德国民法通论》（Allgemeiner Teil des Bürgerlichen Rechts）中译本的译者之一、我国民法泰斗谢怀栻先生逝世于2003年5月3日。在先生去世十二周年之际，编辑部推出'缅怀谢怀栻先生特刊'，向先生表达我们的无限敬意和怀念。今日推送的是《民通》译者之一——徐国建先生的回忆文章。一并推送的，还有由徐国建先生提供的《民通》手稿照片。手稿上，谢怀栻先生的校对手迹清晰可见。文中小标题由编者所加。文章系作者授权本微信公众号首发，转载请注明出处。"

资讯。

二、负笈德国

1989年年末,我从德国南部小镇弗莱堡来到德国北部城市汉堡的马克斯—普朗克外国和国际私法研究所。该研究所的中国法研究在欧洲是首屈一指的,研究所研究员法兰克·门策尔教授(Frank Muenzel)是知名的汉学家和中国法专家。他经年累月用德文翻译中国法律法规,自编出版《中国法》(Chinas Recht),在海外有很大的影响。他和国内中国社会科学院法学研究所以及中国政法大学等学术单位有着很好的交往,与谢怀栻和江平等专家学者也有很广泛的交往。我来到研究所时,在那里学习的还有来自北京的刘小林、王晓晔和程建英3位中国学者。我们这些中国学者后来均在不同的教授指导下攻读博士学位。记忆中,除刘小林以英文撰写博士学位论文外,王晓晔、程建英和我都是用德语进行博士学位论文的写作。德语是我的第二外语,为了准备攻读博士学位和撰写博士学位论文,我到马普研究所后便首先花了很大的气力研习德国法律,尤其是德国民法。鉴于当时国内还没有系统介绍德国民法的专著,我就在上述研习的基础上编写了一本《德国民法总论》,后来于1993年由北京经济科学出版社在国内出版。这一研习和写作过程对于我的法学德语水平的提高以及对德国民法的理解颇有裨益。

三、结缘谢老

我现在的记忆中已经无法回忆出何年何时,但是依稀记得一天门策尔教授找到王晓晔、程建英和我,说他到中国访问时见到谢怀栻先生,并向他推荐把卡尔·拉伦茨所著《德国民法通论》(Allgemeiner Teil des Bürgerlichen Rechts)纳入"当代德国法学名著"系列中翻译出版。他建议我们每个人承担一部分翻译任务。于是,我接下了第27章至第35章的翻译任务。为了写这篇回忆文字,我专门微信给米健教授和王晓晔教授,让他们帮助回忆当初安排该著作中文翻译的一些情况。但是,确实是时间过于久远,米教授根本想不出是哪一年谢怀栻教授向他推荐把拉氏的这本著作纳入"当代德国法学名著"系列,从而由门策尔教授联系我们翻译的。而王晓晔教授由于当时便是中国社会科学院法学研究所的科研人员,和谢怀栻教授系同事,所以,提供给我她所知道的关于本书翻译的两个细节。其一,她最初在德国购买了最新版的拉氏《德国民法通论》德文原版赠送给谢怀栻先生,所以,谢先生后来基于校对翻译的原著应该就是王教授所购买的这本书。其二,王晓晔教授回忆说,她为了拉氏该著作的中文版在中国出版曾专门找过当时马普研究所的联席所长克茨教授(Prof. Hein Kötz),请其帮助协商作者拉伦茨教授和该著作的出版商,解决版权许可问题。

四、译事回忆

翻译的过程并没有什么特别。马普研究所的图书馆藏书非常丰富,世界各国私法方面的图书可以说应有尽有,还包括中国出版的各种法律书籍。所以,翻译过程中的资料参考非常便利,而且,如果有对原文理解的问题,也可以第一时间非常快捷地向研究所的德国学者请教。但是,同一部著作,不同译者,翻译时并没有就一些词语和译法形成事先统一。后来想想,确实是翻译前准备工作做得不很充分,或许是我们缺乏组织这样大部头著作翻译的足够经验。如果翻译之初多做些这方面的准备,后来谢怀栻先生的译校就没有那么困难和费时。

当时翻译这部著作时,个人电脑尚不普及。我记得当时我已经拥有我人生中的第一台手提电脑,一台东芝的286手提电脑。但是,我的翻译依然是在稿纸上手写而成。我所用稿纸系普通复印用的A4白纸。那时我的写作习惯是书稿不打草稿,一次成文,所以,本书的译稿也是一次成文的。在过去近20年间都只依赖电脑写作,而不再手写文稿了,现在回过头来看看自己20多年前的手稿,不由得感叹时代变化之快。

五、先生之风

谈到拉氏《德国民法通论》中文本出版就不能不说谢怀栻先生对这部著作成功出版的奉献。门策尔教授是一位非常孤傲的中国法专家,可是,每当他提到谢怀栻先生时却总是那么谦卑和崇敬。我认识谢先生应该说最初始于门策尔教授对谢先生的介绍,包括门策尔教授甚为推崇的谢先生那本1990年出版的《票据法概论》。我结束在欧洲的留学生活回到国内是1995年年初。这之前和谢老未曾有缘谋面。当时这部译稿已经放在谢怀栻先生那儿有若干年了。回国后,我曾经去过谢先生位于北京西直门大街的家中拜访过他,并谈起过拉氏书译稿校对和出版事宜,当时他还没有开始译稿的校对工作。他言谈中对于未能及时进行译稿的校对表示抱歉,觉得很对不起译者的工作。但是,他也知道译稿离送出版社出版还有大量的工作需要完成。这些工作除对正文进行校对外,更需要统一不同译者对相同词汇和概念的不同翻译以及大量的原文注解的翻译统一。对于耄耋之年的谢老而言,这无疑是一项泰山压顶的任务。难怪老人在2000年9月25日写给本书译者之一邵建东教授的信中表示他曾想把该项工作委托给邵教授完成。但是,在我的记忆中,我第一次拜访谢老,他当时便表示有生之年一定要把这项工作完成,好向译者们有个交代,而且,这将是他生命中最后一项写作工程。

我第二次去拜访谢先生时,他已经开始对译稿进行校对工作。他和我谈了一些校对工作中存在的问题,并表示校对注解非常耗时间。我这次去他家拜访是酷暑的夏日,北京非常热,这位老者还在辛勤工作,使我非常感动。这是多么强大的毅力,多么坚忍的精神!我至今无法想象是怎样的动力驱动着这位耄耋老者去完成这样一份艰辛的工作。可以毫不夸张地说,谢老就是以其最后有限的生命岁月为代价向读者们奉献这部民法巨著,“蜡炬成灰泪始干”!

在这之后,他完成了我所翻译部分的校对工作,并把所校稿件邮寄给我复核,我所复核的稿件由当时的秘书彭瑛小姐通过中国邮政EMS特快专递寄给谢老上述位于北京西直门大街的住址。这应该是2000年左右此书快交给出版社前的事了。由于当时已经盛行使用电脑写作,手写稿件已经非常稀缺宝贵了,我记得曾拜托谢老届时能够从出版社拿回我的手稿,退还我保存。

记得书稿交出版社出版后我再去看望谢老。他把我的书稿保存完好地装在我给他邮寄的EMS特快专递的大信封中,信封上手写“徐国建原稿”字样,并把它交还给我,我小小的托付他那么认真地履行,谢老的这份严谨和一诺千金的责任心使我非常感动。就是这次拜访时,他还拿出出版社的翻译稿费表让我签字,那张表上清清楚楚标明了每位译者可获得的稿酬。我不但钦佩他的光明磊落,更为他对于作出巨大付出却非常微薄的经济回报的那种超脱而动容。

最感人至深的是,拉氏《德国民法通论》中文版于2003年最终付梓,他竟然把自己放在全部5位译者的最后一位。无论是他具体从事的翻译工作,还是他对这部中文版倾注的心血,谢老都应该名冠全部译者之首,或者更准确地说,是应该位居原书作者和译者之间,因为,没有他辛勤的创造性的工作,就不可能有这部中文巨著的问世。如果我们说一位耄耋老者依然能够坚持完成如此巨量校译工作是其崇高学术责任和学术道德的体现,那么,在署名问题上不计名利和忘却自我,则是谢老高度升华了的崇高人格的光芒照耀。一部《德国民法通论》中文版的出版所体现的不只是谢老这样的前辈学术大师的至高无上的学术精神,更是我们学术界所需要的学者崇高人品的彰显。

六、流芳后世

12 年前的今天，谢怀栻先生于《德国民法通论》中文版出版面世几个月后不幸逝世，该著作正如其生前所料，成为他一辈子学术生涯的绝唱。在时光如梭的当下，在谢先生逝世后已经 12 个年头的今天，我们法学界还在津津乐道谢先生对该巨著出版的贡献，还在细细品味这部已经使我国无数青年法学才俊受益的著作，我相信这是对谢先生最好的纪念。我更深信，谢先生的高尚学术精神活在这部巨著中，并将随着它的继续流传而不断发扬光大。

出版或发表的主要著作或论文
（截至2021年4月）

一、著作与译著

1.《德国民法总论》，经济科学出版社1993年版。

2.《中华人民共和国的国际私法与国际民事诉讼法》（Internationales Privat-und Zivilverfahrensrecht der Volksrepublik China）（上、下两卷，德文出版，与瑞士学者Harro von Senger教授合著），瑞士苏黎世Schulthess Polygraphischer Verlag出版社1994年版。

3.《中国国际货物买卖法的适用问题》（Anwendungsprobleme des chinesischen internationalen Kaufrechts）（德文出版），德国法兰克福Peter Lang Verlag 1994年版。

4.《中国国际私法统一化进程》（与李双元教授等合作），武汉大学出版社1993年版。

5.《市场经济与当代国际私法趋同化问题研究》（与李双元教授等合作），武汉大学出版社1994年版。

6.《国际私法教学参考资料选编》（上、下卷，韩德培教授主编），武汉大学出版社1991年版。

7.《论民法》（由原文A Common Lawyer looks at the Civil Law译出）（英文译为中文），武汉大学国际法研究所1988年印行。

8.《国际民商法新秩序的理论建构——国际私法的重新定位与功能转换》（本人为两位主编之一），武汉大学出版社1998年版。

9.《中国与国际私法统一化进程》(本人为两位副主编之一),武汉大学出版社1998年版。

10.《德国民法总则部分》[德国卡尔·拉伦茨(Karl Larenz)教授原著,谢怀栻教授组织翻译,本人翻译第27~35章],法律出版社2003年版。

11.《中国国际经济贸易仲裁法》[小册子,德文出版与施图肯(Stucken)博士合作],德国外贸信息署1995年版。

12.《SARS引发的若干法律问题探讨》,发表于2004年《国际法与比较法论丛》第9辑,第155~289页,本人为总统编人。

13.《中国保险法——"中国法律与实践"杂志文章汇编》(*Insurance Law in China—Selected Articles from China Law & Practice*)(作者还有曹明星、吕国铭和郑碧湘),中国香港*China Law & Practice*杂志社2004年版。

14.《中国保险法》(*Insurance Law in China*)(作者还有吕国铭和郑碧湘)CCH-a Wolters Kluwer business 2007年版。

15.《全球化背景下私法的冲突、协调和统一》,法律出版社2010年版。

16.《国际统一私法总论》("十二五"国家重点规划出版图书),法律出版社2011年版。

17.《中国临时仲裁实务指南》(国际法文库),法律出版社2017年版。

18. *The International Comparative Legal Guide to*: *International Arbitration* 2014(China Chapter),Global Legal Group,2014.

19. *Dispute Resolution Law Guide* 2016,LexisNexis,2016.

20.《国际商事仲裁律师实务》,法律出版社2018年版。

21. *The International Comparative Legal Guide to Enforcement of Foreign Judgements* 2020(《国际比较法指引——外国判决执行2020》中国篇),Global Legal Group,2020.

22.《1958年〈承认与执行外国仲裁裁决公约〉(〈纽约公约〉)理论与适用》(合著),法律出版社2020年版。

23. *Transnational Litigation*: *A Practitioner's Guide*(《跨境诉讼实务指南》中国篇),Thomson Reuters,2021.

24. *Chinese Private International Law*(《中国国际私法》)(合著),Edited by Xiaohong Liu and Zhengyi Zhang,published by Hart Publishing Ltd.,London,on April 22,2021.

二、论文

1.《人民法院确定涉外继承案件法律适用的若干问题》,载《法学评论》1985年第5期。

2.《处理涉外继承案件的一般原则》,载《政治与法律》1985年第6期。

3.《法国民法典与德国民法典比较浅论》,载《法国研究》1986年第2期。

4.《论涉外继承案件的处理》,载全国青年国际法学者学会编辑:《国际法论文集》,1985年。

5.《捷克斯洛伐克国际私法》,载《法学评论》1987年第2期。

6.《运用系统论研究国际私法》,载《武汉大学学报(哲学社会科学版)》1987年第3期。

7.《解决我国内地与香港法律冲突的管见》,载《法学季刊》1987年第2期。

8.《国际私法中的自然人属人法研究》,载中国政法大学研究生院编:《国际法文集》,中国政法大学出版社1987年版。

9.《中华人民共和国民法通则讲座》(共十讲,与李双元教授合作),连载于《律师与法》杂志,1987年第7期起。

10.《国际合同法中特性履行理论研究》,载《法学评论》1989年第6期。

11.《1987年10月19日的中国涉外经济合同法》(*The Chinese Foreign Economic Contract Law of* 19 *October* 1987)[与英国亚当·沙默尔(Adam Samuel)合作,英文发表],载《劳埃德海商法季刊》(Lloyds Maritime and Commercial Law Quarterly)1989年第4期。

12.《中国国际私法中的合同》(*Contract in Chinese International Law*)(英文发表),载《国际私法与比较法季刊》(International and Comparative Law Quarterly)1989年4月号。

13.《中华人民共和国的国际经济、贸易与海事仲裁的新发展》(*International Economic, Trade & Maritime Arbitration in the Peoples Republic of China: New Development*)[英文发表,与德国律师福克尔·特里贝尔(Volker Triebel)联名发表],载《国际仲裁杂志》(Journal of International Arbitration)1989年第2期。

14.《论建立具有中国特色的国际私法制度》(*Establishing A System of Private International Law with Chinese Characteristics*)(英文发表),载《社会主义

法律评论》(Review of Socialist Law)1989年第4期。

15.《联邦德国新产品责任法》,载《现代法学》1960年第6期。

16.《中国国际私法学中的侵权》(*Torts in Chinese Private International Law*)(英文发表),载《国际法与比较法季刊》(International and Comparative Law Quarterly)1991年第3期。

17.《中华人民共和国国际民事法诉讼:原则与新发展》(*International Civil Procedure Law in the People's Republic of China: Principles and New Developments*)(英文发表),载《社会主义法律评论》1991年第4期。

18.《中华人民共和国与私法的国际统一:重点论述1980年维也纳货物销售公约在中国的适用》(*The People's Republic of China and the International Unification of Private Law: With Particular References to the Application of the* 1980 *Vienna Sales Convention in China*)(此系于1992年4月8～10日在瑞士洛桑召开的比较法国际学术研讨会上的报告,后以英文发表于该会议的论文集中)。

19.《现代商人法论》,载《中国社会科学》1993年第2期。

20.《国际统一私法发源研究》,载《比较法研究》1993年第4期。

21.《国际统一私法公约的保留》,载《中国社会科学》1995年第5期。

22.《论芬兰国际合同法律适用法》,载《外国法译评》1995年第2期。

23.《论国际统一私法的方法》,载《比较法研究》1995年第3期。

24.《唐朝的涉外法律规定》,载《法治论丛》1996年第5期。

25.《论意大利国际仲裁法律制度》,载《比较法研究》1996年第4期。

26.《国际融资的法律适用问题》,载《法学研究》1997年第4期。

27.《国际统一合同法问题研究》,载王保树主编:《商事法论集》(总第1卷),法律出版社1997年版。

28.《古巴国际私法探讨》,载《环球法律评论》1997年第4期。

29.《上海建筑市场的法律规范》(德文),载《中德经济论坛》1998年第1期。

30.《国际统一私法的解释问题研究》,载梁慧星主编:《民商法论丛》第1卷,法律出版社1998年版。

31.《中国建筑法概述》(德文),载《中国经济世界》1998年第1期、第2期。

32.《中外合资企业股份质押》(Verpfaendung der Geschaeftsanteile an Unternehmen mit auslaendischer Beteiligung),载《中国经济世界》(Wirtschaftswelt

China)1998 年 8 月号。

33.《秩序抑或非序:中国一个案例分析》(Ordnung oder Chaos? —Analyse eines Rechtsstreits in China),载《中德经济论坛》1999 年第 4 期。

34.《中华人民共和国新合同法对在华德国企业的适用》(*Implications of the New PRC Contract Law to Business Operations of German Businessmen in China*),载《最新法律》(Recht-Aktuell)1999 年 12 月号。

35.《在中国债权正确处理》(Der richtige Umgang mit Schuldnern in China-Eine Einfuehrung mit Fallbeispielen)[与拉尔夫·乔格·德雷尔(Ralph Joerg Dreher)合作],载《中德经济论坛》2000 年第 3 期。

36.《外国企业在中国股票市场的投资机会》(Investionsmoeglichkeiten auslaendischer Unternehmen auf dem chinesischen Aktienmarkt)[与王晓鑫(Wang Xiaoxin,音译)、安雅·德莱赛尔(Anja Dressel)合著],载《中德经济论坛》2001 年第 6 期。

37.《中国保险合同立法若干问题研究》(与杜涛合著),载《复旦民商法学评论》(总第 1 期),法律出版社 2001 年版。

38.《论国际保险合同的法律适用》(与杜涛合著),载《复旦民商法学评论》(总第 2 期),法律出版社出版 2003 年版。

39. *New Regulation on Insurance Asset Management Companies: A Step Forward Towards Specialized Utilization of Insurance Funds* (with Lü, Guoming & Tee, Pek-Siang), China Legal Watch, June 2004, Vol. 1, No. 5, p. 4 – 7.

40. *The First Regulation on Reinsurance Business: Building up the Domestic Commercial Reinsurance Market* (with Lü, Guoming & Tee, Pek-Siang), China Legal Watch, January/February 2006, Vol. 3, No. 1, p. 14 – 18.

41. *Amending the Insurance Law: Long-term Policy or Expedient Measures?* (with Cao, Bristar & Mertl, Richard L.), China Law & Practice, December 2002/January 2003, Vol. 16, No. 10, p. 21 – 25.

42. *Shedding New Light on the Regulation of Representative Offices in China of Foreign Insurance Institutions* (with Lü, Guoming & Tee, Pek-Siang), China Law & Practice, March 2004, Vol. 18, No. 2, p. 66 – 67.

43. *The Fog Clears for Foreign-invested Insurance Companies: More Detailed Implementing Rules Issued* (with Lü, Guoming & Tee, Pek-Siang), China Law & Practice, July/August 2004, Vol. 18, No. 6, p. 15 – 17.

44. *Stock Market Access Paves the Way for New Utilisation of Insurance Funds* (with Lü, Guoming & Tee, Pek-Siang), China Law & Practice, December 2004/January 2005, Vol. 18, No. 10, p. 54 – 56.

45. *A Big Step Forward for China's Insurance Industry: Building Broader and Safer Avenues for the Utilization of Insurance Funds* (with Lü, Guoming & Tee, Pek-Siang), China Law & Practice, November 2005, Vol. 19, No. 9, p. 19 – 22.

46. *Infrastructure Projects: A New Frontier for Insurance Funds Investment* (with Lü, Guoming & Tee, Pek-Siang), China Law & Practice, June 2006, Vol. 20, No. 5, p. 18 – 20.

47. *Stricter Regulations for Resident Representative Organizations in China of Foreign Insurance Institutions* (with Lü, Guoming & Tee, Pek-Siang), China Law & Practice, February 2007, Vol. 21, No. 1, p. 82 – 84.

48. *Measures for the Administration of Resident Representative Organizations in China of Foreign Insurance Institutions* (*in name of Boss & Young, English Translation*), China Law & Practice, February 2007, Vol. 21, No. 1, p. 85 – 94.

49.《国际统一私法漏洞的补充和法律规范的完善》,载《2004 年国际私法学会年会论文集》。

50.《德国司法实践中的公共政策问题:现状与趋势》(最高人民法院 2004 年专家论证会发言),载最高人民法院民事审判第四庭编:《涉外商事海事审判指导》第 3 辑,人民法院出版社 2004 年版。

51.《建立国际统一的管辖权和判决承认与执行制度——海牙〈选择法院协议公约〉述评》, 载《中国国际私法学会 2005 年年会发言代表论文集》(2005 年 10 月中国国际私法学会和复旦大学法学院,上海)和《现代法学杂志》2005 年第 5 期。

52.《对〈保险法〉修订的若干意见——〈保险法〉修改专家论证会发言纲要》,2006 年 10 月国务院法制办专家论证会发言稿。

53.《美洲的私法统一化运动概要》, 载《2008 年国际私法学会年会论文集》。

54.《我们需要一部怎样的国际私法立法》,载 2009 年海峡两岸国际私法学术研讨会文件。

55.《徐国建对〈中华人民共和国涉外民事关系法律适用法(草案)〉(二次审议稿)的意见》,载《2010 年国际私法学会年会论文集》。

56.《涉外民事关系法律适用法简评》,载《2011 年国际私法学会年会论文集》。

57.《略论〈涉外民事关系法律适用法〉中的连结点》,载《2012 年国际私法学会年会论文集》。

58.《最高法院〈法律适用法〉解释(一)评述》,载《2013 年国际私法学会年会论文集》和《2014 年第十届海峡两岸国际私法研讨会文集》。

59.《关于"一带一路"战略实施的若干法律思考》,载《中国国际私法与比较法年刊》第 18 卷,法律出版社 2015 年版。

60.《马航事件法律问题研讨》,载韦锋主编:《西政律师论坛:大律师如是说》第 4 辑,法律出版社 2016 年版。

61.《建立法院判决全球流通的国际法律制度——〈海牙外国判决承认与执行公约草案〉立法资料、观点和述评》,载《武大国际法评论》2017 年第 5 期。

62.《世界首例适用海牙〈选择法院协议公约〉判决评述》,载《上海法学研究》2019 年第 17 卷。

63.《个人信息跨境传输的保护与合规——以中欧间的个人信息传输为例》,载《杭州审判——第二届互联网法治西湖论坛专刊》2019 年第 1 期。

64.《被攻克的最后堡垒:2019 年〈海牙判决公约〉所涉关键问题评析》,载《上海政法学院学报:法治论丛》2020 年第 2 期。

65.《2019 年〈海牙判决公约〉判决承认和执行机制概述》,载《中国应用法学》2020 年第 4 期。

66.《论法院判决全球流通的范围和限制——2019 年〈承认与执行外国民商事判决公约〉适用范围评析》,载黄进、肖永平、刘仁山主编:《中国国际私法与比较法年刊》(2019·第 24 卷),法律出版社 2020 年版。

三、译文

1.《论贝卡利亚的刑法思想》,载《法学译丛》1984 年第 6 期。

2.《联邦德国的国际私法》,载韩德培主编:《国际私法教学参考资料选编》,武汉大学出版社 1991 年版。

3.《若干阿拉伯国家的国际私法条例》,载韩德培主编:《国际私法教学参考资料选编》,武汉大学出版社 1991 年版。

4.《最高人民法院关于适用涉外经济合同法若干问题的解答》(*Responses*

of the Peoples Supreme Court to Questions Arising out of the Application of the Foreign Economic Contract Law)(由中文译成英文),载《劳埃德海商法季刊》(Loyds Maritime and Commercial Law Quarterly)1989年第4期。

5.《挪威产品责任法》,载《法学译丛》1992年第1期。

6. *PRC Insurance Law* (*Revised*) (in name of Boss & Young, English Translation), China Law & Practice, December 2002/January 2003, Vol. 16, No. 10, p. 61 -93.

7. *Administration of Representative Offices in China of Foreign Insurance Institutions Procedures* (in name of Boss & Young, English Translation), China Law & Practice, March 2004, Vol. 18, No. 2, p. 57 -65.

8. *PRC Administration of Foreign-invested Insurance Companies Regulations Implementing Rules* (in name of Boss & Young, English Translation), China Law & Practice, July/August 2004, Vol. 18, No. 6, p. 31 -41.

9. *Administration of Insurance Companies Provisions* (in name of Boss & Young, English Translation), China Law & Practice, July/August 2004, Vol. 18, No. 6, p. 43 -64.

10. *Administration of Insurance Asset Management Companies Tentative Provisions* (in name of Boss & Young, English Translation), China Law & Practice, September 2004, Vol. 18, No. 7, p. 45 -56.

11. *Risk Control Guidelines for Utilisation of Insurance Funds* (*Trial Implementation*) (in name of Boss & Young, English Translation), China Law & Practice, September 2004, Vol. 18, No. 7, p. 57 -73.

12. *Administration of Stock Investments by Insurance Institutional Investors Tentative Procedures* (in name of Boss & Young, English Translation), China Law & Practice, December 2004/January 2005, Vol. 18, No. 10, p. 39 -53.

13. *Tentative Measures for the Administration of Investments in Bonds by Insurance Institutional Investors* (in name of Boss & Young, English Translation), China Law & Practice, November 2005, Vol. 19, No. 9, p. 36 -50.

14. *Implementing Rules for the Tentative Measures for the Administration of Overseas Utilization of Foreign Exchange Insurance Funds* (in name of Boss & Young, English Translation), China Law & Practice, November 2005, Vol. 19, No. 9, p. 51 -70.

四、书评

1.《我国国际私法研究的一项重大成果——评李双元〈国际私法(冲突法篇)〉》,载《法学评论》1988 年第 2 期。

2.《联合国国际货物销售合同公约的国际统一适用——评马格努斯的〈联合国国际货物买卖法释义〉一书》,载《外国法译评》1995 年第 4 期。

后　记

根据出版社提出的书稿编辑意见，修改完书稿体例，并对一些内容进行必要的调整后，着手写这篇简短的后记已经是2021年5月9日。主要是由于新冠疫情的耽搁，收到出版社寄来的校样稿后对全书校勘完毕后更新这篇后记时已是2023年5月15日，此时距离本书序言“崇法四十年”初稿写毕的2020年9月1日已有两年零八个半月的时光。这段时间是不平凡和难熬的，它主要是在肆虐的疫情中度过的。尤其是2022年4～5月，上海处于全城静默，我一个人困于上海家中，而家人则避疫于南宁。好在2022年年底开始至今，人们开始慢慢地恢复正常工作、生活和旅行。尽管在对本文集书稿校对时可以对早已成文的文集序言“崇法四十年”作较大篇幅的修改，但是，本着文章系成文时情势、思想与情感的记载，应该原汁原味地呈现给读者的理念，我在校对本书稿时仅是极个别地对序言原文进行了修正。

本文集序言中我很愉快地叙述了和徐宏大使的交往。2019年6～7月在荷兰参加第22届海牙国际私法会议外交大会期间更是和徐大使有两周的愉快相处，我们共同参加外交大会，周末忙里偷闲去荷兰乡村观光散步。我手机里保存了不少和徐大使这段时间愉快相处的照片，其中一张我最为喜欢，是2019年6月29日晚在荷兰海牙市政厅参加荷兰政府招待会时徐大使教我正确握手的照片。真是晴天霹雳，2021年3月7日徐宏大使在北京因病辞世，我痛失一位老友。哀思绵绵，愿徐兄在天堂安好。

2000年出版的收集我1985年至1995年论文的《全球化背景下私法的冲突、协调和统一——国际私法与比较法论集》是按论文发表时间顺序编排的。本想延续该体例编排本文集，但出版社晓萌编辑建议按论文主题分编编排更好，自己觉得该建议甚佳，于是将全部论文分五编成集出版。其中，第二编“建立法院判决全球流通的国际法律制度探讨”收录了我对2019年7月海牙《承认与执行外国民商事判决公约》及其若干个草案的研读和评述文章，其中更是有我参加海牙国际私法会议判决项目4次特委会会议和第22届海牙国际私法会议外交大会对该公约若干年谈判的心得和记录。

在文集论文写作横跨的10年中，论文中所涉及的我国国内有关立法发生了变化，尤其是《中华人民共和国民法典》于2021年1月1日生效后，《民法通则》《合同法》等法律同时废止。为了在有限的范围内可以体现这一变化，文集中的一些论文在最后编辑时通过注解的方式说明了法律的修改。但是，收集的论文总体上保持原貌，这不只是对自己“崇法四十年”的点滴记录，也是一位法律人对中国法治建设的岁月留痕。

徐国建

2021年5月9日初稿于上海复兴公园

2023年5月15日修改于陆家嘴滨江